U0041691

建立必勝投資組合的四大關鍵和十八堂必修課

金
★
律

4
Pillars & 18
Essential Lessons

投
★
資

新 ★ 版

THE FOUR PILLARS
OF INVESTING

Second Edition

Lessons for Building a Winning Portfolio

WILLIAM J. BERNSTEIN

威廉・伯恩斯坦——著

陳儀——譯

企畫叢書 FP2286

投資金律（新版）

建立必勝投資組合的四大關鍵和十八堂必修課
The Four Pillars of Investing, Second Edition: Lessons for Building a Winning Portfolio

作　　　者	威廉·伯恩斯坦（William J. Bernstein）
譯　　　者	陳儀
責任編輯	謝至平
封面設計	Christy Wang
行銷業務	陳彩玉、林詩玟、李振東、林佩瑜

副總編輯	陳雨柔
編輯總監	劉麗真
事業群總經理	謝至平
發　行　人	何飛鵬
出　　　版	臉譜出版
	城邦文化事業股份有限公司
	115台北市南港區昆陽街16號4樓
	電話：886-2-25000888　傳真：886-2-25001951
發　　　行	英屬蓋曼群島商家庭傳媒股份有限公司城邦分公司
	115台北市南港區昆陽街16號8樓
	客服專線：02-25007718；25007719
	24小時傳真專線：02-25001990；25001991
	服務時間：週一至週五上午09:30-12:00；下午13:30-17:00
	劃撥帳號：19863813　戶名：書虫股份有限公司
	讀者服務信箱：service@readingclub.com.tw
	城邦網址：http://www.cite.com.tw
香港發行所	城邦（香港）出版集團有限公司
	香港九龍土瓜灣土瓜灣道86號順聯工業大廈6樓A室
	電話：852-25086231　傳真：852-25789337
	電子信箱：hkcite@biznetvigator.com
新馬發行所	城邦（新、馬）出版集團
	Cite（M）Sdn. Bhd.（458372U）
	41, Jalan Radin Anum, Bandar Baru Seri Petaling,
	57000 Kuala Lumpur, Malaysia.
	電話：+6(03)-90563833　傳真：+6(03)-90576622
	電子信箱：services@cite.my

一版一刷　2024年2月
一版六刷　2024年8月

城邦讀書花園
www.cite.com.tw

ISBN　978-626-315-411-7（紙本書）
EISBN　978-626-315-408-7（EPUB）

版權所有·翻印必究
定價：NT$520
（本書如有缺頁、破損、倒裝，請寄回更換）

圖書館出版品預行編目資料

投資金律(新版)：建立必勝投資組合的四大關鍵和十八堂
必修課/威廉.伯恩斯坦(William J. Bernstein)著；陳儀譯. --
一版. -- 臺北市：臉譜出版，城邦文化事業股份有限公司出
版：英屬蓋曼群島商家庭傳媒股份有限公司城邦分公司發
行, 2024.02
　面；　公分. --（企畫叢書；FP2286）
譯自：The four pillars of investing : lessons for building a
winning portfolio.

ISBN 978-626-315-411-7（平裝）

1. CST：投資　2.CST：投資組合　3.CST：投資管理

563.5　　　　　　　　　　　　　　　　　112018829

各界推薦

談到投資，控制風險遠比追逐報酬重要。威廉・伯恩斯坦醫師將透過本書說明，在投資這條道路上，你可能一直都搞錯方向了，你擔心的風險可能不是真正需要在意的風險。一旦你了解投資的理論、歷史、心理學和產業，就可能很有機會在承擔最低必要實質風險的情況下，成功實現你的財務目標。

——詹姆斯・達利（醫學博士）（James M. Dahle, MD），
白袍投資人（The White Coat Investor）網站創辦人

威廉・伯恩斯坦集許多罕見的天賦於一身，他既是數學家，也是歷史學家；他既是統計學家，也是心理學家；他既是計量經濟學家，也是語言藝術家。他深知哪些金融真理遭到誤解、哪些真理攸關重大，又有哪些引人入勝，而眾人殷切期待的新版《投資金律》一書，就是奠基於他的多種罕見天賦以及他對各項金融真理的深刻認識。我向來把這本書奉為我的投資策略課程的金律之一。

——愛德華・陶爾（Edward Tower），杜克大學經濟學教授

不擅長心理戰的人難以獲得投資上的成就。一頭栽進金融叢林裡追尋珍奇的獨角獸，並不能讓你成為贏家；唯有了解風險並控制風險的人才能獲得最後的勝利。你的目標只是要過上舒適的日子、退休後有充裕的資金可花用，或許再留點遺產給子女。這是一本彌足珍貴的著作，它詳細說明要如何用謹慎且聰明的方法來賺取資本報酬。

——珍・布萊恩特・昆恩（Jane Bryant Quinn），《財富生生不息之道》（暫譯，How to Make Your Money Last）作者

　　這本全面修訂版的投資經典收錄了美國最優秀投資顧問之一的一生絕學，你一定能從中學到許多一生難得一見的寶貴教誨。伯恩斯坦以引人入勝且幽默的寫作風格，循序漸進地告訴我們，要獲得投資上的成就，不僅牽涉到「做對的事」，還牽涉到避免犯下足以毀掉任何一個投資計畫的常見大錯。這是一本睿智卻又頗具娛樂性的書，它融合了投資理論及歷史的教誨，還有作者對人類心理偏誤的理解，是非常值得信賴的投資建議來源。

——伯頓・墨基爾（Burton G. Malkiel），普林斯頓大學
經濟學教授暨《漫步華爾街》（*A Random Walk Down Wall Street*）
五十週年紀念版（二〇二三年）作者

　　伯恩斯坦以實務上的例子、故事、隱喻、數學、一點點幽默，和卓越的寫作藝術，將投資的理論、歷史、心理學與產業等足夠寫成四本書的題材，融入一本書的篇幅裡。本書以易於吸收的格式，表達了許多難能可貴的投資觀點與明智建議。這本書絕對值得推薦給所有知道你真心為他們好的新手投資人。

——艾瑞克・巴楚納斯（Eric Balchunas），彭博社（Bloomberg）分
析師，亦為《柏格效應》（*The Bogle Effect*）一書作者

　　《投資金律》一書能滿足每一個人的需要。它是所有人都該閱讀的第一本——也是第五十本——投資經典。能同時吸引新手及專家的投資書籍少之又少，而能讓人讀來興致盎然的投資書籍更屬鳳毛麟角。對新手來說，這是一本容易上手的入門書籍，而對已經開始在市場上見習的投資人來說，它則是一本啟示錄，即使對專家而言，這都是一本頗發人深省的好書。

——約翰・瑞肯沙勒（John Rekenthaler），
晨星公司（Morningstar）研究部部長

投資金律一：投資的理論

投資金律二：投資的歷史

投資金律三：投資的心理學

投資金律四：投資的產業

投資策略：整合思考

導讀

2024你一定不能錯過的投資書籍

財經作家　綠角

　　投資界有一位我最重視的專家，他寫的每本書、每篇文章、每場訪談，我都會閱讀與追蹤，那就是本書作者威廉·伯恩斯坦。

　　威廉·伯恩斯坦值得關注的理由並不是因為他可以準確預知市場何時即將大跌，下一支飆股為何，而是因為他講的都是有憑有據的投資原則。《投資金律》是他所有著作中最知名的一本，自2002年刊行以來，幫助了全球無數投資人建立投資觀念，實行投資計畫，為自己取得更美好的財務未來。

　　二十年過後，經歷了2008金融海嘯、2020新冠肺炎疫情，2022連續升息等市場動盪，作者納入最新的觀察與體會，推出新版《投資金律》。假如你已經看到這段文字，千萬不要錯過本書內容，那是真正的投資珍寶。

　　這本書英文名為「投資的四支柱」，分別代表做好投資需要掌握的四個面向，那就是理論、歷史、心理與產業。本書雖是《投資金律》第二版，但內容與第一版有不小的差別。

　　第一支柱「理論」的章節不僅從舊版的四章擴張為七章，而且呈現方式也很不一樣。在第一章〈不入虎穴，焉得虎子〉一開始，作者舉了一個例子，是雇主提供員工以下兩個投資選擇：

　　1. 每年穩定獲利3%。

2. 每年丟銅板，正面獲利30%，反面則虧損-10%。

透過這個簡單的例子與試算，作者讓讀者體會，後者有著長期成長遠勝過前者的機會，但也潛藏著長期下來卻落後的可能，很漂亮地解釋了報酬與風險的關係。而作者設計的兩個投資選擇，其特性剛好就類似兩大主要資產類別——債券與股票。

作者在本章也解釋了預期報酬與折現率，接著在第二章〈風險與報酬面面觀〉回顧了全球主要市場百年期間的成果，與當下的預期報酬。這一部分是全書中運用到最多計算原理的部分，但值得耐心看完，深入了解。取得有價值的知識不會像閱讀商業雜誌的報導那麼輕鬆愉快，但這是值得的付出。

面對投資的風險，許多人想選擇直接的對應方式——「避開它」。譬如股票有的表現好，有的表現不好，如何處理？很簡單，主動選股，試圖挑出未來表現好的股票。譬如股市有時上漲有時下跌，如何應對？一樣簡單，擇時進出，只在上漲時參與市場，下跌時要離開市場。

在第三章〈隨機王國近代史〉，作者就將分別說明這些方法實際的成果。

「主動選股」方面，眾多研究一再顯示，大多數主動型基金經理人長期績效落後對應的市場指數。「擇時」則直接被作者歸類於投資路上的陷阱。由於每天都有許多市場參與者不斷地對市場未來表現提出預測。所以在某次大跌之後，事後回顧，發現有些人「神準」地在事前提出警告，本是意料中之事。

但這些正確預測的人就會被媒體與投資人追捧，稱為大師。他們之後的每次發言都被視為需要重視的神諭。結果常是準一次，日後再也沒有準確過。聽從這種建議的後果，往往是離開市場，錯過報酬。

第四章〈完美的投資組合〉開始解釋股票與債券兩種資產搭配

所帶來的整體效果。跟第一章一樣用到較多的數學計算，也一樣值得了解。但假如你覺得此部分較為生硬，或許可以接著直接看後面這次新增的章節——第五章至第七章〈給成年投資人的資產配置〉。

這裡除了解釋資產配置的原則、年輕到退休族群的投資方式、從簡單到複雜的投資組合外，也說明了一個很常見的投資界爭論。投資界有個說法：二、三十歲有工作所得的年輕人，每月的所得就像債券持續的配息；換句話說，年輕人自身的人力資本就像一個高價值的債券，所以他的投資應該100%股票，沒有必要再持有任何債券。

作者說，重點是「理論」，但實務上呢？一個100%股票的投資組合，假如讓投資人遇到2008金融海嘯或2020二月疫情時，每天食不下咽，睡不成眠，覺得市場與世界就要完蛋了，自己的積蓄全在股市。最後受不了壓力，或是自覺聰明，想要「現在先離場，日後更低點再進場」，於是賣出，離開市場。結果不僅實現損失，還錯過之後的反彈。

這種情形，100%股票的投資組合是高獲利還是高虧損？

在新版當中，作者特意加入貫穿全書的主軸就是「投資一半是數學，一半是莎士比亞」。投資不能只顧數學原理，忽略掉人性的那一半。

投資原理會跟你講什麼叫報酬／風險最佳投資組合。很多人心中想的最佳投資組合，就是報酬最高投資組合。譬如100%股票，或甚至自己只出一半資金，槓桿買股票。

沒錯，這些都是理論上最佳成果的做法。但實際上，你拿得到成果嗎？

忽略人性那一半的後果常常就是，拿不到。

人往往就是在市場連續多年上漲，賺錢看似很容易時，忽略風險，覺得高風險策略就是賺更多的策略。然後在空頭來襲，市場全面悲觀時，又對風險高度敏感，覺得這次真的要完蛋了，再不離開市場難道要看錢全部消失嗎？於是終止投資，離開市場。

這種隨著市場擺動的投資情緒，往往才是投資人最大的敵人。

所以作者說：一個最佳但無法實行的投資組合，跟一個次佳但可以貫徹到底的投資組合，哪個比較好？

投資，不是要實現最大報酬率，而是要將成功的機率最大化。能掌握這點，你的心態就已經比很多投資人更加務實與穩健了。

了解原理之後，我們需要了解投資的歷史。在第二部分〈投資的歷史〉開頭，作者引用海軍上將海曼・李高佛的銘言：「必須從他人的錯誤中學習；因為我們沒有足夠長的生命去一一犯下所有過錯。」投資是人生要事。假如問題可藉由前人經驗就能避開，卻因為無知而造成重大損失，這真的是很可惜的狀況。

第八章〈金融時期簡史〉中，作者引用威尼斯公債長達百年的價格起伏，再一次帶領讀者體會報酬與風險的關係。威尼斯公債何時會有高預期報酬？就是威尼斯與熱那亞的戰事不利的時刻。高報酬的可能，背後也藏著威尼斯當局戰敗、被占領的危機。

接下來兩章分別討論泡沫與恐慌。

在市場不斷上漲，甚至形成泡沫的過程中，有一些共通現象，譬如日常人們談論的話題總離不開投資，拋棄工作專職投資的人大增；而在市場大跌或長期低迷不振時，則會出現像1979年美國《商業週刊》的封面故事「股票之死」。同樣一個資產，在大漲之後人人相信它就是致富之路，在大跌之後人人棄之如敝屣。這不正是追高殺低嗎？

了解歷史，看出身邊眾人的心態，自己則採取一貫的原則，以不變的投資組合走過這些風波，你會發現，時間一久，自己很可能就是那最後站著的贏家。

第三個支柱——投資心理。

人類自詡為理性動物，但實際情況常是情緒驅使我們去做某些事，然後再用理性找理由。譬如，我們看到過去一年漲二、三十趴的標的或基金，心中就會開始幻想，假如我拿多少錢買進，得到這樣的

報酬，那會是多少錢。對獲利的渴求，讓你開始覺得這值得買進。

當然，我們不是衝動行事的動物，於是開始找理由。譬如要投資美國股市，就說美國是目前全球最大經濟體，不少美國大公司是各產業的全球領導者，譬如可口可樂、波音、微軟；譬如要投資新興市場，就說股市反應經濟，股市報酬要好，當然要投資經濟具高度成長性的新興市場；要投資醫藥生技，就說目前人口老化，未來一定對醫藥服務有更大的需求；要投資公用事業，就說這些產業提供基本需求，不論經濟狀況如何，它都能賺錢。

事實是，所有資產，所有產業，都有它值得投資的理由。但人們什麼時候把這些理由拿出來用呢？就在它表現很好之後。

2006年當時，新興市場股市表現傲視全球。我們就拿高成長的故事來說；近幾年美國股市表現突出，我們就拿美國領先的故事來說。這都是為自己的行動事後找理由的行為，明智的投資人應該要體認並避開。

而且，我們很容易受到驚嚇。這在遠古時代有其生存價值，但在當今金融世界，有害無益。譬如財經新聞常是負面報導當道，譬如：「某空頭大師又說未來半年內有崩盤可能」、「市場達到高點，大家要居高思危」。這些警告未來危險的說法會吸引最多的注意，因為那符合我們的本能，而且聽來保守又明智。這不正是提醒我們要留意風險嗎？而說未來市場將持續上漲，會在波動中屢創新高的言論則非常罕見，因為這會被認為是過於安逸，沒有風險意識的說法。

但假如你就放任自己的心緒，過度關注這些負面報導，你會變成一個時常不在市場內的投資人，往往會錯過報酬，或甚至在市場真的出現風險事件時被嚇到離開市場，成為那個賣在低點的投資人。

市場，要留在其中才有報酬。長期成長的市場，要持續留在裡面才有可觀的報酬的機會。投資要培養耐性，而不是放任恐懼精靈盤旋腦中。

掌握了原理、歷史與心理之後，投資人即將實際步入金融市

場，也就是第四部〈投資的產業〉要談的內容。

　　跟金融業者往來要把握住一個原則，那就是業者跟投資人之間有嚴重利益衝突。譬如證券營業員的業績是以客戶帶來多少手續費來衡量。手續費以成交金額百分比計收，因此客戶買賣愈頻繁，金額愈大，營業員的業績就會愈好。

　　出於以上誘因，營業員很可能會建議客戶採用積極買賣的策略。譬如參考經濟指標、技術指標，或是獲利與虧損的百分比來進出市場。常見說詞像是：「現在經濟指標變差了喔，要不要離開市場？」「現在帳面上你已經有30%的獲利，要不要落袋呢？」

　　這些建議表面看來是替客戶著想，但卻從來沒有展現給投資人看，這些進出策略到底能否帶來更好的成果。書中「原理」部分講到，「擇時進出」是一種投資陷阱，那請客戶積極進出市場的業務人員，不正是請你去踩陷阱嗎？

　　基金銷售也有相同的問題。在台灣，大多數基金在買進或賣出時，會收取以成交金額百分比計算的手續費，這也造成不當的動機。

　　理專常會跟你說：「現在你持有的某地區基金已經變弱了，要不要換成近期較為強勢的某基金呢？」或是說：「定期投入達到某個百分比獲利就要整個贖回，重新再買。」卻從來沒有跟你解釋，為何追逐熱門可以帶來好成果？離開市場錯過報酬怎麼辦？

　　在基金投資方面，作者提到第一個要避開的陷阱就是不要買有佣基金。有佣基金就是買賣時要收取手續費的基金。目前在美國，免佣基金已經成為大多投資人的首選，但很遺憾地，台灣基金界仍是以有佣基金為主。

　　基金不僅銷售端有問題，發行基金的資產管理公司也有問題。請認清，基金公司絕大多數是營利業者，其運作第一要務是要幫自己賺錢，而不是幫投資人賺錢。當然，業者不會如此公開陳述。它會宣稱幫投資人掌握賺錢機會，來幫自己賺錢。

　　怎麼幫投資人賺錢呢？最常見的做法就是追逐熱門。2008年之

前，基金業者大力發行東歐、拉美、原物料基金，近期則是美股、高科技、AI基金。業者利用投資人想要短期賺大錢的渴望，為自己搜羅資產，然後針對這些資產收取高額內扣費用。國內股票型基金，常見的經理費就1.5%，加計其他支出，一年內扣總開銷超過2%的基金，所在多有。不管你投資有無獲利，去買每年內扣費用2%的基金，就是保證每年2%的績效拖累。上漲的市場，讓你少賺2%；下跌的市場，則讓你多虧2%。

明智的投資人知道，費用優勢就是績效優勢。投資應選擇低成本的投資工具。而由於主動選股很難交出長期勝過市場的報酬，低成本的指數型基金與指數化投資ETF，是一般投資人的最佳選擇。

財經媒體是當代投資世界的重要份子，也是許多人的資訊來源。優良的資訊是正確決策的基礎，容易取得，未必代表就值得關注。當代投資人應如何看待報章媒體及網路討論，以及哪些才是真正值得關注的資訊來源，書中有完整的說明。

具備投資四大支柱相關知識後，接下來就是實際執行。這也是本書最後四章的主題。

作者舉了一個很有意思的例子，替同樣是二十幾歲的三胞胎，為三人分別設計了投資組合。股債比從60：40到80：20不等，投資組合從一個標的解決，到由十幾個標的組成的複雜投資組合，展現了針對不同個人需求，投資組合的對應調整方式。

股債比60：40對一個二十幾歲的年輕人來說，常會被認為過於保守。但誠如作者所言，重點是要能執行，而不是最高報酬。假如一個相對膽小的投資人採用股債比80：20，投資幾年之後遇到金融海嘯，受不了大跌而全數出場，實現損失。一個無法貫徹執行的投資組合，反而會帶來較差的成果。所以作者才會對剛起步、不太確定自己能否承受大幅下跌的投資人，給予保守的投資建議。

對於實際投資時的定期投入計畫，再平衡頻率、退休者的投資組合，書中也都有相關說明。雖然這部分有不少關於美國人的稅務討

論，但仍有許多值得參考的資訊。

投資是一種平衡。不僅要在追求報酬的高風險資產與求取穩定的低風險資產中取得平衡，也要在投資原理與人性中取得平衡。

有些人投資只看原理。認為100%投入股票，預期報酬比較高；或是以為只要買對單一產業、個股，報酬會勝過市場，於是將資金全部投入高風險資產，或是重壓個股。完全沒想到，萬一遇到大跌，跌到自己失去信心、離開市場，會是怎樣的後果。

有些人則完全偏重人性面向，不顧投資原理。而且他們在意的人性面向，還不是下跌時不要誘發恐慌情緒這種合理的考量，而是要符合自己的心理偏誤或錯誤認知。譬如想投資賺錢，但就是不敢持續地留在市場中承擔風險，於是追求看似穩定的配息獲利，或是賺了一些錢就要停利離開市場。

只顧及原理或偏重人性，都很難成為一位明智的投資人。要在兩者之間達成平衡，重點就在對於投資原理與人性的同時掌握。

好好地看完《投資金律》，吸收其中的知識與觀念，這四大支柱將成為你穩健投資的基石，讓你以平穩的心態，平衡的投資組合，走上成功投資之路。

引 言

喬納森‧克雷蒙（Jonathan Clements）

「風險多采多姿」（Risk Is a Many-Splendored Thing），這指的不是四王牌（Four Aces）樂團轟動一九五五年的那首流行歌曲（譯註：曲名為 Love Is a Many-Splendored Thing），也不是威廉‧霍頓（William Holden）與珍妮佛‧瓊斯（Jennifer Jones）主演的那一部蕩氣迴腸、令人留下滿腔遺憾的得獎電影（譯註：這部電影的英文名稱是 Love Is a Many-Splendored Thing，中文譯名為《生死戀》）。

但比爾（編按：Bill，作者的小名）的這本書確實討論了風險的每一個層面。聽到這裡，你可能已經不由得失望地大喊：「什麼？你是說這本書接下來的內容不會指點我要怎麼挑中能讓我變得跟洛克斐勒（Rockefeller）一樣富可敵國的投資標的嗎？」

要靠這本書變得跟洛克斐勒一樣富可敵國，或許期待過高了，但它確實有可能讓你變有錢。只不過，每個人都必須先明白一個道理：投資致富的道路絕非一路暢通。如果你只是浮光掠影般地粗略掃描一下華爾街的「貨架」，就別妄想能搞懂「這些投資標的裡，哪一支會一飛沖天？」。切記，只花那點小工夫是不可能達成致富目標的。

當然，每個人剛開始投資時一定都曾問過這個蠢問題。我們都曾努力搜尋熱門的共同基金與表現耀眼的股票，希望能從中找到一夜致富的門票。我們都曾認真研究市場趨勢，試圖推測那個趨勢對我們是否有利。我們都曾利用書上的每一個技巧，尋找將使我們變得極度

富有的投資標的。只可惜在這個過程中，我們最終發現的多半都只是自己那難堪的一無所知。

令人感慨的是，很多人永遠都無法領悟自己的方法究竟錯在何處，他們終其理財生涯周而復始地不斷從某個失敗的投資計畫轉戰另一個投資計畫，屢戰屢敗，卻樂此不疲。不過，能真心反思的投資人最終還是會意識到，唯有摒棄追逐績效的執念，並開始認真管理風險，才是正道；諷刺的是，他們的投資績效也是等到他們對此有所醒悟以後才開始顯著好轉。

既然談到管理風險，我們又該管理哪些風險？我相信，這個問題的正確答案就蘊藏在比爾的這本書裡。本書最初是在二十年前出版，時至今日，它已被公認為投資經典之一。比爾以任何一個受過教育的成年人都能理解的文字，述說這條致富高速公路上可能有哪些窟窿會導致我們在理財的路途上不慎出軌。

所謂的窟窿包括（但不僅限於）通貨緊縮、用借來的錢購買投資標的、股票與債券報酬率長期低迷、資產被充公、對過去的績效念念不忘、高估自己的風險承受度、股票市場惡性下跌、不道德的股票營業員、惡性的偏差、嚴重過度自信、在退休初期碰上異常糟糕的投資成果、通貨膨脹飆升，以及收看有線電視財經新聞等等。

這麼聽來，這個世界好像很不可靠——其實倒也不是。金融市場上能讓你虧掉巨額資金的管道確實多到數不清。不過，誠如比爾透過本書解釋的，通常我們有辦法閃躲這些虧損，就算閃躲不了，也能以適當的紀律搭配正確的知識，將虧損控制在可忍受的範圍內。只要研究比爾的資金管理學問裡的四大金律——即投資的理論、金融歷史、投資的心理學以及投資的產業——就能獲得有效閃躲風險與控制風險的紀律與知識。

你想要展開審慎的投資生活嗎？你想再次確認自己是否依舊走在正確的投資軌道上嗎？那麼，你絕對很難找到一本比《投資金律》更睿智、更有趣的理財指南書。不過，在我放手讓你愉快閱讀後續的

內容以前，請容我再叨絮一下。我要先強調幾個重要的概念，比爾和我本人都深深信奉這些概念。當你在思考你的投資組合所承擔的風險——以及更廣義的財務風險——時，我強烈建議你應特別留意兩個關鍵的概念。

第一個概念是，天有不測風雲，人有旦夕禍福。每個人都知道未來是不確定的，但我們往往為了保持理性的心智、為了避免晚上輾轉難眠而刻意淡化不確定性的存在感。例如，我們會假設明年看起來將會和今年差不多，假設我們將會永遠住在同一間屋子裡，假設我們的另一半將安穩地長伴我們左右，假設我們永遠不會換工作。同樣地，我們也會假設今天的主流經濟與金融市場趨勢，將永遠盛行下去。

但只要簡略回顧經濟與市場的歷史，再快速瀏覽一下我們自己一生曾遭遇過的所有動盪，就會知道上述所有假設根本就靠不住，甚至可能徹底錯誤。我並不是鼓勵你為了做好應對下一輪混亂的準備而一天到晚如坐針氈；但在此同時，我們也不該做出過於莽撞的財務決策，因為那樣的過度自信最終反而會帶給我們永無止盡的困擾。沒錯，無論如何，我們都應該堅定且執著地致力於勤奮儲蓄、管理風險、降低投資成本、節稅等幾個核心理財原則。不過，一旦談到對財務未來的假設時，就應該改變這種執著的思維，變成一個花心大蘿蔔，永遠不執著於其中任何一個假設。

第二個概念是，從現在開始到退休的這段理財之旅，我們只有一次機會，而且只許成功，不容失敗。這個觀點意味著，我們必須認真思考所有潛在的財務後果。這一切的一切可概括為一個簡單的疑問：萬一我錯了，該怎麼辦？

舉個例子，如果我堅持只投資美國股票，但美國股市卻和日本股市一樣陷入三十多年的空頭市場，那該怎麼辦？如果我一直蹉跎歲月，等到在職場上的倒數第二十年，才終於開始為了退休而存錢，但那二十年間，我又不巧經常被裁員並長期失業，那該怎麼辦？如果我

退休後不只活原先預期的三十年，而是活了四十甚至五十年，那該怎麼辦？

　　風險的管理有可能非常棘手，尤其身為人類的我們，向來都無法善加因應這件事。身為人類，我們很難預先想像到所有可能在未來發生的壞事，但我們卻常傾向於想像自己知道未來將發生什麼事——實際上，我們根本無從知道那些事會不會發生。總之，我們總是竭盡洪荒之力去抗拒接受不確定性，也抗拒接受自己的缺乏先見之明。

　　不過，如果我們能真心接受不確定性，並認同自己缺乏先見之明，我們的投資績效一定會出現立竿見影的提升，內心的幸福感也將顯著增強。金融市場的漲漲跌跌總是會反覆不斷地折磨我們的投資成果及心理狀態，在這個情況下，與其頭痛醫頭、腳痛醫腳地不斷為此四處奔波，不如設計一個無論未來發生什麼狗屁倒灶的事，都理應能為我們創造合理成績的投資組合，並好整以暇地等待收成。我們必須知道怎樣的儲蓄與投資方式，才能讓我們在幾乎所有經濟環境下繼續保有財務生命力——如果還能蓬勃發展，那就更好了。相信我，財務安全感和隨之而來的平靜絕對是無價的，那是幾乎無法用金錢買到的絕頂幸福感受。

謝　辭

　　本書實在涵蓋太多領域了——包括金融理論、金融歷史、心理學和投資產業的基本具體細節等——上述任何一個專業領域的人都不容易擁有這林林總總的完整知識。

　　因此，我要感謝以下多位專家為我提供的專業協助：資金流動與報酬率數據：艾咪・阿諾特（Amy Arnott）；目標日期基金：克莉絲汀・班茲（Christine Benz）；財經媒體工作者：珍・布萊恩特・昆恩（Jane Bryant Quinn）；資金／時間加權平均報酬率缺口（dollar/time weighted gap）的「另一端」：伊莉雅・迪奇夫（Ilia Dichev）；高收益率債券違約：馬汀・弗瑞德森（Martin Fridson）；席爾維亞・布魯姆的非凡故事的背景：保羅・亞姆斯（Paul Hyams）與珍・拉克辛（Jane Lockshin）；（低）期望報酬率：安提・伊曼倫（Antti Ilmanen）；總體基金數據：麥克・諾倫（Mike Nolan）；年金與生命週期：維德・普福（Wade Pfau）；外國資產保管作業：克瑞格・羅蘭（Craig Rowland）；圖像協助：丹尼斯・休曼迪-比塞瑞特（Denise Schmandt-Besserat）、券商作業：丹・索林（Dan Solin）；「未受損資本」概念：理查・席拉（Richard Sylla），以及德劭公司和詹姆斯・賽門斯：葛瑞格・查克曼（Greg Zuckerman）。

　　另外，麥克・派普（Mike Piper）提供了遞延年金方面的寶貴協助，瑞克・斐利（Rick Ferri）幫我解決了和ETF有關的許多問題，而亞倫・羅斯（Allan Roth）更是耐心回應我對這兩個領域幾乎糾纏不休的疑問。我還要特別感謝傑森・茲維格（Jason Zweig），多年來他教會我很多和市場歷史與神經心理學有關的概念。

吉姆‧達勒（Jim Dahle）、約翰‧瑞肯沙勒（John Rekenthaler）、喬納森‧克雷蒙以及我向來敬重的商業夥伴蘇珊‧夏林（Susan Sharin）為我貢獻他們加起來長達一個世紀的投資圈經驗，並幫我審閱這份書稿的內容與風格，這讓我受益良多。如果書裡還有任何錯誤，我願意且樂於承擔所有責任。

另外，我還要感謝史帝夫‧史特勞斯（Steve Straus）、馬基‧威爾靈（Maki Wiering）、英格麗‧凱斯（Ingrid Case）與佩蒂‧阿摩洛索（Pattie Amoroso）從本書製作到完成期間的巧手指引，特別要感謝茱蒂絲‧紐林（Judith Newlin），她不僅從頭到尾——從第一份手稿到最後的校訂稿——親自參與這件專案，還親切地回應我幾乎永無止盡的疑問和問題。

最後，我依舊要不免俗地感謝我親愛的太太——珍，她擁有煉金術般的文學技巧，她透過她的巧手，一字一句地把我的粗糙、散亂的內文，轉化為我能夠恬不知恥地向其他人炫耀的精湛內容。如果沒有她，我鐵定會迷失。

導　論

致富高速公路

一九九八年，眾人見證了華爾街漫長且骯髒的歷史中最轟動的失敗案件之一：長期資本管理公司（Long-Term Capital Management，以下簡稱LTCM）的破產。

這檔避險基金是所羅門兄弟公司（Salomon Brothers）的傳奇高階主管約翰・梅瑞維瑟（John Meriwether）在此前四年所創辦，它以華爾街最優秀且最聰明的人才作為號召。其中最顯赫的兩名人才是諾貝爾獎得主：麥隆・休爾斯（Myron Scholes）與羅伯・莫頓（Robert C. Merton），也就是極具開創性的選擇權訂價理論（theory of option pricing）發明人。

一九九〇年代末期，該公司上演了一齣足以和伊卡洛斯（Icarus）的命運（譯註：希臘神話人物伊卡洛斯和他父親以蠟和羽毛製成的翅膀逃離囚禁他們的海島，但他不聽父親的勸告，飛得太高，最後因為羽毛上的蠟被太陽融化而摔落身亡）比擬的金融悲劇。LTCM不僅採用令人眼花撩亂且錯綜複雜的衍生性金融商品操作策略，還使用了高達25：1的槓桿，大肆用借來的資金去投資；在該基金崩潰前四年期間，基金投資人的資金共暴增了4倍。[1]

但在同一個時空下，一位名為席爾維亞・布魯姆（Sylvia Bloom）的法務祕書，則以遠比四年更長的期間，在LTCM跌倒的地方獲得了可觀的成就。一九四七年，這位名不見經傳的女士在紐約一家法律事務所展開她的上班生涯，直到二〇一四年，她都一直在這家事務所任職，換言之，她在那裡工作了六十七年，前後時間漫長得令

人咋舌。她在數年後過世，享嵩壽近九十九歲。

布魯姆的外甥女珍・拉克辛（Jane Lockshin）是她的遺產執行人，拉克辛看到她的遺產數目後，簡直不敢相信自己的眼睛：那些遺產價值超過九百萬美元，主要是由普通股組成。布魯姆把三分之二的遺產捐給了歷史悠久的亨利街社區中心（Henry Street Settlement），對這家位於下東區（Lower East Side）的著名社會服務慈善機構來說，這筆錢是它有史以來收到的最大額捐款。所有人都對布魯姆的驚人財富狀況一無所知，包括她已經過世的丈夫——一位退休消防隊員。

拉克辛女士平日會定期帶她阿姨外出午餐，而且，所有費用都是由她買單，她待布魯姆的方式，和一般民眾對待自家長輩的方式並沒有兩樣。

區區一名祕書怎麼有辦法在LTCM的眾多金融圈明星級人物失足的領域獲得如此亮眼的成就？布魯姆成功的原因有三個：首先，她不是用借來的錢投資——換言之，她並沒有使用槓桿，更別說LTCM那高達25：1的天高槓桿——以該基金25：1的槓桿來說，它持有的資產只要區區跌價4％，就足以導致它破產。該公司的數學模型是以歷史數據為基礎，而這些模型告訴LTCM，他們持有的部位永遠不可能跌價4％以上。但事實證明，這些模型大錯特錯。金融圈最聰明的這一群人才忽略了一個赤裸裸的事實：市場陷入狂亂的頻率高得驚人，而一旦市場陷入狂亂，不同資產之間原本行之有年且公認有效的價格關係，就會瞬間被抹殺。

布魯姆成功的第二個理由是，時間站在她這一邊——她有數十年的時間做她的後盾。據說愛因斯坦曾說（但這個傳說有可能是杜撰的）：「複利是世界第八大奇蹟。了解複利的人就能賺到複利。不了解它的人則得支付複利。」席爾維亞・布魯姆就賺到了複利，而且賺了非常多。

布魯姆不像LTCM的那些天才，她從未妄想快速致富，而是一

步一腳印地慢慢變有錢——這個作法遠比LTCM安全。布魯姆之所以能把她作為一名祕書相對微薄的儲蓄源流轉化為數百萬美元的資產，原因就在於她的策略讓複利得以連續發揮魔法六十七年之久；相較之下，LTCM的壽命只有短短四年。如果複利真的是世界第八大奇蹟，那麼，最糟糕的行為莫過於用愚蠢的行為來打斷它，所謂愚蠢的行為包括使用槓桿、盲目追逐明星基金經理人、高估自身的風險承受度及收看有線電視財經節目等等。

布魯姆女士的第三個優勢是她的節儉。她當然沒有苛待自己；她穿著講究，偶爾還會搭上毛皮外套，而且，她經常和先生四處旅遊。不過，當雙子星大樓在九一一事件倒塌後，當時已高齡八十四歲的這位祕書，竟步行穿越布魯克林大橋（Brooklyn Bridge），搭巴士返家。就在她退休前夕，她的同事兼好友之一保羅·海亞姆斯（Paul Hyams）發現她在一場昏天暗地的大風雪中走出地鐵，訝異地問她在那裡做什麼，沒想到她竟回答：「你這麼問的意思是什麼？我不在這裡，又該在哪裡？」[2]如果她的生活更奢侈一些，她應該無法留下那麼一大筆遺產。儲蓄的目的是為了應付未來的開銷，但以布魯姆的案例來說，她儲蓄的目的是為了應付慈善用途的開銷，而不是花在她自己身上。

基本上，投資就是把你現在手中的資產輸送去給未來的你。但令人感嘆的是，連接這兩個不同時間點的你之間的金融高速公路上，處處布滿了薄冰和大型窟窿。這條高速公路的路況夠折磨人了吧？更糟的是，一般人的投資組合從建立到結束，還得蜿蜒行經兩至三個沒有任何護欄的險峻山口——也就是殘酷的空頭市場以及隨之而來的金融恐慌。

在這些危險的情境下，顯然車速愈慢，你的資產愈可能安全被送達你的目的地。布魯姆就是用這個方式來處理她的金錢；LTCM的幾位負責人則是踩死油門、全力衝刺，最終對他們自己與該基金的投資人造成重大損害。華倫·巴菲特（Warren Buffett）

曾以他慣用的極簡語法來形容這個事件：「他們為了貪圖他們根本不需要的非分之財，而把口袋裡他們真正需要的錢拿去冒險。」[3]

　　簡單說，布魯姆之所以成功，是因為她的策略安然度過了這條高速公路上的種種危險，而LTCM的策略則因為「太過冒險」而永遠無法抵達終點。金融專家與學術界人士經常認為，股票持有比重較低的投資組合不夠好，是次優選擇，殊不知，真正能挺過恐懼和恐慌的「次優」策略（不會製造恐懼和恐慌的投資策略更棒），比起承擔了不必要風險的最佳策略更可取。

　　作家兼歷史學家羅伯‧卡普蘭（Robert Kaplan）談到地緣政治時評論道：「（它）一半是地理；另一半是莎士比亞。」相同地，我們可以說，投資一半是數學，一半是莎士比亞（譯註：指人性的各種偏差傾向）。投資牽涉到財務學最根本但也枯燥乏味的數學——也就是史巴克先生（Mr. Spock，譯註：《星際爭霸戰》的主要角色之一）最擅長的學問，但投資的另一半則和人性有關：瀰漫在空頭市場裡的極度恐懼心理、我們的同理心，我們模仿與傳導旁人恐懼及貪婪感受的傾向，還有我們重敘事而輕數據與事實的傾向等。通常，投資的數學那一面正好和投資的莎士比亞那一面相反，而如果你不精通莎士比亞，就算你深諳世界上的所有數學也無濟於事。換句話說，莎士比亞並非投資的藝術與詩歌，而是投資的哈姆雷特（Hamlet）、李爾王（Lear）和馬克白（Macbeth）——也就是人類文明發展與殘酷歷史中曾經展現的所有人類不理性。[4]

　　既然如此，散戶投資人要如何才能既精通投資的數學，又精通莎士比亞以及他巧手展現的人性，以免犯下愚蠢之舉，不幸導致神奇的複利投資汽車滑出致富高速公路？答案很簡單，就是精通投資的四大金律。

投資金律一：投資的理論

　　本書最首要的重點是：風險和報酬之間維持著一種亦步亦趨的密切關係。如果你沒有偶爾經歷像要粉身碎骨似的虧損，就別期待獲得令人艷羨的高報酬。就像很多人透過一九九○年代末期網路泡沫的悔恨中學到的，能在今年一年內增值900%的股票，同樣能在明年一年內輕易重挫90%。我們沒有辦法規避隨著持有普通股而來的風險，而且，我們接著馬上就要討論，天底下沒有一個市場時機精靈能準確告知你何時應退出股票市場。在任何一個特定的時刻，市場上一定有許許多多的預言家，所以，每一次發生崩盤，總會有那麼一、兩個預言家，在純粹僥倖的情況下準確點出崩盤的時機。不過，這些「天才」們一戰成名後的預測準確度，幾乎都遠比擲硬幣的結果更差，而且這個「一次準確之後次次失準」的模式，幾乎就像發條般精準得不得了。何況即使你真的精準地在正確的時間點賣出，也必須再一次正確地猜出要在何時重新進場。且讓我們看看以下事實：從二○○七年年底的市場高峰到二○○九年三月初的市場低點，如果你投資史坦普五○○指數（S&P 500，編按：又稱標準普爾五○○指數）相關的標的，你應該虧掉了55.2%（含股息），但從那個低點到二○二二年年底，這項指數共回升了644%。[5]

　　前半段的虧損就像是進入股票市場報酬電影院的門票。關於這個觀點，約翰·梅納德·凱因斯（John Maynard Keynes）的說法最為貼切：

　　　　我認為，機構法人投資者或任何其他嚴肅的投資人根本不需要老是處心積慮地思考是否應該在下跌的市場裡減碼或出場，我更不認為那是他們的義務；我也不認為投資人應該在他手中的持股跌價時，感覺自己活該被指責。我的想法遠遠超越那個格局。應該這麼說，真正嚴肅的投資人偶爾有責任在不自我譴責的前提

下，沉著地接受資產跌價的事實。[6]

這段引用文字裡的關鍵字是「沉著」，它是指「冷靜地忍受虧損，並將虧損視為理所當然的能力」。本書最重要的投資祕密之一是，要想在財務上保持沉著，最有效的靈丹妙藥，就是持有一大堆安全的資產——以美國投資人來說，所謂安全的資產是指乏味的低收益率國庫證券，也就是即使在一切看似了無希望的時刻，你都敢繼續持有的資產。就這層意義來說，這些國庫證券其實是你的投資組合裡最高報酬率的資產（譯註：因為平靜無價）——這也是LTCM那幾位負責人忽略的祕密。

過去二十年，我對生命週期投資法（life-cycle investing）的想法隨著時間的流逝而不斷演進——尤其是和未來股票與債券報酬將偏低及報酬順序風險（sequence-of-returns risk，指在退休初期發生負面初期報酬的可能性）等潛在的綜合破壞性影響有關的概念。多年來，我逐漸意識到，決定股票風險高／低的主要因子，其實是投資人的年齡和他的「燒錢率」（burn rate）：也就是他一年會花掉投資組合中的多少錢。因此，我把有關「如何隨著生命週期的不同階段調整資產配置」的主題改到第六章討論，也就是「理論」部分的最後一章。

投資金律二：投資的歷史

回顧過去幾十年與幾個世紀，資本市場看起來和英國貴族的玫瑰園一樣井井有條：股票的報酬率高於債券，而債券的報酬則高於現金，總之，這些不同的資產全都呈現出大致可預測的模式。不過，若以區區數年的期間來說，金融市場還是偶爾可能脫稿演出，就像一九九○年代末期，當時的企業只靠話題性和點擊數——盈餘和股息被遺忘——股價就能漲到天高水準；相反地，一九三○年代初期的情況更令人難以置信——某些公司的股價甚至低於它們手頭的現金。

　　如果你以前親眼見識過上述情節，一定知道它的結局是什麼。假定你搭著時光機回到一九九九年的某一場晚宴，一定會發現晚宴上最為人所津津樂道的話題，都聚焦在科技股的投資人賺了多麼巨額的財富；至於要分辨誰上當、誰又沒上當，最簡單的方法就是針對一九二九年崩盤辦一場小測驗：高盛（Goldman Sachs）怎會被捲入？誰又是薩謬爾・英薩爾（Samuel Insull）？

　　金融學並不是物理學或工程學那樣的自然科學（hard science，譯註：又稱為硬科學），而是一門社會科學。箇中的差異是：橋梁、電路或飛機對某一組特定情境的反應永遠都是一樣的，但金融市場則不然，而不容否認地，這正是導致LTCM的幾位負責人員及客戶跌落萬丈深淵的殘酷事實。即使醫師、物理學家或化學家渾然不知曉他們自身專業學科的歷史，也不會因為對那些歷史缺乏認識而受苦；但對金融歷史缺乏認識的投資人，則必然處於無可彌補的劣勢。

　　成功的投資人必須熟稔兩個歷史概念：

1. 各種不同資產類別的長期報酬率與短期波動性。
2. 市場先生（Mr. Market，傳奇投資人班傑明・葛拉漢〔Benjamin Graham〕把投資大眾比喻為市場先生）患有嚴重的躁鬱症，它會周而復始地反覆在陶醉與沮喪的兩個極端之間擺盪。

投資金律三：投資的心理學

　　晚更新世（late-Pleistocene）的人類是生活在極度危險的環境裡，因此，一個人的生與死，經常取決於他能否以一觸即發式的敏捷反應來應對這個危險的環境。於是，至少在過去幾十萬年，人類透過演化，逐漸發展出閃電般的行為模式，並完美地適應了那樣的危險環境。

　　如今，距離上一個冰河時代結束才不過三百個世代（generation），

我們生活中的金融風險時間範圍卻不再是以「秒」來衡量，而是以「幾十年」來衡量。因此，現代投資人的最大敵人，其實是鏡子裡映射出來的那張石器時代面孔，也就是投資人自古以來的天性。

且讓我們看看臭鼬。幾百萬年來，臭鼬透過演化而發展出一種對付擁有尖牙利齒的大型掠食性動物的有效策略：一百八十度轉身並噴發臭氣。令人惋惜的是，對生活在半都會化環境的現代臭鼬來說，這樣的危機反應並不是那麼有幫助，因為此時它們面臨的最大威脅不再是大型掠食性動物，而是以六十英里時速移動且重達數噸的巨大金屬塊（譯註：汽車）。

這麼說來，在投資方面，人類就相當於現代的臭鼬。近來，行為財務學（behavioral finance）受到密切關注——儘管人類對這門學科的關注或許有點過頭了，但我們仍舊能從中獲得一些啟發。成功的投資人會學習如何規避最常見的行為誤謬，並嘗試對抗自身的不良投資行為。我們將發現，不成功的投資人：

- 嚴重過度自信，不只對自己掌握市場時機的能力過度自信，也對自己挑選股票與挑選成功資產管理人的能力過度自信。更糟的是，他們對自己的風險承受度過度自信。
- 以過高的價格購買特定類別的股票。
- 以過高的成本過於頻繁交易。
- 一心尋求只有極低機率能獲得高回報——且長期報酬率很低——的金融選擇，例如首次公開發行股票（IPOs）與樂透彩券。如果你想住進濟貧院，最快方法之一就是把找出下一個亞馬遜網站（Amazon.com）當成你的主要投資目標。

只要學習如何應對這些缺點與其他許多缺點，一定能獲得非常可觀且源源不絕的報酬。

投資金律四：投資的產業

審慎的旅客會遠離戰爭區域。應對金融業也是同樣的道理。事實上，就算把整個金融服務產業視為一個戰場也不算離譜——而任何一家股票經紀商或全方位服務的經紀商、任何一篇定期投資分析報告、任何一位購買了個別證券的投資顧問，以及任何一檔避險基金，更是當然的戰場。一般股票營業員服務客戶的方式，和銀行搶匪娃娃臉尼爾森（Baby Face Nelson）對待銀行的方式並沒有兩樣，相信我，這麼說一點也不誇張。

舉個例子，很多財務顧問和營業員連投資理論的基本概念都不懂，簡直無知到令人震驚。這是個令人遺憾的現況，而這個現象之所以會存在，理由很簡單：不管是投資產業或政府，都沒有強制規定營業員或財務顧問——甚至是避險基金、退休金或共同基金的經理人——必須達到什麼樣的教育要求，不僅如此，整個投資產業的道德準則和菸草產業比起來簡直不遑多讓，兩者幾乎是半斤八兩。

總而言之，作為投資人的你，等於是和代表著整個金融服務業的猛獸同時被困在一場恆久零和（zero-sum）的戰鬥裡，而且無從逃脫。幸好隨著時間的不斷流轉，這頭猛獸已變得愈來愈容易被馴服。我在二十年前剛發行本書的初版時，整個「競技場」上只有一個安全的位置可供投資人躲避這頭猛獸的攻擊，那就是先鋒集團（Vanguard Group）的一系列低費用率共同基金。從那時迄今，被先鋒集團搶走一部分市場大餅的其他大型投資公司決定，既然打不過先鋒集團，乾脆加入它的行列。於是，它們開始透過各自的平台，銷售各式各樣低費用率的共同基金與指數股票型基金（ETF），甚至還代銷先鋒集團的產品。在此同時，由於先鋒集團未能妥善處理大量湧入的新客戶資金，因此反而被它自身的成就所累，成了資產膨脹的受害者。儘管到目前為止，先鋒集團依舊是可行的選擇之一，但肯定已經不是唯一的選擇了。

四大投資金律的應用

我將透過本書最後一部的內容，把這四大投資金律轉化為設計與維護效率投資組合的技巧：

■ 選擇要投入哪些基金與證券。

■ 走出死角，開始動手建立你的投資組合。

■ 長期維護並調整投資組合。

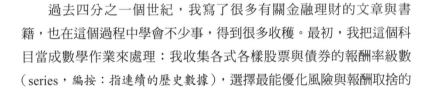

過去四分之一個世紀，我寫了很多有關金融理財的文章與書籍，也在這個過程中學會不少事，得到很多收穫。最初，我把這個科目當成數學作業來處理：我收集各式各樣股票與債券的報酬率級數（series，編按：指連續的歷史數據），選擇最能優化風險與報酬取捨的組合，接著釐清如何篩選市場上可取得的工具，進而落實那個投資組合。

《智慧型資產配置》是我的第一本著作，這本書最初是在一九九五年以電子書的形式出版，後來，麥格羅希爾公司（McGraw Hill）發行了它的紙本。這本書的內容「很數學」，所以主要只吸引到科學家和工程師之類讀者的青睞，其他讀者多半對它興趣缺缺。套句我朋友的說法，這本書是個「成功的失敗」。幾年後，我試圖用《投資金律》的第一版來擴大我的讀者群，不過，那一次也不算很成功。連我的醫療領域同儕——他們絕對受過高等教育，而且都擁有相當強的數理能力——都被書裡的數學搞得頭昏腦脹。

從我在二〇〇二年完成這本書的上一個版本至今，很多事都已經改變。其中最轟動一時的事件是大蕭條（Great Depression）以來最大的那一場金融危機，那場危機把二〇〇七年至二〇〇九年間的全球金融市場搞得七葷八素，即使事過境遷多年後，它的遺毒還持續在歐洲迴盪；接著，我們又迎接著一場全球大流行病。諷刺的是，這場

疫情爆發後，利率顯著下降，股票市場則隨之大漲；不過，這諸多現象在二〇二一年年底為投資人帶來了金融史上最令人畏縮的挑戰：資產價格的大漲導致期望報酬率變得微薄；即使股票與債券經歷了二〇二二年的大屠殺，期望報酬率降低的問題也僅僅局部緩解。

　　我涉足金融與歷史主題相關寫作的時間已長達四分之一個世紀之久，這段漫長的歲月讓我領略到，相較於硬梆梆的數據和數學，讀者遠遠偏好令人不由得信服的生動敘事。幸運的是，本書最具關鍵重要性的數據，正好可切割為容易消化的片段，融入本書的敘述當中。相較之下，數學的問題就沒那麼容易處理了，不過，幸好就算不使用數學，也能理解這本書。只不過，為了避免讓少數真正**樂於**研究各式各樣數字的讀者失望，我還是把數字相關的討論納入「數學解說方塊」，但一般讀者大可略過那些方塊的內容。

　　最後，從本書第一版發行後迄今的二十年間，我透過自身的理財之旅，領略到非常多教誨，包括：

- 如果你存不了錢，你的投資功力再強也無濟於事，另外，你個人對「金錢的真正效用」的認知，將決定你累積金錢的能力有多強。如果你認為金錢的目的是要購物，那麼，你注定會失敗，因為你很快就會發現自己被困在一台「享樂主義跑步機」上，不知不覺中對愈來愈貴的汽車、愈來愈華麗的房子，或愈來愈「高貴」的度假產生無盡的渴望。請容我說出本書唯一一句髒話：世界上最好的金錢是「去你的錢」，也就是用來買時間跟個人自由意志的錢。

- 某些人所謂的「國庫券（Treasury Bill，簡稱 T-bill）投資平靜理論」：你堅持到底的能力和你的投資組合裡的短期安全資產金額（必須相當於約當幾年的生活費用）成正比。到目前為止，決定個人投資成就的最主要因子，是你善加回應最險惡時期（這些時期大約只占人生的百分之幾）的能力，而所謂最險惡的時期，是指你原本認為理所當然的許多事突然在你面前崩

塌的那種時刻。在整個投資生涯當中,你一定至少會經歷幾次那樣的時刻,而在那種艱困時刻,最能保你周全的投資標的,莫過於你手上持有的國庫券與定存單,不管那些標的收益率是多麼低。

■ 一旦你贏了退休這場戰爭,就應該先把未來日常租金與生活雜支等所需的資金另外保留下來,不要再拿那些錢來投資與冒險。我建議至少留下相當於十年基本開銷的錢,如果能留下二十年或甚至二十五年就更好了。剩下的錢,你愛怎麼花就怎麼花,不管是拿那些錢去承擔多少風險,投資什麼資產、買商務艙機票和夢寐以求的 BMW 豪華車、留給你的繼承人、捐給慈善機構或美國國庫等,都悉聽尊便,就算你為了感謝讓這個國家和你個人得以共同富裕的那些機構,而把剩下的錢全捐給那些機構,也都不成問題。

■ 波動性 —— 最常以標準差(standard deviation)來衡量 —— 是衡量一項資產的風險高低的好指標,不過,它缺乏一個重要的維度:這項資產會在**何時**發生損失。典型的例子之一是公司債,尤其是信用評等較低的高收益債券(high-yield bonds,即「垃圾」〔"junk"〕債券)。特定國庫債券與特定公司債可能有著相同的標準差,但這檔公司債的風險絕對比國庫債券高很多,因為一旦爆發金融危機,公司債絕對會受到重創,國庫債券則甚至可能會漲價;尤其到了危機時刻,你可能會因為股票跌到跳樓拍賣價而想大舉加碼股票,或是單純基於三餐溫飽等目的而迫切需要流動性(liquidity),這時若想賣掉手上的公司債來換取流動性,就不得不接受極低的價格,甚至求售無門。

■ 投資的根本要旨並不是要實現最大報酬率,而是要將成功的機率最大化,而成功的定義是:為退休、教育支出、房子的頭期款,或是捐贈給慈善機構或繼承人等目的籌措到足夠的資金。報酬率最大化與成功機率最大化是完全不同的兩回事。換言

之，投資的根本要旨比較貼近席爾維亞・布魯姆，而非莫頓或休爾茲。

在追求成功機率最大化的道路上，第一站應該是先探索金融理論，從中尋找有助於實現「成功最大化」目標的線索。

投資金律一
投資理論

　　一七九八年時，拿破崙帶領一支法國遠征軍入侵埃及，當時他的部隊只有一張粗略到不能再粗略的地圖，而且，他們對自己可能面對的氣候與地形幾乎一無所知。果不其然，這個入侵行動成了一場徹頭徹尾的災難；三年之後，士氣渙散又飢病交加的最後一支法國軍隊被他們的領袖遺棄，最終慘遭土耳其與英國聯軍殲滅。

　　悲哀的是，大多數投資者的投資規畫和這支遠征軍的作戰規畫幾乎沒兩樣——投資人對自己面臨的投資環境與氛圍同樣一無所知。多數投資人絲毫不了解風險與報酬之間的密切關係、不懂如何估計報酬率，對其

他投資人與自己之間的交互影響力一無所知，更不懂投資組合設計技巧——即如何針對平均約長達半個世紀的投資生命週期設計適當的投資組合。總之，多數投資人和拿破崙的那支遠征軍一樣，注定失敗。本書的第一部將逐章討論上述的每一個基本主題。

第一章

不入虎穴，焉得虎子

　　我成年後，多數時間都忙於醫療執業活動，那段時間，我也證明了「醫師是糟糕的投資人」這個眾人約定成俗的看法。有兩個因素導致醫師幾乎必然會成為爛投資人：第一，醫師比多數專業人士更容易成為過度自信的受害者；第二，醫師從來都不會以應對醫學的嚴謹度來處理金融問題。事實上，金融領域的研究跟物理、生物或社會科學領域的所有研究一樣攸關重大、一樣嚴肅，絕對不容等閒視之，只不過，幾乎所有非金融領域人士——不只是醫師——都不願花時間學習金融領域的基礎學問。

　　如果你的醫師對生理學、解剖學、病理學、藥理學、臨床操作訓練的了解不夠通透，也未受到同行評閱（peer-reviewed）醫療文獻的持續監督，那麼，你應該會斷定他連治療小感冒的能力也沒有。事實上，多數醫師在管理他們的畢生積蓄時，幾乎完全沒有涉獵過金融面的類似領域，若類比醫療領域，他們在資金管理方面的此等行徑，就好像是藉由閱讀報紙的醫療保健版來學習如何進行大腦手術。

金融理論：風險溢酬

　　生理學是人體運作方式的研究，而金融理論就堪稱金融版的生理學。如果硬要用一句話來概括金融理論，這句話應該是：**報酬與風險密不可分，形影不離；想要獲得高報酬，唯一的途徑是承擔高風險並忍受偶爾的巨額虧損，相對地，安全的投資標的則只會得到低報**

酬。

　　舉個例子，且讓我們想像美國財政部發行了一檔殖利率為3％的永久債券（perpetuity，也就是說，這檔債券沒有到期日）。通常一張債券的面額是1,000美元，所以，這檔永久債券每年會產生30美元的收益。現在，請再想像一下，財政部長突發奇想，他不想每年發30美元的利息給債券持有人，而想用擲硬幣的方式來決定每年的利息，如果投資人擲出正面，那一年就發60美元的利息給他，如果是反面，則不發放利息。

　　如果持有的時間夠長，投資人每年的平均利息收入理應還是會等於30美元。但由於這麼一來，利息的發放與否變得不可信賴，投資人將因此感到不滿，並根據這個新事態，重新為這檔永久債券定價——例如將它的定價從原本的1,000美元降為750美元——作為他們承擔了利息發放不確定性的補貼。以那個新定價來說，殖利率會從3％上升到4％（也就是30美元除以750美元）。就金融術語來說，那多出的1％殖利率，就是因承擔了擲硬幣的不確定性而可獲得的「風險溢酬」（risk premium）。

　　「風險溢酬」是本書最重要的用語之一。這個擲硬幣債券範例所提供的1％風險溢酬，和投資人期望從低倒閉風險（但不是零倒閉風險）企業所發行的債券獲得的報酬率有關。

　　股票隱含的風險比上述那類債券更大，所以，股票的風險溢酬更高。為了說明股票的狀況，我要把《智慧型資產配置》裡的一個角色召喚到這本書，他就是虛構的弗瑞德叔叔（Uncle Fred），他正好也是你的雇主。

　　你和他簽約不久後，他把你拉到一旁，帶著你了解他公司最光怪陸離的退休計畫。每年年底，他會提撥5,000美元到退休帳戶裡，並給你兩個選項：

　　選項一：你將獲得相當於總累積退休金的3％的報酬率，這是安全的報酬。

選項二：以擲硬幣的方式來決定你獲得多少報酬：如果擲出正面，你那一年將獲得總累積金額的30％的報酬；如果是反面，你會發生總累積金額的10％的虧損。

你打算未來三十五年都為他工作。正好你對製作電子試算表格很內行，所以你很快就算出了選項一的結果，到你退休時，你只能累積到30萬2,310美元，而你退休後的所有吃穿用度，全得靠這筆錢來維持。表面上看起來，這筆總金額還算差強人意，但實則不然；萬一未來三十五年，每年的通貨膨脹都維持在3％的歷史平均水準，那麼，到時候這筆錢將只擁有相當於今天的10萬7,346美元的購買力。*

選項二——也就是你在某特定年度虧掉10％的總累積金額的機率是50％——則讓你嚇出一身冷汗。如果你手氣不好，連續好幾年都擲出反面，並因此虧損連連，那可怎麼辦？萬一你在這三十五年當中，每年都不幸擲出反面，那麼到退休時，你可能只剩下一點點錢。然而如果你連續三十五年都擲出正面，那麼你的利得將足以導致可憐的弗瑞德叔叔破產——因為他到時候將欠你1億6,200萬美元！

當然，連續三十五年擲出反面或正面的結果幾乎不可能發生，那兩個結果的發生機率都是 $1／2^{35}$，也就是 0.000000003％。不過，無論怎麼說，這個選項的最終結果還是有可能比安全的選項一更差，所以，我們得更仔細琢磨一下擲硬幣這件事。只要時間夠長，擲出正面與反面的機率將會各占一半。如果你用一系列正／反面交替的級數來代表這個結果，那麼，你每兩年期間的報酬將是：

$$1.3 \times 0.9 = 1.17$$

第一年的30％報酬將使你的帳戶餘額變成原來的1.3倍，到第

---

* 眼尖的人可能已經注意到，10萬7,436美元比17萬5,000美元（即35*5,000美元）少很多；另外，為了簡化起見，我並沒有根據美國的長期歷史通膨率，將每年的提撥金額提高3％，因為這麼做並沒有對這項練習的目的產生明顯的影響。（本書隨頁註若未特別註明則皆為作者註）

二年，由於你虧掉總累積金額的10％，所以，你就必須把原來的帳戶餘額乘以0.9。到那兩年結束時，你的帳戶餘額會變成初始金額的1.17倍，換算年化報酬率（annualized return）則為8.17％，也就是說，相對於安全的選項一（3％報酬率），選項二的期望風險溢酬為5.17％。

你繼續用電子試算表格計算了一下後發現，除非你擲出十二個正面與二十三個反面或比它更糟的結果，否則你的報酬率不會低於那個安全的3％報酬率選項。但擲出「十二個正面與二十三個反面」的機率又是多高？由於你不敢確定這個問題的答案，所以，你回到大學母校去拜訪當年的統計學教授。一如往常，教授重重地對你嘆了一口氣，他說，只要用一種稱為二項式分配函數（binomial distribution function）的東西，就能輕易計算出任何一個擲硬幣結果的組合了呀！你的一臉茫然讓他不由得又無奈地嘆了一口氣；他索性走到他的筆記型電腦前，打開電子試算表格程式，接著火速地敲擊一陣鍵盤，印出如圖1.1的圖形給你。

圖1.1 弗瑞德叔叔的擲硬幣機率

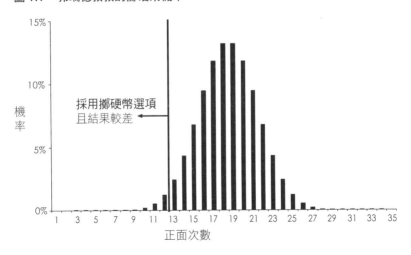

　　你把這張圖和電子試算表格檔案帶回家，最後終於搞懂了：擲出少於十二個正面——這會導致你落後那個安全的選項一——的機率低於5％。

　　弗瑞德叔叔的擲硬幣假設可不是我心血來潮隨意設計出來的；我選擇＋30％／-10％年度報酬率結果的原因是，這個結果和美國整體股票市場的年度報酬率及波動性（風險）相近，而選項二相對於安全的選項一的5.17％風險溢酬，也近似股票相對國庫券的風險溢酬，而且，不是只有美國的股票與債券市場呈現這個狀況，國外市場也一樣。平均來說，選擇擲硬幣確實能得到比較好的結果，但如果你挑上這個選項，卻年年都得承受令人窒息的焦慮感，何況，有時候，外在環境的劇烈起伏，難免會導致你悔不當初，恨不得自己原本選擇的是那個安全的選項；只不過，你產生這種望想的機率並不是很高。

數學解說方塊

幾何報酬率、算術報酬率與變異數修正項

　　某些人可能會納悶，為什麼擲硬幣選項的年報酬率不是10％，而是8.17％？畢竟＋30％與-10％的平均數是＋10％。平均報酬率是指每一個別年度報酬率的平均值，但年化報酬率則是更微妙的概念。年化報酬率等於為取得一系列不同年度報酬率的中位數（且最有可能的）結果而每年必須獲得的報酬。

　　想像一下，你持有一檔在第一年上漲一倍（報酬率為100％）但隔年下跌50％的股票；如果這檔股票一開始是每股價值10美元，那麼，到第一年年底，它的價值會上升到每股20美元，第二年年底又跌回10美元。經過這麼一來一往，你此時的實際報酬率為零，但報酬率的平均數卻是「25％」（也就是＋100％與-50％的平均數。）

　　年化（幾何）報酬率與平均（算術）報酬率顯然並不相同——以統計的術語來說，後者代表中數（mean，即平均數），而前者則

較接近中位數（median）。擲硬幣的平均（中數）報酬率為 10%，但年化（中位數）報酬率則為 8.17%。年化報酬率永遠低於平均報酬率。如果擲硬幣的結果共出現了一半 -10% 與一半 +30% 的報酬率，那麼，最後的結果就會等於每年獲得 8.17% 的報酬率。重點是，你是年化報酬來支付你的帳單，而不是用平均報酬。

平均報酬率和年化報酬率之間的差異，大約是變異數（標準差的平方，又稱為方差）的一半——這就是所謂的變異數修正項（variance drag）——也就是你因一檔證券或資產類別的高波動性而遭受的懲罰，它的近似值為：

〔幾何報酬率〕$\cong$〔算術報酬率〕$-$〔變異數／2〕

另外，如果你的投資組合沒有資金流入或流出，擲硬幣結果的排列順序就無關緊要。不過，如果你有增加或減少投資組合的資金，報酬（譯註：即擲硬幣的結果）的順序就非常重要了。舉例來說，弗瑞德叔叔的擲硬幣選項中，有兩個非常不可能發生的極端結果：如果你每年加碼一樣的金額，並在連續擲出十六次正面後，又連續擲出十九次反面，你最後的成果將比安全的報酬率選項一還要差；但就算你從第一年開始，一連擲出二十七次反面，只要接下來你能連續擲出八次正面，最後的實際成果還是會超越選項一。當然，這些都是極端不可能發生的事件，純粹只是用來闡述「報酬的順序」真的很重要罷了。所以，圖 1.1 雖然是個簡化的示例，卻還算能夠表達一個重點：機率對你有利。

為什麼擲硬幣的結果的順序很重要？因為後期的總投入金額較高，而連續擲出二十七次反面後擲出連續八次正面，等於是以後期較高的總累積金額來獲取後期較高的複合報酬率，這樣的報酬順序能克服早期報酬率偏低所造成的傷害。這也意味積極為退休儲蓄的年輕人，寧可在一開始獲得較差的投資組合報酬率，指望稍後能獲得較高的報酬率；不過，退休老人就不同了，我將在本書稍後篇幅

解釋，為何退休老人寧可一開始先獲得較好的報酬（稍後的報酬率降低），也會說明這對退休後的資產配置有何意義。

不只是擲硬幣

我舉弗瑞德叔叔的擲硬幣選項為例，是為了簡單闡述債券和股票的風險與報酬之間的聯繫；選項一能獲得3%的恆定收益率，所以它代表債券，而擲硬幣的選項二則代表股票，而股票的風險溢酬為5.17%（8.17%減3.00%）。總之這兩個選項的設計，是為了類比現實世界的股票與國庫券。不過，這些報酬和風險究竟是從何而來？為了搞懂這個問題，我們必須逆轉我們作為投資人的視角，從需要資金來開創企業或創造企業成長的企業家角度出發。

從古代的貨幣經濟體誕生以來，世人為企業提供資金的方法向來只有兩種：透過債務或股權——以當今這種大企業與複雜財務當道的世界來說，這兩種方法指的是債券與股票。

現在，請想像一下你是一名逐漸嶄露頭角的中東菜廚師，你想在社區一帶設置一輛餐車，但這需要1萬美元的資金。你的第一個選擇是向某人借這筆錢。且讓我們假設，你和你的親朋好友手邊都正好沒有那樣一筆錢，所以，你不得不去向銀行申請貸款。

且讓我們進一步假設這輛餐車要價1萬2,000美元，而且你向銀行表示，你願意用這輛餐車來作為貸款的抵押品——一旦順利申請到貸款後，你只需要2,000美元的現金，這正好是貸款金額和餐車購入價格之間的差額。從銀行的視角來說，這筆貸款是相對低風險的買賣：如果你的事業成功了，銀行將能順利收回1萬美元的本金外加利息，而如果你失敗了，銀行可扣押這輛餐車，而且餐車的價值高於這筆貸款的金額。正因為抵押品的擔保效果使這筆貸款的風險相對偏低，所以，銀行只對你收取合理的利率——可能介於6%至10%之類的。但令人感嘆的是，從**你的**視角來說，這筆債務型融資的風險其實

非常高：如果你失敗了，你就會破產。

　　另一個為餐車籌資的方法，就是提議某個朋友購買餐車的股權，假定這位朋友名叫蘇，她嚐過你做的沙威瑪後，認為你做的餐點絕對會令人難以抗拒。為回饋她出資1萬美元的支持，你把這項事業的一半股權送給她。

　　這時，投資人／商人的風險動態出現了一百八十度的大轉變。從蘇的視角來看，她的投資風險再高也不過了；如果你的餐車事業基於任何理由而失敗了（可能的理由包括鄰居們不像她那麼喜歡辣口的食物、鄰居們對餐車的區域規畫有怨言、一場大流行病導致餐廳用品與材料供應鏈中斷，或是你的假釋官一直對你糾纏不休等），她就會損失她的全部投資。財務領域的書呆子把蘇稱為這輛餐車的「剩餘所有權人」（residual owner）；身為餐車經理人的你並不一定非把這輛餐車的任何利潤分給你自己和蘇不可（在股票的世界裡，這種利潤分享稱為股息），而就算你決定把餐車的利潤分給你自己和蘇，你可能也會希望能減少分潤的金額，或甚至停止利潤分享。理論上來說，蘇可能獲得的好處是無限大的；說不定十年後，她會成為一家國際速食店綜合企業的半個老闆，只不過，這樣的機運微乎其微。相反地，從你的視角來說，把餐車的股權（股票）賣給她，則能減輕你的風險，因為就算這輛餐車失敗了，你也不會破產。

　　然而如果你向銀行貸款，所有的風險都將由你一人承擔；一旦你未能如期清償本金和利息，你在法律上就算破產，在那種情況下，銀行將擁有餐車資產的第一手索賠權。

　　總之：你可以用貸款的方式為你的事業籌資，但這麼做對你而言的風險很高，對放款人（把他想成「債券持有人」）的風險則相對較低；另外，你也可以用股權為這項事業籌資，這個方式對股權所有權人的風險很高，但對你而言，風險則較低。

　　由於身為股票所有權人的蘇所承擔的風險高於銀行，所以，她理應獲得股票風險溢酬。下表彙整了在採用債務與股權型融資等情況

下，投資人和商人之間的風險關係。

	債　務	股　權
投資人	低風險	高風險
商　人	高風險	低風險

最後一點是：蘇的手邊實際上並不一定要有她投資這輛餐車的那筆錢；她也可以用借貸的方式取得這筆資金。若是如此，她就不僅是涉足了一件高風險的事，而是兩件：借錢**和**投資股權。以金融領域的術語來說，她這麼做就等於是利用融資（margin）來投資股票，而這個作法會導致她的投資汽車更加可能偏離致富高速公路，甚至害她陰溝裡翻車。

談到這裡，我想聊聊一個和個人投資有關的常年疑問：要把現金拿去還清房貸，還是要利用銀行的資金（貸款）加碼投資組合？

把那筆資金投入債券通常是不明智的，因為房貸利率通常遠高於債券的利率。更重要的是，把透過房貸借到的資金投入股票，絕對更加不智，因為這麼一來，你的房貸實質上就變成一筆券商融資貸款，只不過這筆貸款並不會像券商融資貸款那樣，在特定狀況下遭到追繳，當然也不會逼得營業員在股價重挫之際出清你帳戶的股票（譯註：即融資斷頭）。所以無論如何，如果你有閒錢，應該先選擇償還房貸；唯有如此，你才能在下次災難來臨之際，繼續高枕無憂。

另一個重要的術語：期望報酬

「風險溢酬」是一個相對容易理解的概念；但「期望報酬」就不同了，它相對非常難以解釋。

你的沙威瑪餐車會成功嗎？這個問題的答案只有老天爺知道。假定接下來十年間，這輛餐車非常成功的機率是40％，而你把餐車

的所有利潤全部保留下來，並用那些保留盈餘把餐車改造為一家能以20萬美元轉手的時尚餐廳。到餐廳成功轉手的那一刻，蘇將獲得10萬美元。進一步假設餐車失敗的機率為60％；如果我們逐一權衡蘇的兩個可能結果——即獲得10萬美元，或是一毛錢也無法收回——的機率，就會發現蘇的**期望**回報是4萬美元（0.4*10萬元加上0.6*0元）。

所以說，蘇的原始出資額**預期**將在10年內增長為原來的4倍，換算下來，這相當於每年14.9％的**期望**報酬率。*這麼高的期望報酬率聽起來的確很誘人，但高期望報酬率絕對也伴隨著非常高的風險，以這個案例來說，風險就是：蘇有60％的機率會虧到一毛不剩；這項額外的風險正是股票的**期望**報酬——也就是「股票風險溢酬」——高於安全資產的理由。

要如何估計股票的期望報酬率？

在現實世界裡，企業就好像活生生的有機體：企業會誕生、企業可能成長，可能不成長，而且企業會衰亡。多數動物的生命都非常短暫，但某些動物（如格陵蘭鯊魚）則可能存活三個世紀之久，一些無脊椎物種和樹木（如狐尾松）甚至能活上數千年。

相同地，能存活五年的小型企業大約只占其總數的一半，而公開掛牌企業的「半衰期」則是大約十年。美國某些民間小型企業從美國獨立戰爭（Revolutionary War）前就營運至今，還有少數——像是約翰‧皮爾龐特‧摩根（J.P. Morgan）創立的兩家大型股份有限公司——奇異（General Electric）和美國鋼鐵（U.S. Steel）——則在股票交易所掛牌交易了長達一個世紀以上。

由於多數的企業都已消失在歷史的洪流裡，這些企業留給投資

---

* 這是在十年內使1萬美元變成4萬美元所需要的年度報酬率。
（$4^{0.1}-1 = 14.9\%$）

人的,幾乎就只剩下它們(或購併這些企業的公司)消亡前發放的股息;所以,企業過去發放的股息是唯一能正確評估股票價值的方法。舉個例子,目前臉書/Meta平台並沒有發放股息;如果它不幸在發放任何股息前破產或遭到政府勒令停業,它的最終投資人就會全然血本無歸。(「所有公司都會消亡,除了它們曾發的股息以外不會留下一抹痕跡」的例外之一是現金收購全部股權〔cash buyout〕的案例,但這種案例占整體股票市場報酬的金額非常微小。)

若想搞懂股票的期望報酬率,最簡單的方法是想像一個永遠能產生3%總股息的神話股票市場,更神奇的是,這個市場的股息將以每年5%的恆定速率成長。且讓我們以一檔價位為100美元且股息為3美元的股價指數為起點;到第二年時,它的股息將成長5%,達到3.15美元,這麼一來,為了維持3%的恆定收益率(3.15美元/105美元=3%),股價指數應該也會增長5%,達到105美元。理論上來說,你每一年都會獲得3%的股息和5%的價格增值,合計報酬率共是8%(假定股息沒有再投入股市)。這個簡單算術關係——

期望報酬率=股息收益率+股息成長率

就稱為高登方程式(Gordon equation);所有長期投資人都必須把這個方程式當成一等一的大事。

性、謊言與折現率

且讓我們回到這一章剛開始討論的那兩檔國庫債券(永遠不會到期的虛構國庫債券),這些永久債券每年會發放30美元的利息,其中,第一檔是每年定期發放30美元的利息,第二檔則是用擲硬幣的方式來決定要發放60美元或0元的利息。

另外也請回想一下,我們最初是先檢視第一檔債券,它的價格是1,000美元,以3%的殖利率來計算,它每年將發放30美元的利

息。不過，有一個更好的方式來看待這檔虛構的債券，那就是把整個流程倒轉過來——想想看，如果某債券一年的利息是30美元，我們要用多高的折現率來計算這檔債券的市價？如果我們採用的折現率是3％，就會得到30美元／3％＝1,000美元的答案。由於第二檔債券是採用擲硬幣的方式來決定利息支出，所以它的風險較高，所以，我們對它採用較高的折現率：4％，有了這個折現率，就能進而算出這一系列收入源流的價值為30美元／4％＝750美元。

這段舉例說明觸及了投資活動最核心的真理：資產的**真正**價值並非券商月報表上的數字，資產的真正價值在於它提供的收入源流：以債券來說，收入源流是指它發放的利息，而以股票來說，則是指它發放的股息，用更浪漫的說法來形容，那是你名下的那一小部分經濟體。

英國人在這方面的觀念比我們美國佬領先了好幾個世紀。直到近來，如果你問一個英國人，某人的淨資產（net worth，又稱淨值）有多少，對方最可能的答覆應該是「她一年的身價大約是2萬美元」之類的。相比之下，美國人則喜歡用券商月報表上的數字來回答這類問題。採用月報表數字來衡量淨資產的問題是，誠如你可以從以上計算見到的，券商月報表上的數字對前述算式的分母——即折現率——非常敏感，而折現率更會隨著市場對風險的知覺而不斷高低起伏。舉個例子，在全球金融危機期間，各地的金融市場決定大幅提高折現率，而這對價格造成了相反的影響。

股票狂熱期則會發生相反的狀況，在那樣的時期，市場會決定採用低很多的折現率來評估資產的價值。以這個現象來說，或許最轟動一時的例子是詹姆斯·葛拉斯曼（James Glassman）與凱文·哈塞特（Kevin Hassett）的《道瓊指數3萬6,000點》（*Dow 36,000*）一書。這本書是在一九九九年出版，當時的道瓊指數大約只有10,000點，據他們推測，市場似乎是以9％的折現率，把股票市場的未來盈餘折算回當時的市場價值。

當時這兩位作家說，9%的折現率太高，根本是胡扯一通，他們認為投資人很快就會察覺到股票的長期風險並不是那麼高，於是，他們採用遠低於9%的折現率——3%——把未來的股息折算回當前的市場價值，經過這麼一算，他們推估股價將在幾年內上漲到原來的3倍。[1]不用說也知道，股價並沒有在後續幾年內上漲到原來的3倍。道瓊指數確實終於在漫長的二十二年後短暫抵達了3萬6,000點，但在他們做出這個大膽預測後的二十二年間，道瓊指數卻有兩度大跌約一半。這種數字堆疊遊戲我也會——如果過去每年6%的市價價格漲幅能永遠維持不變，我敢大膽預測，到二〇四〇年，道瓊指數將達到10萬點。

數學解說方塊
高登方程式、風險與折現率

前一段解釋高登方程式的敘述看似相對簡單，背後卻隱藏著許多錯綜複雜的數學，其中的主角正是折現率。且讓我們假設某人給你兩個選擇：你想今天中午馬上享用一個起司漢堡，還是願意等到十年後，再享用超過一個起司漢堡？而如果你願意等到十年後再享用，你認為到時候要能吃到幾個漢堡，才值得你這麼漫長的等待？假定你認為要到時候吃到兩個漢堡才算值得，那麼，你對起司漢堡的折現率就是 $2^{0.1}-1 = 7.2\%$，這個比率就是能讓你現在的一個漢堡在十年後變成兩個漢堡的複合利率。（這是輕鬆理解七二法則〔Rule of 72〕的例子之一：「利率」乘以「本金增加一倍所需的時間」近乎72〔7.2*10〕；以12%的利率來說，本金增加一倍所需時間則是六年。）人類真的很不擅長計算指數成長率（exponential growth），而七二法則是解決這個人類缺陷的好方法之一。假定你外出散步，口袋裡沒有計算機，這時，你突然想估算，以10%的報酬率來說，今天的1美元將在五十年後變成多少美元。10%的報酬

率意味這 1 美元大約每七年會增加一倍；因此五十年後，這個金額
將倍增約七次，變成 128 美元──從 2 美元、4 美元、8 美元、16
美元、32 美元、64 美元，再變成 128 美元──如果你使用這個法則，
將會得到大略接近正確答案──117.39 美元──的數字）。

　　現在，且讓我們再假設向你提出上述漢堡條件的人已經非常年
老，且為人不可靠，所以，他十年後很可能會食言而肥，不履行這
個起司漢堡約定。在那個情況下，為了補貼你到頭來可能一個漢堡
也沒吃到的風險，你可能會想要在十年後享用更多個起司漢堡──
例如五個；如果你的要求是五個，此時你的起司漢堡折現率就會高
很多，變成：$5^{0.1}-1 = 17.5\%$。

　　因此，折現率就是指你為了補貼持有某項資產的風險而要求的
報酬率，它也是搞懂風險與報酬之間的密切關係的好方法之一。

　　假定一家公司所產生的股息源流是以 g 的速率成長，且無限延
伸到未來，而那些股息是以期望報酬率 r 來進行折現，在那個情況
下，該公司今天的價格 P_0 就是未來全部股息的現值的總和，而那
個總和無限大：

$$P_0 = \sum_{t=1}^{\infty} D_0 \frac{(1 + g)^t}{(1 + r)^t}$$

　　金融經濟學家將這個公式稱為股利折現模型（dividend discount
model）。請注意，股息成長率 g 不可能大於折現率 r，因為那會導
致該公司今日的價值變得無限大。

　　如果以前述公式進行一些計算，試著解出 r ──也就是折現率
／期望報酬率，就能算出

　　$R = D_1 + g$

　　這個簡單的方程式幾乎和我們先前以敘述的方式所推導出來的
簡化方程式一模一樣，差異只在於 D_1 是**第二年**的股息除以**今日**的價
格。D_1 取代了簡化方程式裡的 D_0，也就是今天的股息收益率──但
就我們的目的來說，這樣已經夠接近了。

從期望報酬率到已實現報酬率
──也就是把通貨膨脹「當一回事」的重要性

　　眼尖的人應該已經注意到，雖然我剛剛告訴你，所有企業最終都會消亡，卻還是假設整體市場未來的盈餘與股息將無限期地延續下去。這是因為一個國家的整體股票市場幾乎不可能會消亡。雖然歷史上確實曾偶爾發生這樣的狀況，但一旦某個國家的整體股市消亡，你要頭痛的問題就不會只是退休投資組合的問題了，屆時必定還會有更讓你頭痛的問題。

　　高登方程式能有效預測整體股票市場報酬率嗎？它的預測效率有多高？目前在各個股票交易所掛牌交易的美國企業大約有三千五百家，而且，我們能取得這些企業自一九二六年以來的準確報酬率數據。且讓我們假裝你是那一年的投資人，而你想要估計長期的未來報酬率。這時，你會怎麼做？

　　讓我們想像自己是一九二六年一月一日的那位投資人 ── 在一九二六年之前的半個世紀裡，股息收益率大約是5.0%，每年的股息成長率則大約是1.6%。如果你是個頭腦清楚的投資人，那麼，你理應會預測未來的報酬率將是5.0%＋1.6%＝6.6%。

　　儘管當今的投資人應該馬上就會開始擔心這項報酬率會遭到通貨膨脹侵蝕，但在一九二六年，通貨膨脹的疑慮並不是那麼高，因為在那一年之前的半個世紀裡，年化通貨膨脹率僅僅大約0.7%。這0.7%的通貨膨脹率會導致調整通貨膨脹後的期望報酬下降到5.9%。事實上，從一九二六年到二〇二一年年底，史坦普500指數扣除通貨膨脹後的報酬率為7.35%，比高登方程式預測的報酬率還高1.45%。

　　本書從此處開始，我們主要將以調整過通貨膨脹 ── 也就是「實質」──的標準，來討論你個人未來的商品及勞務消費、財富以及投資報酬率，所以，請密切留意「實質」這個詞語。這需要花一點點時間才能習慣，舉個例子，過去一個世紀，美國國庫券 ── 也就是

多數金融從業人員眼中的安全資產首選——每年的報酬率是3.26%，相較之下，通貨膨脹率為2.90%，所以說，過去一個世紀，國庫券只產生了一點點的實質報酬率。換言之，如果投資1美元到國庫券，平均來說，你獲得的報酬率只略高於你想購買的物品的價格上漲率。

　　為什麼一九二六年以後那九十六年間真正實現的實質報酬率（7.35%）和一九二六年時計畫出來的實質期望報酬率（5.90%）之間會存在1.45%的落差？那是因為在那九十六年間，股息收益率從5.0%降至1.26%。換言之，在一九二六年時，為了取得1美元的股息，只需要購買20美元的股票。但到二十一世紀初，股票已經變得昂貴非常多；到二〇二一年年底，要獲得1美元的股息，就必須花接近80美元購買股票。所以說，在一九二六年至二〇二一年的那九十六年間「價格／股息比」（dividend multiple）幾乎成為原來的4倍，而將「4倍」這個數字換算為年化數值後，可得出每年增加1.45%，這個百分比數字正好等於前述報酬率差額。

　　所以，且讓我們為高登方程式加入另一個條件，以便讓它產生**已實現**報酬率，也就是你實際獲得的報酬：

$$已實現報酬率＝股息收益率＋股息成長率$$
$$＋價格／股息比的年化變動率$$

　　這個方程式的前兩個條件——也就是股息收益率加上股息成長率，即「期望報酬率」——也稱為市場的基本報酬率（fundamental return），它代表在價格／股息比不變的情況下，你將獲得的報酬率。

　　因此，我們可以將上一個方程式簡化為：

已實現報酬率＝ 期望（基本）報酬率＋價格／股息比的年化變動率

　　期望（基本）報酬率很容易計算，更重要的是，它是更穩定的數字。另一方面，誠如我們稍後馬上會討論的，價格／股息比的年化變動率有時非常大，而且完全無法預測，所以，它是未知的——稱之

為「投機報酬率」（speculative return）會更好一些。

　　所以說，我們可以用通俗的字眼，把上述內容彙整為以下方程式：

實際報酬率＝基本報酬率＋投機報酬率

　　在任何一個特定的日子或甚至任何特定的一年，投機報酬率（價格／股息比的年化變動率）的「氣勢」都足以壓倒基本報酬率。舉個例子，二○○八年時，價格／股息比以及隨之產生的投機報酬率下降了42％，而在一九三三年時，投機報酬率則上升了驚人的66％，相較之下，那兩個年度各自的基本報酬率都只變動幾個百分點而已。

　　即使以十年期間來說，實質年化報酬率也可能遠遠偏離高登方程式估計出來的數值（高登方程式的估計值等於史坦普指數的起始股息收益率，加上二十世紀的長期實質股息成長率1.46％），如圖1.2所示。

圖1.2　史坦普500指數調整通貨膨脹後之十年報酬率─以高登方程式預測的報酬率 vs. 實際報酬率

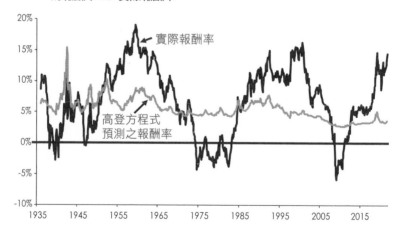

　　唯有經過非常久的時間——例如一個世代或更久——高登方程式估計出來的未來報酬率數值才能達到合理精確的狀態，如圖1.3所示。

圖1.3　史坦普500指數調整通貨膨脹後之三十年報酬—以高登方程式預測的報酬率 vs. 實際報酬率

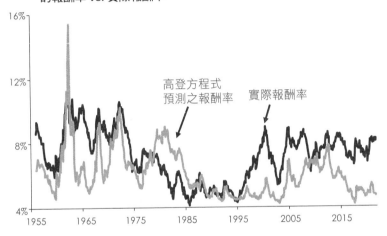

　　但即使是長達近一個世紀的期間——也就是一九二五年年底至二〇二一年年底（比布魯姆女士的投資期間更長）——價格／股息比的4倍亮麗成長，還是占了年度總實質報酬率的五分之一（7.35％當中的1.45％）。

　　圖1.4以簡化的形式闡述了基本報酬率與投機報酬率的相對重要性。

　　我們可以從上述內容看出這對未來的調整通貨膨脹後期望報酬率有何意義嗎？且讓我們以二〇二二年年底的1.7％股息收益率作為起點。一九二六年以來的實質股息成長率大約是每年2.0％。如果這個比率沒有發生變化，我們可以預期股票將衍生1.7％+2.0％＝

圖1.4　訊號 vs. 雜音：隨著時間流逝，基本（期望）報酬率與投機（價格／
　　　　股息比之變動率）報酬率的演變

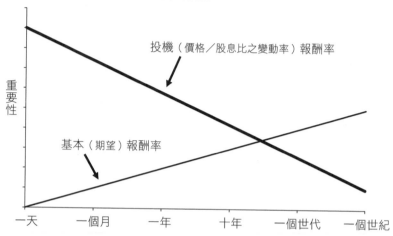

3.70％的實質報酬率。*

　　但即使是經過極度漫長的期間，已實現的總報酬率和高登方程式預測出來的報酬率之間，還是可能會有很大的差異。舉個例子，在二○二二年年底，史坦普500指數的三十年期年化實質報酬率為7.0％，但三十年前——也就是一九九二年年底——根據高登方程式預測出來的年報酬率卻只有4.8％。表面上看起來，這兩個數字差異並不大，但歷經三十年的複合成長後，那2.2％的年報酬率落差，卻會導致最終財富出現接近兩倍的差異。

　　所以，高登方程式充其量只有在非常長期的情況下才算大致準確，不過，由於複利「魔法」的緣故，即使年化報酬率只有些微差異，經過幾十年投資生涯的複利效果後，實際上實現的最終財富和以

---

* 某些人主張，「庫藏股買回」能增加一種「庫藏股買回收益率」（buyback
　yield）。但這個說法令人質疑；庫藏股買回會使股息發放金額和重大業務
　的再投資金額雙雙降低。多數企業通常是為了配合高階主管股票選擇權薪
　酬方案而買回庫藏股，那屬於某種形式的高階主管薪資，所以，這種庫藏
　股買回，並不會提高股東對公司的所有權。此外，多數庫藏股買回都是在
　企業坐擁大量現金且股價非常高時進行，所以時機都非常糟糕。

高登方程式推算出來的財富，勢必會有非常大的落差。

國際股票的數據對我們傳達了什麼訊息？

顯而易見地，過去一個世紀，美國股東的成績真的非常亮眼。不過，鑑於其中至少部分正向的經驗是導因於盈餘與股息評價（valuation，又稱估值，譯註：這裡分別是指本益比與股息收益率）的提升，所以，同步探討一下海外證券報酬率也是有道理的。

雖然美國股票的報酬率一向高於全球常態值，但也不算格外高。放眼世界各地，股票一直以來的表現似乎也符合應有的水準：股票市場提供的報酬率一律高於債券與票券的報酬率。二〇〇二年時，學術界人士艾洛伊·迪姆森（Elroy Dimson）、保羅·馬許（Paul Marsh）以及麥克·史丹頓（Mike Staunton，他們三人被簡稱為DMS）在他們合著的《投資收益百年史》（*Triumph of the Optimists*，這本書的名稱取得非常貼切，樂觀者確實勝出；編按：原文書名直譯為「樂觀者的勝利」）一書裡歌頌這個事實，而且，在這本書出版後，他們每年都會在瑞士信貸（Credit Suisse）贊助的年度研究報告（這些報告的摘要可免費下載）裡確認這個好消息。[2]

他們研究了一九〇〇年至二〇二一年那一百二十二年之間的股票與短期政府票券報酬率，結果彙整如圖 1.5。每個國家的股票報酬率都高於債券和票券，且幾乎所有國家的債券報酬率都高於票券，只有一個國家例外，這些結果和我們透過理論所預測出來的結果相符。

雖然根據「效率市場假說」（efficient market hypothesis，我們將在第三章詳述這個假說）的預測，所有國家的股票調整風險後期望報酬理應完全相同，但請留意，世界上所有英語系國家都落在這張圖形的上半部——且只有芬蘭、丹麥和瑞典的報酬率高於英語系國家中最低報酬率的國家——英國。

英語這項語言真的能比其他語言創造更健康的經濟體與更高的

圖1.5   西元一九〇〇年至二〇二一年主要國家股票、債券與票券調整通貨
膨脹後之年化報酬率

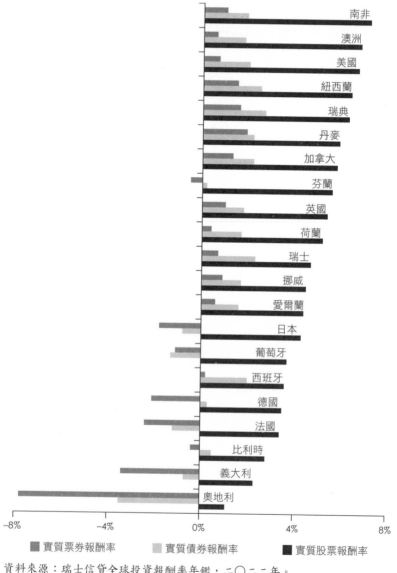

證券報酬率嗎？雖然馬克思主義者（Marxist）可能認為高證券報酬率是英國漫長的殖民主義與奴隸制度使然，但這個假設和數據不符，因為葡萄牙、西班牙和法國在殖民主義與奴隸制度等方面的惡名，和英國比起來絲毫不遑多讓。

在歷史上，葡萄牙曾經是奴隸人口占比最高的國家，但它最終卻變得更貧窮，當地的投資報酬率也比幾個歐洲北部鄰國差。如果殖民主義真的是使證券報酬率相對較高的要素之一，那麼，不久前還是被殖民地的香港和新加坡，理應是世界最貧窮的國家，而衣索匹亞則理應是世界上最富裕的國家之一，因為除了一九三〇年代的某幾年，它數千年來都維持獨立國家的地位。

所以，促成高證券報酬率的因素並非英語這項語言，而是英國的普通法系（common law，譯註：即一般所謂的英美法系）。英美法系的機構能提供財產權保障，而股票與債券的所有權自然也仰賴這些機構來保護。基於這個理由，儘管我認為新興市場股票應在充分分散投資的投資組合中占有一席之地，但我個人對那些市場的股票並不是特別樂觀，因為很多新興市場國家並沒有完善的法律制度。關於這個問題，最具代表性的國家便是中國了——雖然中國的經濟成長表現既急且猛，當地的股票報酬率卻非常慘淡——從一九九三年至二〇二一年間，股票的名目報酬率僅1.2%，實質報酬率甚至是些微的負數。

股票的風險會隨著時間的流逝而降低嗎？

且讓我們快速回頭瀏覽一下圖1.3，這張圖似乎顯示，股票的風險會隨著時間的流逝而降低。畢竟最低的三十年期年化**實質**報酬率也有4.14%，那個報酬率會使調整通貨膨脹後的1美元，在三十年後成長為調整通貨膨脹後的3.36元。最高的三十年期年化實質報酬率更達到11.80%，那個報酬率會使調整通貨膨脹後的1美元成長為調

整通貨膨脹後的28.37美元，這樣的報酬率已足夠為大多數儲蓄者提供非常優渥的退休金，只有在儲蓄方面最拖延了事的人無法享受到這個好處。不過，雖然圖中最低的最低三十年期實質報酬率——即4.14%——看起來並不那麼無可救藥，卻極為可能導致貧窮的退休老人陷入財務困境。

誠如我們將在第三章討論的，股票大致上是依循一種所謂「隨機漫步」的模式在波動著，那意味研究的期間愈長，不同股票或股票投資組合的最終金額價值就會愈「離散」（dispersion）。選擇權賣權（put options，這種選擇權的買方能以預定的價格賣出股票或市場指數）是研究這議題的好用工具之一。這些工具能在市場下跌時發揮保險的功能，而賣權的發行者——也就是「賣出」這些賣權的個人或機構——則因為幫他人提供保障（即免於發生股票價值折損的保障）而要求獲得可觀的補償。如果股票的風險會隨著時間的流逝而變得愈來愈低，那麼，存續期間愈長的賣權的成本應該愈低才對。但學者茲維・伯迪（Zvi Bodie）在一九九五年所做的一篇著名研究證明，實際上的情況正好相反：投資期間愈長，賣權就愈貴。[3]

另一方面，根據DMS所做的國際股票報酬率研究，在二〇二二年以前的一百二十二年裡，被研究的二十一個國家的股票，全部呈現正報酬率，而且，每一個國家的股票報酬率都顯著高於債券及票券報酬率。然而，值得留意的是，這份包含二十一個國家的清單受惠於「倖存者偏誤」（survivorship bias），因為某些在一九〇〇年還存在的金融市場，並沒有順利在後續那一百二十二年間倖存下來。在DMS資料庫裡，有不少國家的市場都沒撐過那段漫長的歲月，例如聖彼得堡（Saint Petersburg）交易所在一九一七年中斷了很長一段時間，上海交易所也在一九五〇年發生過相同的狀況。這個倖存者偏誤暗示，圖1.5所示的報酬率有可能高估了未來的股票與債券報酬率。儘管如此，事實勝於雄辯：就最漫長的期間來說，股票風險溢酬——也就是股票相對債券與票券的額外報酬率——依舊是正數。

不過，事實上，如果不先釐清投資**當事人**的屬性，「風險會隨著時間的流逝而降低還是升高」這個疑問根本毫無意義可言。一九六七年至一九九六年就是檢視這個疑問的好實驗期間。

在那三十年裡，芝加哥大學證券研究中心（CRSP）美國全體股票市場指數扣除通貨膨脹後的年度報酬率是6.09％，頗接近歷史平均值。但這個報酬率是怎麼累積來的？其實在那個期間的最初十五年間，由於通貨膨脹非常嚴重，所以，美國全體股票市場每年的實質報酬率只有0.40％。直到保羅・伏克爾（Paul Volcker）領導的聯準會（Fed）開始積極緊縮貨幣供給，並引發了令人不寒而慄的經濟衰退後，通貨膨脹問題才獲得解決，但那也毀了傑瑞德・福特（Gerald Ford）的連任之路，並對股票造成極大的衝擊。不過，在那個期間的最後十五年間，隨著通貨膨脹消退，經濟恢復強勁表現，美國全體股票市場的實質年報酬率也明顯翻轉，達到12.10％。

為了解股票市場表現不佳的風險會對投資組合產生什麼具體影響，且容我為讀者引介兩位散戶投資人，他們同樣擁有長達三十年的職場生涯和儲蓄生涯，兩人的職涯期間也正好都介於一九六七年至一九九六年，不過，他們的遭遇略有不同。讓我們姑且稱第一名散戶為前瞻先生（Mr. Forward），他每個月投資相當於一九六七年的100美元到美國的全體股票市場（以能充分代表全體美國股票市場的CRSP 1–10指數來表達）。所以說，前瞻先生前後一共投入三百六十筆撥款，第一筆是在一九六七年一月一日投入的100美元，接著，他每個月根據通貨膨脹水準來加碼撥款金額。其次，讓我們稱第二名散戶為後顧先生（Mr. Reverse），他也採取和前瞻先生一模一樣的行動，只不過，他的月報酬率順序正好和前瞻先生**相反**，換言之，他獲得的第一筆報酬率是一九九六年十二月的報酬率，最後一筆則是一九六七年一月的報酬率。

他們兩人的成果如圖1.6所示，這是很典型的龜兔賽跑案例。後顧先生一開始是先獲得很高的報酬，也因此搶先奪得了領先地位，不

過，前瞻先生雖是到最後幾年才獲得高報酬，卻在終點輕鬆取勝，他最終的財富是14萬9,436美元，而後顧先生的最終財富只有6萬9,291美元（這是以一九六七年一月的美元計，若以二〇二三年一月的美元計算，則分別大約為77萬5,000美元與36萬1,000美元）。前瞻先生為什麼會得到最後的勝利？答案是，他獲得高報酬的年度是在那三十年期間的下半階段，當時他的資產規模已遠大於上半階段，相較之下，後顧先生的高報酬年度則是發生在總資產規模較少的上半階段；所以說，由於前瞻先生在資產規模較大的下半階段獲得較高複合報酬率的加持，才會獲得最後勝利。

圖 1.6　自一九六七年至一九九六年間，每個月投資調整通貨膨脹後的 100 美元的最後成果（請見內文）

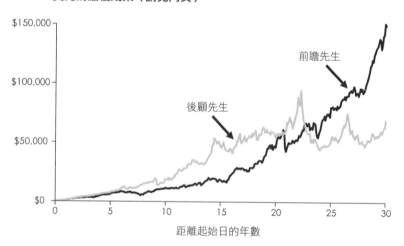

對儲蓄者來說，這三十年的上半階段（即一九六七年至一九八二年）的工業級波動性（industrial-grade volatility）與低劣的報酬率代表高風險嗎？正好相反：即使後顧先生的結果看起來不太好，他最後的財富仍達到實際投資總額——3萬6,000美元——的2倍左右。不過，年輕且定期存錢的儲蓄者還是應該跪求老天爺在他們剛展開投資之旅時，賜給他們一個嚴重的空頭市場，這樣才有機會用便宜

的價格購買股票——也就是說，假設他們能找到一份有足夠薪水的工作，並使他們得以在後續的艱困時期裡好好存錢。

　　現在，且讓我們反過來對兩位退休老人進行一個相同的實驗。這兩位退休老人都在一九六七年投資了10萬美元到美國全體股票市場，另外，他們每年的花費也各相當於一九六七年的5,000美元——也就是說，他們調整通貨膨脹後的「燒錢率」為5%。圖1.7清楚述說了前瞻先生的悲慘故事——那些年，他親身經歷了股市的所有實際情節。

圖 1.7　燒錢率 5% 的退休老人，一九六七年至一九九六年（請見內文）

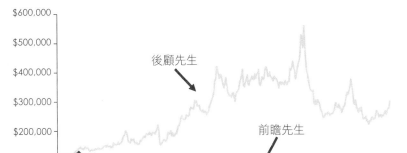

　　在一九六七年至一九八一年那漫長的十幾年裡，前瞻先生只能驚恐再驚恐地看著空頭市場不斷蠶食鯨吞他的投資組合。對他來說，一九八二年的大多頭市場著實來得太晚了：他到第二十六年的年中就用光了所有積蓄。在此同時，獲得報酬的順序正好和前瞻先生相反的後顧先生，則留下很多財富給他的繼承人。由於他最初的報酬率非常高，所以，他的積蓄大幅增加，以一九六七年的美元計算，一開始的10萬美元，最後的價值達到30萬1,000美元，如果換算為二〇二三年

（也就是他度過三十年快樂的退休生活並撒手人寰後）的美元，這筆
錢更成了157萬美元。

　　結論：對一開始遭遇極低報酬率的退休老人來說，股票的風險
真的很高，這就是一般所謂的「報酬率順序風險」。相反地，對較年
輕的儲蓄者來說，只要他能在每一個長期投資者都必然會遭遇到的空
頭市場中保持冷靜，股票市場風險再高，都只會是一時的。

債券的期望報酬率

　　乍看之下，債券（定期發放利息，最後將購買面額的價值返還
給投資人的一種證券）的期望報酬率似乎很容易估計：如果你購買一
檔殖利率4.00％的三十年期國庫債券，你一定能輕易用這些數據算出
你的報酬率（不會正好等於4.00％，因為在這個過程中，你可以把收
到的利息再投資到不同利率的債券）。

　　到目前為止，這件事看起來不難懂。問題在於，那4.00％的報
酬率是「名目」報酬率，換言之，那是以現值美元（current dollars，
譯註：又稱時價美元）計算的報酬率，而因為通貨膨脹的緣故，這筆
現值美元利息能買到的東西將一年比一年少。究竟少到什麼程度？
幸好美國財政部也發行通貨膨脹連動公債（inflation-adjusted bonds，
正式名稱為抗通膨公債〔Treasury Inflation-Protected Securities〕，簡
稱TIPS），這種公債的本金和利息會亦步亦趨地隨著消費者物價指
數（Consumer Price Index，以下簡稱CPI）進行調整。在我撰寫本書
之際，那種公債的殖利率大約是1.5％，不過，其實在不久前的二〇
二一年，那些公債的殖利率還長年處於負數水準，五年期的抗通膨公
債殖利率還曾經低達-1.9％。你沒看錯，在二〇二一年時，美國扣除
通貨膨脹後的利息與本金價值，在整整五年當中每年折損了1.9％的
購買力。（順帶一提，儘管在我們撰寫本書之際，當期通貨膨脹率明
顯很高，但期限同為三十年的一般公債和TIPS之間的利率差距——

也就是所謂的損益兩平殖利率〔break-even yield〕──卻告訴我們，
債券市場認為未來三十年的通貨膨脹率將是2.3％。）

　　你投資的債券能創造高於國庫債券（無論是TIPS或「陽春」型
一般公債）的報酬率嗎？公司債的利息較高，而且要買多少就有多
少，當然，買公司債相對也得承擔適當程度的風險，畢竟企業有可能
債務違約或甚至破產──不過，公司債持有人有時還是能在破產處理
程序中取回部分資產，平均大約能收回違約利息與本金的一半左右。
公司債投資組合的最重要衡量指標是「損失率」（loss rate），也就是
經過法院追討後，每年因企業破產而折損的總淨報酬。平均來說，
Baa級公司債──即「投資等級」（investment grade）債券的最低一
級──的損失率大約是每年0.2％。考量到目前Baa級公司債的殖利
率比安全的國庫債券高2％，所以，乍看之下，那類公司債債券好像
物超所值。

　　問題在於，當一檔債券有違約與發生損失的傾向時，它的信
用評等就會被降級；雖然擁有高信用評等的債券鮮少突然急轉直
下地陷入違約的窘境，卻常會歷經一步步遭到降評且最終違約的痛
苦過程，一如這個世紀最惡名昭彰的企業破產案件──安隆公司
（Enron）──所示。即使是擁有穆迪公司（Moody's）最高信用評等
的Aaa級債券，每年都有大約10％遭到降評。最長的公司債報酬率級
數顯示，以涵蓋所有信用評等的債券的平均值來看，公司債的殖利率
比相同期限的國庫債券高大約1.6％，不過，其中一半殖利率會因企
業破產而折損，所以，公司債只能提供大約0.8％的額外報酬率。[4]

　　投資人值得為這0.8％的額外報酬率而冒險投資公司債嗎？答
案是不值得。原因是，公司債的損失率並非一成不變，而是起伏不
定──雖然平常的損失率很低，但一旦碰上經濟動盪時期，損失率卻
會特別高。圖1.8描繪了一九八三年至二〇二〇年間所有公司債的損
失率。

　　圖1.8的圖形凸顯出風險的最緊要的基本性質：**在景氣惡劣的時**

圖1.8　一九八三年至二〇二〇年，所有公司債的損失率

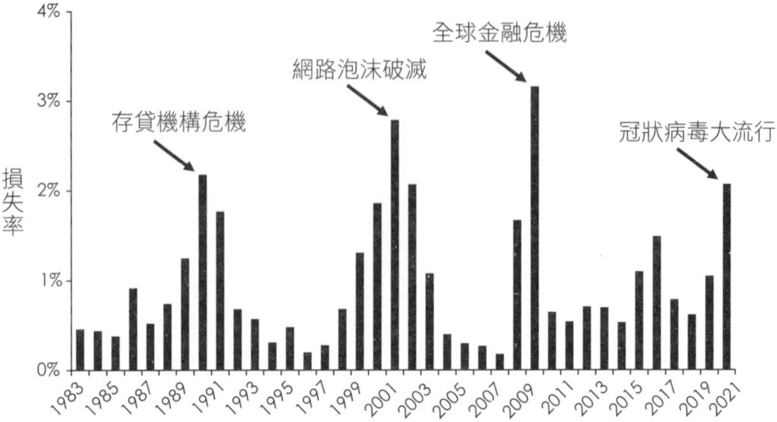

資料來源：穆迪公司年度違約研究

期碰上惡劣的報酬率——我接下來要把這個現象稱作「伊曼倫風險」
（Ilmanen risk），那是用我同事安提‧伊曼倫（Antti Ilmanen）的姓來
命名，他寫過很多和「時機的重要性」有關的文獻。[5]請注意，在景
氣最惡劣的時機，公司債總是會發生損失，例如一九九〇年前後的存
貸機構破產潮、二〇〇〇年代初期的科技泡沫破滅、二〇〇七年至二
〇〇九年的全球金融危機，以及二〇二〇年這場大流行爆發後的經濟
動盪期等。換言之，當你最可能需要現金來逢低承接股票、買下過度
擴張的鄰居被迫拋售的房地產（因為那是你夢寐以求的「三角窗」房
地產），或是純粹因為被裁員又拿不出錢支付雜費和租金之際，你手
上的公司債卻也很可能發生最嚴重的損失。在空頭肆虐的市場上購買
股票的感覺絕對不會好受；但為了逢低承接股票而不得不賣掉虧本的
債券，感覺絕對更糟。

　　固定收益市場上有一個和公司債呈現鮮明對比的小區隔叫巨
災債券（catastrophe bond），這種債券的本金會因某個「誘發事
件」——通常是颶風或地震——而被一舉抹除。由於颶風和地震及金
融危機無關，因此，這類債券的期望報酬率低於相似信用評等的公司

債。這讓我們想起一個值得一再重申的原則：風險不僅在於你虧多少錢，也在於你**何時**虧掉這些錢。

其他資產也是一樣的道理，其中，黃金是典型的例子，當股票與債券價格重挫時，黃金的表現通常還不錯；因此，黃金的期望報酬理應偏低才對，確實，黃金的已實現報酬是偏低的。過去兩千年，黃金的實際報酬率似乎是零：在古羅馬時代，一盎司的黃金能購買一件精美的長袍，如今，一盎司的黃金也只夠買一套優質男用西裝。

我們可將優質公司債想成由90％國庫債券與10％股票組成之類的組合資產，而高收益（「垃圾」）債券則大約是接近50％國庫債券與50％股票的組合資產。誠如我在導論中討論的，在最險峻的時期，為了減輕對你個人投資組合而言的最大風險──也就是會威脅到你的心理健康乃至投資紀律的風險──最好是把你的股票和債券分別保存在完全獨立的不同心理帳戶，而且你的債券投資組合最好只持有最安全的固定收益資產。

眼前二〇二三年的期望報酬率又是如何？

這是我為散戶投資人寫的第四本書，這四本書分別在二〇〇〇年、二〇〇二年、二〇〇九年與二〇二三年出版。我在這一章計算了那幾個年度的股票、債券與60／40投資組合的實質期望報酬率，詳如下表，另外，我還計算了這個60／40投資組合從上述幾本書出版後到二〇二二年年底的已實現實質報酬率。

以前三本書來說，事實證明這些估計值確實偏向悲觀，換言之，每一個個案實際上的已實現報酬率都高於我計算出來的期望報酬率。然而，請注意，書愈老，預測的期間愈長，落差就愈小。我在不到十二年前的金融危機之際出版了《投資人宣言》一書，從那時至今，這個60／40投資組合獲得了5.5％的實質報酬率，但如果就此推斷未來的實質報酬率也將達到這個水準，似乎有流於荒謬之嫌。

書籍（出版年）	股票實質期望報酬率	債券實質期望報酬率（三十年期的抗通膨公債）	60/40 投資組合的實質期望報酬率	從書籍出版後到2022/12/31，60/40 投資組合的已實現實質報酬率*
《智慧型資產配置》（二〇〇〇年）	2.7%	3.8%	3.2%	3.6%
《投資金律》（一版）（二〇〇二年）	3.4%	3.0%	3.2%	4.9%
《投資人宣言》（二〇一〇年）	3.6%	1.8%	2.9%	5.5%
《投資金律》（二版）（二〇二三年）	3.7%	1.5%	2.8%	N/A

* 60／40 投資組合的已實現實質報酬率是採用史坦普 500 指數與彭博社整體債券指數（Bloomberg Aggregate Bond Index）的組合，這個投資組合從書籍出版年度的年底開始，每年進行再平衡（rebalance）。

　　以每一個個案來說，60／40 投資組合的實際表現都優於預測值，主要原因只有一個：利率的下降促使股票與債券的報酬率雙雙上升，不過，未來這個因素似乎不可能繼續存在。

　　最後，眼尖的讀者一定有注意到，即使是圖 1.3 裡的三十年期最低年化實質股票報酬率——即 4.14%——都高於我目前估計的未來實質報酬率 3.7%。根據迪姆森、馬許和史丹頓（DMS）的說法，過去一個世紀，樂觀主義者確實是勝出的，但那有很大程度是導因於那段期間的價格／股息比幾乎成長到原本的 4 倍。除非這個過程延續下去，否則高歷史股票報酬率將成為過去。萬一這個過程繼續像二〇二二年那樣逆轉，更是絕對會帶來不小的痛苦。

　　這項分析與 DMS 根據他們的數據所預測出來的估計股票報酬率一致——他們的數據顯示，過去一百二十二年，整體世界股票市場的平均股票風險溢酬——即股票和國庫券報酬率之間的差距——為 5.0%，然而，當中的 0.7% 來自價格／股息比的上升，所以，期望股票風險溢酬為 4.3%。[6]

自有歷史記載以來，投資人可以放款給企業，也可以持有一部分企業，換句話說，投資人可以持有債權或股權。這個動態的最近一次重大變化是發生在四個世紀前，當時，一般人開始得以在公開市場上購買與出售那些債權與股權。沒有別的──只有債券和股票。

還有沒有其他標的可供投資？諸如原油、原木或小麥等原物料商品怎麼樣？除非你打算在自家後院設置一個大型油槽、原木堆置場或小麥倉庫，否則你只能買賣原物料商品的期貨合約，問題是，期貨市場是一種高投資費用的零和賽局（zero-sum game），且期貨市場交易會導致短期情緒產生巨大的波動，並衍生可觀的代價。不僅如此，原物料商品期貨投資活動的日益普及化，已促使期貨合約價格明顯上漲，並造成一種所謂「正價差」（contango）的現象。這個英文字不是指布宜諾斯艾利斯最新流行的舞蹈，而是指原物料商品期貨報酬率平均每年會被扣掉幾個百分點的過程：隨著期貨價格的較高價合約緩慢朝較低的現貨價格（現貨價是指原物料商品**今天**的售價，而剛剛有討論過，除非你家後院有一座原油槽，否則你無法購買原油現貨）移動，原物料商品期貨的報酬率平均每年都會減少幾個百分點。[7] 黃金就不同了，你無法貯藏原油或黃豆，卻可以貯藏合理數量的黃金，但誠如我們剛剛討論的，黃金的長期實質報酬幾乎是零。白銀也一樣，過去幾個世紀以來，白銀也幾乎無法保有原來的購買力。

那麼，不動產總可以投資了吧？一般來說，不動產確實能保有它的實質價值，並產生租金收入，但持有房地產比較像是一種工作，而非投資。如果你喜歡修馬桶，又樂於應付吸毒、擁槍自重且遊手好閒的房客，請便吧。當然，你大可以付錢給房地產管理公司來幫你處理這些狗屁倒灶的事，但這項服務又不是免費的，而且，以投資組合的角度來說，即使是在最好的情境下，你最多也只能持有一個不夠分散風險、由相對少數房地產組成的不動產投資組合。持有

不動產投資信託（REITs）組成的投資組合或許可以規避這個限制，不過，請等到你的資金規模達到有必要那麼高度分散投資時再持有REITs吧，⋯⋯現在持有股票就好。私募不動產基金和不動產聯合組織（syndication）介於持有個別房地產與持有REITs之間，但這些投資管道的流動性還是非常低，且未能充分分散投資。

　　事實上，二〇〇七年至二〇〇九年金融危機過後，投資不動產的人都遭遇到租金下跌以及房客設法讓租約失效等頭痛問題。不過，我最近和許多熱中商用不動產和公寓的所有權人聊過，他們幾乎所有人似乎都淡忘了（或太年輕，以至於不知道）這些狀況。

　　最後，最夯的加密貨幣不好嗎？如果你相信加密貨幣的狂熱愛好者，你應該也認定這種貨幣未受政府嚴密監督，也不會受官方不節制的印鈔行為所影響（譯註：不節制的印鈔行為容易造成通貨貶值）。只要你願意接納更多加密貨幣，你甚至可以用它來賺取利息——只要你不在乎付利息給你的那家「銀行」的創辦人其實是個不折不扣的詐欺犯（最初，媒體將那個創辦人吹捧為無私且具遠見的有識之士），而且不介意承擔因此而起的風險。但以我個人來說，如果我想要持有通貨，我只願意持有美元、歐元、日圓和英鎊等形式的通貨，其餘一律免談。加密技術或許能啟動金融革命——一如幾千年前的金屬鑄幣與在那之後的紙鈔也曾引領金融革命——但從這些奇妙發明出現以來長達幾個世紀的事實證明，把這些鑄幣或紙鈔放在你的保險箱或錢包裡，都不是有利可圖的做法。

第一章摘要

- 參與金融經濟體系的形式只有兩種：以收息的方式貸放資金（債權），或是分享所有權（股權）。公司的剩餘所有權人──即股東──是最後分到報酬的人，而且，他們的地位遠比債權人脆弱。股東經常得承受股價下跌之苦，因此股東也要求得到較高的期望報酬率，作為承擔股票跌價風險的補償。

- 一檔債券或股票的**期望報酬**都只是一種概率估計值，它是以加權的方式來計算所有可能報酬結果的平均值。其中最簡單的例子是這一章討論的餐車案例，它獲得 10 萬美元／ 0 美元報酬的機率是 40%／ 60%，由此可算出它的期望報酬是 4 萬美元。**已實現報酬率**則是指在一切塵埃落定後真正入袋的報酬率，已實現報酬率有可能遠高於或遠低於期望報酬率。

- 一檔股票或一個股票市場的基本**期望**報酬率等於它的股息收益率與期望股息成長率的總和。

- 一檔股票或一個股票市場的**已實現**報酬率等於基本報酬率加上**投機報酬率**，後者是指價格／股息比的變動率。投機報酬率的起伏可能非常大，而且在一個世代的時間範圍內，它經常超過基本報酬率。

- 在景氣最惡劣的時期，債權與股權的價格可能雙雙大跌。而為了補貼債權人與股票所有權人在那種時期承受的高知覺風險（perceived risk），此時債權與股權的期望報酬就必須大幅上升，所以，在那種時期購買的債權或股權通常都能帶來很好的成果，除非不是在那種時期購買的。

- 過去四十年的資本市場熱絡非凡，二〇二二年的狀況則趨於節制；金融史和最基本的審慎心態告訴我們，這種節制的情況未來很有可能會延續下去。

- 投資需要勤奮與努力，而且投資一定偶爾會遭遇重大虧損。如果你在最惡劣的時期都能堅持到底，勝算就會提高。只要把一大筆錢投入短存續期間的國庫債券和受聯邦存款保險公司（FDIC）擔保的定存單，你就能高枕無憂，堅持到底的機率自然能達到最高。

第二章

風險與報酬面面觀

真的有某些股票的未來期望報酬率比其他股票高嗎？

　　現在，且讓我們回頭看看透過擲硬幣來決定利息的那一檔國庫債券，它的隨機付息模式，使它擁有相對比傳統國庫債券報酬率高1%的「風險溢酬」。股票也是一樣的道理。想像一下，A公司和B公司的平均盈餘及盈餘成長率相同，不過，A公司的盈餘成長率既平穩且規律，而B公司的盈餘成長率卻每年大幅波動。在這種情況下，較平穩的A公司的股價將高於B公司，但A公司的股票報酬率則相形低於B公司。在其他所有條件都相同的情況下，消費性必需品（即使在經濟景氣重挫時也需要的糧食、藥物、衛生紙）企業的股價一定高於新汽車與奢侈品生產企業的股價，因為消費者可以暫緩購買新車和奢侈品。

　　人類本身的行為偏誤也可能促使一檔股票的價格上漲，從而導致它的未來期望報酬率降低。舉個例子，投資人偏好快速成長領域中擁有超凡魅力領導人的迷人企業，較不喜歡煙囪工業裡的落伍企業。這種吸引人的企業的每1元盈餘，能賣到較高價格（譯註：指本益比較高），而由於投資人認為這種企業擁有堅強的實力，所以，一旦投資人決定持有這類企業，他們要求從這些企業獲得的報酬率也較低。想想看：假設亞馬遜（Amazon）和開拓重工（Caterpillar）雙雙開口請求你投入資本，你對開拓重工要求的報酬率一定遠高於對亞馬遜的

要求。（在這個脈絡中，「要求」〔demand〕這個動詞是一個金融專業術語，指一項投資為了吸引買家而必須提供的期望報酬率。）

　　真的是這樣嗎？「爛公司」的報酬率真的比「好公司」高嗎？事實證明，基於至少三個原因，在經過非常非常長遠的時間後，答案似乎的確是如此。第一個原因是，誠如我們討論過的，「爛公司」的風險較高。這類公司的現金流量傾向於較不平穩，而且，它們的債務也傾向於較沉重，所以這種公司的股票在爆發經濟危機的期間表現尤其差——一如大蕭條與不久前的全球金融危機，請詳下表。

	大型成長型股票	大型價值型股票
回檔幅度 一九二九年八月～一九三二年六月	-81.7%	-88.2%
回檔幅度 二〇〇七年五月～二〇〇九年二月	-44.6%	-62.9%

資料來源：肯尼斯・法蘭奇資料庫（Kenneth French Data Library）

　　一九二九年至一九三二年空頭市場的數字尤其駭人聽聞。當時，如果是在大型成長型股票的頭部買進，等到股價跌到底部時，投資人原本投入的1美元只剩下18美分，而若是投資大型價值型股票，1美元更只剩12美分；至於在不久前的金融危機期間，投資1美元到成長型股票，最糟下跌到剩55美分，而投資價值型股票的1美元則跌到剩下37美分。所以，在歷史上，價值型股票的報酬率確實高於成長型股票，但要獲得價值型股票的額外報酬率，就必須付出代價：也就是承擔較高的風險。

　　但必須承認的是，上述和風險有關的解釋存在一些反例——尤其是在二〇〇〇年至二〇〇二年科技泡沫破滅期間，價值型股票因子的表現確實可圈可點。這說明了價值型股票享有某種溢酬的第二個原因：投資人一向會高估迷人企業的增長潛力。羅素・富勒（Russell Fuller）、列克斯・休伯茲（Lex Huberts），以及麥可・李文

森（Michael Levinson）在一九九三年一份劃時代的研究中檢視了幾個投資組合，這些投資組合包括誘人的成長型股票投資組合——其定義是本益比排名在市場前五分之一的股票；價值型股票投資組合，也就是本益比排名在市場倒數五分之一的股票，以及全體市場的投資組合。

　　成長型股票最初的本益比是25.5倍，那意味每買1,000美元價值的股份，能獲得約39美元的盈餘。「市場」投資組合的股票的本益比是9.8倍，也就是說，每持有價值1,000美元的這類股票，將獲得102美元的盈餘。價值型股票的本益比只有6.8倍，能賺147美元的盈餘。（以當前的標準來說，這樣的盈餘收益率〔earning yields〕看起來確實很高。因為這段研究期間——從一九七三年至一九九〇年——的股票價格確實比目前便宜很多。）

　　打從起步開始，投資到價值型股票的每一塊錢所得到的盈餘金額就是投資成長型股票的4倍。那麼，成長型股票的盈餘金額是否曾趕上價值型股票？差得遠了。圖2.1描繪了這三個族群接下來八年的盈餘金額變化。成長型企業的盈餘增長速度確實比整體股票市場快，但領先的時間並沒有延續很久，領先的程度也不是很大。具體來說，在第一年，成長型股票的盈餘增長速度比整體市場高出10％，第二年高出3％，第三與第四年各高出2％，接下來四年則僅高出1％，幅度小到幾乎無法從圖中看出任何優勢。在此同時，價值型股票——也就是本益比最低的五分之一股票——的盈餘成長率在第一年比整個市場低10％，但那個落差迅速改善，到第六年，價值型股票的盈餘成長率就已和市場並駕齊驅了。[1]

　　到第八年結束時，成長型股票的盈餘金額還是遠低於價值型股票。更糟的是，經過八年，原來的成長型股票族群的盈餘成長率已經和原來的價值型股票族群的盈餘成長率相等了。

　　價值型股票的績效向來優於成長型股票的第三個原因是，當這兩個族群的盈餘雙雙出乎意料，市場對這些意外結果的反應並不對

圖 2.1　價值 1,000 美元的成長型股票、價值型股票與整體市場的個別盈餘

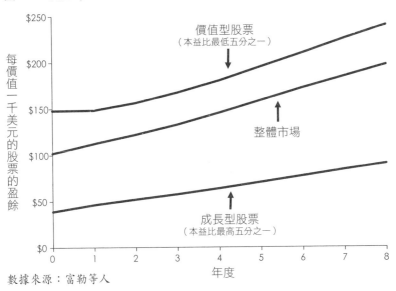

數據來源：富勒等人

稱。市場參與者最終還是會注意到成長型企業的盈餘未能達到期待值的事實，並因此懲罰它的股票。大衛・德瑞曼（David Dreman）與麥可・貝瑞（Michael Berry）等研究人員觀察了成長型企業股票在盈餘發佈後的價格波動。當盈餘超出預期，接下來一季的股價表現比市場高 6.63％，但當盈餘令人失望，其股價表現落後市場 18.49％──幅度是前者的 3 倍之高。二〇二二年年初的臉書（最近更名為 Meta 平台〔Meta Platforms〕）是闡述這個現象的絕佳案例，當時，由於該公司公布的營收和盈餘數字低於分析師的預估值，致使它的股份在單日內重挫了 26.4％。

　　相反地，德瑞曼和貝瑞觀察到，當價值型股票的盈餘超出預期，其股價表現比市場表現高出 20.05％，而當這些股票的盈餘低於預期，其股價表現也僅落後市場表現 4.19％，幅度只有前者的五分之一。總之，當成長型股票的盈餘超乎預期，它的股價表現還算差強人意，但當它的盈餘不如預期，股價表現就會遠遠落後。相較之下，當

價值型企業的盈餘超乎預期，它的股價表現會非常強勁，而即使它的盈餘令人失望，股價表現也不是太糟糕。[2]

尤金‧法馬（Eugene Fama）和他的合著作者肯尼斯‧法蘭奇也在一份有關企業獲利能力的大型研究中發現同樣的現象。雖然成長型股票最初的獲利能力的確遠比價值型股票高，但成長型股票的獲利能力會逐漸降低，而價值型股票的獲利能力則會漸漸改善。在其他所有條件都相同的情況下，那個動態應該就會轉化為價值型股票的較高漲價幅度。

小型企業股份的報酬率可能也高於市場，原因很簡單，因為小型企業股票的風險較高。一九八一年時，學者羅夫‧班茲（Rolf Banz）提出報告表示，美國小型股的報酬率高於大型股。[3]一九九二年，法馬與法蘭奇在《金融雜誌》（*Journal of Finance*）一篇劃時代的文章裡確認了這一點。他們兩人還提到，小型價值型股票與大型價值型股票的報酬率確實高於市場。此外，他們還發現，任何一個特定的投資組合的行為，都能用三項因子的影響力充分加以解釋：

1. 整體市場因子：全體股票市場（以CRSP1-10指數來表示）的報酬率減去國庫券報酬率。
2. 小型企業因子：小型企業股票（CRSP指數的第六至第十個十分位）報酬率減去大型企業股票的報酬率（第一至第五個十分位）。
3. 價值型企業因子：最便宜（譯註：指淨值比最低）的30％股票的報酬率減去最貴（譯註：指淨值比最高）的30％股票的報酬率。

下表列出了這三項因子在一九二六年年中至二〇二一年間的報酬率與標準差。

因子	年化報酬率 一九二六年至二○二一年	年化標準差 一九二六年至二○二一年
整體市場因子	6.82%	18.47%
小型企業因子	1.80%	10.99%
價值型企業因子	3.37%	12.23%

資料來源：肯尼斯‧法蘭奇資料庫

在此重申，整體市場因子是指市場報酬率**超過**國庫券利率的那部分報酬，小型企業因子是小型企業報酬率**減去**大型企業報酬率的差額，而價值型企業因子則是價值型企業報酬率**減去**成長型企業報酬率的差額。請注意，小型與價值型企業因子是多／空投資組合（long/short portfolio），所以，即使是在最好的情境下，沒有放空大型或成長型企業股票的投資人，只能獲得其中一半的因子報酬率（factor return）。

另外，也請留意，小型企業因子並不特別突出：它的標準差比它的報酬率大6倍，那意味在任何一個特定年度，它的成果並沒有比擲硬幣好多少。就那方面來說，價值型企業因子也只是稍微令人印象深刻一點而已。再重申一次，小型與價值型企業因子是多／空投資組合，所以，除非你願意放空非常大量的股票，否則只能獲得大約一半的因子報酬率。

此外，價值型企業因子的趨勢似乎是下降的，一如圖中這項因子的二十年期年化報酬率的平面圖（圖2.2）。

仔細檢視股票本身——小型價值型股票、大型價值型股票，與全體市場投資組合——的連續二十年總報酬率，便會發現這三者的型態非常相似：這意味先前這兩個價值型投資組合報酬率超前的情況似乎已雙雙消失（見圖2.3）。

價值型企業因子在近年消失的可能解釋有兩個。第一個解釋是，隨著愈來愈多投資人得知價值型股票較優異的歷史報酬率，且隨

圖 2.2   小型股與價值型股票因子的二十年期總報酬率

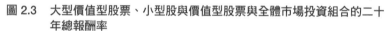

資料來源：肯尼斯‧法蘭奇資料庫

圖 2.3   大型價值型股票、小型股與價值型股票與全體市場投資組合的二十
年總報酬率

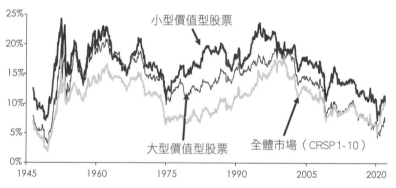

資料來源：肯尼斯‧法蘭奇資料庫

著共同基金與ETF的推出讓一般人愈來愈能夠廣泛介入價值型股票，
那類股票的價格已被推升到足以使它們的期望報酬率優勢消失的水
準——也就是金融經濟學家所謂的「交易擁擠」（crowded trade）狀
態。

　　我在約莫三十年前撰寫《智慧型資產配置》的第一版電子書時，要建立價值型股票的風險部位——尤其是小型價值型股票——是有困難的。舉個例子，一九四〇年代的傳奇投資人約翰‧坦伯頓（John Templeton）決定建立一個由小型企業股票組成的投資組合後，不得不四處拜託證券經紀公司裡的熟人，向持有小型企業股票的零星個別股東蒐購那些股份。不過雖然那整個過程耗費不少精力，卻也讓他獲得很好的回報，因為接下來四年，他的投資組合成長到原來的4倍。

　　就算到一九九〇年代中期，一般散戶也只有一個管道能建立價值型企業與小型企業因子的集中曝險部位，那個管道是一家基金公司：德明信基金顧問公司（Dimensional Fund Advisors）。該公司與法馬及法蘭奇教授合作，只對特定投資顧問公司的客戶供應它的基金。不過，至少從那時開始，散戶投資人與機構法人投資者變得遠比過去更容易能買賣價值型股票，而這個動態或許也對價值型股票的價格造成了某種推升效果。如果價值型股票的價格真的已隨著投資人變得更能「得其門而入」而被推升，那麼價值型股票與成長型股票之間的評價缺口應該會縮小，換言之，價值型股票相對成長型股票而言，應該會變得貴一些。

　　價值型股票近來績效落後的另一個解釋是，投資人被大型科技公司——這些企業幾乎全都是大型成長型股票——的成長展望與獨占勢力搞得眼花撩亂，進而「拋售」手上的價值型股票來換購這些成長型飆股，不過，這個動態在二〇二二年局部逆轉。（我必須承認，「拋售」或甚至「出售」這個動詞並不精確。以這個個案來說，實際上的狀況是，價值型股票的賣方為了哄誘買方出手，不得不降低他們可接受的賣出價。）

　　總之，近來價值型股票溢酬消失的解釋有兩個——其一是價值型股票愈來愈受歡迎，以致它們的股價被愈推愈高，二是投資人不理性出售價值型股票。答案是哪一個？這個選擇題並不難。第一個解釋

應該是認定價值型股票將變得相對比成長型股票貴,而第二個解釋則是認定價值型股票將相對變得比成長型股票更便宜。

數據明顯支持第二個解釋。事實上,價值型股票已經被賣盤打壓到未來可能創造優異報酬率的水準。肯尼斯‧法蘭奇的線上資料庫依照股價/淨值比的十分位(deciles)來為美國股票排序。股價/淨值比落在頂端三個十分位的股票,被定義為成長型股票,落在底端三個十分位的股票則被定義為價值型股票。通常以股價/淨值比來說,成長型股票大約比價值型股票貴4倍。但在二○二○年,成長型股票竟比價值型股票貴11.1倍。這個比率在二○二一年降至8.7倍,那一年,價值型股票的表現終於優於成長型股票,而且,這個比率又進一步在二○二二年十一月降至7.4倍。圖2.4清晰描繪了過去十年間的演變。

圖2.4 價值價差的長期演變

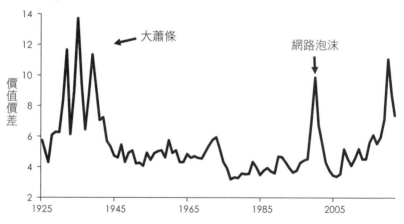

資料來源:肯尼斯‧法蘭奇資料庫

價值價差(value spread)最近一次上升到這麼高的水準,是在一九九○年代末期的網路泡沫期間,更早一次是在大蕭條期間。那兩個情境都證明,價值型企業因子確實對投資人非常「慷慨」,如前面圖2.2與圖2.3所示。

有些觀察家抱怨股價／淨值比已經落伍了，因為數位時代的到來，已使企業的有形資產變得愈來愈不重要。儘管此言不假，但一家企業的帳面價值終究是最穩定的一項資產負債表指標。此外，依據股價／現金流量與股價／盈餘（譯註：後者即本益比）來為企業排序，並以相同的方法計算這些比率——也就是最高（本益比與股價／現金流量比）30%除以最低（本益比與股價／現金流量比）30%——結果也呈現和股價／淨值比相同的價值價差型態，在二○○○年的網路狂熱最高峰時，用現金流量與盈餘計算出來的比率也曾出現一樣高的數值：

價值價差（成長：價值衡量指標的比率）

	一九五一年至 二○二一年平均	二○○○年	二○二○年
股價／淨值比	4.8	9.9	11.1
本益比	3.2	6.5	6.4
股價／現金流量比	3.2	6.4	5.5

資料來源：肯尼斯‧法蘭奇資料庫

　　法蘭奇的資料顯示，海外市場也呈現類似的報酬率型態：高市場因子報酬率、不存在的小型企業因子報酬率，以及中庸的價值型企業因子報酬率。海外已開發市場在一九九○年年中至二○二一年的狀況如下：

因子	年化報酬率 一九九○年至二○二一年	年化標準差 一九九○年至二○二一年
整體市場因子	5.62%	15.03%
小型企業因子	-0.44%	6.92%
價值型企業因子	1.85%	8.56%

資料來源：肯尼斯‧法蘭奇資料庫

　　另外，新興市場從一九八九年年中至二○二一年的數據如下：

因子	年化報酬率 一九八九年至二○二一年	年化標準差 一九八九年至二○二一年
整體市場因子	6.34%	20.91%
小型企業因子	2.17%	8.23%
價值型企業因子	7.33%	9.87%

資料來源：肯尼斯·法蘭奇資料庫

　　近年來，海外市場的小型與價值型股票超額報酬也和美國市場一樣漸漸降低。從二○二一年向前回溯的那十年間，已開發國外市場的那些數值已經轉為負數（小型企業因子為-1.42％，價值型企業因子為-3.74％），而新興市場的這些數據依舊為正數，只不過，還是遠比過去低（小型企業因子為+0.81％，價值型企業因子為+2.56％）。

因子動物園[*]

　　過去幾十年間，法馬、法蘭奇和其他研究人員不斷探索CRSP與其他資料來源的大量數據，希望能找出可預測報酬率的額外因子。舉個例子，數十年前，股票價格明顯展現動能（momentum）一事已變得眾所皆知。當過去一年的報酬率很高，預示著未來一年的報酬率還會更高一些。根據價值型股票因子的方式（最高與最低的三個十分位）來為不同投資組合的動能排序後，結果顯示，從一九二七年開始，高動能股票的報酬率確實比低動能股票的報酬率高7％。

　　這個研究結果讓效率市場假說的信徒感到困惑。高動能股票的

---

[*] 譯註：眾多學者專家針對資本資產定價模型開創了各式各樣無奇不有的因子模型，故有「因子動物園」一說。

風險怎麼可能低於低動能股票？直到二〇〇九年，這項風險終於浮現了。在二〇〇八年十二月至二〇一〇年一月間，「持有前一年的高動能股票並放空那一年的低動能股票」的動能型策略，一共折損了57.5％的價值。此外，一如價值型企業因子，過去二十年間，動能的整體報酬率是負數。動能型投資還有另一個額外的問題：這種投資法必須幾乎持續不斷地為投資組合換股，而隨著頻繁換股操作而產生的交易成本，可能輕易超過所有利潤。

　　二〇〇九年的「動能崩盤」貼切說明了一件事：風險因子中的「風險」可能埋伏非常久的時間，最終一舉擊潰投資人。在二〇〇九年以前，很多投資組合經理人把動能視為一種任君飽餐一頓的免費午餐，但到那一年，這些經理人終於發現它是個實實在在的風險。[4] 這引來了一個更大的問題。最重要的報酬率因子——市場曝險——是否也是一樣的道理？金融經濟學家經常談到「股票溢酬之謎」——也就是說，為何股票的報酬率大幅超過債券與票券的報酬率？

　　高股票溢酬是否也可能和動能一樣，暗藏著導致投資人發生罕見巨額虧損的微小機率？答案或許是否定的。首先，就算經過很漫長的時間，股票實質報酬率也有可能是負數，這根本不是什麼祕密。舉例來說，即使以最佳情境——也就是美國市場——來說，一九六六年至一九八三年間的實質報酬率都曾是零。第二，快速檢視一下奧地利與義大利（位於圖1.5的底端）的情況，便可看出這兩個市場長達一百二十二年的實質報酬率僅略高於1％，這個數字著實令人沮喪。（不過，即使是這麼卑微的實質報酬率，都遠遠超過那些國家的票券與債券報酬率，因為那些標的的報酬率都被通貨膨脹給「沒收」了。）如果當今的投資人不能理解股票風險溢酬的本質，那絕對是因為他們健忘、拒絕接受或需要去檢查視力。只要是有長眼睛的人都知道，股票的風險根本就攤在陽光下，沒有被隱藏起來。

　　除了法馬和法蘭奇的三個典型的因子——市場、小型企業與價值型企業——似乎還有其他因子也能產生超額報酬率。舉個例子，他

們兩人還發現，在研發、購併與擴張方面投資較少的企業，表現比積極投資那些方面的企業更好。從一九六四年起，這種「保守減積極」因子的報酬率為3.13％。法馬和法蘭奇也發現，從一九六四年以來，獲利能力最高的企業的報酬率比獲利能力最低的企業高出2.63％。

研究人員愈深入尋找，當然也發現愈多報酬率因子。漸漸地，金融圈學術人士對這件事開始有點膩煩。杜克大學的坎貝爾・哈維（Campbell Harvey）找出了數百個因子，他輕蔑地將那眾多因子統稱為「因子動物園」。他擔心其中很多因子其實是所謂「資料探勘」（data mining）的結果，而他的疑慮並非庸人自擾。舉個例子，有一位研究人員仔細察看聯合國的巨大資料庫，結果發現孟加拉的奶油產量，竟能精準預測出史坦普500指數的波動。（那位作者戲謔地將他那篇文章取名為「愚蠢的資料探勘把戲」〔"Stupid Data Miner Tricks."〕。）[5]

哈維也擔心學術研究圈其實是在投資公司的謊言驅使下進行這項研究的。他是這麼說的：

> 學術研究圈出產因子的速度已經失控。光是在頂尖期刊上發表且被明文記載下來的因子就高達四百多個。當然，其中很多因子是捏造的……很多因子則根本是僥倖找到的。學術報章雜誌上發表的回溯測試結果，經常被用來作為推銷商業產品的後盾。誇大的回溯測試結果導致投資人產生過高的期望，而他們事後的實際操作經驗自然也令他們大失所望。[6]

這麼說來，投資人對其中任何一個因子的曝險程度究竟應該要控制在什麼水準才算適當？首先，顯而易見地，不可能**所有**投資人都各自側重對某些因子的曝險，因為整體來說，全部的投資人持有整個市場，全體投資人不可能只持有市場上的某個區塊。換句話說，就算某些因子真的能創造高於平均的報酬率，我們也不可能人人獲得高於

平均的報酬率。

　　長期來說，不朝任何一個因子偏斜的作法並沒有錯，換言之，只持有全體市場基金並沒有錯，畢竟投資這些基金的成本可說是微乎其微，而且這些基金的節稅效益相當高。

　　最後，價值型企業因子是唯一具有令人信服的實證數據**與**可信理論乃至行為解釋的因子。當前的高價值利差讓我特別有感。如果我不得不以某種方式對價值型企業因子押注，我會選擇持有適當金額的價值型股票曝險部位。不過，一如投資的所有事務，絕對不能輕忽風險的問題；你充其量也是因為承擔了風險才會獲得報酬，而且那個風險隨時可能浮現。

　　務實來說，除非是最大咖的散戶投資人，否則沒有人有能力量身訂製自己的因子曝險部位：一般人必須把這件工作交給共同基金公司代勞。我們將在最後幾章討論目前可採納的產品。

深層風險：唯一真正攸關重大的風險

　　儲蓄與投資無非是把現在的消費遞延到未來再消費，而誠如本書反覆說明的，我們必須以調整通貨膨脹後的（實質）報酬率來思考這件事。除非你的生命已經快走到盡頭，否則，你的消費行為勢必會延續幾十年的時間。

　　風險有兩種形式：「淺層風險」（shallow risk）——能相對快速收復的實質資本損失，這種風險反覆在美國、英國以及世界上其他很多已開發國家發生；「深層風險」（deep risk）則是指實質資本的永久損失。

　　就最低限度來說，要想安然度過淺層風險，至少必須擁有深厚的流動性。若沒有大量安全且高流動性的準備金——對一般散戶來說，這是指國庫債券與定存單——就不會有足夠的財力安然度過動盪的市場、逢低購買股票，並在最需要勇氣的時候繼續勇往直前。

在正常時期看起來頗為安全的資產——例如公司債與市政債券（譯註：又稱地方自治債券）——也逃不過在局勢惡化之際下跌的命運。

決定風險「深度」的因素是什麼？答案有兩個面向，一是規模，二是虧損的持續時間，大略來說：

風險深度＝（實際虧損的規模）×（實際虧損的持續時間）

以上公式是一個論題性（thematic）公式，而非數學公式。換言之，在衡量金融風險時，應該同時從虧損的規模及虧損的持續時間兩個角度來衡量。對多數投資人來說，深層風險的有效定義是「龐大且持續的投資組合虧損」，舉個例子，這種龐大虧損的持續時間長到足以損害原本明顯安全且良善的退休計畫——例如調整通貨膨脹後的資產價值縮水超過一半，且時間持續一個世代之久。

以美國的主要資產類別來說，最險惡的深層風險個案並不是大蕭條（股票在大蕭條過後十五年半後，完全收復了一九二九年高峰時的購買力），而是一九四一年至一九八〇年間那四十年的狀況；在那段期間，美國歷經了有史以來最嚴重且最漫長的通貨膨脹，隨之而來的利率大幅上升更對債券造成浩劫。在那四十年間，投資到長期政府債券的1美元在調整通貨膨脹的影響後，實質價值縮水到剩下34美分。

過去一個世紀以來，美國以外的資本市場更充斥著許多深層風險的案例：從第一章的圖1.5中，可看出幾個歐洲國家的債券與票券報酬低得可憐，那是兩次世界大戰期間的超級通貨膨脹（hyperinflation）所造成。另外，俄羅斯與中國市場在各自的革命結束後停止運作，以及阿根廷政府在二〇〇八年把退休資產充公等，也是非常顯而易見的深層風險案例。

對你的退休投資組合——尤其是你打算留給繼承人的資產——來說，最大的風險並不是市場嚴重下跌但短暫的那種淺層風險，而是

資本長期或永久的損失。大致上來說，造成深層風險的四騎士包括（依發生機率由高至低排列）：

1. **通貨膨脹**。截至目前為止，在漫長而浩瀚的經濟史上，通貨膨脹是最常造成永久性資本損失的因素。在過去一個世紀，不得不重新設定本國通貨價值（redenominate，譯註：簡稱「重新定值」）的國家遠比無須這麼做的國家多。一九〇〇年時就已存在的通貨當中，迄今只有少數未曾重新定值，更少通貨（只有美元、英鎊與瑞士法郎）的一單位通貨（譯註：即1美元、1英鎊等）迄今還買得到一單位的物品——即使是非常小的物品。

2. **充公**。在某些人眼中，稅收就像是一種公然盜竊，但某些人卻認為稅收是維持社會正常運轉所需繳納的一種俱樂部會費，一切端視你的意識型態而定。然而，在極端的案例下，因稅收而衍生的損失有可能導致你馬上血本無歸。

3. **毀滅性破壞**。戰爭和革命有可能摧毀一個經濟體，即使一個國家的機構足以重建它的生產性產能也不例外——一如西歐在兩次世界大戰之後的狀況。在多數爆發戰爭與革命的個案中，通貨膨脹和必要的產業資本重組（recapitalization），都會對證券報酬率造成毀滅性的破壞。舉個例子，在核武持續擴張的世界裡，一旦最糟的狀況發生（譯註：例如有性命不保之虞），你的投資組合很可能會成為你最不需要擔心的問題。

4. **通貨緊縮**。在中央銀行業務開展與二十世紀廢除硬通貨（hard money）之前，通貨緊縮的情況經常發生。但在目前這個大肆印鈔的時代，通貨緊縮已成了最不可能發生的情境。即使是以當代最常被拿出來討論的案例——日本——來說，它的通貨膨脹都是正數，只不過是非常低的正數（從一九九〇年迄今的通貨膨脹年率為0.44％）。

　　現在，且讓我們以顛倒的順序來檢視深層風險四騎士。在現代這種法幣時代，通貨緊縮極端罕見，另外，關於毀滅性破壞，一般人多半是束手無策的，尤其是就財務層面而言。

　　而若想避免財產被充公，唯一可靠的方法就是搬家到海外，並把資產一併移轉到海外。但你真的捨得和你的祖國、朋友與家人分離嗎？演員傑哈德・德巴迪厄（Gerard Depardieu）或許願意為了逃避法國的高邊際稅率而從法國搬到俄羅斯，但在二○二三年的此時（譯註：俄烏戰爭仍未結束），想必沒有幾個法國富豪會願意追隨他的腳步，搬到俄羅斯。

　　多數美國公民不會願意拋棄自己的公民身分。因為如果這麼做，就可能得先繳納巨額的離境稅（expatriation taxes，譯註：又稱棄籍稅）。折衷的對策之一是保留公民身分，但把資產移轉到海外。不過，在外國券商持有股票與債券的美國人，一定免不了要應付美國國稅局的一系列繁文縟節，還得承擔法律上的風險。所以，對美國人來說，最安全的海外資產是不會產生收益的資產，例如存放在外國金庫的金條，或是未出租的不動產。即使如此，你還是必須定期向國稅局申報外國銀行與金融帳戶報告（Report of Foreign Bank and Financial Accounts，簡稱FBAR，譯註：俗稱「肥爸條款申報」）。這些規定經常修訂，所以，你必須定期向專精於棄籍稅務的會計師諮詢。儘管如此，如果你一直都夢想擁有一棟位於巴黎或佛羅倫斯的公寓，那麼，你現在有多了一個理由入手了。

　　雖然我認為徵收／充公是一個重大的長期財務風險，但我個人實在無法想像自己移居海外後會過什麼樣的生活，更是想都不敢想如果我把資產轉移到海外會有多麻煩、風險會有多高。如果我是以色列、南韓、香港或幾乎所有低度開發國家的公民，我的意見可能會有所不同。我不否認我偶爾也夢想能坐擁一棟托斯卡尼別墅，但別墅用租的──即使是定期租用──比持有它的所有權更划算，而且省事得多。

最容易管理的深層風險是第一項，也就是通貨膨脹，幸好它既是最可能發生但也最容易緩解的風險。首先是縮短你的名目固定收益型資產的到期期限：最好是低於五年。持續上升的通貨膨脹不僅會對較長期的債券造成最大傷害——一如二〇二二年的驚人情境，那時三十年期美國國庫債券的總報酬折損了30%——誠如我們將在第三章討論的，通貨膨脹還會導致股票／債券的相關性上升，而那往往會促使股票的損失擴大。（長期政府公債確實是對抗通貨緊縮的最佳防禦工具，但通貨膨脹的發生機率遠比通貨緊縮高，而通貨膨脹會摧毀長期政府公債的價值。）抗通膨公債或應稅帳戶裡的小額通膨保值儲蓄債券（I bonds）也是對抗通貨膨脹的有用工具。

雖然通貨膨脹上升時，股價確實會下跌，但股票終究代表著對實質資產的一種權利，而且長期下來，股票似乎能保有其實質價值。舉個例子，在一九二〇年至一九二三年的威瑪共和國（Weimar）通貨膨脹時期，雖然消費者物價飆漲了一兆倍，股票還是創造了顯著的正實質報酬率，只不過，股票的表現起伏極端大，如圖2.5所示。

圖2.5　股票在一九二〇年至一九二三年威瑪共和國超級通貨膨脹期間的表現

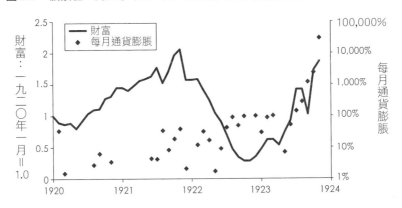

雖然原物料商品期貨基金近來的績效記錄顯示，由於擁擠／正價差的緣故，這種基金純粹是蠢人的賭博，但原物料商品生產商的股

票本身，卻可能在高通貨膨脹時期表現亮麗，如表2.1所示，表中條列了四種資產類別自一九五〇年起那九年間──當時通貨膨脹高於5%──的報酬率。

表2.1　原物料商品生產商股票在高通貨膨脹年度的表現

	消費者物價指數（CPI）	黃金股票	石油股票	基本金屬生產商	CRSP 1-10
一九七三年	8.78%	68.31%	10.04%	33.62%	-18.06%
一九七四年	12.20%	-19.98%	26.05%	-23.42%	-27.04%
一九七五年	7.01%	-4.53%	23.64%	38.42%	38.75%
一九七七年	6.77%	13.94%	-1.93%	-24.70%	-4.26%
一九七八年	9.03%	0.33%	8.53%	12.95%	7.49%
一九七九年	13.32%	128.35%	59.41%	72.96%	22.62%
一九八〇年	12.41%	67.97%	68.69%	44.63%	32.81%
一九八一年	8.94%	-34.51%	20.75%	-6.54%	-3.65%
一九九〇年	6.10%	-19.14%	-1.44%	-12.19%	-5.96%
平均	9.40%	22.31%	13.35%	15.08%	4.75%
年化	9.37%	12.92%	9.43%	10.58%	2.60%
實質年化	N/A	3.25%	0.05%	1.11%	-6.19%

資料來源：肯尼斯‧法蘭奇資料庫

　　我必須稍微解釋一下這個彙編表格。我先挑出了通貨膨脹超過5%的九個年度，接著計算每一種資產類別的年化報酬率，把這九年當成連續的九年（CPI＝通貨膨脹／消費者物價指數，CRSP1-10＝全體美國股票市場）。

　　在高通貨膨脹期間，價值型股票的表現也往往相對較好，原因至少有兩個。首先，這類股票的負債相對高於成長型企業，而通貨膨脹會對債務的規模造成侵蝕效果，從而使較高負債的價值型企業受益。第二個原因是，價值型企業產生現金流量的速度比成長型股票更

快，所以，價值型股票的現金流量現值所承受的折現程度低於成長型
股票的現金流量。舉個例子，在一九七五年至一九八一年間（這段期
間，美國的通貨膨脹平均每年為8.86％），法馬－法蘭奇美國大型價
值型股票指數與成長型股票指數每年的名目報酬率分別是20.98％與
12.15％，而法馬－法蘭奇國際價值型股票指數與成長型股票指數的年
度報酬率，則分別為20.39％與13.15％。

第二章摘要

- 價值型股票——即股價相當於公司的盈餘、股息、銷貨收入與
  帳面價值的倍數較低的股票——過去的報酬率曾經長期領先市
  場報酬率。箇中原因和行為與風險有關。
  但過去二十年間的實際狀況並非如此。這可能是因為成長型股
  票太過搶手了，但隨著成長型股票的價格被追高到不合理的水
  準，相對來看，價值型股票很有可能恢復報酬率超前的歷史盛
  況。不過，我不保證這個說法絕對正確。另一方面，價值型股
  票也可能是規避通貨膨脹風險的好工具。
- 研究人員找出了很多能使報酬率提高的因子，但那可能純粹只
  是資料探勘的結果，而且那些因子可能也附帶一些隱藏的風險。
  根據定義，一般水平的投資人擁有全體股票市場，而且，不是
  每個人都有能力——或應該——持有偏離全體市場的投資組合。
  我們將在後續章節討論哪些人可能因為持有偏離全體市場的投
  資組合而獲利，哪些人則不該持有那樣的投資組合。
- 最重要的金融市場風險不是會導致財富短暫減少的那種偶發性
  空頭市場，而是可能導致調整通貨膨脹後資本發生長達一個世
  代的虧損的那種經濟與地緣政治事件。通貨膨脹是這種金融市
  場風險中最重要的一種，它可能重創長期債券的價值。

第三章

隨機王國近代史

我曾在本書的第一版帶領讀者遊歷隨機王國（Randomovia，譯註：指市場極端有效，因此沒有人能獲得額外回報的市場）這個神話國度，這座熱帶天堂王國的一切都很完美，只有一個缺點：當地的猴子氾濫到像個詛咒，並禍害了它那田園詩般的景象。

不過，隨機王國的居民偶然發現一個別出心裁的方案來解決「猴」滿為患的問題：他們教猴子們建立股票投資組合——居民們要求猴子對著報紙的股票版面射飛鏢，讓猴子們透過這個方式為它們的投資組合選擇股票。[1]果不其然，滿腦子被市場吸引的猴子很快就失去「性趣」，猴子的數量因此銳減。

這個計畫一推行，隨機王國的猿猴金融局幾乎即刻就察覺到三件事：

- 某些猴子的績效超過市場報酬率非常多，這純屬偶然。在任何一個特定年度，甚至還有少數猴子獲得高達三位數的報酬率，這引來隨機王國的財經媒體的廣泛關注；至於績效不好的猴子則無人聞問。

- 平均來說，某一年度的績效對次年的績效絲毫沒有影響，不過，還是有少數猴子連續維持了好幾年的好運，可惜最後牠們的績效還是趨於黯淡。

- 平均來說，這些猴子並沒有打敗市場。怎麼可能打敗？畢竟牠們都是對著同一張報紙版面射飛鏢。

這一章要傳達的訊息再簡單也不過了：一切都是隨機的——歡迎各位來到隨機王國。

第一個發現金融市場這種隨機本質的是一位沒沒無聞的法國人，他叫路易斯‧巴謝利耶（Louis Bachelier）。巴謝利耶出身十九世紀末的一個法國中產階級家庭，他父親在勒哈佛爾（Le Havre）經營葡萄酒生意，母親則是出身銀行世家的詩人。他自小渴望成為數學家，不過，雙親的早逝逼得他不得不承接父親的衣缽，以撫養年幼的弟弟和妹妹。幾年後，他賣掉葡萄酒生意，搬到巴黎，並在那裡的證券交易所找到一份差事，最後更在因緣際會下，到索邦大學（Sorbonne）唸書，師從偉大的數學家亨利‧龐加爾（Henri Poincare）。

一九〇〇年，在巴黎證券交易所的工作經驗啟發下，巴謝利耶以《投機理論》（*Theorie de la speculation*）為題，提出他的博士學位論文，並成功通過論文答辯。他的論文就像先見之明，預告了愛因斯坦在幾年後提出的著名理論：布朗運動（Brownian motion）——指懸浮在介質中的粒子呈現無規則隨機移動的現象。

這篇博士學位論文的先見之明確實令人嘆為觀止。舉例來說，它預測，市場的隨機運動是隨著時間的平方根而增加。如果市場在一天內的波動性達到1％，那麼，連續四天的波動性將是2％——這個關係和愛因斯坦後來從布朗運動中導出的關係一模一樣。巴謝利耶也在這篇論文裡描述了消息靈通的投機操作者的交易狀況，他那一番說法甚至更貼切：「**_投機客的數學期望值為零_**」（原文本就採斜體字強調）。[2]

第一次世界大戰進一步擾亂了巴謝利耶的學術生涯，不過，到他在一九四六年過世時（享年七十六歲），他的學術生涯還是斷斷續續地延續了三十年。在這段漫長的時間裡，他把他的研究成果發表在

一本總銷量達數千冊的通俗讀物上，不過，至此他依舊沒沒無聞，直到一系列幾乎不可能發生的連鎖事件發生後，他才終於在現代金融圈獲得備受崇拜的地位。諷刺的是，最先對巴謝利耶讚譽有加的是一位名叫安德列‧柯莫哥洛夫（Andrey Kolmogorov）的蘇聯數學家。有一次，他向法國數學家保羅‧利維（Paul Levy）提及巴謝利耶的研究成果，保羅‧利維進而向一位美國人轉述這些研究，結果馬上就引起對方的注意。那位美國人正是吉米‧薩維奇（Jimmie Savage，米爾頓‧傅利曼〔Milton Friedman〕對他的評論是：「會讓我毫不猶豫地稱之為天才……的人不多，他是其中一人。」）。

薩維奇在一九五〇年代初期寄了一些明信片給多位經濟學家，他寫在明信片上的通訊內容大致上可簡單濃縮為一句話：「你們真的得讀讀這傢伙的著作！」天賦異秉的經濟學家保羅‧薩謬森（Paul Samuelson）是那批明信片的收件人之一，後來，他改良了巴謝利耶的選擇權定價公式，而這個公式又引起他的兩名學生的注意，這兩位正是赫赫有名的麥隆‧休爾斯與羅伯‧莫頓。休爾斯與莫頓後來進一步將這些獨到見解發揚光大，最終獲得諾貝爾獎，同時（你沒猜錯）創辦了長期資本管理公司。

薩謬森從未淡忘巴謝利耶對於投機活動的定見——即「投機活動的報酬率為零」的主張。他在《投資組合管理雜誌》（*The Journal of Portfolio Management*）的一九七四年創刊號上，發表一篇名為〈做判斷時所面臨的挑戰〉（Challenge to Judgment）的文章，他在文中建議，如果「某個大型基金會建立一個完全追隨史坦普500指數的內部投資組合，這位法國人的獨到見解就能獲得實踐」。

那時，年紀尚輕的共同基金高階主管約翰‧柏格（John C. Bogle）讀了這篇文章，他當時正在為他的個人專業生涯努力打拚。[3]接下來的發展人盡皆知，而且我們說故事的節奏稍微太快了點，先且讓我們回頭把前面的故事說完。

大約就在巴謝利耶在學術界打滾的那段時期，《芝加哥論壇報》

（*Chicago Tribune*）老闆老亞弗瑞德・考爾斯（Alfred Cowles Sr.）的孫子亞弗瑞德・考爾斯三世（Alfred Cowles 3rd）也開始親自涉足這位法國人透過理論來探討的金融市場。一九一三年，年輕又多金的考爾斯三世從耶魯大學畢業後，因染上肺結核而被送進位於科羅拉多的一家療養院。因住院期間閒來無事，他開始處理家族的財務事務——一九二九年股票崩盤後，市場陷入幾乎三年的嚴重空頭走勢，股票價格最後重挫近90％，這導致所有人的財務狀況嚴重受創，考爾斯家族也不例外。

　　當年，幾乎沒有人預見到這場金融災難的發生，包括向來勤讀各種定期投資分析報告的考爾斯三世。且讓我們回想一下本書導讀中使用過的致富高速公路比喻，這條公路上充斥各式各樣的危險，而考爾斯家族的財富就是在這條高速公路最危險的彎道之一——「市場派權威冰彎」——不幸滑出路面。考爾斯熱愛收集數據，所以，他很快就開始使用那個時代最先進的運算技術——何樂禮（Hollerith）打孔卡機器——來處理定期投資分析報告上的數字。最後，他找上他父親在耶魯大學的教授，也是那個時代最知名的金融經濟學家之一——歐文・費雪（Irving Fisher）。

　　費雪本人也被一九二九年大崩盤所傷，而且他不只是受到財務面的傷害。費雪因發明了許多現代財務理論（包括我們在第一章的數學解說方塊裡說明的折現股息模型）而在學術圈享有盛名，但不幸的是，大眾卻永遠只記得他在一九二九年提出的一個意見——他當時說：「股票價格看起來將永遠維持在高原期。」[4]在一般民眾心目中，那堪稱全世界最糟糕的市場時機預測意見。

　　事實證明，考爾斯的熱情和財力配上費雪的學術能力和數據取得能力，是上天給予全球投資人的一個意外大禮，至少對願意傾聽的人來說，這份大禮真的彌足珍貴。其實，費雪在此之前早已成立一個旨在收集金融數據的機構——計量經濟學協會（Econometric Society）——只是苦無資金奧援，考爾斯出現後，資金問題也迎刃而

解了。

　　就這樣，考爾斯成了胸懷鴻鵠壯志但苦無資金奧援的計量經濟學協會以及與該協會關係密切的考爾斯經濟學研究委員會（Cowles Commission for Research in Economics）的守護天使，幾十年來，這個委員會為經濟學領域許多重要的才智之士提供支援。[5]考爾斯也協助發起該協會的內部刊物——《計量經濟學》（*Econometrica*）期刊，這份期刊幾乎一發行，就成了這個領域的頂尖出版品。考爾斯在一九三三年一篇名為〈股票市場預測家真的有能力預測股市嗎？〉的文章裡，檢視了十六家金融服務公司的預測、二十家火險公司的股票買進計畫，以及二十四篇定期投資分析報告的市場預測。平均來說，那些建議都糟糕透頂，與其參考那些建議，讀者還不如學猴子在報紙的股票版面射飛鏢，成果或許還更好一些。

　　他在這篇文章的最後，隨機將那二十四篇定期投資分析報告上的建議重新洗牌，藉此引領他的讀者粗淺理解隨機王國的根本特性。經過他這麼一攪和，那些投資分析報告的整體績效反而改善了。其中，最佳隨機建議的報酬率和幾個獲得最高績效的實際建議的報酬率不相上下，而最差隨機建議所獲得的報酬率，卻遠優於績效最差那幾個實際建議的報酬率。到一九四四年時，考爾斯繼續把這份研究延伸了十年，最終仍舊得到一模一樣的結果。[6]總之，原始文章標題（譯註：即「股票市場預測家真的有能力預測股市嗎？」）那個疑問句的答案是：「沒有能力。」預測者**沒有**能力預測股市。

　　大約在考爾斯發表一九四四年那篇文章之後十年，投資管理績效研究的領域大致上並沒有任何新進展。到一九五〇年代末期，塔夫茲大學（Tufts University）經濟學教授哈利·厄恩斯特（Harry Ernst）聘請當時還是大學生的尤金·法馬當他的研究助理。法馬是在戰後期間的某個波士頓工人階級社區長大，他最初主修法文，但為了供養剛成立不久的家庭，他領悟到自己需要擁有更好的物質前景，於是轉而主修經濟學。厄恩斯特要求法馬設法從經濟學領域找出具獲利能力的

金融操作規則，而他也找到了非常多那類規則，只不過，經驗豐富的統計學家厄恩斯特一開始對他有所保留，沒有把大量數據樣本交給這位年輕的門生去做研究。後來，他陸續釋放一些新數據給法馬，結果，法馬原先成功的投資策略都失敗了。以經濟學的術語來說，雖然法馬「發現的規則」在**事後**（ex post）應用確實成功了，但在**事前**（ex ante）應用卻是失敗的。[7]

　　這兩個古怪的拉丁文片語是金融領域最重要的片語之二——這兩者分別意味「事件發生後」與「事件發生前」。**事後**容易，**事前**難。總之，自始至終，法馬都未能幫厄恩斯特找到一個能在**事前**創造超額報酬率的投資策略。

　　那麼，為什麼法馬的**事後**（而非**事前**）策略會那麼成功？假定你正在尋找十個可能可以預測未來報酬率的股票特質。如果你個別加以檢視，只有十個不同的因子要檢視。但等等：兩個因子的組合，能產生四十五個可能的投資策略，三個因子的組合更能產生一百二十個。*

　　當你持續增加要檢視的因子數，最後將得到幾乎無限多可能的投資策略。法馬最初為厄恩斯特找到的因子本來似乎能讓他們雙雙致富，但實際上並沒有，這就是我們在前一章討論到「報酬因子動物園」時提到的資料探勘問題。那些因子其實都不過是馬後砲；誠如華倫‧巴菲特所言：「務必對金融領域裡的過往績效『證據』戒慎恐懼。如果歷史書是致富的關鍵，富比世（Forbes）四百大富豪絕對清一色是圖書館管理員。」[8]

　　且讓我們看看一個可容納一萬人的運動場。場中的每一個人都站著擲硬幣；擲到反面的人必須坐下。就這麼擲到第十次後，平均將只剩十個人還站著。選擇股票和基金經理人也是一樣的道理。如果一開始有足夠的投資策略或共同基金，那麼純就機率來說，隨便挑都可

---

*（10！／［8!2!]）＝45；（10！／［7!3!]）＝120

能挑中表現出眾的策略或基金，但那並不代表那些出眾的策略或基金下一次也能繼續表現出眾。

法馬也很快就歸納出這個相同的結論——長期來說，幾乎沒有人能精準掌握市場時機，也幾乎沒有人能每次都挑中贏家型的飆股。某些試圖掌握市場時機的策略或共同基金經理人之所以能創造優於其他策略或基金經理人的績效，純粹是因為受到幸運女神的眷顧。有些人看起來好像總是能在擲硬幣遊戲中獲勝，但不管他們有多成功，他們接下來每一次擲硬幣時，擲出硬幣正面的機率還是永遠只有一半。

法馬後來在芝加哥大學（University of Chicago）繼續度過了漫長且傑出的生涯，在那裡，他因效率市場假說而變得名聞遐邇，這項假說或多或少主張，金融市場已將所有已知資訊反應在金融市場的價格上。*

這意味兩件事：第一，選股是代價高昂且徒勞無功的行為；第二，唯有新資訊——也就是出乎意料之外的事——才能促使股價出現波動。由於就定義來說，出乎意料的事是無法預測的，由此可推，股價波動純粹是隨機的。

效率市場假說震撼了整個金融圈。首先，它把「技術分析」（這種分析以一些視覺圖像如「W 底」與「頭肩頂」等型態來象徵底部和頭部位置，意圖透過股價波動的型態來預測股價的未來方向）丟進垃圾桶。憤世嫉俗者可能甚至可能批評，技術分析師的存在，只是為了要讓占星師顯得很厲害。★

大約就在法馬開始發展效率市場假說的那個時期，投資經理人

---

* 效率市場假說有三種形式：強式效率市場假說斷定所有公開與非公開資訊都已經反映在價格上；半強式效率市場假說斷定只有公開資訊已反映在價格上，未公開資訊則尚未反映在價格上；以及弱式效率市場假說，它斷定過往的價格行為無法預測未來的價格波動。

★ 很多人認為法馬是最早把技術分析師和占星師聯想在一起的人，但其實弗瑞德・休威德（Fred Schwed）才是那個始祖。請見 Fred Schwed, *Where Are the Customers' Yachts?*（Hoboken, NJ: John Wiley & Sons, 2006），37.

傑克・特雷諾（Jack Treynor）和學者威廉・夏普（William Sharpe）決定檢視共同基金經理人的表現，藉此證明是否真的有所謂「選股技巧」存在。其實他們兩人先前就意識到，必須根據承擔的風險量來調整投資績效，本質上來說，所謂的風險量是指股票曝險，它會體現在投資組合的波動性上。夏普的研究初步斷定，共同基金經理人普遍是不合格的，因為當他根據那些基金的波動性來調整它們的報酬率時，基金的平均績效竟小幅落後道瓊工業平均指數（Dow Jones Industrial Average）。他在文章的結尾含糊其詞地暗示：

> 要求主張因襲觀點─即仔細搜尋價格偏離其內在價值（intrinsic values）的證券，便可獲得值回票價的報酬─的那些人負起舉證責任可能是合理的……幸好很多抱持這個因襲觀點的人都擁有進行大量廣泛分析所需的財力與數據來做這件事；對於他們的成果，我們全都拭目以待。[9]

但對投資產業來說，配合夏普的質疑意見進行舉證，無異是經濟自殺，所以，投資業人士自然對此興趣缺缺，當然也沒有付諸行動；到了一九六八年，羅徹斯特大學（University of Rochester）學者麥可・詹森（Michael Jensen）決定試上一試。由於他檢視的多數基金都持有非常高比重的現金，所以，那些基金的績效幾乎清一色落後市場。詹森採用了以特雷諾與夏普的數學為基礎的精密電腦統計方法，衡量那些基金的持股的績效。

圖3.1是那些基金持股的毛績效，也就是扣除基金管理費之前的績效。細長的黑線是市場績效。它的右側是四十八檔績效領先市場的基金，左側則是六十七檔績效落後市場的基金。一如預測，平均的績效和市場績效很接近（實際上是比市場低0.4%）。

圖3.2則是扣除基金管理費後的績效，也就是基金單位數的持有人實際上獲得的基金績效。扣除基金管理費後，所有柱狀圖全部朝

圖 3.1　共同基金調整風險後但扣除費用前的績效

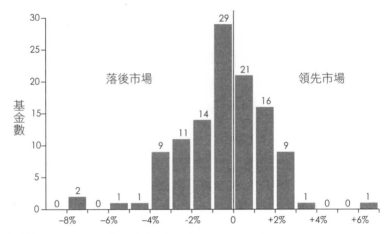

資料來源：麥可‧詹森，《金融雜誌》，一九六八年

圖 3.2　共同基金調整風險後且扣除費用後的績效

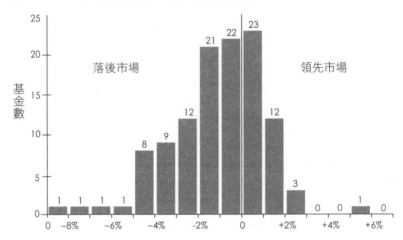

資料來源：麥可‧詹森，《金融雜誌》，一九六八年

左側移動，從圖3.2可見，績效領先的基金只剩下三十九檔，績效落後的則為七十六檔。在績效領先市場的基金當中，只有一檔基金的

績效每年超過市場績效達3％以上，而在績效落後市場的基金中，有二十一檔的落後幅度超過3％。詹森的研究結果重現了考爾斯那份原始研究的型態：沒有證據能證明績效頂尖者擁有特殊的技巧，但有強烈的跡象顯示某些墊底的經理人特別無能。

更糟的是，他研究的每一檔共同基金都收取銷售手續費（sales loads）——這種手續費通常高達認購金額的8.5％——而詹森並沒有把這項費用考慮在內，所以，基金投資人獲得的報酬率，其實比圖3.2所示的報酬率更低。[10] 總之，詹森精準地釐清了我們對隨機王國的那一群猴子應該懷抱什麼期待：

- 平均來說，基金創造的毛報酬率大約等於市場報酬率。
- 一般投資人得到的，是那個市場報酬率減去費用後的報酬率。
- 「最佳」經理人的績效似乎全然來自機率。

仔細想想就會知道，除了機率，不可能有其他任何管道可獲得那樣的績效。實際上，形形色色的專業基金經理人本身**就是**市場，因此，他們獲得的報酬率（平均而言）顯然必定是扣除費用**前**的市場報酬率，而基金經理人的顧客獲得的報酬率，則等於那個報酬率減去費用——也就是學者威廉．夏普所謂的「主動管理（active management）的加減乘除」。[11]

我們其實還沒有完全證明基金經理人的績效純粹是隨機的，因為夏普與詹森的數據依舊沒有排除「最佳績效基金的高報酬率來自高超技藝，而非運氣」的可能性。不過，從他們發表他們的研究迄今，實際上已有數十份研究證實了巴謝利耶的直覺：過往的超前績效不會持久存在。（遺憾的是，時下一般非專業讀者幾乎都無法理解後續的這些研究。在詹森的研究被發表在《金融雜誌》（*The Journal of Finance*）的一九六〇年代末期，一般受過大學教育的民眾還能在不夢周公的情況下，讀完一整篇學術性投資文章，但在那之後的高等

教育程度讀者幾乎已不具備那樣的能耐。從那時開始，唯有具備高等統計能力的人，才有能力解讀金融研究報告。在此借用馬克·吐溫〔Mark Twain〕的一句話：學術性金融文件已變成「印刷版的氯仿」〔chloroform in print，譯註：吸入氯仿會導致暈眩和疲倦〕。)

這些較新近的研究通常一律顯示，績效具短暫的微小持久性。前一年的頂尖績效表現者，次年的績效領先基金平均績效的幅度大約介於0.25%至0.5%，那或許是最後一章將討論的動能效應（momentum effect）所造成。除此之外無他。

其實隔年多出的區區0.25%至0.5%報酬率，還遠低於基金的平均手續費與其他費用，所以，這個策略可說是徒勞無益。就更長的期間來說，即使是曾經有過極出色過往績效的基金，也無法為投資組合帶來任何未來長期的利益。[12]

在和共同基金績效持久性有關的數十份研究報告中，最樂觀的一份報告發現，如果你投資去年排名最頂尖的10%基金，明年的績效大概也只和低費用率的指數型基金勢均力敵（而非超越）而已。而且一旦採用這樣的「策略」，投資組合每年的周轉率高達百分之百。對主動管理型共同基金來說，這已經是最佳可能情境了：即一年徹底翻新投資組合一次，說不定能勉強得到跟指數勢均力敵的結果，而且那還是繳稅前的結果。如果你是採用應稅帳戶投資基金，這個策略將會以短期資本利得的形式活生生吃掉你的利潤，因為短期資本利得必須根據完整的聯邦與州政府邊際所得稅率課稅。

圖3.3是晨星公司（Morningstar）研究的所有分散投資型美國共同基金——包括史坦普500指數型基金——在一九九一年至二〇一五年間的績效，我把這二十五年分成五個期間，也就是每期五年。我挑出了每個五年期間裡的績效頂尖四分之一的基金，並就這些基金在下一個五年期間的績效與所有基金的平均績效以及史坦普500指數的績效進行比較，看看有何差異。

比較結果顯示，確實沒有證據可證明基金經理人擁有持久的高

超技能。在五個五年期間當中的三個期間，所有基金的平均績效比
前一期績效頂尖四分之一的基金還要高，史坦普500指數的績效也一
樣。在一九九六年至二〇一五年的整整二十年期間，史坦普500指數
的年化報酬率是9.56％，所有基金的平均報酬率是8.90％，過去績效
頂尖四分之一的基金則在績效上殿後，只獲得8.63％的報酬率。

圖3.3　晨星公司分散投資之前一期績效頂尖四分之一的美國共同基金的績
　　　　效不具持久性

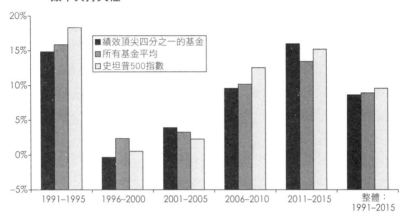

不僅如此，平均每年大約有3％的基金從市面上消失，而這些基
金通常是因為績效落後才消失。想當然爾，把最糟績效的基金剔除
後，起始群體的表現看起來就會比它們的實際平均績效好，這就是所
謂倖存者偏誤的效應，金融學界認為，主動型基金的實際績效因倖
存者偏誤而明顯遭到高估，其高估幅度大約是0.5個百分點。[13] 換言
之，即使是圖3.3，都對主動管理型基金的績效過於樂觀。

圖3.3強烈顯示，特定基金經理人明顯超前的績效是來自運氣，
而非技能使然。如果我們用另一個不同的方式來解析共同基金的績
效，例如單純追蹤各基金在各期的四分位數（quartile）落點，就會發
現，前一期落在特定四分位數的某一檔基金，下一期落在每一個四分
位數的機率各約是25％，幾乎沒有例外，由此可見，一切都是機率。

最後，一如考爾斯的發現，很多共同基金的績效研究顯示，這個專業群體的確有某個特定角落展現出些微的持久性，而那個角落是墊底區。落在同儕族群績效墊底區幾個百分位的基金經理人，傾向於繼續停留在績效的墊底區，因為那些基金收取的管理費最高，交易最為頻繁。因此也衍生年復一年的高成本。意思就是，績效是風水輪流轉，但費用一旦發生了，就永遠不會消失。

三個臭皮匠勝過一個諸葛亮——市場的集體智慧

市場把基金經理人全變成猴子是有原因的。因為市場代表所有參與者的集體智慧，所以，市場一定比最聰明的個人還要有智慧。

最先注意到這個現象的人是弗朗西斯・戈爾頓（Francis Galton），他是在一九〇六年於普利茅斯（Plymouth）舉辦的英格蘭西部肥美禽畜展覽會上觀察到這個現象。當時，主辦單位請與會人士猜一頭盛裝打扮的牛的體重。結果，與會者估計出來的平均重量，只和那頭牛的實際重量差1磅，而且，這個平均估計值甚至比最接近實際體重的個人估計值更精確。[14] 關於集體智慧，現代最經典的例子和一九六六年在地中海遺失的一枚熱核彈頭以及一九六八年在大西洋沉沒的美國蠍子號（USS *Scorpion*）軍艦殘骸有關。以這兩個個案來說，多位專家對這兩者所在位置的統計平均估計值，都只和它們的實際位置差兩百公尺，而且，這兩個平均估計值也都比最精準的個別估計值更精確。[15]

這個要點無論強調幾次都不夠：企圖預測未來市場價格波動的人總堅稱自己比市場的集體智慧更聰明，但那根本是吹牛。

流星

致富高速公路上還布滿了另一種危險：超級明星級經理人竄

窿。人類天生就對敘事比較有反應，對硬梆梆的數字和事實較無感，當然，所有財經媒體都深知這個人性特點。有不少令人不得不信服的學術證據顯示，投資主動管理型基金是徒勞無功的。不過，理解這些證據是一回事，但當媒體鋪天蓋地不斷渲染這類績效超前的投資基金帶來了多麼巨額的財富時，要抵擋那些報導的誘惑，則是另一回事。所以，我打算告訴你財經媒體在報導成功的基金與經理人時不會提到的事：也就是那些故事的常見結局。

財經媒體就像在水中盤旋的鯊魚，不斷尋覓能吸引讀者和廣告主注意的誘人題材，而這種飢不擇食的貪婪文化，促使財經媒體記者捨棄提供明智的資訊——即購買低成本指數型基金，不要理會和聯準會或本週市場波動有關的每一則新聞（那類新聞正是媒體工作者珍・布萊恩特・昆恩〔Jane Bryant Quinn〕所謂的「財經春宮電影」〔financial pornography，譯註：形容容易引發不理性購買行為並導致投資人財務體質惡化的聳動金融新聞與產品報導〕）。在此，我要強調一個重要的實用首要原則：你大可以放心地對金融頭條標題視而不見，因為那些金融頭條新聞早都已經反映在價格上了。誠如伯納德・巴魯克（Bernard Baruch）所言：「每個人都知道的事不值得知道。」[16]

財經新聞裡的投資春宮電影之一，就是吹捧超級明星基金經理人的報導。誠如我們所見，不管是在任何特定時間點，任何一檔基金出類拔萃的表現，都純粹是出於偶然，問題是，財經媒體總是一年四季不間斷地熱中於明星經理人的題材。就在我撰寫本書的第一批初稿時，最夯的超級明星當屬魅力十足的方舟投資管理公司（ARK Investment Management）創辦人凱西・伍德（Cathie Wood）。從二〇一七年至二〇二〇年，方舟創新ETF（ARK Innovation ETF，股票指數型基金，代號ARKK）表現極度亮麗，它在這段期間的年化報酬高達61.2％，大幅超越史坦普500指數的年化報酬率16.05％。直到如今，金融媒體還是經常引用伍德當年真摯的公開聲明，她當時提到：部署到「顛覆性技術」的企業將獲得滾滾財源。

　　悲哀的是，二〇二一年並沒有善待伍德的投資人。那一年，方舟創新ETF下跌了23.6%（相較之下，史坦普500指數上漲了28.7%）。一如尋常的狀況，她的多數投資人是受她先前轟動的報酬率吸引後，才姍姍來遲地在二〇二〇年至二〇二一年投資她的基金。晨星公司分析師艾咪・阿諾特（Amy Arnott）在一份名為「方舟創新ETF：不投資之道的客觀教誨」（"ARKK: An Object Lesson in How Not to Invest"）的研究中計算，雖然該基金從二〇一四年十月成立以後的年化報酬率達到令人眼花撩亂的28%，但投資到該基金的每一塊錢，實際上平均只獲得9.8%的報酬，相較之下，史坦普500指數的年化報酬率卻有14.4%。[17]如果投資人有特別留心阿諾特小姐在二〇二一年年底提出的這份建議，應該會表現很好：二〇二二年，ARKK虧損了67%，而史坦普500指數則只下跌18.1%。

　　但其實和伍德有關的警訊並不是不久前才出現。事實上，伍德早在二〇一四年創辦ARK投資管理公司以前，就曾在聯博資產管理公司（AllianceBernstein）擔任基金經理人，她當時曾管理許多檔基金，不過，她的平均績效都落後。更早之前，她和別人共同創辦了圖沛洛資本管理公司（Tupelo Capital Management），但該公司在二〇〇〇年代初期的科技股崩盤走勢中驟然倒閉。[18]即使你不知道伍德在此之前的資金管理績效實在是乏善可陳（那有可能是高成本與瘋狂頻繁操作所造成），整個超級明星基金經理人族群都已非常貼切地體現了喬治・桑塔亞納（George Santayana）的格言：「無法謹記過去的人注定會重蹈覆轍。」[19]

　　一九四三年時，曾在哈佛大學受訓且個人擁有近二十年投資經驗的律師愛德華・強森二世（Edward C. Johnson II）買下了瀕亡的富達基金（Fidelity Fund），該基金創立於一九三〇年，是美國最歷史悠久的共同基金之一（這家基金公司迄今仍維持營運）。幾年後，他創辦了富達管理與研究公司（Fidelity Management and Research Company），這家公司便是當今規模龐大的富達投資公司（Fidelity

Investments）的前身。一九五二年，強森延攬了一位年輕的中國移民蔡志勇（Gerald Tsai）加入他的公司，不久後，蔡志勇以他的能力、幹勁和遠見，爭取到了富達資本基金（Fidelity Capital Fund）經理人的職位。（向來有點特立獨行的強森延攬蔡志勇來擔任唯一的經理人，在當時的這個行業，此舉相當不尋常，因為當時這個行業的基金經營管理作業通常是由一整個委員會負責。）

　　蔡志勇的專長是成長型股票投資。在一九六〇年代中期，成長型股票──全錄（Xerox）、國際商業機器（IBM）、LTV公司與寶麗來（Polaroid）──成為投資領域的一時之選。後來，那個時期被稱為沸騰年代（Go-Go Years），它和一九九〇年代末期的網路泡沫以及近期的大型科技公司迷戀現象等，有著異曲同工之妙，而那時的股票評價和最近幾個狂熱時期相比也不遑多讓。

　　以一九六〇年代資金管理業的行話來說，蔡志勇是典型的「神槍手」。他以極快的速度積極買進與賣出股票，並在這個過程中獲得了引人注目的報酬率。在一九六二年經濟衰退過後那段時間，他的富達資本基金上漲了68％，並在一九六五年繼續上漲50％，相較之下，史坦普500指數只上漲12.4％。媒體工作者約翰・布魯克斯（John Brooks）用以下文字描述了蔡志勇的操作：

> 極端快速且敏捷地介入與出清特定股票，他和那些股票的關係一點也不像婚姻關係，甚至連試婚都不像，他和那些股票的關係，倒比較像酒色之徒和歌舞團舞孃之間的關係。繼續打個比方，有時候，前一檔股票還「屍骨未寒」，他就已經移情別戀，換買另一檔股票了。[20]

　　在蔡志勇眼中，強森就如同父親一般的存在，不過，在年輕且風度翩翩的愛德華・強森三世（Edward C. Johnson III）加入公司後，蔡志勇的強森「老爹」向他直言，他沒有機會晉升為該公司的經營

階層，於是，蔡志勇掛冠求去，另外創辦了活力十足的曼哈頓基金（Manhattan Fund）。

到了那個時點，蔡志勇突然感覺自己彷彿來到了隨機王國。一九六六年至一九六七年間，曼哈頓基金的表現很平庸，但到一九六八年，它就「掛了」——那年上半年，曼哈頓基金的價值降低6.6％，但市場卻上漲了10％。在共同基金專家亞瑟・李波（Arthur Lipper）追蹤的三百零五檔基金當中，曼哈頓基金排名第二百九十九名。就在曼哈頓基金達到最谷底的前一刻，蔡志勇以3,000萬美元，把它賣給了CNA金融公司（CNA Financial Corporation）。

曼哈頓基金究竟是出了什麼紕漏？媒體圈在事後編造了一個投機與狂妄自大的警世故事來解釋這一切，但接下來是躲不掉的殘酷命運——至少對該基金的投資人而言非常殘酷（某些投資人竟支付了高達50％的期初認購手續費）。[21]蔡志勇本人最後還是保住了他傑出的商業生涯，成了普瑞馬瑞卡公司（Primerica）的董事長。不過，從頭到尾，媒體都忽略了一個遠比這些八卦更重要的問題。曼哈頓基金其實是敗在資產膨脹（asset bloat）問題，而這個問題後來也成為所有主動管理型基金普遍面臨的毀滅性因子。

我們已經在伍德身上看到這個現象。假定你購買了XYZ公司的股票，市場上不可能有人會注意到你的買單——畢竟這檔股票每天都有價值數百萬美元的成交值，你那微不足道的買單很快就被吸收，完全不會影響到XYZ公司的價格。

然而，如果你投資5,000萬美元到一家小型企業的股票，或甚至投資10億美元到一家大型企業的股票，則勢必會碰到一個問題：你無法在不抬高股票價格的情況下執行完你的買單，因為你的買進金額太高，無法以現行價格買到能滿足你的需求的股數。所以，為了吸引賣方割愛，你不得不開出更高的價格。另一方面，當你賣出一大批股票時，則會發生相反的情況。

如果所謂成功的操作是要做到完美的低買高賣，那麼，因熱錢

流入而變得笨重的共同基金，就不可避免地會被迫高買低賣。這對績效造成的拖累，就是所謂的「衝擊成本」（impact cost），這種成本可能足以導致一檔大型基金的報酬率明顯陷落。

因這個現象而深受其害的超級明星基金經理人非常多，蔡志勇只是其中的第一人。蔡志勇剛創立曼哈頓基金時，光靠他的聲望就吸引了16億美元流入該基金，16億美元在當年可是個龐大的數字。從他賣掉曼哈頓基金後能維持成功的商業生涯，就可見若不是衝擊成本所造成的必然障礙，他說不定擁有真正持久的投資技能。實質上來說，每當蔡志勇出手為曼哈頓基金買進或賣出股票，基金的單位數持有人就等於是支付了一種「蔡志勇稅」，而這檔基金的績效就是毀於這項「稅捐」。

在超級明星基金經理人崩潰症候群中，最近最令人印象深刻的例子之一是列格曼森價值信託基金（Legg Mason Value Trust）的董事威廉‧米勒（William Miller），從一九九一年至二〇〇五年，他**連續十五年**打敗史坦普500指數。在二〇〇〇年代初期時，我承認他的表現確實讓我印象深刻，畢竟連續擲出十五次正面的機率只有3萬2,678分之1。

但接下來那三年，資產膨脹、高達1.75%的基金費用率，以及幸運女神不再眷顧等因素的結合，幾乎一舉抹殺了他先前十五年那高得令人難以置信的績效，最後，累計一九九一年至二〇〇八年間，他的年度報酬率竟只勉強比史坦普500指數略高0.57%。米勒從該基金的聯席基金經理人晉升為唯一經理人時，該基金持有的資產只價值7億5,000萬美元，而在一九九三年（當時它持有的資產也僅9億美元）以後購買該基金的人獲得的績效還不如買指數型基金。

到一九九八年時，這一檔基金的資產已膨脹到80億美元；而接下來十年，他的基金報酬率每年落後史坦普500指數幾乎4%。[22] 這還不是最糟的：到二〇〇六年，米勒先生累積的基金資產已超過200億美元，但後來那些資產也隨著他的績效一落千丈。事後回顧，米勒

先生在一九九一年至二〇〇五年之間連續績效超前的成果，和他加重持有的房貸承作機構——全國金融公司（Countrywide）、貝爾斯登（Bear Stearns）、華盛頓共和銀行（Washington Mutual）——股票的表現互相呼應：在二〇〇七年至二〇〇九年金融危機爆發前幾年，這些機構的股票一路飆漲。但二〇〇六年以後，加重投資房貸承作機構的作法，已開始帶來完全相反的結果，最終甚至把米勒和該基金的倒楣投資人一起拖下水。

　　有些人把尋覓績效超前的基金經理人的行為稱為「偉人投資理論」：找出那個偉人，一旦他失敗了，再接著去找下一個偉人。對於這種行為，《華爾街日報》的喬納森·克雷蒙的說法最為諷刺：「我持有去年績效最好的基金。問題是，我是在今年買它的。」[23]

小心致富高速公路上的「市場派權威道路薄冰」

　　致富高速公路上還有另一種危險路段，那是一群包羅萬象但「曇花一現」型的市場策略分析師，這些人曾純粹因一時的好運而正確預測到某一次市場崩盤，但事後，這些人卻還是抱持一貫悲觀的看法，結果導致他們的追隨者未能積極參與後續的多頭市場。一般共同基金經理人或標榜選股的定期投資分析報告可能因選股不當而傷害你的績效，但一個企圖掌握市場時機但實際上無法勝任這件工作的人，卻可能打斷你的長期複利魔法，最後對你造成真正災難性的傷害。

　　花樣百出的定期投資分析報告策略分析師約瑟夫·葛蘭維爾（Joseph Granville）是最典型的曇花一現型分析師。他年紀輕輕就開始為赫頓股票經紀公司（EF Hutton）撰寫定期投資分析報告，不過，他在一九六三年自立門戶，從此開始以一系列同名定期投資分析報告闖蕩金融市場。一九七〇年代初期與一九八〇年代，葛蘭維爾僥倖正確預測到幾次空頭市場，加上他素來可圈可點的表演天分，最終為他贏得了令人崇拜的地位。他喜歡穿著燕尾服自彈自唱，表演各種

以市場為題的原創鋼琴曲目，有一次，他還飛到一座懸掛在一百英尺高的電線的舞台上。顛峰時期的他擁有一萬三千名訂閱讀者，這些訂戶每年花250美元訂閱他最具代表性的定期投資分析報告《葛蘭維爾市場定期投資分析報告》（*Granville Market Newsletter*）。一九八一年一月六日，他告誡訂戶要「賣出所有持股並放空」。當天道瓊工業平均指數因這篇定期投資分析報告而帶量重挫了2.4%，單日成交量更達到紐約證券交易所有史以來最高水準。[24]

但即使你順利避過了市場崩盤，也不保證你一定會成為財務上所定義的富人，要想成為有錢人，除了規避崩盤，還得成為重新入市的行家——可惜那些市場預言家並不是特別擅長重新入市的技巧。葛蘭維爾的悲觀預測導致他的讀者在後續的市場反彈中持續待在場邊觀望。根據定期投資分析報告的分析師馬克·休伯特（Mark Hulbert）計算，自一九八〇年至二〇〇五年間，葛蘭維爾的建議每年虧損0.5%，相較之下，史坦普500指數每年的漲幅達11.9%。[25]

另外，就在一九八七年十月十九日市場崩盤前幾天，席爾森雷曼公司（Shearson Lehman）一位名不見經傳的共同基金經理人伊蘭恩·加札瑞利（Elaine Garzarelli）預測市場即將崩盤，她因此即刻聲名大噪。報紙的商業版面上處處可見到她那頂著一頭捲髮的面孔，更有數億美元的資金迅速流入她管理的基金，可惜這檔基金接下來三年的績效嚴重落後市場。席爾森在一九九四年離開這家公司，當時的新聞稿寫道，席爾森「精心策畫了她的離職」。不過，她並沒有因此而氣餒，到二〇〇三年，她還對外宣稱：「掌握市場時機需要的不是敏捷，只要保持專注即可。」[26]

最後，談到曇花一現型的分析師，絕對不能漏掉備受敬重的學術界經濟學家魯里埃爾·魯比尼（Nouriel Roubini），他曾在二〇〇六年正確預測到，不節制的債務增長將引發全球金融危機。和加札瑞利相似的是，這位「末日博士」的英俊面孔，成了當年全世界讀者最熟悉的一張臉。二〇〇九年六月，他再次預言另一場金融恐慌即將來

臨，他還告訴《星期天泰晤士報》（*Sunday Times*）（倫敦）的一名記者：「我的資產裡有95％是現金。」[27]但從那篇訪問出版後到二○二二年年底，史坦普500指數讓投資人獲得了459％的總報酬。

　　還記得亞弗瑞德・考爾斯三世在一九三三年透過《計量經濟學》期刊發表的研究嗎？那篇文章的名稱是「股票市場預測家真的有能力預測股市嗎？」近年來，約翰・葛拉漢（John Graham）與坎貝爾・哈維（Campbell Harvey）兩位金融學術界人士重現了考爾斯在那篇文章裡描述的定期投資分析報告研究結果：他們兩人共研究了一百三十二份企圖判斷市場時機的定期投資分析報告，這些定期投資分析報告提供了共三百二十六種不同的策略。不過，事實再次證明，沒有一份定期投資分析報告的策略能保持一貫正確的成績；只不過，這兩位作者還是發現了一種非常短暫的「熱手／冷手」（hot/cold hand）現象：幾個月內的報酬率非常高或非常低的定期投資分析報告，傾向於再延續幾個月的相同報酬率軌跡，但接著迅速反轉，那或許是最後一章討論的股票動能報酬率因子所造成，但這個現象只是短暫且零星地出現在不同的定期投資分析報告裡，所以實際上根本毫無參考性可言。除此之外，正如考爾斯觀察到的，只有在表現墊底的族群才能觀察到真正的一致性：少數定期投資分析報告長期呈現異常糟糕的績效。舉個例子，葛拉漢與哈維發現，在某一段十二年期間，儘管史坦普500指數的年化報酬率高達15.6％，葛蘭維爾的某一份定期投資分析報告卻創造了驚人的-4.9％年化報酬率，這和休伯特從葛蘭維爾的建議中觀察到的結果很相似。[28]

　　研究人員安德魯・梅崔克（Andrew Metrick）利用一種先進的統計工具，重新執行了考爾斯的股票定期投資分析報告研究，最後他也發現了非常相近的結果。一如共同基金經理人，確實有一些零星的定期投資分析報告締造了績效超前的報酬率，但那可能純粹只是機率所賜，所以並不持久。[29]

　　整體來說，定期投資分析報告——乃至整個市場策略分析師圈

子——根本毫無價值可言，而且這個評論百分之百合理。如果你有能力掌握到精準的進出市場時機，大可以把錢留給自己賺，你不會受雇於共同基金公司，不用到券商謀差事，更無須跟媒體套交情，要它們刊登你的文章。而且，你絕對不會把那麼珍貴的資訊寫進一份一年只要價250美元的定期投資分析報告。

既然如此，何不如自行買股就好？

共同基金經理人多半都聰明過人、受過高等教育，而且非常認真工作。他們掌握了深入且豐富的個別企業資訊來源。但為何共同基金經理人掌握了這些優勢，卻還是無法打敗市場？這個問題的答案只有一個，而且非常簡單：這些經理人全都在彼此競爭與拉鋸，所以，平均來說，基金經理人只能獲得和市場相當的報酬率，而且你還得扣除他們的收費——即夏普所謂「主動管理型基金的加減乘除」。

不過，雖然基金經理人無法成功透過競爭打敗彼此，那並不代表他們無法打敗消息較不靈通、較不明智的散戶投資人，也不代表他們沒有能力把散戶的錢賺光光。

專業基金經理人最愛妄想靠自己選股的無知大嬸型投資人了，因為這類投資人有助於提高專業基金經理人的整體投資績效；所以，從專業基金經理人的視角而言，這種無知投資人再怎麼樣也不嫌多。所以，當你買進或賣出一檔股票時，請務必思考一件事：把這檔股票賣給你或向你買這檔股票的另一方是誰？最了不起的情境是：對方是比你更聰明、更努力且更消息靈通的人，要不然就是想趁著和你交易而從你身上賺個幾分錢的高頻操作者（high-frequency trader）。最糟的情境則是，和你交易的另一方是巴菲特或你買／賣的股票的那家企業的財務長。總之，當你買／賣股票，你永遠是在和一個看不見的對手一來一往地互相較勁，而在大多數時候，那個對手是賽琳娜・威廉絲（Serena Williams，編按：知名美國網球選手），而非跟你一樣的泛

泛之輩。

　　一般人不該自行管理投資組合還有一個更重要的原因。不管你持有多少檔股票，你的投資組合都無法達到適當分散投資的程度。以金融術語來說，股票報酬率呈正偏態（positively skewed），意思就是，絕大多數的市場報酬來自非常少數的企業。舉個例子，一位研究人員發現，從一九二六年以來，絕大多數企業的績效落後國庫券，即整體而言，底端96％的企業只是勉強獲得和國庫券等量齊觀的報酬而已。換言之，全部的股票風險溢酬是由4％的企業所貢獻。

　　相同的研究發現，以非常、非常長期的投資期間來說，由隨機五檔股票組成的投資組合，只有23％的投資組合打敗市場。不過，增加投資組合裡的股票檔數確實能改善這個狀況，由隨機二十五檔股票組成的投資組合，有37％能打敗市場，而由隨機一百檔股票組成的投資組合，則有43％能打敗市場，不過，這都還沒把費用考慮在內。[30]

　　即使你費盡心機地在大海裡撈針，最後終於找出那相對少數的股票──4％的高績效股票，也只能獲得和市場等量齊觀的報酬率而已，這麼說一點也不誇張。所以，寧可乾脆把整個大海據為己有，也好過你辛苦地尋尋又覓覓。

那麼，彼得‧林區和華倫‧巴菲特 的超群成果又怎麼說？

　　質疑效率市場假說的人很快就會舉兩個最鶴立雞群的例外：彼得‧林區和華倫‧巴菲特──顯而易見地，他們雙雙是技藝高超的基金經理人，他們長期超越市場的成績確實令人非常服氣。

　　且讓我們先從林區開始談起。他在一九六五年到富達公司進行暑期實習，並在一九六九年獲聘為全職的股票分析師；到一九七四年，他已升任該公司的研究部部長，並從一九七七年開始管理麥哲

倫基金（Magellan Fund）。當時的麥哲倫基金是一檔「育成基金」（incubator fund，譯註：又稱孵化器基金），一九六三年成立後幾年，它原本開放大眾認購，但因為那幾年很少投資人購買這檔基金，所以它後來變成只開放富達公司員工認購的基金，直到一九八一年才又開放大眾認購。

這種育成基金戰術是當年基金圈常用的手法：先成立一大堆育成基金，接著，淘汰表現落後的基金，或將之併入成功的基金，再把績效最好的那一檔基金拿出來大肆宣揚。富達沙倫街信託（Fidelity Salem Street Trust）便是其中一檔被淘汰的基金——它在麥哲倫基金重新對外開放前一刻，併入該基金。

從一九八一年年中至一九九○年年中，麥哲倫基金每年的報酬率高達22.5％，相較之下，史坦普500指數的年度報酬率為16.53％。雖然那6％的績效差距看起來非常顯眼，但和華倫・巴菲特的績效相比之下，卻相對顯得遜色，而且，你大可以把那6％的績效差距當成純粹的機率及隨機變異，畢竟說穿了這兩者之間只有一線之隔。

6％的報酬率領先差距，搭配富達公司向來引以為傲的強大行銷能力，加速促使大量資金流入麥哲倫基金。一九七七年時的麥哲倫基金是以1億美元的資產規模出發，到過勞的彼得・林區在一九九○年退休時，該基金的資產規模已成長到超過160億美元。彼得・林區退休後超過一個世代，他滿頭白髮的憔悴形象，還是深深烙印在金融圈人士的腦海裡，大家對他依舊高度認可與推崇。

一九八七年市場崩盤前幾天，林區並不在國內。那一年他的績效落後市場幾乎達5％，這促使A型工作性格的林區更努力投入，以致操勞過度。幸好他在一九八八年和一九八九年恢復了良好的表現。

不過，他的績效很快就受到資產膨脹所累。如果世界上真的存在什麼選股技巧，那麼，藉由選股技巧而獲得的利潤，主要應該是來自幾乎沒有分析師負責研究的較小型企業的股票——以林區的選股個案來說，那是指諸如皇冠軟木塞公司（Crown Cork & Seal）、昆

塔公司（LaQuinta）以及康格倫公司（Congoleum）等企業。不過，
股票市值規模愈小，特定金額的交易量所造成的衝擊成本就愈大。
林區想盡辦法規避這些成本，到最後不得不把焦點轉向愈來愈大型
的企業，最終也被迫把資金分散投資到許多較大型的企業。到林區
任期結束時，他不僅開始投資房利美公司（Fannie Mae）和福特汽車
（Ford），還持有了超過**一千七百家**企業，所以說，那時他的基金實質
上已成了一檔收費昂貴的指數型基金。而且，上述兩項妥協導致林區
的績效相對他的比較基準——史坦普 500 指數——大幅降低。圖 3.4
生動描繪出林區相對領先史坦普 500 指數的幅度日益降低的狀況。
在林區任內最後四年，他每年的績效只領先史坦普 500 指數 2%。於
是，筋疲力盡的他終於在一九九○年離職。[31]

圖 3.4　彼得‧林區管理富達麥哲倫基金期間，該基金相對史坦普 500 指數的績效

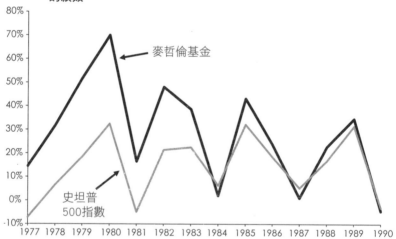

華倫‧巴菲特的驚人績效紀錄比起彼得‧林區更是有過之而無
不及。巴菲特自小就深深著迷於股票市場，而且，他有幸在一九五○
年至一九五一年在哥倫比亞商學院（Columbia Business School）師從
班傑明‧葛拉漢，那可是千金難買的寶貴經歷。葛拉漢一生只給過一

名學生「A⁺」評分，那名學生就是巴菲特，不過，葛拉漢最初並沒有錄取當年向葛拉漢紐頓公司（Graham-Newman Corporation）求職的巴菲特，因為在那個時期，投資產業的排猶主義（Anti-Semitism）極度猖獗，所以，該公司硬是把它的分析師職位保留給猶太人，於是，巴菲特黯然回到奧馬哈，在他父親的券商工作。幾年後，葛拉漢態度軟化，終於雇用了巴菲特。

葛拉漢在一九五六年退休後，巴菲特又回到奧馬哈，經營多家投資合夥公司。到一九六〇年代初期，其中一家投資合夥公司開始收購即將倒閉的紡織製造商波克夏海瑟威公司（Berkshire Hathaway），平均收購價格大約是每股10美元；接著，巴菲特又陸續以注資的方式，把他的幾家投資合夥公司股權注入波克夏海瑟威公司。從一九六五年至二〇二一年的半個多世紀間，波克夏公司的年化報酬率高達20.21％，相較之下，史坦普500指數的年化報酬率則僅為10.52％。這樣的報酬率差距夠顯眼了吧？不過，誠如COVID-19大流行病清楚證明的，人類無法憑直覺理解指數數學的奧義。歷經五十七個年頭與20.21％的複合年成長率，每股10美元的股票已變成了每股幾乎價值50萬美元的股票！

巴菲特保持績效領先的時間遠比彼得・林區長，箇中原因有三個。首先，波克夏的資產膨脹純粹來自內部的膨脹，換言之，波克夏海瑟威的資產膨脹來自成功的買進決策，而不是外來資金的流入。第二，巴菲特比較像個商人，而非基金經理人。他收購那些企業後，並不只是經由傳統投資組合被動地持有那些企業，而是主動積極參與那些企業的經營管理。多數現代企業為了求巴菲特紆尊降貴地擔任它們的大老闆，並每個月為它們提供幾個小時的指點，寧願把它們的金雞母賣給他。最後一個原因是，巴菲特的狂熱支持者總喜歡指出，巴菲特向來偏好投資保險公司，因為這些保險公司收取的保險存浮金（float）就像是廉價的資金槓桿，讓波克夏得以放膽購買更多持股。

順帶一提，雖然薩謬森教授是效率市場假說的首批支持者之

一，還為催生指數型基金而寫了一篇劃時代的請願書，但他一見到巴菲特的成果，就馬上知道波克夏是個不容錯過的好投資機會。在巴菲特收購波克夏短短五年後的一九七○年，薩謬森在偶然的情況下見到該公司股票的績效紀錄，隨即認定巴菲特是證明效率市場假說法則也有例外的鐵證，而且還買了一些波克夏股份。儘管如此，在約翰・柏格接受薩謬森的挑戰，於一九七六年成立史上第一檔廣泛對外銷售的指數型基金後，薩謬森就不再購買個股了。（在一九七六年以前，薩謬森也非常聰明地體察到，與其成為資產管理公司的顧客，不如當資產管理公司的老闆。他提到，「因為酒吧裡只留一個位置給節制的人，而且那個位置是在吧台後方，而非吧台前方，」所以，他也買了他祕書向他提到的一家資產管理公司的股份。）[32]

　　但即使是巴菲特都無法藐視隱含在資產膨脹現象背後的地心引力原理。圖3.5描繪了波克夏公司相對史坦普500指數的連續五年年化報酬率。一如林區，巴菲特最初的卓越成果也埋下了使波克夏公司績效漸漸失色的種子：在二○○三年至二○二二年的二十年間，購買指數型基金的成果，其實還比投資波克夏公司稍微好一點（在那段期間，先鋒集團的史坦普500指數型基金旗艦級單位數的年化報酬率是9.79％，波克夏則是9.76％）。

圖3.5　波克夏海瑟威與史坦普500指數連續五年的年化報酬率

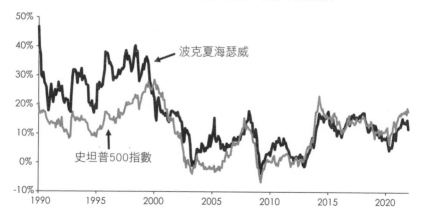

　　持平來說，巴菲特偏好價值型股票，但價值型股票在過去幾十年經歷了難熬的坎坷歲月。我將在數學解說方塊中說明，其實巴菲特還是以幾個百分點的差距打敗了市場，不過，這個成果終究和他在二十世紀末的領先差距相去甚遠。直到最近，價值型投資才又回歸時尚；如果這個趨勢延續，在本書出版時已高齡九十三的巴菲特，還是可能有很長的時間能再次拉開他和史坦普500指數的報酬率差距。

數學解說方塊

如何以多因子迴歸（Multifactor Regression）正確評估基金經理人的績效

　　在二〇二二年年底前的那二十年間，波克夏海瑟威的報酬率為9.76%，比史坦普500指數的9.80%低。巴菲特是一位價值型投資人，他總是努力尋找「股價相對其盈餘呈現折價」的不起眼企業，然而偏偏在這二十年間，這種投資風格並不受青睞。事實上，就評估波克夏公司績效的目的來說，由大型價值型企業組成的羅素一〇〇〇價值型指數理當才是較適合的比較基準，若以這個基準來說，二〇〇三年至二〇二二年期間，巴菲特確實以9.76%的報酬率，打敗了該指數的8.83%報酬率。

　　迴歸分析（regression analysis）是評估基金經理人績效的另一個更好方法，統計軟體裡就有這項工具，Excel的附加元件也有。法馬和法蘭奇曾在一九九二年發表一篇劃時代的研究報告，他們在報告上闡述，股票投資組合的報酬率來自投資組合對三項因子的曝險程度，這三項因子包括整體股票市場因子、小型股票因子，以及價值型股票因子。小型與價值型股票因子是多／空策略，換言之，小型股因子持有股票市場上規模最小的五個十分位的企業，**並**放空規模最大的五個十分位的企業，而價值型股票因子則是持有股票市場裡以股價／淨值比而言最便宜的那30%股票，**並**放空以股價／淨值

比而言最貴的 30％股票。市場因子則只是整體股票市場的報酬率減去零風險報酬率──即三十天期國庫券的報酬率。金融學術界人士和實務界人士也可能會採用其他因子，最常見的是動能、獲利能力與資本投資等因子，不過，為了簡單起見，我只採用市場、小型股與價值型股票等因子來分析波克夏公司的績效，[33] 這些因子是擷取自肯尼斯・法蘭奇的線上資料庫。

圖 3.6 是在 Excel 作業程式裡建立數據的方式：

圖 3.6　如何在 Excel 應用程式裡建立三因子迴歸的數據

	市場	小型股因子	價值型股票因子	零風險（國庫券）	波克夏	波克夏減國庫券
1965 年	10.52	22.05	6.95	3.93	49.5	45.57
1966 年	-13.51	2.93	-1.14	4.76	-3.4	-8.16
1967 年	24.49	49.63	-7.3	4.21	13.3	9.09

從這份迴歸分析可見到，「波克夏的報酬率減去零風險報酬率」是一個自變項（independent variable）。以一九六五年來說，波克夏股票的報酬率為 49.5％，國庫報酬率則是 3.93％，所以，「波克夏減去零風險報酬率」這個自變項的數值為 49.5％ -3.93％＝45.57％。接著，將這個欄位與市場、小型股與價值型股票（也是自變項）等欄位進行迴歸。

為了檢視波克夏報酬率長年以來的演變，我把一九六五年至二〇二一年這五十七個年頭，區分為三個十九年期間，即：一九六五年至一九八三年，一九八四年至二〇〇二年，以及二〇〇三年至二〇二一年。以下是產出的結果：

期間	阿法值	市場因子	小型股因子	價值型股票因子	調整 R^2
1965–1983	16.65%	1.14	0.37	0.66	0.21
1984–2002	6.83%	1.36	-0.25	0.74	0.37
2003–2021	2.17%	0.77	-0.44	0.26	0.53

在最後一個期間，市場因子貝他值降低了，那大概是波克夏降低了股票曝險部位所致。最近的市場因子貝他值是 0.77，這和該公司目前大約有 20%的資產是投入國庫券與其他約當現金的事實密切相關。

相同地，小型股因子曝險的貝他值變成非常大的負值，這顯示隨著波克夏公司的規模持續成長，它已經不得不集中投資到非常大型的企業，這和當年林區管理麥哲倫基金時的狀況很相似。價值型股票因子的曝險也降低了，那大約也是基於相同的理由。最後，隨著波克夏的投資組合變得一年比一年更趨近傳統投資組合，調整後 R^2（顯示模型的整體擬合品質——即模型精確度）也見上升。

上表最重要的欄位是阿法值（alpha），也就是將波克夏對這三項報酬率因子的曝險列入考量後，波克夏報酬率勝過市場報酬率的百分比。從一九六五年以來，波克夏的阿法值就持續走低。奧馬哈的先知（Sage of Omaha，譯註：外界對巴菲特的美稱）的績效迄今依舊超越市場，但領先差距已愈來愈小。

最後是你可能從未聽過的兩個人

一旦超級明星經理人的投資組合變得過於龐大，他們也等於親手埋下自我毀滅的種子，這個重點再怎麼強調都不為過。巴菲特績效超前的時間遠比林區長久，那是因為巴菲特有超過半個世紀沒有接受新資金流入，而林區則是未能適時關閉麥哲倫的「現金消防灑水

管」，最終導致麥哲倫基金被水淋成落湯雞（到一九九七年，富達終於關閉了那條消防灑水管，直到二〇〇八年才重新開放該基金的認購）。

另一位受惠於缺乏資金流入的基金經理人是封閉型基金中央證券公司（Central Securities Corporation）的經理人威爾莫特・基德三世（Wilmot H. Kidd III），他在二〇二一年以八十歲高齡退休，在那之前近半個世紀期間，這檔封閉型基金的年度績效比史坦普500指數高2.8％。所謂封閉型基金是交易方式類似股票的一種投資組合，這種投資組合不能接受新資金。這個不能接受新資金的特性對中央證券公司構成一個保護層，讓它免於遭受資金流入所造成的資產膨脹之苦（一如以前的波克夏）。到二〇二一年年底時，這檔基金只持有13億美元的資產，對擁有如此亮麗紀錄的基金來說，它的規模真的非常小。[34]

事實證明，長期下來，確實有某些經理人的報酬率領先市場的幅度更甚於巴菲特與基德。我想你可能也猜到了，這當中存在一個潛規則：那些經理人根本不想被公諸於世，更重要的是，他們也不想要你的現金。畢竟如果你有能力創造領先市場那麼多的績效，你應該只會想要投資自己的錢，沒有慾望為他人作嫁。

吉姆・賽門斯（Jim Simons）是這類罕見超級投資人當中的典型案例。不同於巴菲特，賽門斯一開始並不痴迷於投資。賽門斯是在一九六一年取得柏克萊的數學博士學位，當時他年僅二十三歲，之後，他在國家安全局（National Security Agency）從事高級學術與密碼破解工作，最終在一九八二年成立了避險基金——文藝復興科技公司（Renaissance Technologies）。

賽門斯的投資研究方法和巴菲特截然不同到極點，他並沒有詳細鑽研個別企業的狀況，而是從數據著手，他煞費苦心地從主要文件來源和原始電子數據中挖掘大量的數據，表面上看，那些數據多半和金融無關。接著，他引進擁有高超技能的世界級數學家和數據科學家

來處理這些數字。

　　他的策略是利用短期的價格波動來獲益，而在這個過程中，他也嚴重違反了效率市場假說——因為這項假說主張，當前的價格波動和未來的價格波動毫不相干。和賽門斯比起來，巴菲特的績效相形見絀，在賽門斯耀眼的績效光彩之下，巴菲特的表現看起來簡直像個小聯盟球員。在一九八八年至二〇一八年的三十一年間，賽門斯的文藝復興科技公司的大獎章基金（Medallion Fund，該公司的旗艦產品）每年獲得了驚人的66％毛報酬率，即使扣除他收取的巨額費用後，該基金的年報酬率還是高達39％。

　　大獎章基金成立五年後，就把它的客戶一腳踢開，順利解決了資產膨脹的問題。從那時候開始，大獎章基金成了文藝復興公司老闆和員工專屬的基金。大獎章基金的單位數持有人享有僅次於聯準會的印鈔系統的好處。二〇一六年時，文藝復興公司解僱了一位名叫大衛・馬格曼（David Magerman）的員工，理由是他在《華爾街日報》上表態反對賽門斯的合夥人羅伯・莫瑟（Robert Mercer，保守派人士）的政治立場，不過，被解僱的馬格曼不甘示弱向該公司提起訴訟，最終這個案件以和解收場，和解條件是：文藝復興公司必須賦予馬格曼繼續投資大獎章基金的權利。[35]

　　這個故事說明了一個可被稱為賽門斯定律的現象：最有才華的投資人很快就會敝帚自珍地將家人與員工以外的人阻擋在他們的投資組合之外。如果某人的技藝高超到能規律地擊敗市場，他們根本不會想管理你的資金。

第三章摘要

所有模型都是錯誤的，但某些模型還是多少有點用處

且讓我們退一步思考，從前述的四個成功故事歸納出一些結論。林區、巴菲特、基德和賽門斯都擁有一身高超的技藝。不過，投資人不該把這四個例外——以及德劭公司（D. E. Shaw）與喬治‧索羅斯（George Soros）的量子基金（Quantum Fund）等例外——當作選擇主動型基金經理人的充分理由，因為我們挑中那類優秀基金經理人的機率並沒有比中威力彩頭彩的機率高。不過，這些例外的存在，當然也不意味你應該開始嘗試自己選股。打個比方，就算史蒂芬‧柯瑞（Stephen Curry）的確有能力一再投出三分球，也不代表你也有能力在美國國家籃球協會（NBA）討生活。

在過去幾十年努力實踐自身技藝的數萬名基金經理人當中，只有極少數人真正展現出無可辯駁的技能。但對專業資產管理領域來說，這樣的證據實在是太過薄弱，不足以證明選擇基金經理人能帶來超群的成果。此外，一如我們在賽門斯身上看到的，理性且技藝精湛的操作者只會想管理自己的資金，不會有意願管理你的。

我們都是在事過境遷後，才知道要關注巴菲特、林區、基德和賽門斯。我們在事前從數萬名基金經理人裡挑中他們四人的機率可以說是微乎其微。因為有一個巴菲特、林區、基德或賽門斯，就會有數百甚至數千名蔡志勇和米勒：也就是一度表現優異但事後因掉進「資產地獄」（他們最初的成就吸引了滾滾而來的資金）而在一夕間績效盡失的經理人。

當然，你還是有可能幸運找到一個績效超前的優異基金經理人，但機率對你並不利。選擇主動管理型基金經理人就好像玩貝殼遊戲，遊戲裡有 10 個貝殼，貝殼裡分別藏有 1 萬元、9,000 元、8,000 元、7,000 元、6,000 元、5,000 元、4,000 元、3,000 元、2,000 元和 1,000 元。相較之下，如果你選擇指數型基金，絕對能獲得 8,000 美元。兩相權衡後，你會選擇玩遊戲，還是直接挑選指數型基金？

第四章

完美的投資組合

　　事實證明，弗瑞德叔叔實在是個妙不可言的老闆：他親切、大方且公平，但也頗苛求。為他工作的最大缺點之一是，你每年都得擲一輪硬幣。隨著你的命運愈來愈取決於每一年的擲硬幣結果，每當那個日子逼近，你都不由得感到一股巨大的憂患感席捲而來。

　　歲月如梭，弗瑞德叔叔也注意到你的焦慮了，於是，他向你說出他的另一個提議：「既然你現在已經擁有足夠的資產了，我決定從今年起把這些資產分成兩半，每一半資產的報酬率各擲一次硬幣來決定。」你腦海浮出的第一個想法是：什麼？擲**兩次硬幣**？門兒都沒有！

　　但一如往常，其實弗瑞德叔叔只是希望對你來個機會教育罷了，所以，你靜下心來，用圖表列出擲兩枚硬幣的四種可能性。

結果	擲第一次硬幣的結果	擲第二次硬幣的結果	總報酬
1	正面	正面	+30%
2	正面	反面	+10%
3	反面	正面	+10%
4	反面	反面	-10%

　　第一個與最後一個擲硬幣結果會造成和擲一枚硬幣相同的效果：+30%與-10%。此外，現在有兩個居中的成果，即+10%（+30%與-10%的平均）。因此，你虧本的機率從擲一次硬幣的

50％，降至擲兩次硬幣的25％。

這個條件看起來挺不錯的，不過，為求精確，你又去拜訪了大學時代的統計學老教授，他引導你重溫了標準差——衡量波動性——的概念。弗瑞德叔叔擲一枚硬幣的標準差是20％；但若是擲兩枚硬幣，標準差會降至14.1％。更令你訝異的是，年化期望報酬率竟從投擲一枚硬幣的8.17％上升到9.08％；於是，你歡欣鼓舞地接受了弗瑞德叔叔的新提議。*

數學解說方塊

標準差的優點與缺點

大約在七十年前。金融學術界人士接受了以報酬率的標準差——也就是報酬率的波動性——來作為風險的主要代用品。大致上來說，這個作法的成效很不錯。簡單說，學術界人士假設，證券價格的行為就像巴謝利耶與愛因斯坦所形容的那樣，呈現無法預測的隨機漫步型態，而在隨機漫步的過程中，波動性會隨著時間的平方根而增加。

雖然標準差／隨機漫步的確非常近似現實世界的證券價格波動，但它並不完美，法馬和數學家班諾伊特・曼德布羅特（Benoit Mandelbrot）早在半個多世紀前就意識到這個問題。取而代之的，價格波動更密切依循著所謂「冪定律」（power law），這個定律假設，事件頻率與事件嚴重性各自的對數（logarithms）之間存在負向的線性關係，一如地震、隕石撞擊陸地以及恐怖事件等。

就投資的目的而言，標準差有一個更平凡（但關鍵）的侷限性：它並沒有考慮到波動性發生的**時間點**——也就是我們在第一章所謂的「伊曼倫風險」。

---

* $(1.3 \times 1.1 \times 1.1 \times 0.9)^{0.25} - 1 = 9.08\%$

為了闡述這一點，我先檢視了美國國庫債券與公司債的報酬與風險。下表的前兩列分別是彭博社的中期國庫債券指數與中期公司債指數的報酬率和標準差，這些債券的平均期限大約是六年。

指數	一九七六年至二〇二一年報酬率	標準差	二〇〇八年九月至十月報酬率
彭博社中期國庫債券	6.36%	3.94%	1.34%
彭博社中期公司債	7.34%	4.78%	-9.84%
39.5%／60.5%中期／短期公司債	7.02%	3.94%	-8.04%

中期公司債的報酬率幾乎比國庫債券高整整一個百分點，那是對企業違約（信用）風險的一種補貼，誠如我們在第一章說明的：企業可能違約不償還債務，而國庫債券應該永遠也不會違約，至少理論上而言。

基於很多原因，中期公司債的標準差比中期國庫債券高，因此，為了使公司債與國庫債券能進行同類比較，我在第三列建立一個39.5%／60.5%的投資組合，這個組合是由中期（期限大約六年）與短期（期限大約兩年半）的公司債組成。我選擇39.5%／60.5%組合的原因是它的標準差和中期國庫債券的標準差3.94%一樣，而這樣才能進行同類比較。

且讓我們看看，當我們用中期國庫債券或擁有和國庫債券相同標準差的中期／短期公司債組合來稀釋全體美國股票市場的風險成分後，會發生什麼狀況。在這個例子，我是採用CRSP1-10指數來充當全體美國市場，這項指數不只包含大型的史坦普500指數成分股，含包含一些較小型的企業（請見圖4.1）

圖 4.1 一九七六年至二〇二一年美國股票與中期國庫債券／公司債投資
組合的均值—變異數（Mean-variance）平面圖

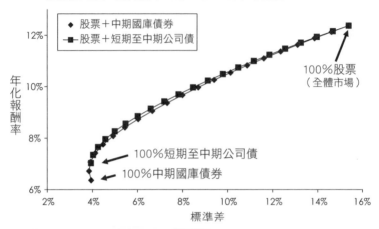

資料來源：肯尼斯法蘭奇資料庫與彭博社

　　這是一張均值–變異數平面圖，Y 軸是投資組合報酬率，X 軸是標準差。（「均值–變異數」這個用語是個歷史產物。幾十年前，經濟學家偏好以變異數討論風險，也就是標準差的平方。）Y 軸愈高，報酬率愈高；而 X 軸愈偏向右側，風險則愈高。

　　誠如你可以見到的，就報酬率與標準差來說，不管你的債券是配置到公司債或國庫債券，差異都不是很大，只有位於曲線底部的低股票區域是例外的，在這個位置，公司債組合的報酬率比相同風險水準的國庫債券更高。

　　我們可以把公司債想成多了一些些股票風險與報酬的國庫債券。每個以菱形和方形圖像來表示的數據點，各自代表將股票／債券比重做了 5% 調整的股票／債券投資組合。事實證明，100% 公司債投資組合的報酬率與標準差，幾乎完全等於 90 ／ 10 的國庫債券與股票投資組合。為了更清楚說明這一點，我把圖 4.1 左下角放大，製成圖 4.2。

圖 4.2　圖 4.1 的低報酬／風險區域放大圖

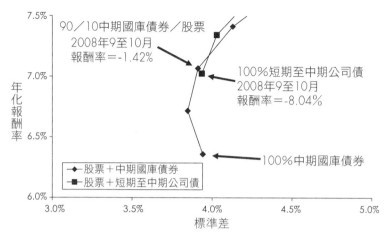

資料來源：肯尼斯法蘭奇資料庫與彭博社

　　諸如圖 4.1 與圖 4.2 這種均值－變異數平面圖，能把個別資產與複雜投資組合的行為雙雙具體地予以視覺化，對投資人很有用。不過，這類平面圖潛藏一種危險的內建假設：「上方與左側總是比較好」。以金融術語來說，這個假設意味投資人永遠優先考慮均值－變異數。

　　問題在於，有血有肉的人類並沒有能永遠優先考慮均值－變異數。人類在正常時期忍受虧損的能力比較強，但當整個世界看似陷入萬劫不復的境地，人類忍受虧損的能力就會減弱。雖然從一九七六年至二〇二一年的四十六年間，100％短期至中期公司債與 90 ／ 10 中期國庫券／股票等投資組合的報酬率與標準差幾乎一模一樣，但在最攸關重大的時刻，前者卻會使投資人產生更大的焦慮感，因為二〇〇八年九月至十月間，兩個世代以來最糟的金融危機威脅下，公司債組合虧損了 8.04％，但 90 ／ 10 中期國庫券／股票的投資組合只虧損 1.42％。

　　我另外提供了以下精簡版說明供略過以上數學解說方塊的人參考。誠如第一章討論的,風險的最常用統計定義是波動性,而波動性是以標準差來衡量。不過,標準差並未能傳達風險的一個重要面向:波動性發生的時機。一個公司債投資組合與一個國庫債券投資組合的波動性或許相同,但前者有可能在金融危機期間對你造成嚴重傷害,因為此時你對現金的需求最為迫切(譯註:因而有時不得不認賠賣出手上的債券部位),但後者卻能保全你的財務與情緒安康。

　　北卡萊納州代表參議員理查‧波爾(Richard Burr)的故事讓人一覽無遺地見識到金融恐慌時期的情緒氛圍。二〇〇八年年底,財政部長漢克‧鮑爾森(Hank Paulson)與聯準會主席班‧伯南奇(Ben Bernanke)在國會的聽證會上表示,銀行體系幾乎凍結,金融機構之間的資金無法正常流動,這位參議員聽過他們兩人的證詞後,連忙打電話給他太太,要求她:

　　　　「我要妳現在馬上去提款機領出最高提款上限的現金。即使今天是星期天,妳也得去跑一趟。」我在星期五晚間得到的訊息是,即使你去提款機領錢,也可能一毛錢都領不到。[1]

　　如果當初這位優秀的參議員手上持有很多令人安心的國庫債券,而不是把錢存在一個看起來即將崩潰的銀行體系,他很可能就不需要打那通電話給他太太。

　　我個人對這個危機時期的記憶是:當時我和很多投資顧問交談後發現,他們常為了應付凌晨三點打電話來的客戶而搞得焦頭爛額;那些急得發狂的客戶要求他們的投資顧問出清他們的股票。其中,從商的客戶因向來可靠的信用額度突然枯竭而面臨破產窘境,不得不想辦法籌現金,而記者和老師客戶則是擔心他們的401(k)退休帳戶可能永遠無法回復到原本的資金規模而急著出清股票,另外,原本看似熙攘繁榮的街道上,也突然布滿了查封通知。

　　二〇〇〇年至二〇〇二年時,我相對沉著地安然度過那場股票

大屠殺，當時我認為，不管是在數量上或情緒上，我都做好了持股價值再縮水一半的準備。不過，二〇〇八年全球金融危機爆發時，情況就有點不同了。當時我還天真地認為諸如嬌生（Johnson & Johnson）和寶鹼（Procter & Gamble）等公司的債券能繼續保有100％的面值。一如二〇〇〇年至二〇〇二年時的狀況，這一次股票也下跌50％以上，我對此並不特別感到意外。但這一次**真正**讓我感到震撼的是，當我決定趁股票跌到跳樓拍賣價而逢低承接時，卻不得不以虧本的價格賣掉手上的債券，才順利籌到錢。世界上最令人不安的感受之一，就是當你意識到你原本以為的錢不是錢時。

　　一個人的長期成就有很大程度取決於他在最險峻時期的行為模式。巴菲特的波克夏公司合夥人查理・蒙格（Charlie Munger）曾說過一句著名的評論：關於複利，首要的指令是永遠不能打斷它。不過，投資人卻經常在市場下跌之際因失去理智而違反這個指令。

　　標準差與均值－變異數平面圖並無法體現風險的這個最緊要的基本性質：在景氣惡劣的時期碰上惡劣報酬率的風險。致富高速公路上最危險的路段之一就是空頭市場山口。你能否安全地把你現在的投資組合送去給未來的你，很可能取決於你開車經過這些山口時有多謹慎。持有大量國庫債券就相當於時時觀察雪鏈輪胎的速度。那麼，究竟要持有多少國庫債券才算符合這項要求？華倫・巴菲特把波克夏海瑟威的20％資產投入國庫券與約當現金，這是不錯的依循準則。

數學解說方塊

股票價格的真正行為

　　幾乎就在巴謝利耶發表《投機理論》之際，研究人員就注意到，證券價格的變化程度遠比隨機漫步流程所預測的更大。後來，法馬和曼德布羅特在一九六〇年代中期證明了證券價格的統計分布呈現「厚尾」（fat tails）的事實。[2]

美國股票市場的標準差通常介於 15％至 20％之間，這意味每天的標準差大約是 1％（那大約是前面提到的那個標準差區間除以年度交易日數的平方根）。一九八七年十月二十九日當天，各項市場指數全面下跌超過 20％，換言之，那是一個負二十個標準差的事件。這顯然偏離了隱含在隨機漫步當中的高斯分布（Gaussian distribution，譯註：即常態分布）。根據我的電腦試算表格，負二十個標準差的事件的發生頻率是 3×10⁻⁸⁹，這個負冪（exponent，即指數）比宇宙中的質子估計數量還要大──質子的數量只有 10⁸⁰ 個。

冪定律指出，概率的對數和嚴重性的對數呈負線性相關。根據高斯常態分布（定義隨機漫步）估計，嚴重事件的發生頻率非常低，相較之下，概率的對數和嚴重性的對數之間的負線性相關性，更能有效預測出嚴重事件的發生頻率遠高於想像。[3]

圖 4.3 標出了道瓊工業平均指數從一九二六年至二〇一二年的每日報酬率的冪定律分布。這張圖需要進行非常詳細的解析。X 軸

圖 4.3　一九二六年至二〇一二年，道瓊工業平均指數每日價格變化的冪定律平面圖

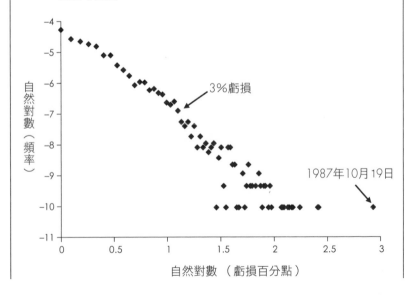

標出了每個程度的虧損（以百分點來表達）的自然對數。舉個例子，
3%的虧損是標在X軸的 ln（3）= 1.1 位置。虧損的頻率則標在Y軸；
由於在一九二六年至二○二一年這個研究期間內的 2 萬 2,881 個交
易日中，發生 3.00％至 3.10％虧損的交易日有 23 個，所以，發生
這個虧損區間的頻率是 0.10％，也就是 0.001。這個機率的自然對
數被標在 Y 軸的 -6.9 位置。

請注意，本圖上半部的數據點相對平滑且規則。這是因為相對
小的虧損的發生頻率相對較高，並產生規則的線性圖。本圖底部的
較大虧損／較低頻率數據點則產生較紛雜的圖，因為這類事件的發
生頻率低很多。

底層的數據點落在 Y 軸的 -10 數值位置，這對應到 0.0044％
（0.000044）的頻率。那個頻率代表著 2 萬 2,881 天的研究期間內
的單一交易日，而最大的離群值（outlier）是一九八七年十月十九
日。很多其他市場也存在這個關係。事實上，美國的報酬率曲線和
日本與香港股市的報酬率曲線非常類似。[4]

低標準差固然好，但低相關性更讚

解釋了這麼多，我的意思並不是說均值—變異數框架沒有用
處。在提高報酬率的同時降低標準差固然很好，不過，前提是一定要
持有足夠多真正能讓你高枕無憂的安全資產。

且讓我們回到弗瑞德叔叔的擲硬幣方案。事實證明，以特定次
數的獨立擲硬幣行為來說，報酬率標準差的降低幅度等於原來的標準
差除以擲硬幣次數的平方根。舉例來說，如果弗瑞德叔叔擲一百個硬
幣，擲硬幣的標準差將會從20％降至2％，這樣的標準差就幾乎不會
令你坐立難安了。

基於上述，你向弗瑞德叔叔力薦擲一百個硬幣的想法，他聽到
後不禁笑出聲來。他可不想浪費半天的時間跟你一起擲硬幣，何況你

幾乎不可能在同屬股票的資產類別中找到報酬率完全相互獨立的兩種資產，更別說一百種了。他要求你乖乖上工去，別盡出一堆鬼主意。

除了標準差，你還必須了解另一個數字：相關係數（correlation coefficient）——它通常簡稱為相關性（correlation）。這個數字介於+1.0至-1.0。當它等於+1.0，代表兩項資產永遠朝同方向波動；當它等於0，代表這兩項資產之間的波動毫無關係可言；而當它等於-1.0，代表這兩項資產永遠朝正好相反的方向前進。

且讓我們將這個觀念套用到擲兩枚硬幣的例子。如果不知怎地，這兩枚硬幣每次都出現同一面（相關性為+1.0），那麼，擲兩枚硬幣的結果就會跟擲一枚硬幣一模一樣：即年化報酬率為8.17%，標準差為20。如果這兩枚硬幣的投擲結果的相關性為0，報酬率就會上升到9.08%，標準差則降至14.1%。

最後，擲兩枚硬幣的相關性為-1.0的情況——也就是第一次永遠擲出反面，第二次永遠擲出正面——極不可能發生，不過一旦那個情況發生，每一次投擲的總報酬率將是10%（也就是+30%和-10%的平均值），標準差則是0。這個結果好到令人不敢置信！

以下是說明分散投資在現實世界中如何發揮其作用力的最佳案例：這是一九九五年至二〇〇二年那八年間，將一半資金投入不動產投資信託（real estate investment trusts，以下簡稱REITs），另一半投入史坦普500指數且每年再平衡（rebalance）一次的投資組合。

	1995	1996	1997	1998	1999	2000	2001	2002	年化報酬率	標準差
史坦普500指數	37.58%	22.96%	33.36%	28.58%	21.04%	-9.10%	-11.89%	-22.10%	10.30%	21.69%
REITs	12.24%	37.04%	19.66%	-17.00%	-2.57%	31.04%	12.36%	3.60%	10.79%	16.48%
50／50投資組合	24.91%	30.00%	26.51%	5.79%	9.24%	10.97%	0.23%	-9.25%	11.54%	12.93%

我把這些數據標示在圖4.4上。

這個50／50投資組合的報酬（平面圖右側的最終金額）高於史坦普500指數，也高於REITs，但這個50／50投資組合的標準差竟低於另外兩種資產，也就是說，它的報酬率較高，但風險較低。這讓人很難不愛上它。

圖 4.4　史坦普 500 指數、REITs 與 50 ／ 50 投資組合的報酬率

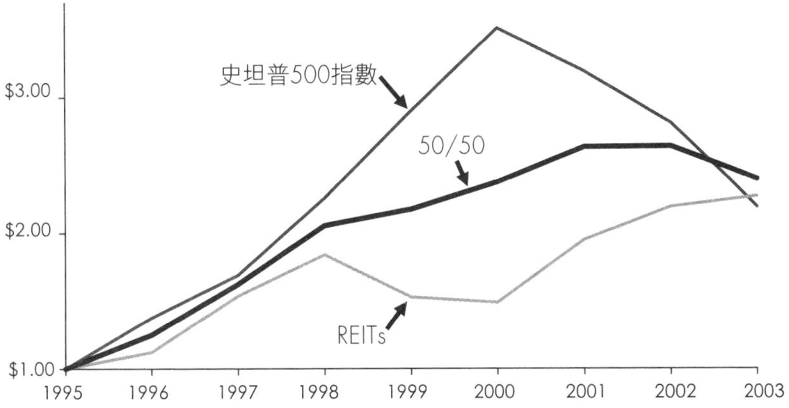

資料來源：德明信基金顧問公司

不過，我必須稍作告解：這是我特別精挑細選出來的一段期間，在這八年裡，史坦普500指數與REITs的報酬率大約相等。值得注意的是，這兩者的年度報酬率相關性是 -0.10，事實證明，就同屬股票的兩個不同資產類別來說，那樣的相關性低得反常。圖4.5標出了史坦普500指數和REITs在過去幾十年間的三年滾動相關性（rolling correlations）。這些圖形是採每個月的報酬率，從圖中可見，這兩者的月報酬率相關性不像年度報酬率的相關性那樣降至0.0以下，無論如何請記得，我是純粹為了說明的目的，才特別精挑細選出史坦普／REITs的相關性異常低的那個期間。

圖 4.5   史坦普 500 指數與 REITs 的三年滾動相關性

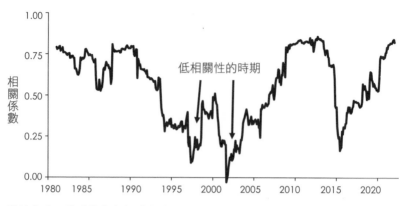

資料來源：德明信基金顧問公司

圖 4.6   史坦普 500 指數與國際股票（明晟歐洲、澳洲暨遠東指數〔MSCI-EAFE〕）的三年滾動相關性

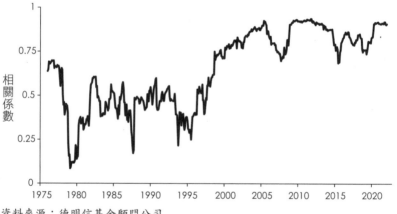

資料來源：德明信基金顧問公司

很多美國投資人也把投資國際股票當作一種分散投資的方法。但對於投資國際股票的投資人來說，以下訊息更令人寒心。即使是在研究期間的初期階段，美國與國際股票之間的相關性都一律為正數，而且過去幾十年，這兩者的相關性已上升到接近1.0，換言之，國際股票似乎無法再提供任何分散投資風險的價值（圖4.6）。

匯率的影響：鏡花水月

　　投資外國股票或債券的人不僅得承擔外國證券的內在風險（intrinsic risk），還要承受額外的匯率波動風險。舉個例子，英鎊計價的股票的價值，會隨著英鎊相對美元的價值起伏而上升或降低。這項匯率風險或許可經由在期貨市場出售遠期英鎊合約來消除（規避）。

　　匯率波動可能對股票報酬率造成極大的影響，不過，這種影響是短期的。舉個例子，在一九八〇年至一九八五年間，世界主要通貨相對美元貶值了大約三分之一。在這個時期，雖然外國股票的價格上漲，匯率方面的損失卻顯著侵蝕了美國股東實際上獲得的美元報酬。後來，一九八五年的廣場合約（Plaza Accord）扭轉了其他通貨的貶值趨勢，並產生了相反的效果：事後，外國股票投資的美元計價報酬因此大大提升。換言之，在一九八五年以前，持有外國股票的美國投資人能因外匯曝險的避險操作而獲益，但一九八五年後，外匯避險操作反而傷害了美國投資人。

　　長遠來看，匯率效應具備一種均值回歸的傾向。匯率的影響最終會徹底消失的原因還有另一個：當一國的通貨相對美元轉趨強勢，它的出口競爭力就會降低，企業盈餘也會跟著減少，而企業盈餘的減少往往會抵銷美元計價的股價漲幅。

　　最終來說，一個投資組合的最適外匯曝險程度，就大約相當於它的外國股票曝險。所以說，投資人應該透過非避險工具來持有外國股票，事實上，絕大多數的國際股票基金也是採用這個作法。[5]不過，投資人還是應該設法規避因持有外國債券而衍生的匯率風險，原因很簡單，匯率的波動性遠遠超過債券價格的波動性。在有匯率避險的情況下，外國債券的行為和美國債券的行為很相似。鑑於你的大部分安全資產必須是享有美國政府擔保的資產（譯註：指美國國庫債券），所以債券的匯率風險議題對你的投資組合來說，本就不怎麼重

要。此外，由於在有匯率避險的情況下，外國債券的行為和國內的債券真的非常相似，如此說來，打從一開始，你就不太有必要持有會無端產生額外的避險費用又未能享有美國政府擔保的外國債券，也不太值得為這件事傷腦筋。

與股票低相關性的資產

投資人主要是以和股票的相關性較低的債券來分散他們持有股票的風險，當然，這樣的低相關性並不是沒有代價，代價就是較低的報酬率。圖4.7描繪了一九七三年至二○二一年間，史坦普500指數與中期國庫債券之間的三年滾動相關性。

這個時期的前半段是近二十年的高通貨膨脹期，接著，聯準會採取激進的回應，藉由大幅提高利率來緊縮貨幣。在這個時期的前半段時間——約略介於一九七○年代至一九八○年代——這兩項資產的相關性大致上為正數。在一個世代前，股票價格似乎是受債券價格驅動：因為債券價格和利率走勢呈反向波動，而當聯準會提高利率，債券價格便下跌，股票價格也隨之下跌。

而到了這個時期的後半段時間—— 大約是一九九○年代開始——投資人不再害怕通貨膨脹會傷害他們的債券部位。所以，投資人在股票價值降低時湧向債券，尤其是在二○○○年代初期網際網路泡沫破滅那段期間，以及二○○七年至二○○九年金融危機期間，於是，債券和股票之間的相關性轉為負數。因此，這時的投資人開始能安心地把債券當成能減輕投資組合的股票損失的避風港。

不過，隨著通貨膨脹在二○二二年重磅回歸，股票與債券價格又恢復了二○○○年以前那種同步波動的狀況，債券也不再是股價下跌時可用來遮風擋雨的避風港——二○二二年，史坦普500指數下跌了18%，長期國庫債券的價格更下跌了接近30%（這個狀況尚未顯現在圖4.7裡，因為它是標繪三年滾動相關性的平面圖）。

圖 4.7　史坦普 500 指數與中期國庫債券的相關性

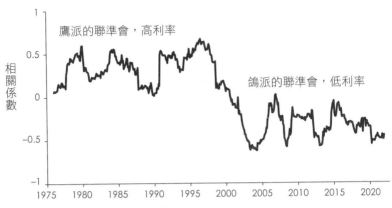

資料來源：德明信基金顧問公司

正價差又來搞破壞

有沒有任何一個股票資產類別長期和另一個主要的美國與外國股票市場之間維持低相關性？貴金屬礦業公司股票是這個問題的當然答案。在一九六三年年中至二○二一年年底間，這項資產類別和史坦普 500 指數的相關性只有0.23。

在金融危機期間，這項金黃色的金屬與金礦商為「黃金甲蟲」（gold bugs，譯註：指極度看好黃金的投資人或投機客）提供了珍貴的庇護。但一如所料，想獲得這種庇護是要付出代價的；在地緣政治不穩定的情況下，黃金與黃金礦業公司的股票固然能提供某種保障，但不穩定的情勢也會使黃金與金礦股的價格上漲，並相對使它們的未來報酬率降低。在一九六三年年中至二○二一年年底的這段期間，貴金屬礦業公司的報酬率只有5.90%，比國庫券（4.48%）好一點，但比五年期國庫債券（6.36%）差，而且遠低於股票（10.70%）。

還是，你會想買一種和股票的相關性為 -0.79 的資產嗎？追蹤諸如VIX（芝加哥選擇權交易所波動性指數〔Chicago Board Options Exchange Volatility Index〕）的VXX ETF就是這樣的資產。當市場重

挫，VIX就會暴漲，這時VXX ETF將能保住你的許多財產。

　　但一如你可能已經預料到的，這種投資標的有一個問題。這些期貨都呈現第一章所描述的「正價差」，也就是說，VIX指數的期貨價格高於它的現貨（也就是當前）價格。這意味在其他所有條件都相同的情況下，等到VXX ETF持有的期貨合約快到期時，它只能以低於當初買進那些期貨合約的價格，認賠賣掉那些部位。

　　二〇一〇年至二〇一一年的狀況清楚說明了這個歷程的代價有多麼昂貴。在那兩年，史坦普500指數的報酬率接近它的平均年化報酬率——即8.4％，但VXX ETF卻蒙受了大約74％的虧損。就算你購買史坦普500指數的賣權，情況也大致相同，只不過虧少一點罷了。的確，波動性的選擇權能在市場下跌時保護你免於受傷害，但你為此付出的成本，卻高到足以完全抹殺股票風險溢酬，甚至還會倒虧。你真的以為會有人願意在空頭市場免費賣保險給你嗎？別傻了！

分散投資還行得通嗎？相關性的問題

　　圖4.6顯示，國內與國外股票的相關性真的愈來愈高，這意味分散投資到不同股票型資產類別的好處正逐漸降低；事實上，日常經驗似乎也印證了這一點。不管是以交易日或年度來看，當史坦普500指數表現特別糟糕，外國股票市場也幾乎清一色表現不佳。金融學術界人士布魯諾・索爾尼克（Bruno Solnik）貼切形容了這個令人感慨的現象：「當我們最需要分散投資時，它卻傷我們最深。」[6]

　　就短期而言，索爾尼克點出了一個根本的真理。從下表的前兩個欄位就可看出這個真理。下表有三個欄位，分別是三個空頭市場的股票報酬率。

最險峻時期的總報酬（名目）：三個視角

資產類別	2000 年 9 月至 2002 年 9 月	2007 年 11 月 至 2009 年 2 月	2000 年 1 月至 2009 年 12 月
史坦普 500 指數	–44.73%	–50.95%	–9.10%
美國大型價值型股票（羅素一〇〇〇指數價值型股票）	–23.66%	–54.39%	+27.62%
美國小型股票（羅素二〇〇〇指數）	–30.64%	–52.05%	+41.23%
美國小型價值型股票（羅素二〇〇〇指數價值型股票）	+3.46%	–51.88%	+121.31%
不動產投資信託（DFA REIT）	+26.28%	–65.58%	+170.86%
國際大型股（EAFE）	–42.17%	–56.40%	+16.97%
國際大型價值型股票（EAFE 價值型股票）	–35.92%	–58.59%	+48.47%
國際小型股（EAFE 小型股）	–27.92%	–59.49%	+94.29%
新興市場（MSCI 新興市場指數）	–34.02%	–61.44%	+161.96%

資料來源：德明信基金顧問公司與晨星公司

　　第一個欄位證明，在二〇〇〇年網路泡沫破滅過後的空頭市場期間，九種股票型資產類別裡，有七種都遭逢嚴重虧損。到了二〇〇七年至二〇〇九年全球金融危機（第二欄）期間，情況更糟了，九種股票型資產類別全部都下跌超過一半。而二〇〇〇年至二〇〇二年間的少數亮點之一──REITs──在二〇〇七年至二〇〇九年間更下跌幾乎三分之二。

　　從最後一個欄位可以見到涵蓋較長期間的空頭市場風險：這個期間涵蓋了二〇〇〇年至二〇〇九年，那是現代史上整體全球股票市場指數表現最糟糕的十年，比一九二九年崩盤後的那十年還要糟。這十年期間包含二〇〇〇年至二〇〇二年以及二〇〇七年至二〇〇九年等空頭市場，不過，如果能在這段期間廣泛分散投資到REIT與小型

及價值型股票,不僅能緩衝史坦普500指數的虧損,還能獲得非常可觀的利潤。

這十年內分明就發生了兩個嚴重的空頭市場,而且所有不同的股票型資產也全部未能倖免於難,但若切實分散投資,卻能獲得極大的利益,這怎麼可能?答案很簡單,在市場兵敗如山倒的**過程**中,把資金分散投資到不同的股票可能真的完全無濟於事,但事實證明,分散投資的作法卻能在市場開始復原之後帶來很大的利益。明智的投資人不會太在意一年或兩年的可怕走勢,只要能撐過最險峻的局面,最終一定會柳暗花明。然而,即使是紀律最嚴明的投資人,也可能因長達十年或甚至二十年的惡劣局勢而破產,而正是在那種非常漫長的投資期間,分散投資的好處才會被凸顯出來。

舉個例子,假定一個日本退休老人在一九九○年至二○二一年的三十二年間,每年獲得以當地貨幣計價的0.53%名目報酬率,那麼,他的名目報酬率正好等於通貨膨脹率。最糟糕的報酬率是發生在那個序列的初期,所以,即使這位投資人的提領率相對偏低,他還是理應在大約十年內就會花光所有錢。相同的狀況有可能發生在將於明年退休的美國人身上嗎?我認為不可能,但如果持有全球分散投資的投資組合可規避這項風險,何苦承擔那種全押美股的不必要風險呢?

第四章摘要

■ 標準差是衡量風險的好指標，但它絕不完美，因為它無法衡量那些虧損將在**何時**發生。在最糟糕的時期，國庫債券為投資組合提供的保護效果優於公司債或市政債券。

■ 儘管不同資產類別之間的低相關性對你有利，但這種有利的條件卻可遇不可求。正因低相關性的股票與選擇權資產備受珍視，所以，這些標的的價格很容易被追高，它們的期望報酬率與已實現報酬率也因此都偏低。

■ 在這個日益全球化的金融市場，股票型資產之間的短期相關性已明顯上升，這是個壞消息。不過，好消息是，以非常長久的期間來說，事實應該還是會證明，全球分散投資是有利可圖的。

第五章

給成年投資人的資產配置
——第一部

世界上沒有資產配置精靈

成年人不相信小孩的故事，明智的投資人也一樣。

現在你已經知道，這個世界上幾乎不存在任何選股精靈——也就是篤定能打敗市場的明星基金經理人。你可能很幸運地及早抓住那樣一個罕見的珍寶，但那個尋覓過程就像大海撈針，被大海淹死的機率遠高於撈到針的機率。

儘管偶爾會有一個選股精靈驚鴻一瞥地在我們眼前閃過，我們卻永遠不可能找到能判斷市場進出時機的精靈，因為祂並不存在。死空頭再怎麼不濟，也有精準預測到市場崩盤的一天，但那絕對純粹是出於偶然。誠如我們在第三章討論的，那些死空頭在說中一次市場崩盤後，清一色錯過了崩盤過後的驚人市場報酬。

這一章的內容將讓你了解，世界上真的不存在資產配置精靈，不管是哪個市場派權威或哪種量化技術，都無法神奇地找出能在某個特定風險水準下實現最高未來報酬率的資產配置。

且讓我們以圖5.1作為起步，開始尋找最佳投資組合——圖5.1是上一章的圖4.1的簡化版，這張圖裡只有兩種資產的報酬率與標準差：全體美國市場與中期國庫債券。

圖 5.1　包含美國全體股票市場與中期國庫債券的不同投資組合，一九七六年至二〇二一年

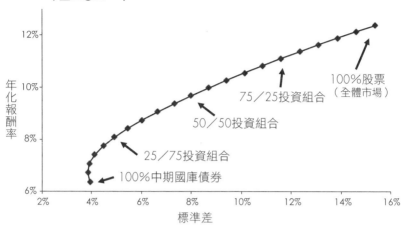

資料來源：德明信基金顧問公司與彭博社

　　基本上，這張圖是一維的。雖然它看起來是一條穿越「均值變異數二維空間」的曲線，投資人卻只能改變其中一個變數：股票／債券投資組合。

　　市面上有非常多投資這兩種資產類別的指數型基金，而且銷售那些基金的機構每年都只收取萬分之幾的手續費。如果你的績效遠比分布在這條曲線上的所有投資組合還要差，那麼，你只要沿著這條曲線，選出一個你想要投資的點——也就是選出你願意承擔的風險水準——就有可能提升你的績效。過去幾十年，50／50投資組合（也就是金融媒體工作者史考特·伯恩斯〔Scott Burns〕所謂的「懶骨頭投資組合」〔Couch Potato Portfolio〕）讓很多投資人頗為受用。＊

　　如果納入三種或更多種資產類別，尋找最佳投資組合的過程就會變得複雜很多。一個世代前，我為了舉例說明這個流程而進行了一個相對單純的實驗。我請一個數學高手朋友歸納出八百個由一項「安

＊ 嚴格來說，懶骨頭投資組合是 50% 投資到美國全體股票市場，50% 投資到全體債券市場。後者的表現和中期美國國庫債券非常類似。

全」資產——五年期國庫債券——與六項不同的風險性股票型資產類
別組成的隨機組合：

- 五年期國庫債券
- 史坦普 500 指數
- 美國小型股
- 歐洲股票
- 日本股票
- 環太平洋股票
- 貴金屬礦業股票（晨星基金平均）

在一九九二年至一九九六年的那五年間，我每年為這些隨機的
投資組合進行再平衡作業，最後將這八百個投資組合的報酬率和標準
差標繪出來，如圖 5.2。

圖 5.2　八百個隨機歸納出來的投資組合的均值 - 變異數平面圖

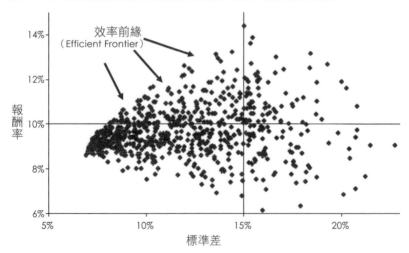

後來，我沒有再更新這份研究，因為事實證明，實際上研究哪
些年度和選擇哪些資產根本就不重要。只要你的研究涵蓋了數年時

間，而且你的投資組合裡包含風險資產與零風險資產，最後畫出來的
平面圖，看起來都會和圖5.2很類似，像一頭臉部朝左且背脊相對清
晰可見的「豪豬」。那個背脊就是「效率前緣」（efficient frontier），
也就是特定風險水準下，能提供最高報酬率的投資組合，換種方式來
說，它代表在特定報酬率下，承擔最低風險水準的投資組合。（若是
衡量數十年的期間，整張平面圖會趨於平坦，看起來會變得比較像一
隻食蟻獸。）

　　請觀察畫在標準差15％位置的那條垂直線。這是整體美國股票
市場的約略風險水準。想像一下，你正在這條線上遊歷。如果你能
忍受這個高風險水準，當然希望能藉由承受這些風險而換回最多的報
酬。所以，你要盡可能爬到這條垂直線的最高位置。

　　相反地，請看看落在水平線上的所有投資組合，那一條水平線
是對應到每年10％報酬率的所有投資組合。你應該盡可能達到這條
線的最左側，那代表以最低風險水準賺到10％的報酬。

　　資產配置的終極夢想目標就落在這隻豪豬的背脊上──即效率
前緣。一九五二年時，一位名叫哈利・馬可維茲（Harry Markowitz）
的年輕經濟學博士在《金融雜誌》上發表了一篇開創性的文章，他在
文中描述一個稱為均值變異數最佳化（mean variance optimization，
以下簡稱MVO）的數學方法，這個方法的目的是要計算落在效率前
緣上的投資組合是什麼樣的組成結構。效率前緣上的投資組合從位於
左下方的「最小變異數」投資組合（由零風險資產組成，以我們的例
子來說，是五年期國庫債券），一路向上延伸到位於頂端的「最大報
酬率」投資組合。[1]

　　馬可維茲的MVO演算法──牽涉到適中複雜性的矩陣代數
（matrix algebra）──的輸入值只包括區區三組參數：多項資產中
每一項資產的報酬率與標準差，以及這些資產之間的相關性矩陣
（correlation matrix）。

　　這再容易也不過了。只要收集各資產類別的報酬率、標準差與

相關性，並將之注入這個神奇的黑盒子，接著就會跳出一系列從最低風險／報酬率到最大風險／報酬率的最佳投資組合。你只要先確定你想要承擔多大的風險，接著就可以選出能在那個風險水準（標準差）實現最大報酬率的投資組合。

聽起來很棒，對吧？但如果你打算採用上述方法來選擇投資組合，我必須給你一個良心的建議：不如把一半的資金塞到床墊底下，另一半借給你那不長進的姪子，這樣還更有意義一點。原因是，MVO 有兩個很大的問題。首先，「最佳投資組合」的產出值非常容易受投資組合的輸入值影響，尤其是資產報酬率。只要把一項資產的報酬率提高幾個百分點，它就會成為最佳投資組合裡的主角。相對地，只要把那一項資產的報酬率降低幾個百分點，它就會徹底從最佳投資組合裡消失。第二個問題是，各個資產類別的表現有回歸均值的傾向，但投資組合優化工具卻可能會為投資組合配置太多前一段時間報酬率較高的資產，箇中的藏結在於當一項資產先前的報酬率較高，它後續的報酬率有可能會變得較低。（憤世嫉俗者有時把均值變異數優化工具稱為「誤謬最大化工具」。）

那麼，究竟要如何設計投資組合才是正確的？馬可維茲本人是這麼說的（世界上有誰比馬可維茲本人更適合回答這個問題呢）：

> 我理應計算這些資產類別的歷史共變異數（co-variance），並畫出效率前緣。但取而代之的，我想像了當股票一路上漲而我沒有參與其中──或當股票一路下跌而我百分之百持有股票──時有多麼悲傷。鑑於我真正的目標是要把未來的後悔最小化，所以，我決定把一半撥款分配到債券，另一半撥款分配到股票。[2]

答案揭曉了，馬可維茲博士認為，投資的莎士比亞那一面──也就是設法規避導致哈姆雷特、馬克白夫人與李爾王等人進退維谷的傲慢、恐懼和歷史事故──比投資的數學那一面重要，所以，他決定

把資金分別投資一半到股票和債券。

　　馬可維茲向來對他的效率前緣領域研究引以為傲，但對他來說，最令人遺憾的莫過於世界上並沒有任何資產配置精靈能揭示未來五年、十年或五十年的效率前緣投資組合是什麼模樣。不過，這件事早已不是祕密。MVO演算偏好績效最高的資產類別，而如果你能事前知道那些最高績效的資產都是些什麼資產，你一開始根本也不會需要MVO，直接投入那些資產就好。

資產配置的舊約全書

　　兩千年前，一位非猶太人異教徒來到當時世界上最偉大的兩位猶太法學博士——棋逢敵手的沙麥（Shammai）與希勒爾（Hillel）面前，說這兩位博士若能一邊單腳站立，將全套的舊約全書傳授給他，他就改信猶太教。沙麥就像懷抱古代猶太法學思想的安東寧‧史卡利亞（Antonin Scalia，譯註：美國法學家，曾任美國最高法院大法官），憤怒地棒打這名男子。但較寬容的希勒爾則回答：「己所不欲，勿施於人。這就是整套舊約全書的精髓。其餘的都只是評述而已；現在好好地去鑽研吧。」[3]

　　對散戶投資人來說，金融版的全套舊約全書就是指股票與債券在投資組合中的適當百分比配置。一旦你歸納出那些數字，兩種資產的個別精確組成結構就相對容易搞定了。我們將在後續章節討論這兩類資產的精確組成結構。

第五章摘要

■ 世界上沒有資產配置精靈、投資顧問或神奇黑盒子能告訴你什麼樣的資產配置能在特定風險水準下，為你帶來最高的未來報酬率。

■ 關於投資，最重要的一環是決定你要承擔多高的風險才能達成目標，以及判斷你在投資生涯的每個階段能承受多少風險。一定要百分之百確保你承擔的風險不會超過你能承受的風險。

■ 一旦你釐清自己將在人生的每個階段承擔多少風險，就能相對輕而易舉地決定股票與債券等資產類別的資產配置方式。

第六章

給成年投資人的資產配置
——第二部

投資人的年齡

現在，我要把獅身人面像之謎融入希勒爾的寓言，但願這樣不會把這個古代文學典故搞得更難懂：

> 什麼動物是早上四條腿、下午兩條腿、晚上三條腿？答案是人類。嬰兒時期的人類在地上爬行，成年時期的人類用兩條腿走路，而遲暮時期的人類則拄著柺杖走路。

投資人也有三個時期，簡單說，就是開始、中期和結束，每個時期都各有適合的理論與策略。但我不會依照這個順序討論這些不同的時期，而是把中期留到最後再討論——所謂中期就是退休之前——因為這個時期的投資最為棘手。

沒有信託基金的年輕人本身就是一檔巨額的債券

學術界有一個常見的笑話說，一位物理學家以「假定乳牛是球體的」的前提，來探討一個極其錯綜複雜的問題。金融經濟學家圈子也有類似的謬見，這個謬見和典型的薩謬森／莫頓生命週期理論有關。半個多世紀前，羅伯·莫頓與保羅·薩謬森寫了兩篇牽涉到複雜

數學的研究報告,若把它解譯為英文的白話文,這篇研究報告的結論是,如果投資人一生都維持固定不變的風險承受度,那麼,他們的資產配置也應該維持不變。

　　這個假設和典型的球體乳牛假設幾乎沒兩樣。我們的日常經驗顯示,市場行為會影響到市場參與者的知覺風險承受度,因為即使是短短幾天或幾個星期的市場恐慌,都足以導致投資人的知覺風險承受度劇烈降低。因此,主張一個投資人終其生命週期內的風險承受度都不會改變,是比球體乳牛更蠢的假設。

　　莫頓和薩謬森的學生之一——澤維・波迪(Zvi Bodie)——以及薩謬森之子威廉在事後改良並延伸了莫頓／薩謬森的假設(即一生的風險承受度都固定不變),將投資人的人力資本(human capital)列入考慮。[1]

　　假定一位名叫芙芮達的年輕女性擁有一份類似金飯碗的工作,她的年薪是5萬美元。這樣的條件讓她的人力資本——也就是未來薪資的現值——遠遠超過100萬美元。

　　芙芮達的流動金融資產只有一項,那就是存在退休基金且100%配置到股票的1萬美元。由於她的人力資本最類似一檔能產生相對固定收入(調整通貨膨脹後)源流的債券,所以,她配置到股票的總金額,其實還不到她的人力資本加上投資資本的總和的1%。在這個情況下,**理論上**來說,芙芮達完全沒有理由持有任何債券——因為她本身的人力資本和債券類似,而這筆人力資本使她的投資資本顯得微不足道。

　　從這個架構出發,我們可以進一步推斷,芙芮達的股票曝險應該要高於100%。換言之,她應該把個人退休帳戶(IRA)股票投資計畫的槓桿應用到最極致,這是另外兩名深受薩謬森影響的經濟學家伊恩・艾瑞斯(Ian Ayres)與巴瑞・納勒巴夫(Barry Nalebuff)所推薦的策略。他們的建議牽涉到購買「深度價內」(deep in the money)的長期股票股票期權(long-term equity anticipation securities,簡稱

LEAP）*，購買這種期權的目的，正是要達到大約200％的股票曝險。（芙芮達可能無法透過她雇主的退休計畫完成這件事，不過，透過券商的IRA帳戶應該就能達到這個目的。）[2]

　　然而**理論上來說**，芙芮達應積極投資股票的原因還有一個。股票對定期儲蓄的年輕民眾而言風險低於較年長的投資人；因此，遠比四十五歲中年人還年輕的人，應該虔誠地祈禱上天賜給他一個嚴重的空頭市場，這樣他才能以更物超所值的價格購買更多股數的股票。

　　遺憾的是，芙芮達是一名有血有肉的人類，不是金融經濟學家眼中的那頭球體乳牛。關於這個狀況，金融幽默作家弗瑞德‧休威德（Fred Schwed）在接近一個世紀前的說法最為貼切：

> 　　某些事就是無法經由文字或畫面向一名處女解釋清楚。我在此提出的任何描述都遠遠無法形容失去口袋裡的一大筆錢是個什麼樣的感覺。[3]

　　尚未遭遇過嚴重股票損失的年輕投資人特別容易受市場下跌與鋪天蓋地的媒體炒作話題影響。如果芙芮達碰上一場任何人都無可避免的普通空頭市場，她將眼睜睜看著相當於幾個月薪資的錢憑空從她的投資季報表裡消失，而她當然可能因此而驚慌失措。而如果這樣的空頭市場是發生在她的投資生涯的稍後階段，她折損的金額幾乎肯定會高達她好**幾年**的薪資。

　　財經媒體總喜歡把股價下跌10％形容為「修正」、把下跌20％形容為「空頭市場」，並拿這些事大做文章。但說穿了，諸如此類的定義只不過是愚鈍的數字占卜術。股價下跌20.1％或19.9％以後的表現並不會有什麼不同。不過，這些區別方式卻清楚說明了投資人有多麼嚴肅看待必然會發生的10％與20％跌價走勢（這兩種走勢平均一

---

* 「深度價內」買權是指履約價（strike price）遠低於實際市場價格的買進選擇權。

年與每五年各會發生一次）。事實上，在過去一個世紀，股價重挫一半的狀況就發生了三至四次（取決於你的算法）。其中一次是發生在一九二九年至一九三二年，那一次股價重挫了幾近90％。

在這個脈絡之下，波爾參議員在二〇〇八年秋天（當時股價只下跌大約四分之一）打給他太太的那通著名電話——「把全部的錢從銀行領出來」——尤其值得我們時刻銘記在心。如果沒有極端聳動的基本敘事，股票通常並不會下跌那麼多，而這種聳動的基本敘事通常是和金融體系恐慌或地緣政治事變有關；諸如此類的市場騷動似乎每十年會發生一次。在行業裡打滾夠久的多數財務顧問，一定遇到過一、兩個曾經沉著應對生死搏鬥，但投資組合才虧損5％就急著落荒而逃的退休軍人。達到200％的市場曝險？別傻了。即使是薩謬森本人都在波士頓大學（Boston University）一場幽默的交流研討會上，否定了納勒巴夫／艾瑞斯向年輕投資人建議的這個槓桿策略。[4]

人類傾向於趨避金融風險，箇中原因可能和演化有關。事實證明，在食物匱乏的石器時代，即使是輕微的資源短缺或和掠食性動物、有毒食物或敵對部落的些微接觸，都有致命的可能。所以，在那樣的時代，一個人最好不要冒太多險。顯然大自然在設計人類時並沒有考慮到股票風險。

為了更精準判斷芙芮達在現實生活中的風險承受度究竟是多高，我建議她從低風險開始，接著再慢慢提高。這通常要花上一、兩個市場週期，如果她願意聽從我的建議，應該就能在投資生涯剛展開的幾年內，好整以暇地應對她的股票曝險部位。她不該把致富當作目標，而是該追求不要窮困潦倒地死去。如果一個人在年輕時因為一次巨額的虧損而斷然放棄投資股票，他到老時必然窮苦潦倒。如果芙芮達是少數能忍受持有大量股票的投資組合的投資人，那就再好也不過了。因為她還有很多時間能慢慢提高股票曝險，還有很多時間能坐收承擔高風險的利益。

數學解說方塊

風險趨避（risk aversion）

　　一般投資人最容易被風險承受能力所侷限。經濟學家羅伯‧巴爾斯基（Robert B. Barsky）與他同事所做的一份經典研究，向研究對象詢問以下問題：

　　假定你是家中唯一有收入的人，而且擁有一份保證會在你的一生當中，每年讓你獲得當期（家庭）收入的好差事。你現在有一個機會能接下一個同樣好的新差事，這份差事有 50%的機率將讓你獲得加倍的（家庭）收入，但也有 50%的機率將讓你的（家庭）收入減少三分之一。你願意接下這份新差事嗎？ [5]

　　諸如此類的疑問衍生了所謂相對風險趨避（relative risk aversion，簡稱 RRA）因子，粗略來說，這個因子代表你對風險的懼怕程度。舉個例子，如果你對上述疑問的答案是「願意」，你的RRA 就低於 2。如果你的答案是「不願意」，你的 RRA 就高於 2。RRA 的算法是〔（1-X）／ X〕，其中，X 是三分之一的虧損，也就是說，〔（1-0.333）／ 0.333〕= 2。如果你只能接受薪資減少10%，那麼，你的 RRA 就會放大到 9〔（1-0.1）／ 0.1）。然而，如果你願意忍受有50%的機率會損失100%薪資，你的RRA就是0。（當賭注的期望報酬率為正數，RRA 才有意義可言。）

　　巴爾斯基和他同事發現，多數人經過這類連續問題所測得的RRA 相當高。幾乎三分之二的受訪者不願意接受「有 50%機率將損失20%收入」的狀況，那意味他們的RRA高於4〔（1-0.2）／ 0.2〕。巴爾斯基和他同事還發現，RRA 不僅和受訪者持有的股票百分比相關，也和他們的其他風險承擔行為相關，這倒是不意外：平均來說，抽菸、喝酒且沒有保險的人的 RRA 較低。[6]

　　請注意，這些數據只是專指民眾**口頭上表示**他們能忍受多高的風險，而非他們實際上能忍受多高的風險。這兩者的差異可以用一

個不錯的類比來闡述：透過飛行模擬器練習飛機失事的情況，以及飛機真的失事時的實際應對狀況。這類問卷的答覆最常被用來研究菁英大學的本科生族群，問題是，那些學生的答覆可能和一個中年人眼見自己的積蓄消失一半時的實際行為模式完全不相關。

對退休老人最重要的數字

接著，讓我們把焦點轉向人生的退休階段。一開始，先來談談一位名叫弗瑞茲的六十五歲退休老人。他擁有75萬美元的投資組合，每年需要的生活費用是5萬美元，而他每年的社會安全給付與退休金給付加起來共2萬美元。

所以說，弗瑞茲每年需要另外湊3萬美元來應付平日飲食、租金或房貸、聯邦醫療保險（Medicare）保費、與太太上館子以及探望孫子女等開銷。且讓我們把每年多出的這3萬美元開銷稱為他的待攤生活費用（residual living expenses，簡稱RLE）。

投資人為退休而儲蓄的主要目標是為了能應付餘生的基本生活費用。就理想狀態來說，那筆錢應該包括至少二十五年的待攤生活費用。弗瑞茲手頭上的錢正好幾乎等於這筆額外需要的資金，因為二十五年乘以3萬美元，正好等於他的75萬美元積蓄。弗瑞茲對這些數字心知肚明，他深知自己承受不了太大的風險。理論上來說，他的投資組合每損失4％，他的剩餘歲月就得多過一年窮困潦倒的生活。所以，他投資到股票的積蓄一毛錢也虧不得，因為他負擔不起那樣的風險，在這個情況下，他的投資組合應該顯著著重低風險的資產，而且這些資產的收益狀況必須配合得上他扣除通貨膨脹後的退休需求才行。前一段句子的關鍵字是「配合」，所以，他的資產最好是能夠應付他的每年待攤生活費用的通貨膨脹指數型年金。

除非弗瑞茲和他太太的平均餘命很短，否則到目前為止，實現這個目標的最好方法，是在七十歲以前先花費他個人專為退休準備的

積蓄，等到七十歲後再開始動用社會安全局提供的通貨膨脹指數年金（譯註：遞延到七十歲再領的金額較高）。在理想狀態下，他應該購買一項通貨膨脹指數年金來彌補這個差額。遺憾的是，幾年前，保險公司已停售那種產品。

次優選項是抗通膨公債階梯（TIPS ladder，譯註：將不同到期日的抗通膨公債組成一個投資組合）。由於抗通膨公債能在到期時提供調整通膨後的零風險報酬，所以，理論上來說，弗瑞茲應該持有會分別在他退休後的每一年到期的這種債券。不過在現實世界，這是不可能做到的，原因有兩個：首先，因為二〇二三年的市場上並沒有二〇三四年至二〇三九年到期的抗通膨公債；第二個原因是，最長到期限的抗通膨公債是三十年，而如果弗瑞茲或他太太活到九十五歲以上，這個債券階梯就會不夠用。理論上來說，商業年金能在弗瑞茲超過九十五歲以後繼續提供收入，不過，我基於幾個理由對此持保留態度，稍後將會進一步解釋。[7]

說了這麼多，其實弗瑞茲根本沒**必要**承擔風險，因為他已經取得正好足夠退休用度所需的資產。所以他的風險承受度是高還是低，根本已無關緊要，因為他應對風險的能力以及他對風險的需要已經控制了他的資產配置。

不過，一個由股票和債券組成的投資組合不是應該能幫他度過所有可能情境嗎？答案是否定的。看看一九六〇年代末期到一九八〇年代初期那接近二十年的情況：股票與債券的實質報酬都是負數。等到他最需要的時刻——也就是一九八二年——來臨，他的投資組合應已幾乎一毛都不剩了。何況到一九八二年時，股票的評價已經比一九六〇年代中期上升，所以，股票的期望報酬率也降低了。

在過去，包含25股票／75債券與75股票／25債券的投資組合，確實能撐過4%以上的燒錢率。最廣泛被用來檢視燒錢率的例子——三一大學研究（Trinity Study）——證明，以50股票／50債券的投資組合來說，如果每年花費的金額（調整通貨膨脹後）只有那個投資組

合的初始價值的5％，這個投資組合的成功機率是76％，所謂的「成功」，是指在退休三十年後過世，且過世時沒有揹負任何債務。更常見的是所謂班根規則（Bengen rule，這個規則是以財務顧問威廉‧班根〔William Bengen〕的姓來命名），這項規則斷定，安全的年度提領率為4％。[8]

　　三一大學研究與班根規則有一個共同的問題：它們都是以歷史報酬率為基礎，但歷史報酬率很有可能遠高於我們未來可取得的報酬率。三一大學研究的作者和班根使用的是從一九二六年至一九九〇年代中期的歷史數據，那個期間的投資人頗受上天眷顧，因為他們獲得的股票實質報酬率高達7％，債券實質報酬率也有2％。當時股票報酬率那麼高的原因是那個期間的股票評價劇烈上升，但展望未來，股票評價大幅上升的盛況不可能再現。換言之，未來的股票報酬率可能會降低，那意味即使是班根／三一大學研究所主張的4％～5％提領率，都可能流於樂觀。當我撰寫這個版本的初稿時，實質債券殖利率（以抗通膨公債的利率來表達）是負數，幸好二〇二二年的債券大屠殺「解決」了這個問題。在我撰寫本書之際，債券的實質收益率已回升到接近歷史水準的2％，但這可能是聯準會的暫時性貨幣緊縮政策所造成，而且，即使是經過二〇二二年的大跌走勢，股票的報酬率還是遠遠不可能達到一九二六年後那段期間（也就是班根／三一大學的研究期間）的7％實質報酬率水準。

　　由於燒錢率與投資組合存續率之間的關係是極其攸關重大的主題，所以，我要先以班根／三一大學研究所採用的較高原始歷史報酬率作起步。圖6.1標繪出4％燒錢率的狀況：在一九二六年、一九三六年、一九四六年、一九五六年、一九六六年、一九七六年、一九八六年與一九九六年退休的人，每年從最初價值100萬美元的50股票／50債券投資組合（一半投資到史坦普500指數成分股，一半投資到五年期國庫債券）裡提領實質金額為4萬美元的資金。

　　圖6.1是以調整過通貨膨脹率的美元來標繪，這張圖和三一大學

研究與班根規則完全一致。在過去，調整通貨膨脹後的4％資金提領率是相當安全的。我是基於兩個理由，選擇尾數為「六」的年度：第一，因為這個資料庫起始於一九二六年，另外，也因為一九六六年是史上最糟糕的開始退休年度，那一年退休的人的積蓄僅勉強撐了三十年。金融經濟學家將選到不利退休年度的可能性稱為「報酬率順序風險」，這個風險絕對不容小覷，如圖6.1所示。

圖6.1　50／50股票／中期國庫債券投資組合在不同退休年度以4％的實質燒錢率提領後之續航力

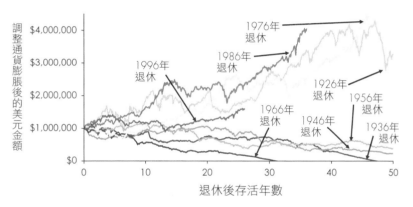

資料來源：德明信基金顧問公司

　　未來幾十年，股票將不可能提供高達7％的實質報酬率，相同地，債券可能也無法提供2％的實質報酬率。那麼，究竟怎樣的預估報酬率才是合理的？我把每個月的股票報酬率級數下調——即一九二六年至二〇二一年的實質報酬率降至4.5％——也把每個月的債券報酬率級數下調——也就是五年期國庫債券實質報酬率降為1.0％，並在圖6.2重複這個練習。

　　以這些期望報酬率來說，從不同起始日開始提領的八個投資組合當中，有三個撐不過三十年，其中，一九六六年開始退休的人最為悲慘。只有在提領率低於3.17％的情況下，這八個投資組合才全數達

圖 6.2　50 股票／50 中期國庫債券投資組合在不同退休年度以 4%的實質燒錢率提領後之續航力

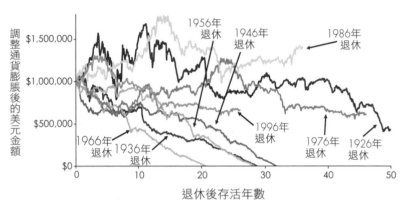

資料來源：德明信基金顧問公司

到「撐過三十年」的門檻。（嚴格來說，一九九六年開始退休的那個投資組合迄今還沒滿三十年，不過，因為它在過去二十六年的表現不錯，所以應該肯定能存活三十年。）

　　這個練習證實了很多退休主管機關的疑慮──即對即將退休的人來說，提領率宜從4％降至3％。如果你的燒錢率遠高於3.5％，你就處於危險區。除非你單身且健康狀況不佳，或者你和另一半的健康都不理想，否則你的第一要務應該是先動用你自行儲蓄的退休資產，以便達到「遞延到七十歲再開始請領社會安全退休給付」的目的，因為屆時這筆給付金將是世界上最好的年金。剩下的投資則應該保守著眼於通貨膨脹保障，尤其最好是投資到期期限能和你的資金流出互相配合的抗通膨公債階梯。很多退休專家也建議購買即期固定年金，但我認為這種年金有以下幾個需留意的問題。首先，年金承擔了發行年金的保險公司的信用風險。雖然這些年金通常都有州政府擔保，但是一旦爆發嚴重的金融危機，州政府的保險準備金（這項準備金是由其他保險公司出資提撥）一定會嚴重縮水，就像滾燙的刀子穿過奶油那樣快速化為烏有，屆時就算有州政府的擔保也沒有用。（二○○

八年時，美國政府出手拯救美國國際集團〔AIG〕，因為它銷售了非常多的年金。從那時開始，美國債務／GDP比率就迅速飆升到100％以上，而且，目前的美國政府有沒有能力再拯救一次年金持有人的資產，也很值得懷疑。）如果你真的想購買年金，最好是分散購買二至三家保險公司所發行的年金。第二，目前市面上的所有年金都無法提供真正的通貨膨脹保障，只有部分年金有附加「固定給付金額按生活指數進行調整」的條款，但若發生嚴重的通貨膨脹，那樣的調整條款根本不夠用，而且，這種年金的初期發放金額低於未附加那種調整條款的年金。最後一個原因值得強調無數次：由於你應該遞延到七十歲再開始請領社會安全退休給付，所以，在七十歲之前，除非你在應付平日開銷後還有餘裕，否則不宜再花錢購買抗通膨公債階梯或固定年金。

　　如果你的燒錢率是介於2％至3.5％，你的財務狀況或許還不錯。即使如此，還是應該遞延到七十歲再請領社會安全退休給付，同時宜持有一個合理的股票／債券投資組合（介於25／75與75／25），這麼一來，你應該就能相當輕鬆應付個人的退休需求。

　　最後，如果你的燒錢率低於2％，基本上你如何配置你的退休資產，對你個人而言就不是那麼攸關重大了，不過，這件事對你的繼承人與你打算捐贈的慈善團體還是很重要。尤其如果你是少數擁有充足社會安全退休給付與退休金收入來應付日常生活開銷的儉樸幸運兒，那就更是如此了。除非你把錢揮霍到BMW豪華汽車或偶爾搭商務艙，否則你的物質環境並不會受投資組合的報酬率高低所影響。

數學解說方塊

蒙地卡羅分析（Monte Carlo Analysis）

　　使用過往股票績效來推估未來是有問題的，因為歷史市場報酬可能產生極殘酷的誤導性。以美國來說，我們只擁有大約一個世紀

的優質數據可進行分析；即使是英國和荷蘭，也只有少數股票擁有幾個世紀的數字，而且這些數據都支離破碎。誠如我們將在下一章討論的，雖然目前可取得的貸款型投資數據長達數千年，這些數據和當前的市場卻幾乎無相關性可言。

要解決歷史數據有限的問題，方法之一是進行蒙地卡羅分析，這項分析是以一個特定的均值和標準差（最常用的是每月報酬率數據）來生成隨機報酬率序列。舉個例子，已商業化的產品之一MCRetireR 能在幾秒內產生任何一個特定投資組合的 100 萬次疊代（iteration）。舉實質報酬率 2.5％且標準差 8％的投資組合為例（舉此為例的原因是，這種投資組合的行為近似於一個 50 ／ 50 投資組合的未來預期行為）。若燒錢率為 4％，這個投資組合撐過十年、二十年、三十年、四十年與五十年的機率，將分別是 100％、98.9％、75.5％、45.7％，以及 28.4％。認真的投資人可以在網路上找到蒙地卡羅工具。目前最多人使用的蒙地卡羅工具之一是https://www.portfoliovisualizer.com/monte-carlo-simulation. 但它的輸入選項很複雜，所以使用起來不是那麼順手。例如，如果是要輸入整個投資組合的報酬率／標準差，請選擇「模擬模型，參數化報酬率」（"simulation model, parameterized returns."）。

蒙地卡羅分析將讓你了解你的燒錢率、投資組合報酬率以及投資組合標準差對你的投資組合存續率的影響。不過，它有很多缺點。首先且最重要的缺點是：「隨機漫步行為」是它的基本假設，而這個假設不容許股票報酬率存在一絲絲長期回歸均值的傾向。不過，只要稍稍降低標準差的假設值，就能彌補這個缺點。更重要的是，蒙地卡羅給人一種錯誤的精確感，這令人聯想到以下這個笑話：「你怎麼知道金融經濟學家有幽默感？因為他們使用小數點。」一般來説，退休規畫——乃至更廣泛的財務分析——並不是具有精確可預測行為的機翼或電路，儘管蒙地卡羅分析在模擬證券報酬率的隨機本質上，確實有不錯的表現，但它大致上略過了有可能導致生活費

用暴增並對個人造成衝擊的那類厚尾型事件，尤其是會產生高昂醫療代價的意外發展——特別是長期照護的費用；問題是，這類費用不是保險解決方案能應付得來的，就算保險端有能應付這類費用的解決方案，它的成本也絕對高得令人卻步。

　　儘管如此，對喜歡使用量化工具的人來說，蒙地卡羅分析是很有用的方法，它能讓你更融會貫通地使用隨機研究方法來應對你的財務規畫。

用另一個方法來看待退休收入：「負債配合投資組合」與「風險性投資組合」

　　為了退休而儲蓄與投資的目的並不是要致富，而是要把窮苦潦倒至死的風險最小化。而要達到這個目的，最好的方式就是財務用語中的所謂「消除你的『負債』」（defease your liabilities），也就是做到逐年收入精準抵銷調整通貨膨脹後的逐年生活費用。

　　最能達到這個目的的方法，就是遞延到七十歲再請領社會安全退休給付，因為屆時這項津貼會開始調整通貨膨脹的影響。但事實證明，對多數退休老人來說，遞延到七十歲再請領這項津貼還是不夠。要拉近社會安全退休給付和個人生活費用之間的缺口，最精確且最有保障的方法，是購買會隨著你的年齡而逐年到期的抗通膨公債階梯，不過，這個方法依舊有缺點。首先最重要的缺點是，過去二十年間，抗通膨公債的殖利率差異非常大，而且過去幾年這類公債的殖利率經常是負數。第二個缺點是，誠如先前提到的，目前並沒有二〇三三年至二〇三九年到期的抗通膨公債，不過，隨著政府陸續標售十年期公債，到二〇二九年時，這個缺口將會慢慢縮小。

　　最後一個缺點是，抗通膨公債的稅務非常麻煩，所以，最好是透過IRA帳戶持有這種債券（就這一點而言，可透過美國財政部建立與直接經營的線上服務〔Treasury Direct〕及國稅局退稅款取得的小

額通膨保值儲蓄債券比較不那麼麻煩，因為投資人出售這種小額債券時若有增值利益，相關的稅金可延後繳納。不過，這種債券每人每年限購1萬美元，外加5,000美元的退稅款換購金額）。萬一抗通膨公債的殖利率降至遠低於零的水準——一如二〇〇八年金融危機至二〇二二年年初之間的多數時期，那麼，你最好的選擇應該是把錢投入短期國庫債券，祈禱上天賜給你好運，讓未來的殖利率上升。

「負債（編按：待攤生活費用）配合投資組合」的規模應該要多大才好？舉個例子，弗瑞茲需要二十五年的待攤生活費用；對應來說，他的燒錢率是4%（1／25＝4%）。為什麼弗瑞茲不該把他的退休積蓄投資到一個混合了股票與債券的投資組合？圖6.2已經告訴我們答案。如果你不巧是在一九六六年退休——以金融術語來說，就是「報酬率順序風險」——你的投資組合可能連二十年都撐不了。幸好一旦你累積了一個由安全資產組成且夠用的「負債配合投資組合」，就大可以把多餘的資金投資到能讓你的繼承人與受贈慈善機構獲益的「風險性投資組合」。

事實上，「負債配合投資組合」／「風險性投資組合」只不過是在心理上把你的債券與股票部位想成兩個獨立投資組合的另一個方法。這只是一種心理手段，它有助於我們應對大自然對人類處理長期財務風險的不利影響。誠如那位偉大的「投資策略分析師」尤吉・貝拉（Yogi Berra）所言，「這場賽局有百分之九十的考驗是半心理層面的。」[9]如果能在心理上把債券與股票想成兩個獨立投資組合，就比較容易在艱困時期堅持既定的路線，在此改編約翰・藍儂（John Lennon）的歌詞（抱歉做此改編）：幸福就是擁有溫暖的債券。

應該根據年齡決定債券配置比重嗎？

資產配置的神聖規則之一是，應該依照你的年齡來決定你配置到債券的比率，而配置到股票的比重則應該等於100減去你的年齡；

換言之，你的股票配置比重應該每年減碼1％。因此，二十歲的人應該持有80／20的股票／債券配置，接著逐年調整，到六十五歲時，這個配置會變成35股票／65債券。

這個策略還不賴，但或許不適合像弗瑞茲這樣的人，因為他正好已經存了整整二十五年的待攤生活費用，萬一股票與債券的初期報酬率不佳（一如一九六六年以後的狀況），他有可能會在退休後飽受煎熬。

現在，讓我們想像弗瑞茲有一個表弟叫法蘭克，法蘭克比弗瑞茲幸運得多，他雖然也需要一個價值75萬美元的「負債配合投資組合」（二十五年乘以3萬美元／年），但他擁有一個總價值300萬美元的投資組合。

如果他能沉著地處理股票市場下跌走勢，且如果他想把資產贈與給他的繼承人和慈善機構，那他沒有理由不能把他的「風險性投資組合」（也就是退休後不需要用到的那225萬美元）投資到股票。所以說，現在他持有一個75／25的投資組合。

現在，且讓我們進一步想像法蘭克到九十歲時還有300萬美元。在這個情況下，即使他和他配偶活到一百零五歲，此時九十歲的他也只需要45萬美元的「負債配合投資組合」，因此，85／15的投資組合對他來說可能都還算安全。事實上，就算他持有一個每年能產生遠超過3萬美元股息的100％股票投資組合，他還是可能可以高枕無憂。畢竟法蘭克每年的燒錢率只有1％（3萬美元除以300萬美元）。如果法蘭克慢慢消耗他的「負債配合投資組合」來支應他的開銷，沒有動用過他的「風險性投資組合」，那麼，他活得愈老，他的股票配置的規模就會變得愈**大**。維德・普福（Wade Pfau）與麥可・基特賽斯（Michael Kitces）在一份廣獲推崇的研究報告裡概要表達了這個邏輯，這篇研究報告建議採用「反向下滑軌道」策略，在退休後緩步**增加**股票配置。

不過，貼近檢視他們的數據後可發現，這個反向下滑軌道法的

成功機率，只比「根據年齡決定債券配置比重」的標準方法稍微高一點而已。[10]但無論如何，在退休後採用反向下滑軌道策略還是有點道理的。剛退休的人需要龐大的「負債配合投資組合」，但隨著生命一天天接近盡頭，他們需要的「負債配合投資組合」自然會變得愈來愈小。

這引領我們進入最後一個退休風險：活得太老。舉個例子，假定你在六十歲退休，並擁有一個二十五年的「負債配合投資組合」。在這個情況下，萬一你或你的另一半活超過八十五歲，那該怎麼辦？

再重申一次，延遲到七十歲再請領社會安全退休給付，是避免到七老八十還得縮衣節食的最好方法。除此之外，保險公司也銷售最老到八十五歲才開始給付的遞延年金（deferred annuities）。不過，這種年金並不好，原因有幾個。首先最重要的是，這種年金並未附加有效的通貨膨脹附加條款。如果你在六十歲購買一項到八十歲才開始給付的遞延年金，你就等於承擔了整整二十年的通貨膨脹風險。以往的經驗顯示，在一九六六年至一九八五年那二十年裡，1美元的購買力降到0.29美元，你應該不希望原本你以為能在八十五歲以後為你提供保障的長壽保險發生那樣的狀況。

更糟的是，購買年金就得承擔保險公司的信用風險──你把自己辛苦賺來的錢交給保險公司，指望著幾十年後能領回這些錢，但保險公司的信用風險卻可能導致將來的你一毛錢也拿不回來。金融歷史告訴我們，二十年或三十年的時間能發生非常多事，即使是保單本身所隱含的州政府擔保，都有可能不復存在。

關於這種「長壽風險」，較好的解決方案可能是把你的10%股票資產鎖到一個心理帳戶裡。雖然即使經過那麼長的投資期間，股票的風險可能還是很高，但經濟史告訴我們，這種長期股票風險對退休老人的威脅，其實還低於隱含在保險公司遞延年金產品的名目美元給付金額裡的通貨膨脹風險。另外，如果你把那些股票的股息收入源流用來標購連續年度到期的三十年期抗通膨公債，也能緩和這種自創型長

壽保險的股票風險，再者，你也可以逢高伺機將一部分股票賣掉，換成三十年期的抗通膨公債。但我得承認，只有少數退休老人可能接受那種非正統的方法。

最後，如果你能等到七十歲以後再購買抗通膨公債階梯，你就已經藉由購買大量三十年期公債的方式解決了長壽問題。

中期（退休前）：對所有人而言最棘手的階段

我把投資人的中期階段——大約是指退休前十年——保留到最後才討論的原因是，這是投資生命週期最困難且最不確定的階段。這是一個過渡期，在這個階段，早期的激進投資策略可能有必要漸漸轉變為趨向保守的投資策略。

在投資生命的早期，重點在於快速累積資產。豐沛的薪資源流與未來的人力資本，能夠緩解股票所有權所帶來的風險，但到了生命較晚期階段，也就是投資人的人力資本逐漸耗竭之際，股票與債券所隱含的報酬率順序風險，就會使得你沒有太多犯錯的餘地。

要何時與如何從高風險的年輕投資人策略過渡到低風險的退休老人策略？最可接受的方法之一是根據你的年齡，公式化地降低股票的配置比重。或許到四十歲時，你就會知道70股票／30債券的投資組合較能讓你感到放心。另外，到七十歲時，你可能就會覺得股票的配置比重不超過25％才是適當的。

如果你真的有這樣的想法，代表你必須在四十歲至七十歲間，逐年將對股票的配置降低1.5％。但另一個方法是逐步把債券基金轉換成抗通膨公債階梯，一如麥可・齊維契（Michael Zwecher）在他的《退休投資組合》（*Retirement Portfolios*）一書中所詳述。[11]

市場的波動無法預測，也可能不會配合這些策略的需要「演出」，所以，我建議採納另一條途徑。如果在退休前十年間，某一次多頭市場的任何一個時間點使你的「負債配合投資組合」上漲到相當

於待攤生活費用的20倍至25倍的「魔術數字」，那麼，你就贏了這場投資賽局。這時，還有什麼理由繼續積極操作？這時你不該繼續戀棧，應開始退出股票。不過，等到你的心理「負債配合投資組合」已配置了足夠的抗通膨公債、陽春型國庫債券以及定存後，你大可以回頭為你的「風險性投資組合」加碼股票。

你需要在什麼時間點從早期策略轉為晚期策略？或者說，你有必要從早期策略轉為晚期策略嗎？這個問題牽涉到令人卻步的不確定性，因為確切的時機取決於很多不同的事物：你的儲蓄率（較多積蓄代表時機可提前，較少積蓄代表時機必須延後）、股票報酬率的歷史成績（早期報酬率不佳意味時機可提前，早期報酬率優異代表時機必須延後），以及整體報酬的高低。某些幸運的傢伙能在還算年輕的時候就累積到足夠的「負債配合投資組合」，但有些人雖使用相同的策略，卻因為晚幾年才開始應對這個議題，而永遠都無法累積到足夠的資金。

如果你的燒錢率看起來將超過3.5％，就應該配置足夠多且相對安全的資產，以便建立一個足夠應付至少二十年待攤生活費用的「負債配合投資組合」──即社會安全退休給付／退休金與生活費用之間的缺口。即使你覺得我太囉唆，還是請務必牢記，在多數情境下，你都應該先動用這個「負債配合投資組合」，以便獲得延後到七十歲才請領社會安全退休給付的好處，因為那種給付是絕佳的長壽保險。

然而，如果你的預估燒錢率低於2％，那麼，即使是遭遇最嚴峻的市場狀況，即使是高度側重股票的投資組合都能存續下來，在那種情況下，來自股票的股息報酬，將足以支應你的多數（甚至全部）待攤生活費用──當然，這是假設你擁有足夠的風險承受能力可持有接近100％股票的投資組合。

一切盡在時機

在最險峻的時期——例如一九三〇年代那十年，以及一九七〇年代那十年——展開工作生涯並開始儲蓄的人，反常地擁有最好的績效，原因在於他們幸運能在股票處於低價的階段，慢慢累積股票部位。不過，這是假設他們在那些艱困時期擁有穩定的工作（這真的不是件容易的事）而且還有閒錢可供儲蓄。然而，在一九五〇年代與一九六〇年代那種榮景時期開始工作的人，則花較長的時間才累積到適足的積蓄。

基於思考實驗的目的，我想像了幾個假想年度族群（annual cohort），這些族群在每一年年底將20％的年薪投資到調整通膨後的史坦普500指數。接著，我衡量這些族群各花多久的時間累積到相當於二十年薪資的投資組合規模，第一個族群是在一九二五年一月開始工作，並在隔年開始投資。（那個投資組合規模相當於二十五年的「負債配合投資組合」，因為我推想，這些族群只要靠原本薪資的80％應該就足以存活。）由圖6.3可看出分別從一九二五年至一九九三年開始工作的族群，各要花多少時間才能達到那個退休目標。

一九八〇年開始工作的年度族群才花十九年就抵達二十年薪資的終點線，但從一九四九年開始工作的人卻花了三十七年。這個現象其來有自。記得第一章討論的前瞻先生與後顧先生各自的儲蓄積累狀況嗎？在整個儲蓄的軌跡上，與其一開始獲得較好的報酬率，不如一開始經歷較差的報酬率。在一九四五年以後那十年投入職場的人，打從一開始就躬逢美國股票報酬史上最強且最長的多頭市場，所以，他們花較久的時間才終於累積到相當於二十年薪資規模的「負債配合投資組合」。然而，在一九七〇年前後投入職場的人，則是打從一開始就遭逢一段漫長的空頭市場，所以，他們較早達標。

圖 6.3　不同年度開始工作的人各花多少年累積到目標「負債配合投資組合」
　　　　（請見內文）

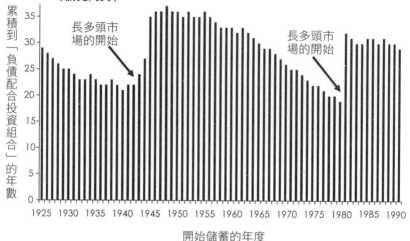

資料來源：德明信基金顧問公司

　　請注意圖6.3的「瀑布」現象。隨著時間愈來愈逼近下一波多頭
市場的高峰時刻，各個連續族群達到目標的時間也漸次縮短，直到下
一個族群未能在那個高峰累積到相當於二十年薪資的「負債配合投資
組合」，最終花費遠比前幾個族群更長的時間才達標為止。從圖中可
見，一九四三年至一九四五年的族群遇到第一個瀑布，他們錯過了在
一九六〇年代中期的市場高峰退休的機會，最後不得不再拖十五年，
等待市場復原。介於一九八〇年與一九八一年中間的族群遇到第二個
瀑布。一九八〇年的族群在短短十九年內就實現了相當於二十年薪資
的「負債配合投資組合」目標，但一九八一年族群錯過了一九九九年
的高峰，又遭受二〇〇〇年至二〇〇二年和二〇〇七年至二〇〇九年
的空頭市場重創，結果到二〇一三年才終於「及格」。到二〇二一年
年底，一九九四年族群雖歷經了二十八年的折磨，卻還是未能達標，
屋漏偏逢連夜雨的他們又在二〇二二年遭受空頭市場重創，更後面的
族群甚至比這個族群落後更多。

　　圖6.3所示的實驗牽涉到一些統計推論，那些推論包含很多強烈

（或許是抵銷性）的假設，包括沒有考慮社會安全津貼，以及100％投資股票等，但這張圖還是闡述了一個有效的觀點：你根本不會知道你何時能達成「負債配合投資組合」目標，所以，一旦你達成了，最好是果斷採取行動，儘速落袋為安。

　　上述不同年度族群達標時間的差異，不僅對散戶投資人意義重大，也對公共政策深具意義。事實愈來愈清楚顯示，急就章地推動確定提撥制退休計畫（defined contribution plans），肯定不會有好結局。到未來某個時間點，我們的整個退休儲蓄系統將需要進行大刀闊斧的改革。但不管到時候採用什麼新系統，不管這個新系統採用什麼樣的設計，一定還是會有某些人口族群獲得比其他人更好或更壞的成果。無奈的是，不管是對個人或對整個社會來說，這都是資本市場不確定性的本質所造成。

　　悲哀的是，目前幾乎沒有人關注這個險惡的事實。每一個為了退休需求而儲蓄的人，實際上都只是在玩一種人口結構輪盤遊戲。誠如我們已經討論的，市場可能反常地特別優待在艱困時期——例如一九三〇年代與一九七〇年代——找工作並展開職涯的人，但不善待在一九九〇年代末期那種繁榮時期初次展開職涯的人。如果一個人的職涯相對較短暫——例如接受學術研究培訓的外科專業人士要到三十五歲才會真正展開職涯——他不巧碰上人口結構包袱的機率就會上升。

　　就像我們常告誡子女的，人生本就不公平。上帝有可能沒來由地獎勵比較不審慎但天生幸運的投資人，讓他們在早期獲得低報酬，晚期獲得高報酬，並讓他們有機會在市場高峰出現前，順利轉戰較安全的資產。審慎但不幸運的投資人，則可能所有事都做對了，卻還是永遠無法累積到適足的「負債配合投資組合」，一直工作到不退休不行為止，最終辛苦度過資金捉襟見肘且缺乏安全感的老年。不過，只要瘋狂地儲蓄，並盡可能成為生命週期賽局的高手，一定能堆疊出對自己有利的機率。

第六章摘要

■ 年輕人的人力資本遠高於他們的投資資本,所以,**理論上來說**,年輕人應該竭盡所能地積極投資。不過,說是一回事,做又是另一回事。最好是盡早搞懂這個觀念,從相對低的股票配置作為起步,逐步向上調整。

■ 相反地,退休老人先前已有充分的時間熟悉自己處理投資風險的能力,但他們的燒錢率可能過高,最終逃不過報酬率順序風險的摧殘。另一方面,如果退休老人的燒錢率夠低,他們實際上持有什麼樣的股票/債券投資組合,可能就不那麼攸關重大了,因為他們的多數積蓄將屬於未來的受益人。

■ 從年輕儲蓄者過渡到退休老人的過程 —— 大約是在退休前十年 —— 是最棘手的階段。如果你在退休前那十年之間的任何一個時點累積到足夠安全滿足個人退休後的基本生活費用的積蓄,那麼,請開始降低風險,收回一點資金。寧可因為投資過於保守而不得不搭經濟艙、到大賣場買衣服,也不要因為投資過於激進投資而落得被迫寄居在子女家的下場。

第七章

給成年投資人的資產配置
——第三部

標準投資組合

我們已經在上一章討論過投資版的希勒爾全套舊約全書——即投資人生命週期中的股票／債券配置原則——這一章將涵蓋相關的註解，對投資人來說，這些註解是由兩大疑問組成：

- 你應該買什麼類別的股票？怎樣的外國股票配置才是適當的？你的投資組合有側重小型股和價值型股票嗎？諸如 REITs、能源股與貴金屬股權等輔助型資產類別應該在你的投資組合裡占有一席之地嗎？
- 你應該持有什麼樣的債券？

探討過這兩個議題後，我將討論這兩個議題涵蓋的一系列合適標準投資組合。

整體股票資產類別

我將先從金融時報全球全資本市場指數（FTSE Global All Cap Index）所反映的全體世界股票市場開始談起，這項指數目前包含大約61％的美國股票與39％的外國股票。

　　對美國投資人來說，這是個不錯的配置，不過，你或許會想持有不同於39％的外國曝險部位。如果你和多數美國人一樣，你退休後待攤的生活費將是以美元計價，那麼，39％的外國股票配置看起來或許高得有點不合宜。但請切記：你的債券部位將幾乎全部是以美元計價的債券。

　　對美國人來說，外國股票的交易難度與交易成本都稍微高一點，不僅如此，外國股票還會被課徵外國的預扣稅額。如果你是以應稅帳戶持有外國股票，那就不成問題，因為那些預扣稅額將可扣抵你對美國國稅局的應付稅款，但如果你是用避稅帳戶來持有外國股票，就會損失那筆扣除額。但這並不代表你完全不該以避稅帳戶來持有外國股票。說穿了，這只是一種讓人不得不偏好國內股票的人為干預手段。

　　另一方面，目前外國股票的本益比等評價比美國股票低，所以外國股票的期望報酬率相形較高。因此，選擇介於30％至50％的外國股票配置，看起來相當合理。如果你想要單純一點，選擇一站式購足策略就可以了，換言之，購買一檔涵蓋全世界的股票指數型基金即可。但如果你覺得這麼做過於單純，或者你想更精準控制你的資產配置內容，可以稍做調整，持有適當的全體美國與全體國際股票型基金即可。

　　我們還可以進一步沿著地理線，將國際股票的配置細分為：

■ 細分為兩檔基金，一檔是外國已開發市場的基金（英國、法國、德國、日本、新加坡等），另一檔是新興市場的基金（拉丁美洲、東歐、泰國、印尼等）。

■ 細分為三檔基金：歐洲已開發市場、太平洋已開發市場，以及新興市場。

側重多少？側重哪一類？

第一個問題是，從現在開始側重小型股與價值型股票，是否依舊能獲得報酬率溢酬？答案或許是肯定的。價值型股票的溢酬屬於典型的「伊曼倫風險」例子，換言之，即在景氣惡劣的時期碰上惡劣報酬率的風險。當然，過去一個世紀的兩次大型恐慌──一九二九年至一九三二年，以及二〇〇七年至二〇〇九年──都發生了伊曼倫風險，當時價值型股票的跌幅甚至超過整體市場跌幅。

理論上來說，年輕儲蓄者的投資組合應該側重小型價值型股票，不過，小型股與價值型股票的溢酬可說是變化無常。過去幾十年，這兩項因子都沒有討到特別多好處：過去**二十五年**多，價值型股票因子產生的是負報酬率。小型企業股票甚至更變幻無常，總之，這些股票過去**四十年**的績效落後大型股。

儘管如此，小型與價值型因子長年績效雙雙落後的事實，對一次性大筆投資的衝擊較大，對一系列定期性投資的衝擊卻比較小，因為如果能偶爾逢低購買小型與價值型股票，就能減輕這類股票績效暫時落後的程度。我在我的《投資人的年齡》（ *The Ages of the Investor* ）小手冊中發現，由於小型價值型股票的波動性較大，所以，即使是在小型價值型股票績效略微落後史坦普 500 指數的期間，堅持定時定額購買小型價值型股票，最後的投資績效多半能領先以史坦普 500 指數導向的較傳統投資策略。*

歸結來說，側重小型股與價值型股票其實是一種對風險溢酬押注的行為；換言之，那是賭過去幾十年以復仇般姿態出現的那類風險將會讓你獲得溢酬。另一方面，目前價值型股票交易價格相對成長型股票交易價格之間的折價程度遠比尋常更大，這意味投資人未來很可能因側重價值型股票而獲得回報。

---

* 《投資人的年齡》更詳細討論了定期投資側重小型／價值型股票的投資組合所能獲得的「波動性優勢」。

　　你的股票曝險程度取決於你忍受股票價格下跌的能力，相同地，要側重多少小型股與價值型股票，也取決於你應對這類股票績效落後大盤——包括暫時落後與永久落後——的能力。如果你不太能忍受績效落後大盤，我建議你還是堅定投資外國與國內的全體股票市場基金就好。這兩種基金對中型與小型股的曝險程度都控制在相當節制的水準。

　　但如果你還年輕且能忍受你的投資績效長時間落後整體股市，那就可以在資產配置組合中，納入幾家目前有銷售低費用率小型價值型股票基金的基金公司。舉個例子，積極的年輕投資人或許可以把三分之二的股票曝險部位投入全體股票市場基金，並將剩下三分之一投入小型價值型股票基金。

輔助型股票資產類別

　　我猜你讀這本書的目的之一，應該是想在書裡找到更詳細一點的建議。就這層面而言，把一小部分資金配置到REITs，或許能獲得「值回票價」的利益，不過，你必須先釐清投資組合裡的美國與國際股票指數型基金是否已經持有REITs。舉個例子，先鋒集團的指數型基金就有投資REITs，但德明信基金顧問公司與阿凡提斯公司（Avantis）銷售的廣泛分散投資型基金則未持有REITs。最後，除了透過主要外國與國內基金部位持有貴金屬與天然資源股票，你還可以另外少量直接持有貴金屬與天然資源股票，因為這類股票能提供抵禦通貨膨脹與地緣政治不穩定等風險的保護作用，二〇一七年至二〇二二年的狀況即是如此。金融歷史顯示，對生活在法幣（紙幣）世界的投資人來說，通貨膨脹是最顯著的風險，而原物料商品生產商通常能受惠於通貨膨脹，因為在通貨膨脹高漲時期，原物料商品價格通常快速上漲。

幸福就是擁有溫暖的債券

債券比較簡單，債券是你的救生艇，你的安眠藥，也代表你對未來的選擇權。誠如我們透過圖1.8見到的，投資公司債的缺點是，正當你需要以公司債來支付生活開銷或逢低承接股票時，公司債的價值卻有可能大幅縮水（長期市政債券也可能），導致你無法如願換回足夠的流動性。在最近幾次嚴重的空頭市場中，較長期的國庫債券表現非常好，但請小心，當利率上升並促使股價下跌，較長的存續期間有可能會成為真正的殺手，一如二〇二二年的情況，那時長天期國庫債券暴跌30％，而史坦普500指數「只」下跌18％。所以，堅定持有短期國庫債券、定存單和市政債券就好。如果不是太麻煩，就以債券階梯的方式持有三年或五年的國庫債券階梯，最長不要超過這兩種期限。如果你覺得這麼做太複雜，可以選擇投資低成本的短期國庫債券或政府公債基金，這是很好的替代選擇。

關於市政債券，由於價格不透明、買／賣價差大和投資市政債券市場時必須廣泛分散投資等因素，截至目前為止，這個領域的最佳選擇是先鋒集團旗下的幾檔市政債券基金，不過，請僅限於投資先鋒集團的「中期」以內的國家層級與州層級市政債券基金。關於特定州的市政債券基金，我必須鄭重提醒一個問題：這類基金可用來規避州所得稅，所以一般人很難抗拒這個誘惑，儘管如此，基於州層級財政問題的系統性風險考量，我還是建議不宜持有太多特定州的市政債券基金，具體的建議是：特定州市政債券基金的部位不宜超過整體市政債券部位的一半。

除了異常的情境，投資公司債的意義實在不大。原因是，在恐慌時刻，公司債的行為會變得跟股票很類似，不僅如此，理論上也有一個充分的理由證明不宜持有公司債，這個理由和公司的債券持有人與股東之間的代理衝突（agency conflict）問題有關：當公司債到期，債券持有人只能取回面額，沒有其他報酬，所以，他們只在乎利

息與本金保障的安全性。相較之下，股東則幾乎只關心股票的潛在無限上漲空間，所以，股東非常樂意承擔能讓自己獲得那種上漲空間的風險。問題是，債券持有人並不樂於承擔那種高風險，而有投票權的是股東，不是債券持有人。

如果股價下跌一半以上，你將會為了籌措加碼股票的資金而必須出售不少固定收益型的投資工具。而隨著嚴重且漫長的市場跌勢持續發展，你很可能會一次又一次地加碼股票，而且買進的價格一次比一次低。舉例來說，二〇〇八年夏天時，股票價格跌到非常低迷的水準，這促使有紀律的投資人開始加碼股票，但儘管那時的價格看起來已經很低，九月中卻又發生了雷曼兄弟公司破產事件，導致股價進一步下跌，到了十月與十一月，股票還是「跌跌不休」，最後，市場一直到二〇〇九年三月初才終於觸底回升，而在這個過程中，遵守紀律的投資人可能還是會繼續根據既定的規則加碼股票。碰上那樣的下跌時期，要在已投入相當多資金到高風險股票的情況下，繼續拿寶貴的流動準備金（短期國庫債券、定存與貨幣市場基金）去加碼股票，是什麼樣的感覺？更重要的是，歷經扎扎實實的市場恐慌後，你真的還有辦法堅持原本的投資紀律嗎？關於這些問題，除非你真的曾身歷其境，否則不會知道那些問題答案是什麼，但可以確定的是，如果你持有的「現金」不是最優質的現金，可能就無法維持這種愈跌愈買的紀律，當然也就難以享受隨之而來的複利魔法。

某些標準投資組合

投資組合設計和餐點規畫有非常多共同點。某些人純粹是為了活下來而飲食，這種人不會關注卡路里，也不會在烹飪或餐廳的選擇上投注很多思考或精力，畢竟他們的生活中有更重要的事要煩惱。

某些人則是為了飲食而活著，這種人不僅沉迷於烹飪材料的品質、烹調技巧，或是今晚要上北義風味的館子或南印度風味的館子，

我們甚至能從他們的烹飪與飲食習慣看出他們的身分。

　　個人理財也是一樣的道理。你是追求基本飽足型投資的投資人嗎？這種投資人重視的優先考量並不包含退休投資組合的複雜度，因為他們認為退休投資組合雖自有其必要性，但僅此而已。抑或者你是一位投資組合美食主義者，終日沉迷於多元化的資產配置，每一樣資產類別都不願錯過？

　　雖然我相信後者**可能可以**受益於較高的長期調整風險後的報酬率，但過去二十年，儘管這類美食主義型投資人最終的績效相對優於全體市場基金，過程中所發生的一切，卻足以寫成一篇警世故事來告誡世人，就算只是單純的飽足型投資組合，一樣有更勝於較奇特投資組合的可取之處。

　　完美合用的資產配置策略除了在債券方面的配置以外，可以包含一檔單一目標日期基金（target date fund，又稱生命週期基金，這種基金已成為很多雇主主導型確定提撥計畫的內定投資選項），但也可以包含超過十二檔形形色色（不同地理區域、側重不同因子）的國內與國外股票基金。

　　某些人追求單純，某些人則鍾愛複雜。哪個方法最終能勝出？這個問題其實並不比確保資產配置的存續力重要，而資產配置的存續力進而取決於你在壓力下堅持原有軌道的能力。

一次搞定的選擇

　　過去幾十年，退休計畫的主辦機構（譯註：指為員工提供退休計畫作為員工福利的企業或雇主）紛紛將目標日期基金列為計畫參與人的內定投資選項，而在發行這類基金的機構當中，先鋒集團的規模是最大的。我列出了先鋒公司的目標日期基金及這些基金的配置內容。基於簡潔考量，我只條列退休的目標日期、基金購買人在本書二〇二三年出版日的推估年齡，代碼、費用率以及資產配置。舉個例子，二〇六五基金的全名是先鋒目標退休二〇六五基金（Vanguard Target

Retirement 2065 Fund），代號是VLXVX。如果我們假設這檔基金是
鎖定想要在二〇六五年以六十五歲的年紀退休的人，那麼，參與者在
二〇二三年的年齡就是二十三歲（也就是說，〔目標日期〕-〔退休年
齡〕＝〔出生年〕）。

日期	代號	費用率	目前推估年齡	美國股票	國際股票	美國債券	國際債券	TIPS／現金
2065	VLXVX	0.08%	23	53%	36%	7%	3%	0%
2060	VTTSX	0.08%	28	53%	36%	7%	3%	0%
2055	VFFVX	0.08%	33	53%	36%	7%	3%	0%
2050	VFIFX	0.08%	38	53%	36%	7%	3%	0%
2045	VTIVX	0.08%	43	50%	34%	9%	4%	3%
2040	VFORX	0.08%	48	46%	32%	15%	6%	2%
2035	VTTHX	0.08%	53	42%	29%	20%	8%	1%
2030	VTHRX	0.08%	58	38%	26%	25%	11%	1%
2025	VTTVX	0.08%	63	33%	22%	28%	12%	4%
2020	VTWNX	0.08%	68	25%	17%	32%	14%	11%
收入	VTINX	0.08%	>68	17%	12%	37%	16%	18%

　　這些基金隱含「一體適用」的結構，所以我們必須小心幾個問
題。首先，這一系列基金依循「在勞工職涯初期採用極高股票配置」
的傳統指令，所以，它比傳統的「根據年齡決定債券配置比重」策略
更激進一點。清單最上方的基金持有大約89％的股票，且一路維持
這個配置到四十三歲，接下來，股票的配置比重才開始逐年降低約
1.6％。這樣的配置方式可能遠超過很多投資人的風險承受度，所以
也難免可能導致投資人違反查理‧蒙格有關複利的首要指令：永遠不
能中斷。切記：一個你有能力執行的次優配置，絕對勝過一個你沒有
能力執行的最佳配置。

　　第二個問題是，這個「一體適用」的設計也忽略了不同退休老人的不同燒錢率。在舉個極端的例子：對剛退休（供目前六十八歲的老人採用的二〇二〇基金的配置）且每年要花掉4％以上積蓄的人來說，42％的股票曝險部位可能根本就太高了。如果股票與債券的實質期望報酬率已經偏低，一旦初期報酬率順序又不理想，就很可能導致投資人在二十年內就花光所有積蓄。對所有人來說，一旦陷入那種不幸的處境，最好的策略就是先消耗自行累積的退休資產，等到七十歲再開始請領社會安全退休給付，同時將剩下的退休資產投資到抗通膨公債階梯，或者至少持有較保守的股票／債券投資組合。

　　第三，這些基金的全體債券市場部位包含了大約30％的公司債，而我們已在第一章詳述公司債的缺點。不僅如此，這些基金的國、內外「全體債券市場」部位的存續期間長達七年左右，這樣的存續期間長得有點令人不安。一如投資人在二〇二二年見識到的，在一個通貨膨脹的環境裡，這麼長的存續期間會導致你的績效在最不容惡化的時候遭到拖累：這就是伊曼倫所謂「在景氣惡劣的時期碰上惡劣報酬率」的風險，也是最危險的風險。

　　最後一個問題是，基金公司本身的策略也會有偏離正軌的可能性。就在我撰寫這一章之際，先鋒集團宣布它計畫緩慢增加目標日期基金對私募基金的投資，其他銷售這類基金的基金公司，則計畫納入加密貨幣與原物料商品曝險部位。在過去，共同基金公司經常進行諸如此類的策略調整，但成果並不亮眼，甚至經常有後知後覺之嫌，最後只是把基金變成一盤大雜燴而已。

　　儘管如此，目標日期基金還是能滿足一個實用的目的──也就是易於執行。即使這些基金的策略不是最好的，它們的易於執行卻足以彌補上述林林總總的問題，而且，對不想處理非絕對必要的日常金融事務的人來說，這類基金還算是合宜的選擇。為你的401（k）撥款計畫選擇適合的目標日期基金，接著，你一年只需要檢查一次至兩次帳戶餘額即可，而且檢查的目的也只是為了防止被詐騙而已。

　　你不一定得選擇指定給你的年齡的基金。如果你還很年輕，但不太能承受股票風險，選擇較保守的基金也無不可。相同地，如果你是低燒錢率的退休老人，而且能承受高風險，也可以選擇較積極的基金。

　　另外也值得一提的是，先鋒集團還銷售四檔「生命策略」（life strategy）基金，這種基金和鎖定退休日期的基金類似，但不會隨著年齡的增長而降低基金的曝險。其中最保守的基金持有19％的股票曝險部位；最激進的持有80％的股票曝險部位。生命策略基金的費用率介於0.11％至0.14％，略高於目標日期基金的0.08％。

全球懶骨頭投資國度

　　只要散戶投資人願意稍微多投入一點點心力，就能消除目標日期基金的缺點。在我撰寫本書之際，先鋒集團、貝萊德公司（BlackRock）與道富集團（State Street〔SPDR〕）都有銷售全體世界指數型基金。在前幾本書，我都避免推薦市值加權（capitalization-weighted）型的世界投資組合，因為這種投資組合對國外股票的配置太高，不過，以這些基金目前約國內61／國外39的配置來說，它們已成為不錯的選擇。

　　假定你持有一個價值10萬美元的投資組合，也決定各投資一半資金到股票與債券。其中一半（5萬美元）投入全體世界指數型基金。另外5萬美元呢？幾乎所有相對短存續期間的全體債券市場基金都合乎這個要求；短期國庫債券基金就更安全了。

　　由於全體債券指數型基金都持有公司債，所以這種基金的報酬率會略高於相同存續期間的國庫債券基金。舉先鋒集團的短期債券指數型基金為例，它每年的報酬率領先短期國庫債券基金約0.3％至0.5％，至於精確數字，則取決於你選擇的期間。

　　然而，全球金融危機在二〇〇八年秋天爆發之際，短期債券指數型基金下跌了好幾個百分點。相同條件但未持有公司債的國庫債券

基金，則上漲了零點幾個百分點。雖然這個差異看起來不大，但當時的國庫債券基金持有人可能比全體債券市場持有人更高枕無憂一點。而當緊張情勢終於趨緩，該開始把債券變現並逢低承接股票時，國庫債券基金持有人也因為無須認賠賣出債券基金而感覺好過一點。

　　最後，你也可以設法稍微縮小國庫債券／全體債券基金之間的報酬率缺口。自行在國庫債券標售會上購買國庫債券，就能省下先鋒集團短期國庫債券指數型基金旗艦級單位數（Short-Term Treasury Index Fund Admiral Shares）所收取的0.07％手續費。多數大型基金公司——包括先鋒集團——都提供這項標購債券的服務，且免收佣金。每年花大約半小時來維護國庫債券階梯值得嗎？答案取決於你的投資組合規模。如果你投資5萬美元到債券，這麼做能讓你每年省下35美元；如果你投資債券的金額達到50萬美元，則每年可省下350美元。（該基金的ETF單位數的費用率甚至更低，只要0.04％，不過，ETF存在買進／賣出價差，偶爾也會有溢價／折價的問題。）

投資組合的複雜度——由單純至複雜

　　且讓我們從前述最單純的股票配置開始談起，所謂最單純的股票配置是指只投資一檔全體世界股票市場基金：

- 100％全體世界股票市場

接下來，將股票配置分為美國股票與外國股票配置：

- 65％美國全體股票
- 35％全體國際股票

接著，再把外國股票分為已開發市場與新興市場基金：

- 65％美國全體股票
- 10％新興市場
- 25％國際已開發市場

接下來，進一步把已開發市場再分為太平洋與歐洲市場：

- 65％美國全體股票市場
- 12.5％太平洋市場
- 12.5％歐洲市場
- 10％新興市場

再來，加入一些輔助型資產類別：

- 50％美國全體股票市場
- 12.5％歐洲市場
- 10％ REITs
- 12.5％太平洋市場
- 2.5％能源股票
- 10％新興市場
- 2.5％貴金屬股票

最後，加入一些特別側重的元素：

- 37.5％美國全體市場
- 10％太平洋市場
- 12.5％美國小型價值型股票
- 5％已開發市場小型價值型股票
- 10％ REITs
- 7.5％新興市場
- 2.5％能源股票
- 2.5％新興市場小型價值型股票
- 2.5％貴金屬股票
- 10％歐洲市場

　　這些百分比只適用於投資組合的**股票**部分。如果你已經決定採用60股票／40債券的投資組合，那麼，就把上述數字全部乘以0.6即可，以最後一個最複雜的投資組合配置來說，你實際上投資到美國全體股票市場的比重將變成22.5％，投資歐洲股票的比重則是6％。

　　未來幾十年，以上每一個投資組合──從最單純到最複雜的投資組合──之間的相對績效將會是如何？我認為較複雜且側重特定配置的投資組合應該會勝出，原因有兩個。首先，目前的「價值價差」（value spread）還處於歷史高水準，這代表價值型股票相對成長型股票的評價還低非常多。第二個原因是，投資組合愈複雜，經由投資組合再平衡而獲得的利益愈大，我稍後馬上會討論這個主題。

　　最後，安碩基金（iShares）與先鋒集團（分別）是使用MSCI與

FTSE的幾項指數作為比較基準，而如果你把你的持股分成四種組成要素——美國、歐洲、太平洋以及新興市場——就等於把加拿大排除在外，因為MSCI與FTSE在這四個區域的指數都沒有包含加拿大市場，但加拿大市場占全球股市市值的比重達到3％。

不過，較複雜那幾個投資組合雖具優勢，但充其量也只是一個勝率大約55比45的賭注而已。何況，最後一個投資組合被切割得太支離破碎了，以60股票／40債券的投資組合來說，它最後配置到能源、貴金屬和新興市場小型價值型股票將各只占1.5％（0.6×2.5％）。如果你的投資組合金額只有六位數，除非你無比熱中於持有許多不同的資產類別，否則實在不太值得費事地把所有林林總總的資產類別全部納入你的投資組合。

債券這一端就好辦多了。債券投資組合應該以一檔短期國庫債券基金或是你自己親手建立的債券階梯為主力。銀行定存單經常可能獲得較高的收益率，而且，銀行定存單還保有最高25萬美元的政府擔保。在向發行銀行個別購買定存單時，銀行方面通常會提出一個「選擇權」，註明若在利率上升階段提前解約，必須支付少許的利息違約金。很多投資人基於方便的考量而偏好透過券商帳戶購買定存單，但若在利率上升後，選擇在定存單到期前賣出，將會發生顯著的價格違約金。

為什麼要投資REITs、貴金屬股權和能源股？

不動產投資信託REITs會將它的幾乎全部長期報酬以股息的形式發放給持有人。多數REITs股息都是以一般所得稅率課稅，所以，應該透過避稅帳戶持有。在科技泡沫破滅後，REITs的表現往往還不錯。舉個例子，在一九九九年至二〇〇八年那可怕的十年裡，REITs為投資人帶來了107％的總報酬，相較之下，一開始科技股成分較高的史坦普500指數則是虧損13％。儘管如此，還是必須留意，REITs

占大盤指數的比重大約有4％，占小型股指數的比重也大約有10％，只不過，少數被動基金的發行公司如阿凡提斯與德明信，多半還是沒有將REITs納入他們側重國內的基金。

　　我只建議能忍受複雜投資組合且想針對意料外通貨膨脹（在本書出版之際，通貨膨脹猛虎可能已經出柙）尋求保障的人投資能源股和貴金屬股權（precious metals equity）。誠如第四章討論的，原物料商品期貨基金受擁擠／正價差（也就是期貨價格呈現上升斜率）問題拖累——正價差會侵蝕這種基金的長期報酬率。相反地，雖然原物料生產企業的股份和股市大盤相關，但長期來說，這類股票在通貨膨脹時期的表現確實相當不錯，如表2.1所示。

　　貴金屬股權是一種特別不好處理的資產類別。在過去六十年間，這種股份曾三度跌價超過70％，但也正因為這麼高的波動性，我才勇於向擁有鋼鐵般的風險承受能力的投資人推薦這類資產，儘管它的實質報酬率只有0％～2％（視取樣期間而定）。在貴金屬股權嚴重下跌的時期，如果你嚴格根據投資組合再平衡作業的要求，你加碼的貴金屬股權數量就會大增，而這些在低價大量買入的股權，最終將在反彈期間讓你獲得可觀的利得——從上述三次重挫後的市場底部起算，貴金屬股權的價格都快速上漲到原來的3倍。不用說也知道，想投資這個資產類別的人，一定必須擁有鋼鐵般的神經，且必須能在艱困時期保有堅忍的耐心與信心，所以，這種資產類別只適合最樂觀且熱中於各種不同資產類別的「粉絲」，而且，無論在什麼情況下，投資組合對這個資產類別的配置比率，都不宜超過個位數百分點。黃金這項黃色金屬本身的報酬率實際上比貴金屬股權高一點點，不過，它的波動性則低很多。所以，對投資組合來說，要靠黃金本身達到和貴金屬股權一樣好的分散風險程度，配置到黃金的投資比重就必須遠高於對貴金屬股權的比重，因此，黃金本身能產生的「再平衡紅利」也就少一些。

債券／固定收益

即使是透過應稅帳戶投資的市政債券都無法為你帶來太多利益。因為持有個別市政債券的風險與費用都很可觀，所以，你應該透過共同基金投資這種債券。在景氣惡劣時期，即使是市政債券都有違約的可能，因為市政債券只受它的發行主管機關擔保。而且，就算只是傳出和債務違約有關的謠言或耳語，都足以重創市政債券的價格。例如在二〇〇八年秋天時，即使是最短期限的市政債券的價格都下跌了3％左右。我建議投資組合對市政債券的投資不宜超過整體債券部位的三分之一。

第七章摘要

- 資產配置這件事可說是條條大路通羅馬，但我們無從在事前得知哪一條道路才能產生最高的調整風險後報酬率。
- 股票配置應該要合乎「理性」，主要應以國內與國外市場大盤為中心，不要過度側重小型股、REIT 或貴金屬股票。
- 無論時機好壞都能堅持既定路線的能力，比起投資組合的複雜度與投資組合的精確配置內容重要。切記，真正能付諸執行的次優配置，肯定優於無法付諸執行的最佳配置。

投資金律二
投資的歷史 當市場抓狂時

　　很多領域的從業人員並不一定必須了解他們所屬領域的歷史。以醫師、會計師或工程師來說，就算他們不太了解自身所屬行業的起源和發展，一樣能成為優秀的醫師、會計師或工程師。相反地，外交、法律和軍隊的從業人員，則必須深刻了解其所屬領域的過往。不過，在眾多行業當中，金融業才是最能體現桑塔亞納的格言真諦的行業——「不記得過去的人注定會重蹈覆轍。」

　　關於這個現象，最貼切的比喻之一是駕駛飛機。雖然一個人有可能在對航空史一無所悉的情況下成為合格的機師，但真正稱職的飛行員一定會勤勉地閱讀各種事故報告；誠如已故海軍上將海曼·李高佛（Hyman Rickover）所言：「我們必須從他人的錯誤中學習，因為我們沒有足夠長的生命去一一犯下所有過錯。」[1]

　　而就投資領域來說，金融史就像是投資人必讀的事故報告。時有所見的惡劣天氣或引擎失靈，有可能導致機師和乘客不幸落難；相同地，市場也不時會抓狂，導致許多投資人蒙受損害。請時時刻刻牢記查理·蒙格的複利第一定律：永遠不能中斷。當市場真的抓狂了，你對過往歷史的了解將成為你最堅強的決策依據，並為你供應強大的毅力，防止你自我了斷複利效應。

在過去，市場狂熱和恐慌大約一個世代才發生一次，不過，在過去四分之一個世紀間，美國卻發生了三次以上的狂熱與恐慌，包括一九九〇年代的科技／網路狂熱、二〇〇〇年代初期的不動產泡沫，以及最近以加密貨幣與迷因股為中心的狂潮。

知曉十八世紀南海泡沫、十九世紀鐵路泡沫以及狂飆二〇股票泡沫歷史的投資人，很可能並未被過去幾十年的狂潮所迷惑。多數人知道市場有可能崩潰，但較少人知道市場可能會維持長達幾十年的蕭條。這一部的各個章節將討論過去相當規律地發生過的狂喜與狂悲時期——一般投資人終其一生都至少經歷過幾次這兩種型態的市場。

即使你很了解市場行為，也很難好好應對市場，包括活躍與低迷的市場；有時候，連最做好萬全準備的人，都不見得能夠堅持原本的路線。但如果你全然沒有準備，那就是必敗無疑了。以下幾個章節將討論資本市場長達數千年演進的實質意義，並說明市場瘋狂上漲與瘋狂下跌時是什麼樣的樣貌。

第八章

金融時期簡史

　　自人類開始文明化以來，農夫、小販和商人在開始創造營收之前，一向都先需要資本來建立他們的業務。

　　史上第一個有組織的長途貿易活動，牽涉到古代新月沃土帶（Fertile Crescent）內的大宗物資貿易。美索不達米亞（Mesopotamia）的肥沃沖積平原產出了大量的穀物，但當地極度缺乏金屬。波斯灣的文明世界則恰恰相反，而這兩地的差異促成了這兩項原物料商品的繁盛貿易活動。這些海上探險活動需要大量資金才能進行，當時，參與這類活動的商人和他們的放款人將彼此之間的財務約定記錄在泥板上，而這些經久耐用的泥板挺過了歲月的摧殘，最終讓後代金融歷史學家得以一窺古代融資活動的樣貌，並因此受益良多。[2]

　　多數古代融資活動都和農業有關。放款人對農民的放款雖經常是無息貸款，卻必須附加嚴厲的擔保品——債務人的子女或債務人本身常被迫成為債權人的奴隸——這種安排無非是為了讓債權人能在債務人違約時，透過這些擔保品獲得可觀的利潤。

　　到西元前二世紀，美索不達米亞的法律設下了最高利率規定：若以穀物計，每年最高利率為33.33％，若以白銀計，每年最高20％。在後續幾千年間，利率趨於下降，到羅馬帝國的鼎盛時期，利率已降至4％。[3]

　　以上內容只是概述，但究竟為什麼要討論那麼遙遠的金融史，尤其是古代世界那緩慢且顛簸不堪的貸款利率下降史？第一個原因是為了證明資本市場的歷史至少和文字一樣古老，第二個原因是，遠古

的歷史和當今股票與債券市場特有的低期望報酬率直接相關。

當社會趨於繁榮祥和，投資報酬率就不可避免會降低。且讓我們想像有一個勉強得以餬口的社會正沿著飢荒的懸崖蹣跚前進。那樣的社會幾乎不會有多餘的資本，因為社會上幾乎每一粒穀物、每一頭牛和每一塊銀子，都被用來換取食物和棲身之所。但即使是那種僅能勉強維持生計的社會，都需要資本來購買種子、器具和住宅，這時，擁有資本的人自然得以漫天喊價。誠如我們剛剛討論過的，在早期的農業社會，資本的成本真的非常高。富裕的農夫可以用高得驚人的利率出借他的穀物或牲畜——原住民社會的現代人類學數據顯示，史前的年利率高達100%左右：借出去的一頭豬或一麻袋米，能在一年後收回兩頭豬或兩袋米。[4]

隨著經濟體系變得愈來愈有生產力，少數擁有穀物、家畜和閒錢的幸運兒口袋裡的財富慢慢積少成多。於是，資本變得更豐沛，不僅是就絕對意義來說，也相對資本的需求而言：「富裕」社會的定義就是擁有大量閒置資本的社會。在此同時，這些愈來愈富裕的社會也漸漸發展出愈來愈進步的法律制度，並開始治理借款與貸款的規定。著名的巴比倫漢摩拉比法典（Code of Hammurabi，約西元前一七五〇年）的主要內容之一，就和管理商業行為與利率有關，想必這套法典是促使貸款變得更安全且利率進一步降低的重要推手。

大約在西元一二〇〇年以前，貸款還是純屬借款人和放款人之間的私人事務。但到了十二世紀末，羽翼未豐的威尼斯共和國，透過「軍事公債」（prestiti）強行向有錢的國民貸款，公共債務市場就是從那時開始略見雛形。一二六二年時，這些貸款被合併為一個稱為「舊山債」（Monte Vecchio）的基金，該基金每半年支付2.5%的款項給一開始並非自願投資的那些有錢人，換算下來是每年5.0%。不過，威尼斯共和國並沒有發行軍事公債的實體證券，而是將這些公債的所有權記錄在中央貸款局，不僅如此，軍事公債的原持有人還可以在有緊急需要時，把手上的軍事公債轉讓給其他人。經年累月下來，軍事公

債開始廣為人知並受到信賴，而且這種公債的交易活動也遠遠超出了威尼斯王國的疆界。[5]

　　由於那5％的利息收入通常低於現行利率，所以，威尼斯共和國當局強迫有錢人購買軍事公債的行為，形同對富人課徵某種稅負，從軍事公債的轉手價格便可見一斑。軍事公債永遠沒有到期的一天，以金融用語來說，這種債券是一種永久債券，而這種債券的市場價值等於利息收入除以利率。如果現行利率是5％，且軍事債券每年能產生5達卡銀幣（ducat）的收入，那麼，它的價值就應該等於5達卡銀幣除以0.05，也就是100達卡銀幣。如果現行利率因戰爭或政治動盪而上升到10％，那麼，軍事公債的價值就會降至5達卡銀幣除以0.10，也就是50達卡銀幣。在西元一三〇〇年至一五〇〇年的某些時點，由於威尼斯共和國飽受威脅，軍事公債的價格遂跌到遠低於面額的50％水準，而當初被迫購買軍事公債的有錢貴族和商人也形同被課了非常高的稅金（請見圖8.1）。

圖8.1　軍事公債價格，西元一三〇〇年至一五〇〇年

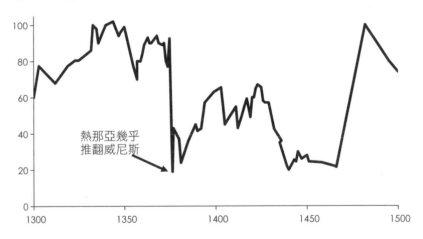

資料來源：《利率的歷史》（*A History of Interest Rates*），荷莫與席拉（Homer and Sylla）

　　幸好威尼斯貸款局記錄了軍事公債的換手價格，世人才首度得以觀察到有現成市場的證券，會對社會與經濟狀況產生什麼樣的反應。[6]

　　在軍事公債首次發行後那幾十年間，現行利率都僅略高於5％。舉個例子，在相對平靜的西元一三七五年，軍事公債的售價為面額的92.5％，殖利率為5.41％（也就是5％除以0.925）。

　　不過，一三七七年至一三八〇年間，威尼斯與熱那亞之間爆發一場毀滅性的戰爭。最初的融資需求導致軍事公債價格最低一度下跌到面額的19％，接著短暫回升，後來，隨著熱那亞人在一三七九年滲透威尼斯潟湖、占領潟湖南岸的基奧賈市（Chioggia）並封鎖威尼斯城，軍事公債價格又跌到幾乎一樣的低點。到一三八〇年，威尼斯人看似準備投降，但又突然大膽對基奧賈市發動一次反封鎖作戰，最後逼得熱那亞人撤退，這個突如其來的發展也促使軍事公債價格大幅反彈（這一點對本書的目的來說更加重要）。[7]

　　軍事公債在地緣政治與經濟嚴重動盪時期的價格歷史，清楚證明了風險與報酬之間那剪不斷理還亂的關係。在情勢看起來最糟之際購買軍事公債的投資人，輕輕鬆鬆就賺了一倍的利潤，但其實他們出手購買這些公債時，威尼斯看起來很可能完蛋，所以說穿了，即使那些投資人最後真的因威尼斯亡國而發生財務損失，那些損失對他們來說也將是最不關痛癢的問題。

　　英國在一七八九年至一八一四年間也發生過相同的狀況，當時革命、無政府狀態和戰爭席捲整個英國，導致以黃金擔保的短期與長期債券的利率雙雙上升到5％以上；一九三一年至一九三二年和二〇〇八年至二〇〇九年間，美國經濟體系內爆，並威脅到整個美國社會的生存能力，促使了股價大跌。如果這些事件的最後發展稍有差池，在那些時期購買股票或債券的投資人可能都已虧掉所有家當。不過，上述三個情境和一三八〇年的威尼斯一樣，那些資本市場都因幸運女神的關愛而獲得重生。舉例來說，如果在二〇〇九年三月九日的

市場底部投資1美元到史坦普500指數，到二〇二二年年底，那1美元已增長到7.33美元。在那類時期投資就好像是拿100萬美元去玩俄羅斯輪盤，每六次有五次將獲得優渥的回報。不過，請務必量力而為，最多只拿你虧得起的錢去冒險。因為歷史偶爾也會耍一些殘酷的花招，舉個例子，英國投資人在第一次世界大戰前——也就是英國國力最鼎盛的時期——以2%的殖利率購買債券，最後隨著英鎊與黃金脫勾，這些投資人只能眼睜睜看著那些債券的實質價值因通貨膨脹而嚴重縮水。換言之，在最糟糕的時期投資，多半能獲得不錯的回報，但偶爾也會踢到大鐵板，被俄羅斯輪盤裡唯一的子彈打中。

憂患時期——例如一三八〇年與二〇〇九年——的證券報酬率表現，讓熟知歷史的睿智投資人了解到，最波濤洶湧的時刻，**通常**才是最好的捕魚時機，而等待地緣政治、金融或流行病環境改善後才採取行動的人，多半蠢不可及，因為等到一切都明朗之際，最好的報酬就已經落入別人口袋了，除非一切尚未雨過天青。

在西元一二〇〇年以後，實質債券與貸款殖利率繼續降低，不過，整個過程並非一路平順。最近哈佛大學博士候選人保羅·休梅爾欽（Paul Schmelzing）為八個擁有龐大經濟體系且有長久歷史紀錄的國家，建構了極端詳細的貸款利率歷史數據資料，這些國家包括義大利、荷蘭、德國、法國、西班牙、英國、日本和美國。圖8.2以圖表的形式彙整了他的數據。[8]

這些數據是從一三一一年開始，我根據各國每一年的通貨膨脹，調整了每個國家每年的名目利率，接著再計算當年度現有的民族國家的貸款數據平均值，然後再將過去十年的數據點加以平滑化處理（data smoothing）。

圖 8.2　過去七個世紀的零風險利率緩慢降低

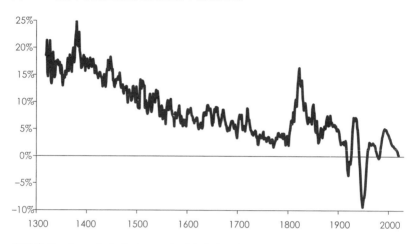

資料來源：https://scholar.harvard.edu/pfschmelzing/data-0

　　過去七個世紀，利率從大約17％漸漸降至接近零，換言之，每個世紀的利率平均降低超過2％。根據休梅爾欽更精密的估算，零風險利率確實也是長期緩慢降低，每個世紀降低0.6％至1.8％。這個估計值區間如此大，想必是過去兩個世紀的實質利率波動性較高所致，而實質利率的高波動性和拿破崙戰爭與一九三〇年代以後揚棄金本位的政策有關。在一九八〇年代，各國央行一度為了抑制通貨膨脹而提高實質利率，當時的零風險利率讓保守的固定收益投資人獲得了可觀的報酬。不過，到二〇二一年，固定收益投資人不再享有這個小惠──實質債券殖利率又恢復了幾個世紀以來的降低趨勢，抵達零──甚至低於零。在此引用休梅爾欽的博士論文內容：「預料零利率下限（zero lower bound，譯註：指政策利率降至零並降無可降時，中央銀行的寬鬆貨幣政策將失去提振效果）將成為永久且揮之不去的貨幣政策問題。（我的數據）顯示，認定（利率）最終將回歸『正常化水準』的觀點沒有根據。」[9]用白話文來說，他的意思是：不要巴望國庫券殖利率有一天能回到永遠和通貨膨脹等量齊觀的水準，也不要

妄想中期與長期國庫債券殖利率有朝一日能達到高於通貨膨脹一定程度的水準。

儘管這麼說，二○二二年夏天時，聯準會將利率提高到使實質殖利率——也就是抗通膨公債的殖利率——觸及2%的水準，這和美國在二十一世紀以前的中期與長期國庫債券實質報酬率水準相當。在我撰寫本書之際，沒有人知道實質殖利率是否會或何時將降回休梅爾欽的零實質殖利率預測。

結論：過去五千年來，利率持續降低，而且，整個趨勢在過去幾個世紀加速下降。誠如我們先前討論過的，債券報酬率降低的主要原因是，隨著社會變得愈來愈富裕，資本變得相對比資本的需求更充沛，這就是前聯準會主席班・柏南奇所謂的「儲蓄過剩」（savings glut）現象。[10]

報酬率降低還有另一個原因：平均壽命延長。歐文・費雪用「沒耐性」這個詞來概述這個關係。[11]你想要現在就吃一顆起司漢堡，還是要等到十年後吃兩顆？你要求的未來漢堡數量多寡，有極大程度取決於你目前有多飢餓，不過，多多少少也取決於你的健康狀況和你的居家條件好或不好。簡單說，就是你有多沒耐性等待你的起司漢堡。你吃得愈飽，你要求的未來漢堡就愈少個（也就是你對你的積蓄所要求的利率）。

在遠古與中世紀時代，民眾普遍處於有一餐沒一餐的挨餓狀態，且居家條件不佳，平均壽命也短，所以，他們對消費非常沒耐性，有錢人在提供資本時也要求較高的利率；相較之下，現代民眾吃得較好、住得較好，且平均壽命較長，所以，一般人必須為退休存更多錢，唯有如此，才能在職業生涯結束後，還有錢可花用。在此借用薩謬爾・強森（Samuel Johnson）的比喻：一個即將在兩星期後被吊死的人，才會對他的積蓄要求非常高的利率。

現代利率較低的第三個原因是：較低的交易成本。在軍事公債出現以前，世界上並沒有任何看起來和當今債券市場有絲毫相似之處

的交易場所存在。個別的債權人可能偶爾會把現有的債務契約轉讓給第三方，但世界上並沒有現成的市場可以交易尚未清償的現有債務契約。古代的社會給予當時猶如鳳毛麟角的資本家——幸運擁有多餘穀物、動物或白銀的少數人——非常高的報酬，原因不僅在於資本非常稀缺，也因為我們當今所謂的中介成本（intermediation costs）過高：古代的投資人必須自己設法外出尋找自己的貸款人。在缺乏現代通訊技術下，自行找尋貸款人得耗費極大的精力，所以，唯有能換回高報酬率，否則毫無理由如此大費周章。相較之下，現代投資人只消敲幾下鍵盤，就能取得屬於他們在全球證券市場裡的一丁點兒所有權，既然付出的精力如此微不足道，現代人也就不該期待能獲得多高的報酬了。

截至目前為止，我們的多數討論都聚焦在債務的報酬率。那麼，股票又是如何呢？雖然一般人都對古希臘和古羅馬特有的商業合夥關係耳熟能詳——尤其是涉及家庭的商業合夥關係，我們卻幾乎找不到那些組織的股份交易證據。（特別是古羅馬，他們的法律對不同類別的商業組織〔稱為有限合夥，societates〕有著明確的定義。有一個廣為流傳的古代故事提到，包稅公司〔tax farming companies〕的股份在古羅馬廣場〔Roman Forum〕的卡斯托爾和波呂克斯神廟〔Temple of Castor and Pollux〕交易，但和這個古代股票市場有關的明文記載證據卻是付之闕如。[12]）總之，如果古代投資人想要取得股票所有權曝險，就必須成為一家企業的合夥人。

股票市場大約是和威尼斯債券市場同一時期發展並創立的。在威尼斯文官開始追蹤並記錄軍事公債所有權之前約一個世紀，法國土魯斯市（Toulouse）為了善用廣闊的加龍河（Garonne River）水力而建造了一系列水車——即大家熟知的巴札柯水車（Bazacle mills）。這個系統是由幾十個浮在水面上的水車組成，最初是在西元一○七一

年前後建造，後來在一一九〇年轉換為陸地水車。這些水車是那個時代的技術奇蹟之一，幾乎可和當今的蘋果公司或特斯拉（Tesla）相提並論。

接下來兩個世紀，與巴札柯水車競爭的水車陸續建造完成，問題是，眾多水車的運作造成的水流最後彼此干擾。一三七二年，這些公司合併為巴札柯榮耀公司（Honor del Bazacle），該公司的股份也開始換手交易。關鍵的是，儘管該公司要求股東偶爾必須在董事會裡任職，但股東出售公司股份時，並不需要取得該公司經營階層的核准。一八八八年時，巴札柯榮耀公司從水車業轉為水力發電業；過去幾個世紀，該公司股份的價值大致上還算跟得上通貨膨脹的腳步，且平均產生5%的股息。一九四六年時，顯然不太把經濟史當一回事的法國政府，將這家公司國有化，並撤銷了它的股份發行。[13]

如此說來，到中世紀時期之初，歐洲人就已開始交易債務型證券（軍事公債）與股票股份（巴札柯榮耀公司）了，唯一缺少的，就是一個專為交易那類證券而設置的正式場所；一直到一六〇二年，荷蘭東印度公司才在一家十六世紀交易所（原物料商品交易所）的原址，創立了阿姆斯特丹股票交易所（Amsterdam Stock Exchange），主辦自家公司股份的交易事宜。[14]

股票實質期望報酬率的長期趨勢也和債券一樣一路走低嗎？我們不知道這個問題的答案，原因有二。首先，經濟史學家能取得的股票市場數據比債券數據少得多。舉個例子，一直到西元一八〇〇年，才只有兩家公司的股票——荷蘭東印度公司與荷蘭西印度公司——規律地在阿姆斯特丹交易（第三家股票交易公司是波拜斯會社〔Society of Berbice〕，它只在一七三四年至一七五二年間有交易）。[15] 相似地，在一八二三年以前的倫敦，我們只能取得三家公司的優質股票價格紀錄，它們分別是南海公司（South Sea）、英國東印度公司，以及英格蘭銀行（Bank of England）。[16]

到西元一九〇〇年以後，世人才終於能取得多個國家的可靠股

票報酬率數據，而這些數據顯示，各國的股票風險溢酬相當一致地落在大約4％～5％的水準。不過，這項估計值有一個問題：在這項數據集裡，幾乎所有國家的4％～5％股票報酬率溢酬，都有1％來自評價的上升，但未來我們不能期待這1％的溢酬會繼續發生；而若評價上升的情況沒有再發生，期望股票風險溢酬將可能降至3％～4％，大約就是我在第一章推估的數字——也就是股息收益率和股息成長率的總和。

　　諸如此類的估計值最多只能為投資人提供大略正確的方向，甚至可能沒有太多參考價值。如果美國股票的標準差大約等於16％，那麼，未來三十年間，以每年調整通貨膨脹後的3.5％的實質報酬率中心估計值來說，它的95％信心區間會落在每年-2.3％與+9.3％之間。*

---

*　如果年化報酬率的標準差是16％，那麼，三十年年化報酬率的標準差為2.9％（16％/√30）。由於95％的信賴區間是落在正負兩個標準差之間，也就等於3.5％加或減5.8％。

第八章摘要

　　雖然債務型融資與商業合夥公司股票已有數千年的歷史,這些證券的次級市場歷史卻一直到幾個世紀以前才存在。在有明文記載的歷史上,三個原因導致投資報酬率持續降低:

■ 科技創新使財富快速增加,這導致資本的供給和需求變得不對稱——也就是班傑明‧柏南奇所謂的「儲蓄過剩」——並驅使利率走低。

■ 民眾的壽命延長。現代社會的公民退休後,預期還會有很長的日子要過,而在十九世紀至二十世紀以前,這樣的概念根本就超乎民眾的想像。這種「退休後還會活很久」的現象製造了巨額的全球退休儲蓄,而大量的儲蓄又進一步驅使利率降低。

■ 最後一個原因是,過去幾個世紀以來,各式各樣投資標的的交易成本漸漸降低,而且這個趨勢在過去幾十年加速發展,甚至有些交易成本已幾乎消失。在如今這個世界,你可以在不到一分鐘之內,以百分之零點零幾的年度費用率,買到一個廣泛分散投資到全球股票與債券的投資組合,這讓每一個人都很容易取得股票與債券等證券,並進而推升了股票與債券的價格,最後卻也導致它們的期望報酬率降低。

　　現代投資人應該以豁達的態度來看待這看似悲觀的結論。乍看之下,你可能會忌妒能透過白銀貸款來獲取 20% 報酬率的美索不達米亞資本家,或羨慕能在一九二〇年代以後受惠於高股票報酬率的投資人。但以當今的標準來說,那些前人們其實是生活在既危險且悲慘的世界,處處可見當今已開發國家最貧窮的居民都難以忍受的掠奪者、差勁衛生條件以及種種不便。我寧可要一個投資報酬率較低但基本上幾乎沒有飢荒的世界,一個不會因為運輸而發生死亡風險的世界,以及一個年輕力壯的有為青年不會因為可輕易治癒的細菌性疾病而被擊垮的世界,更不要一個充斥上述種種致命破壞但空有高報酬率的世界。

第九章

市場頭部浮世繪

狂熱的歷史、病理生理學與診斷

　　我是從三十年前開始走投資運的。那時，我無意間讀到一本最初在一八四一年出版的書，書名是《異常流行幻象與群眾瘋狂》（*Memoirs of Extraordinary Popular Delusions and the Madness of Crowds*）。這本書的作者是蘇格蘭媒體工作者查爾斯‧麥凱（Charles Mackay），書本前三章所描述的密西西比公司（Mississippi Company）、南海公司和鬱金香花莖等事件，讓我深受吸引。

　　雖然當時我認為麥凱的敘述和一九九〇年代初期相對有序的資本市場根本就風馬牛不相及，但我還是不免納悶，如果我活在那些時代，生活將會是什麼模樣。誠如哈利‧杜魯門（Harry Truman）所言：「世界上唯一的新鮮事，就是你不知道的歷史。」接下來幾年，我還真的碰上了新鮮事──麥凱透過這本書描述的金融發狂症，竟栩栩如生地在我眼前上演，這實在是太令人嘆為觀止。[1]

　　事實證明，買這本書是我有生以來最棒的投資。瘋狂的網路泡沫來襲時，我已讀完這本書，也明瞭這場大戲將會如何收場。我猜想，既然這本書從初版至今不斷再版，足以證明它確實讓包括我在內的成千上萬人受益良多。二十世紀初的金融家伯納德‧巴爾奇（Bernard Baruch）就公開宣稱麥凱為他省下了幾百萬美元，他更因感觸良多而為這本書的一九三二年版寫序。[2]

　　我在《投資金律》一書的二〇〇二年初版裡討論到網路股，當時我寫道：「就算我們個人不為這些流星所動，一定都認識曾經為它

們心動之人。」二〇〇〇年代初期網路股熱潮與後續泡沫崩潰的故事，早已深深滲透到大眾的投資意識之中，無須我進一步贅述。

但如今，如果我們在四十歲以下的投資人面前談起當時的情節，經常能從他們的茫然表情裡，感受到他們對這個事件的缺乏認識。即使是年歲稍長者對這個事件的記憶也逐漸變得模糊。雖然愛因斯坦的名言「複利是宇宙最強大的力量」可能是杜撰的，但他理應也會用同樣的方式描述健忘症。金融健忘症把我們對市場的看法沖刷得一乾二淨。因此，邏輯上來說，如果能深刻且持續鑽研金融歷史，並透過對金融史的領悟來對抗這種混亂與無序，最終理應能獲得非常優渥且持久的紅利。

這一章將概要說明歷史上幾場最大且最知名的狂熱，同時從攸關的演化心理學、社會心理學與金融病理生理學及其診斷特徵等視角來討論這些狂熱。在未來的投資道路上，你幾乎肯定會遭遇到各種泡沫行情，而這個練習可能有助於防止你在那樣的時刻陷入困境。

開場：鬱金香花莖

矛盾的是，《異常流行幻象與群眾瘋狂》為麥凱贏得最多盛名的那部分內容，是和一六三〇年代荷蘭鬱金香花莖狂熱有關。可惜，現代史學家卻對鬱金香花莖那一章嗤之以鼻，因為這些史學家認為，雖然鬱金香花莖狂熱的確是個如假包換的泡沫，卻遠遠不是麥凱所描述的那種涵蓋整個社會的現象。[3]

征服錢海

一六八七年時，新英格蘭船長威廉・費普斯（William Phips）的貨船抵達英國港口，船上載運了從一艘沉沒的西班牙海盜船打撈起來的32噸白銀。這批白銀讓他自己、船員及後台老闆發了一筆超乎夢

想的橫財，並引來外人的眼紅。不出多久，各地的創業家紛紛爭相為各式各樣的「打撈工具」申請專利；順利取得專利後，他們進一步迅速發行打撈企業的股份。不過，這些專利幾乎全都毫無價值可言，提交專利申請的目的，只不過是為了引誘外界投資他們公司的股票罷了。接下來，打撈公司股票大起大落的戲劇化情節，在一六八九年時達到最高潮，整個過程堪稱史上第一個科技泡沫。因著有《魯賓遜漂流記》（*Robinson Crusoe*）而聞名的丹尼爾・笛福（Daniel Defoe），正是其中一家打撈公司的財務主管。然而，儘管做為內部人的他相當了解公司的運作，卻也未能逃過破產的命運——那可是當年最轟動一時的倒閉事件。

這些打撈公司從未進行任何足昭公信的營運，遑論創造任何營收。投資人也很快就得知這個真相，整場鬧劇因此迅速落幕。我們手上沒有任何和這些公司的股票有關的精確價格與報酬率數據，但幾乎可以肯定的是，投資任何一家打撈公司的人全部都血本無歸，一毛錢也沒拿回來。除了費普斯的公司，沒有任何一家打撈公司轉虧為盈，甚至直到事過境遷很久，還是沒有人知道這些公司打算怎麼進出充滿寶藏的沉船。套句現代人的說法，這些公司的商業模型都很靠不住。[4]

西元一六○○年以後究竟是發生了什麼事？

這些小插曲並不是我隨機挑選出來的。金融經濟學家查爾斯・金德柏格（Charles Kindleberge）的權威著作《瘋狂、恐慌與崩盤》（*Manias, Panics, and Crashes*）一書的附錄，條列了一六一八年以後發生的三十八個榮枯週期：其中有三個發生在十七世紀，七個發生在十八世紀，十七個發生在十九世紀，還有十一個發生在二十世紀。[5]

那麼，為什麼泡沫會從十七世紀初開始發生呢？原因有兩個。首先，現代的「部分準備金銀行業務」（fractional reserve banking）

制度，是在東印度公司的商人於一六○○年過後不久抵達倫敦時出現。這些商人帶著大量黃金與白銀抵達此地，卻為了找不到安全的儲藏地點而傷透腦筋。當時的英國還沒有銀行體系，不過，倫敦倒是有非常多金匠，這些金匠平日也經營貴重物品保險庫的業務。於是，那些商人開始將他們的戰利品存放在金匠的保險庫，而金匠則發行寄存憑單給存放貴重物品的顧客。很快地，這些憑單就開始像貨幣一般在外流通。不出多久，倫敦的金匠就興高采烈地意識到，他們可以發行比寄存貴金屬數量更多的憑單。

換句話說，他們可以印鈔票。

因為當時盛行的利率遠高於每年 10%，所以，這些金匠藉由貸放這些寄存憑單而獲得了豐厚的利潤；只要大多數的寄存憑單持有人沒有在同一時間拿這些憑單去贖回寄存的貴金屬，這個流程就能不斷進行下去。舉例來說，假定一名金匠的保險庫持有價值 1 萬英鎊的白銀，而他發行了價值 3 萬英鎊的寄存憑單——三分之一是交付給那些白銀的所有權人，三分之二是借給貸款人——這時，萬一持有價值 1 萬 1 英鎊憑單的持有人要求取回他們的白銀，這名金匠就會破產。事實上，就算憑單的持有人只是**懷疑**金匠出了某種狀況，可能就足以引發一場災難性的擠兌。

這個例子的槓桿比率是三：一，槓桿比率愈高，發生擠兌的可能性就愈高——一六七四年至一六八八年間，倫敦就至少發生過四次擠兌。在一六七七年至英格蘭銀行成立時的一六九四年間，當地的「金匠銀行」家數從四十四家銳減到大約只剩十二家。（「部分準備金銀行業務」一詞裡的「部分」想必就是這麼來的：已發行的憑單中實際上受白銀擔保的那部分。）

歷經幾十年的營運經驗後，倫敦的「金匠銀行家」漸漸發現，二：一以下的槓桿比率算是相當安全。總之這個體系預告了彈性貨幣供給（即根據貸款人渴求貸款的程度與債權人的放款意願來調整貨幣供給）的到來。當貸款人和放款人樂觀看待未來，貨幣供給便會擴

張；當他們受到驚嚇，貨幣供給就會萎縮。現代人則以「槓桿」——即紙上資產與實體資產的比率——一詞來描述紙鈔貨幣擴張的狀況。⁶

到了十九世紀，狂熱的發生頻率進一步上升，並催生了現代的中央銀行。雖然二十世紀的世界經濟體系、法幣與部分準備金銀行業務劇烈成長，但值得注意的是，在那一百年間，金德柏格只記錄到十一個榮枯週期，那很可能是因為中央銀行對經濟體系進行愈來愈多干預所致。金德柏格是在二○○○年——也就是網路狂熱崩潰前夕——發行《瘋狂、恐慌與崩盤》一書，到了二十一世紀之初，我們還見證了網路狂熱，接著是二○○七年至二○○九年的不動產狂熱／全球金融危機，最後是近幾年的加密貨幣泡沫——總之，狂熱的節奏大約是每十年發生一次。

金融泡沫從西元一六○○年以後開始出現的第二個原因是：科學方法的誕生，以及科學方法所引發的技術革命——這場革命是隨著法蘭西斯・培根（Francis Bacon）的《科學的新工具》（*Novum Organum Scientiarum*，英譯為 *The New Organon*，一六二○年出版）一書而展開。在十七世紀以前，科學家（當時他們被稱為「自然哲學家」）是採用有數千年歷史並源自公理（即無庸置疑的原則）的亞里斯多德演繹法（Aristotelian deductive method）來探索知識。在這個知識框架下，經驗觀察毫無意義可言。所以，這個方法非常不適合用來釐清大自然的奧祕，遑論利用這些奧祕謀取利益。

《科學的新工具》大大偏離了古代的演繹法，它說明了一個能強制收集數據的歸納流程，收集數據後，實踐者便可拿那些數據來檢驗理論的真偽：這就是現代科學方法。接下來短短幾十年內，培根的追隨者——以羅伯・胡奇（Robert Hooke）、羅伯・鮑伊爾（Robert Boyle）與艾薩克・牛頓（Isaac Newton）等人為首——創立了「提

升自然知識之倫敦皇家學會」（Royal Society of London for Improving Natural Knowledge，也就是目前所稱的皇家學會），於是，培根的運動迅速傳遍整個歐洲，並誘發了科學發現（scientific discovery）的驚人加速進展。[7]

一九六○年代，經濟史學家海曼・明斯基（Hyman Minsky）將一六○○年以後出現的這兩個現象——彈性信用與培根及其知識後裔所引領的技術革命——結合在一起，歸納出一個極具說服力的金融泡沫模型。

明斯基絕非經濟學家裡的泛泛之輩。留著標誌長髮的他是個反傳統信仰者，他相信，資本主義基本上就不穩定，且容易發生熱潮與衰退交替的榮枯週期。他認為當信用變得寬鬆且利率隨之降低，以及他所謂的「移變」（displacement，指引人注目的技術或金融創新）等兩種情況同時發生，經濟體系就會陷入不穩定。

爆發鬱金香球莖狂熱的那段期間，恰恰就發生了這個狀況。荷蘭人從十六世紀開始就發展出歷史學家所謂的「第一個現代經濟體系」，它的特色是複雜的銀行、信用市場，以及快速降低的利率。[8] 另一方面，這一次的「移變」可分為兩部分。首先是荷蘭人培養出感染病毒後能開出美得令人驚奇的花瓣形狀的鬱金香球莖，由於這種球莖非常罕見，因此變得物以稀為貴。第二，複雜的鬱金香花莖期貨市場在當時興起，而且很快就蓬勃發展，最後成了投機活動的中心。

打撈企業泡沫也適用這套公式。費普斯的巨大財富與眾多打撈專利所引發的「移變」和一六八八年的光榮革命同時發生並非純屬巧合——當時荷蘭執政官奧蘭治親王威廉（William of Orange）在英國新教徒的慫恿下入侵英國，並自立為威廉國王。經由史上最明智的一次妥協，威廉放棄國王的天授神權來換取牢靠的稅基，從此以後，英國政府的債券變得更有保障，利率因此劇烈降低。

除了明斯基提出的兩個泡沫促成條件，我要另外補充兩個條件。第一個是健忘症，這是「能在投資領域促成新泡沫的最強大力

量」。如果你父母或祖父母曾經歷過一九三〇年代的大蕭條，相信你一定能證明：民眾在市場恐慌和艱困時期養成的財務謹慎態度，數十年都不會改變。唯有等到新一代的民眾對那些財務災難已經毫無記憶了，後續才有可能形成新的泡沫。因此，泡沫通常是專屬年輕人的地盤，他們總喜歡批評對泡沫抱持懷疑態度的老一輩「什麼都不懂」。

最後一個泡沫促成條件是漠視第一章說明的那種經過長時間淬鍊且理論上健全的評價方法：一旦民眾揚棄那些健全的評價方法，就可能出現暴衝型的泡沫價格。

總而言之，形成泡沫的條件包括：

- 低利率。
- 技術或金融創新。
- 距離上一個狂熱至少幾十年。
- 揚棄傳統的財務／金融衡量指標。

金融雙城記

事實證明，打撈公司泡沫只是一場暖身操，一個世代後，史上第一場涵蓋全球的不節制投機熱潮發生了。

在這兩個事件之間的約末四分之一個世紀裡，英國的銀行體系乃至因此而變得容易取得的信用——大泡沫的燃料——迅速擴張。中世紀末期那些征戰不休的民族國家在此時發現一個取得充沛軍事融資的好管道：發行債券；嘗過這個甜頭的國家全都胃口大開，看似永無滿足的一天。一七〇一年至一七一四年間的西班牙王位繼承戰爭（War of the Spanish Succession），導致法國和西班牙——還有程度上較輕微的英國——揹負了足以滅國的債務。到十八世紀初，西班牙已陷入無可救藥的境地，連利息都付不出來，法國也同樣深陷債務泥淖。

這時，一位非比尋常的蘇格蘭人——約翰・羅（John Law）從這場混沌的財務漩渦中竄起。約翰・羅是某地方金匠家族的後裔，

所以他自小就相當熟稔部分準備金銀行業務。一六九四年，在一場決鬥中殺死對手，僥倖逃脫絞刑的命運後，他便待在阿姆斯特丹，潛心研究這種銀行業務體系。最後，他抵達法國，開始想方設法地討好奧爾良公爵（Duke Orléans），並創辦了密西西比公司（Mississippi Company）。

奧爾良公爵在一七一九年授與密西西比公司兩項令人印象深刻的特許經營權，其一是法屬北美所有貿易事業的獨家經營權，其二是該公司獲准以其股份作價，買下法國在美國殖民地的所有法國政府年金（rentes，即公債）的權利。年金／股份交換一案特別吸引皇室，因為法國政府終於得以從即將崩潰的戰爭債務中解脫。

約翰·羅的「商業體系」有一個引人注目的特色——密西西比公司被授權在它的股價上漲時發行貨幣。你沒看錯，這家公司和當時的所有銀行一樣，能發行自家的通貨。總之，他的商業系統供應了泡沫的第一個必要完成元素：該公司新發行的銀行鈔券所帶來的流動性，促使金融體系發生了一次重大變遷。一七二〇年時，隨著密西西比公司的股價上漲，該公司也順理成章地印製更多鈔票，而這些鈔票被用來購買更多股份，並進一步推升了它的股價。有些投資人因此賺到了巨額的紙上富貴，觀察家們則新創了「百萬富翁」（millionaire）一詞。這股狂熱橫掃了整個歐陸，其他投資人也順勢利用此時能輕易取得的巨額資本，推行更多新的風險投資計畫。[9]

在當時，還有一項蔚為風潮的新技術也發揮了重大的作用力：機率法則（laws of probability）。那時，皮耶德·費瑪（Pierre de Fermat）與布萊斯·巴斯卡（Blaise Pascal）才發明這一派數學分支不久。此外，皇家天文學家愛德蒙·哈雷（Edmund Halley，哈雷彗星就是以他的姓來命名）也在一六九三年發展出史上第一份死亡率統計表（mortality table）。這兩項新發展將保險公司拱上最風靡一時的行業，而隨著投機活動轉移到倫敦，這些保險公司的地位也變得更加舉足輕重。

英吉利海峽對岸所創造的滾滾財富讓英國人感到不可置信，並對約翰‧羅獨創的全新奇異金融體系眼紅不已，所以他們也當仁不讓地迅速投入這股時尚潮流。其實早在十年前的一七一〇年，南海公司就曾以它的股份作價，交換投資人持有的政府公債，而且，它也被授與英國和西班牙帝國之間在美洲的貿易壟斷權。到了一七二〇年，打撈公司的毀滅性教訓已事過境遷了一個世代之久。

英國政府為感謝南海公司接手它的債務，付了一筆年金給該公司，不過，不管是密西西比公司或南海公司，都從未經由它們的貿易壟斷權賺到大錢。這家法國公司甚至連試都沒試過這項壟斷權的經營，而南海公司則是有點時運不濟，戰爭和西班牙人的堅不妥協，阻斷了英國人和南美洲的貿易；橫豎南海公司的所有董事也都沒有任何南美洲貿易經驗。說穿了，密西西比公司純粹是一個投機的空殼公司；南海公司的情況則稍微複雜一點，因為它確實有定期獲得來自政府的收入源流。

南海公司和政府之間的交易是建築在一個極度奇特的結構之上。政府許可南海公司發行固定數量的股份，再用這些股份向投資人購買政府公債。換句話說，投資人可以拿他們手上的債券、票券和年金，來交換南海公司的股票。而由於發行股數是固定的，南海公司的股價愈高，它必須交付給投資人的股票數量就愈少，公司董事能留下並在公開市場上出售的股數也就愈多。

因此，以這個方式來抬高南海公司的股價，讓該公司受益良多，而讓它順利得逞的重要推手，是一七二〇年代在整個歐洲金融體系不斷流竄的巨額流動性。到了某個時間點，股價飆漲的走勢變得難以控制，投資人則益發樂於將手上死氣沉沉的年金、債券和票券，換成能快速上漲的股票。到一七二〇年夏天時，英吉利海峽兩岸這兩家公司的股票價值雙雙達到最高峰。南海公司的最新認購價飆漲到1,000英鎊，而且一天內就全部賣光。（該公司股價的面額是100英鎊，在泡沫初始階段，股價大約是130英鎊。）

　　此時，政府終於開始對股價的飆漲有所警覺，畢竟那時還有一些曾經歷過打撈公司泡沫的老官員還沒有退休。國會提議對股價設限，但南海公司為了阻擋這個提案，透過檯面下私相授受的方式，免費提供股份給許多顯要人士（包括國王的情婦）來換取運作空間，結果，股價限制提案終被撤銷。事後證明，他們之間私相授受的都是假股票。

　　最能體現這股投機風潮有多麼令人嘆為觀止的就是眾多「泡沫公司」的出現。經濟榮景創造了大量寬鬆且容易取得的資本，而大量的資本更使各式各樣啟人疑竇的企業得以向無知的大眾發行股份。這些泡沫公司的多數計畫都堪稱正當，只不過，以那個時代的標準來說，它們的計畫卻過於創新且激進，以致不合時宜；例如，有一家公司是為了平定澳洲及附近地區而組建（這比詹姆斯・庫克〔James Cook〕船長首度踏上澳洲大陸還早一百五十年），另一家公司則打算製造機關槍，還有一家公司宣稱要打造能將活魚運送到倫敦的船隻。不過，這當中還是有少數公然詐欺的企業，更有些公司只活在事後的茶餘飯後話題裡，包括一家宣稱「正在進行一項沒有人知道是什麼冒險的偉大冒險」的著名虛構企業。[10]在一百九十家記錄有案的泡沫公司當中，只有兩家真的成功，它們分別是皇家外匯保險公司（Royal Exchange Assurance）以及倫敦保險公司（London Assurance）兩家保險巨擘。

　　英吉利海峽兩端的泡沫雙雙在一七二〇年破滅。誠如海明威（Ernest Hemingway）的名言所述，破產是以「兩種方式發生，先是緩慢，接著驟然爆發。」一七二〇年年初，孔蒂親王（Prince of Conti）因未能分配到足夠的密西西比公司股票而極度光火，他要求約翰・羅的皇家銀行（Banque Royale）以三輛裝滿金幣與銀幣的馬車，交換他持有的皇家銀行新紙鈔，問題是，這些金幣和銀幣理當是用來擔保這些鈔券的。約翰・羅看出孔蒂親王圖謀不軌，所以設局讓攝政王強迫這位不孚眾望的親王打退堂鼓。可惜此舉為時已晚。嗅覺

敏銳的投資人體察到這場遊戲已經結束，皇家銀行也因此陷入全面擠兌的窘境。[11]

　　英國泡沫的崩潰則比較複雜一點。一七二〇年六月，其他泡沫公司競奪資金的行為搞得南海公司十分惱火，所以，它運作議會通過泡沫法案（Bubble Act）。這項法案要求所有新企業必須取得議會的特許狀，且禁止現有公司從事特許範圍以外的業務。問題是，此時很多保險公司（它們貸放大量資金給南海公司的股東，因此成了這場狂熱的主要後援）早已經開展了其他業務線，而泡沫法案的推行，更就此切斷了資金流入保險公司的管道。當時，劍刃公司（Sword Blade Company）是對南海公司及其股東放款的主要企業之一，顧名思義，這家公司只被特許經營造劍業務。泡沫法案的通過逼得劍刃公司從金融市場退出，並戳破了整個泡沫。到十月時，泡沫已完全破滅。據說因持有南海股票而虧掉一大筆錢的艾薩克·牛頓在事後表示，他有能力計算「天體的運行」，卻無法「計算人類的瘋狂」。[12]

恭迎女王登上本列車

　　關於明斯基的「移變」，歷史上最轟動的例子之一是鐵路，這是一項兼具革命性與高能見度的技術奇蹟。在十九世紀蒸汽動力問世前，長途陸路旅行是富人專屬的特權，因為只有他們付得起馬車公司那高得離譜的費用，真正的富豪更擁有自家的六駕大馬車。即便如此，惡劣的道路品質與公共安全問題，讓旅行成了一件危險、緩慢且極度不適的過程。

　　英國鐵路史學家約翰·法蘭西斯（John Francis）曾這麼描述現代化以前的運輸狀況：

　　　　運送農產品的機器構造簡陋，沉重且龐大。即使道路承受得住它們的重量，也難以移動（這些機器），而碰上路況惡劣時，這些機器不是被沼澤吞噬，就是掉入壤溝；事實上，有時候機器

嚴重深陷在泥濘的道路上，除非等到天氣變暖且豔陽高照之時，否則幾乎難以將這些機器移出。這導致農產品長達幾個月無法進入市場，大地的果實就這麼在原地腐爛，在此同時，短短幾英里之外卻嚴重供不應求……把農產品從英格蘭北部運送到英格蘭南部的成本，竟比出口到海外的成本還要高。把商品從首都送到葡萄牙，比把商品從諾維奇（Norwich）送到倫敦還要容易。[13]

須臾之間，鐵路讓陸路旅行變得便宜、安全、快速且相對舒適。更重要的是，蒸汽引擎無疑是史上最戲劇化、最浪漫、最詩情畫意的技術發明（或許除了快速帆船以外）。那個時期的知名女演員芬妮・甘伯（Fanny Kemble）首度搭乘喬治・史蒂文生（George Stephenson）的火箭號（Rocket）後對外發表的感想，貼切地體現了這種既戲劇化、浪漫又詩情畫意的氛圍，她說：

> ……我好想伸手輕拍這頭噴著氣的小動物。它一路以每小時三十五英里的絕快速度向前衝，速度更甚於小鳥飛翔。你無法想像穿越空氣的感覺是什麼；整個運行順暢無比。我既能閱讀，也能寫字；甚至不知不覺地站了起來，還摘下頭上的軟呢帽，恣意享受迎面而來的和風。當我閉上雙眼，這種像極了飛行的感覺實在令人感覺無比欣喜，這是奇特到難以形容的感受。但即便感受如此奇特，我卻覺得十分安全，未曾感到一絲一毫的恐懼。[14]

現代的讀者根本無法想像當時社會大眾對於火車旅行的複雜感受——那簡直是集現代噴射機、個人電腦、網際網路與現煮濃縮咖啡於一身的悸動。連接達靈頓（Darlington）與史塔克頓（Stockton）的第一條蒸汽火車路線，是在一八二五年建造完成；到一八三一年，曼徹斯特通往利物浦的鐵路線已開始發放豐厚的股息，這促使它的股價直衝雲霄。正是這樣的陶醉感促成了鐵路股的多頭市場，但緊接著，

這個市場卻在一八三七年爆發大崩盤。

維多利亞女王在一八四二年嘗試她的第一次鐵路之旅後，一場對英國人來說空前絕後的股票熱潮隨之而來。女王的火車行旅點燃了大眾對鐵路旅行的熱情，即使是現代的科技迷都難以體會當時民眾對此是多麼趨之若鶩。一九九〇年代末期，民眾老喜歡把「網際網路時間」掛在嘴上，相同地，在一八四〇年代，最時尚的詞語則是「火車時間」。民眾有史以來首度得以用小時與分鐘來談論距離，而不再是用天數或是里程數來描述距離。據說一般民眾甚至開始拿蒸汽來比喻其他事物，例如「get up a head of steam（加速積極前進）」。

到一八四四年年底，三大鐵路公司都配發了10％的股息，而到了一八四五年初，完成規畫的新鐵路線就高達十六條，還有五十家新公司取得特許權。這些公司的股票通常都保證發放10％的股息，還都找來知名的國會議員或貴族擔任董事，而這些公司大致上也都透過檯面下的管道，以股票形式為這些董事提供豐厚的酬勞。市面上有高達數十家專門報導鐵路旅行的報章雜誌，而眾多新鐵路公司為了吸引民眾認購它們的股票，動輒提供數十萬英鎊以上的廣告贊助給這些報刊雜誌。當時已完成規畫的英國新鐵路軌道接近8,000英里——是既有軌道長度的4倍之多。

到一八四五年夏末時分，在現有的股份飆漲了500％之後，至少又有四百五十家新鐵路公司在發起人的推動下註冊成立。從孟加拉（Bengal）到蓋亞那（Guyana），眾多憑空冒出的創業家一窩蜂地在全球各地籌建鐵路，光是愛爾蘭就有超過一百條新規畫的路線。到了鐵路泡沫晚期，鐵路線規畫甚至已到了無所不在的地步，連沿途沒有任何城鎮的荒野都有鐵路建造計畫。低利率在這場投機狂歡派對中扮演著極度顯而易見的角色。誠如華特·白芝浩（Walter Bagehot）在事後以文字描述的：「老約翰（John Bull，編按：指英國人）能忍受很多事，唯獨無法忍受2％。」換言之，安全資產的低利率促使資本大量流向投機性的投資標的。[15]

　　這個發展明顯可見明斯基所謂的「移變」。處處充斥信用，而一八四〇年代的信用是以股票認購機制的形式存在——投資人最初只需支付一小部分的購買價格，就能認購到股票，等到公司需要建造資本時，再「通知」投資人繳納剩餘的認購價。

　　一如所有泡沫，隨著信用突然緊縮，這個泡沫也被戳破。到一八四五年時，由於鐵路興建活動如火如荼進行，投資人為了應付上述的剩餘資本繳納通知，不得不賣出現有的股份。到一八四五年十月中，一切都玩完了。《倫敦泰晤士報》（*Times of London*）在報導這個可恥的失敗時，首次將「泡沫」一詞列入通俗金融詞彙，它宣稱：「一個巨大的財富泡沫就這樣在我們眼前破滅了。」[16]

狂飆二〇年代

　　一九二〇年代的股票泡沫更是徹徹底底的明斯基型泡沫。首先，當時發生了不只一個「移變」。二十世紀的創新速度堪稱史上第二高，僅次於後拿破崙時期。飛機、汽車、無線電、發電機，以及仰賴電力的裝置——其中最重要的是愛迪生的電燈泡——全是在區區幾十年內突然冒出來的創新。第二，信用的擴張鬆開了投資的洪水閘門。

　　如果說要指出一個造成一九二〇年代股票泡沫的罪魁禍首，那麼，很可能是時任英國財政大臣的溫士頓·邱吉爾（Winston Churchill）。他以英國財政大臣的身分恢復了金本位制度，並將1英鎊兌美元的匯率固定在戰前的4.86美元價位。問題是，英國在戰爭期間發生的通貨膨脹導致這個匯率嚴重高估，並使英國貨品在外國的價格變得過於昂貴，而外國貨品在英國則相對變得便宜。最後的結果就是嚴重的貿易失衡以及英國國庫黃金儲備的快速耗竭。解決貿易失衡的傳統方法是要求貿易夥伴降低利率，因為一旦貿易夥伴的利率降低，它的投資吸引力也會降低，資金自然會從那些國家流回本國，進

而使貿易恢復平衡。

　　遺憾的是，此時美國的利率原本已經很低，且當地的低利率正促使信用大幅擴張。一九二七年的美國已經處於經濟榮景期的中段，而此時過熱的美國經濟體系最不需要的，就是順應英國人的要求而進一步降低美國的利率——因為這會導致資金變得更寬鬆。當時美國的多數金融權威都意識到英國的建議非常糟，但遺憾的是，時任美國聯邦儲備銀行主席的班傑明・史東（Benjamin Strong）和英格蘭銀行總裁孟塔谷・諾曼（Montagu Norman）是私交甚篤的密友，於是，執掌美國聯邦儲備銀行的史東，順應這位老友的要求而降低利率，這當然造成了火上加油的影響。[17]

　　無獨有偶地，第三個泡沫促成因素也已出現。由於從一九○七年市場崩盤（當時股票價格重挫了48％）後已過了二十多個年頭，市場上的財經耆老多半已經凋零，沒有太多人懂得就股票投機行為的風險提出警告。大約在此同時，最後一個泡沫元素也正好到位，數以百萬計的一般民眾眼見親朋好友們輕鬆致富，個個心癢難耐地瞬間被吸入股票市場，完全不理會理應遵守的資產評價原則。不僅如此，成千上萬名理當更明智的專家也被捲入這個投機漩渦。接下來兩年半，股價整整上漲了150％。一九二九年十月，惡名昭彰的「黑暗日」終於到來，股價從夏末時節的高點重挫了48％，而且完全沒有止跌的跡象，不到三年後，股價已經只剩一九二九年高峰的十分之一。

爆發狂熱的原因

　　談到這裡，你應該已經痛苦但清楚地了解到，自英國金匠在十七世紀發明部分準備金銀行業務以來*，泡沫與崩潰已成了金融市

---

* 某些金融史學家將部分準備金銀行業務的發明歸功於瑞典央行（Swedish Riksbank）在一六六八年的創立，只不過，英國貿易商最初期的存款行為發生得比這更早。

場的必然特性。在此同時，培根發明的科學方法則催生了一連串明斯基所謂的「移變」，並帶來了現代世界的財富。

在一九九六年過世的明斯基教導我們，這個週期是彈性通貨（elastic currency，指政府的中央銀行〔聯準會〕與民間銀行雙雙能擴張與收縮貨幣的供給量）的必然結果。此外，他也了解到，彈性通貨的擴張與收縮會發生在市場經濟體系的所有領域，不僅會發生在住宅市場，也會發生在企業管理與股票及債券市場。

明斯基透過他著名的「不穩定性假說」主張，在一個安全且穩定的金融環境，當保守的銀行家得知較不謹慎的同業的利潤可觀而開始依樣畫葫蘆地對較高風險的貸款人放款後，就會啟動一個不斷降低放款標準的週期。

到最後，貸款風險將失控，並引發一場大崩潰，至此，放款人與投資人才終於會恢復審慎，整個週期也重頭來過。粗略來說，這個流程似乎大約每十年就會上演一次。總而言之，穩定會招致不穩定，而不穩定則又會招致穩定，在這個周而復始不斷重複的過程中，貸款人與放款人亦步亦趨，共舞著貪婪的吉魯巴與恐懼的探戈。[18]

金融市場的內在本質本來就使它們容易發生狂熱與崩潰情事，更糟的是，人性本身也會對金融市場造成類似的影響，雖然現代中央銀行業務已在某種程度上減輕了這類週期的起伏程度，但中央銀行官員近幾十年來習慣以量化寬鬆（quantitative easing）等創新貨幣工具果敢應對經濟衰退的傾向，已導致泡沫變得更頻繁出現。

麥凱的知名著作不僅講述了發生在金融領域的集體幻想，還談到了宗教、服裝、健康、鬍鬚甚至毒殺等領域的集體幻想。一如近來的匿名者Q（QAnon）信仰系統（一個陰謀論，有高達20％的美國民眾對它深信不疑）所示，我們根本沒有擺脫這種令人擔憂的傾向。究竟是什麼樣的人性導致我們容易產生集體幻想呢？這個問題的答案是：人類是善於模仿且懂得說故事的猿猴（希望這麼說不會過於油嘴滑舌）。

大約五萬年至十萬年前，現代人類開始離開北非，到南極洲以外的各個大陸定居。更驚人的是，大約從西元前一萬年開始，人類只花了短短數千年，就已散布到整個新世界（New World），從北極海到火地島（Tierra del Fuego），無處不見人類的蹤跡。

在這個過程中，人類不得不學習如何在北極製造愛斯基摩小船，如何在北美大平原上獵捕水牛，以及如何在亞馬遜地區製造有毒的吹氣槍等。不過，人類演化的速度不夠快，所以，不可能像小鳥天生懂得築巢或白蟻天生懂得建造山丘那樣，迅速學會這些不同的技能。

大自然的演化並沒有將打造愛斯基摩小船、獵捕水牛或製作有毒吹氣槍等的獨特能力植入人類的基因，但她讓我們擁有通用的模仿技能。只要有足夠大的人口族群、進行足夠多次的試誤，部落的成員最終一定會搞懂要如何打造合用的愛斯基摩小船，而其他人也能精確地仿效這個流程。[19]

人類比幾乎其他所有動物物種都更懂得模仿。只要某人創造了某個有用的創新，其他人很快就會採納這項創新。然而，我們模仿的傾向也會加劇我們的不良行為，其中最主要的不良行為之一是各式各樣的集體幻想，尤其是現代社會參與金融狂熱的那個傾向。

人類也是懂得說故事的猿猴。當我們的古代祖先為了求生而需要彼此溝通，他們肯定不會以能幹的投資人常用的各式各樣數學工具來溝通。老祖先主要是以敘述的方式來溝通（現代人依然是），例如「我們從兩側用矛包抄這頭長毛象，你從右邊來，我從左邊來」之類的。

人類是敘事的動物，所以，引人入勝的故事對我們的影響往往勝過事實與數據的影響，不管那個故事的誤導性有多高。民眾對敘事的反應不僅強於對事實與數據的反應，許多初步研究也證明，當一個故事愈引人入勝，它就愈能削弱我們的批判思考技能。[20]研究還顯示，提供見解的人和使用見解的人之間，存在某種固有的利益衝突。

提供見解的人——可能是你的股票營業員,也可能是CNBC電視台上的名嘴——希望說服你,所以,他們會竭盡所能地發想出最引人入勝的敘事內容,但投資人應該刻意避開這些敘事,凡事只憑數據、事實與分析紀律。

如何察覺泡沫的發生

效率市場假說(第三章說明過)的信徒一聽到股票泡沫的概念就很反感,例如,效率市場假說的發明者尤金・法馬就曾說:「坦白說,『泡沫』一詞讓我很抓狂。」[21]

效率市場假說愛好者對「泡沫存在」這個見解的反感是可以理解的。畢竟現代金融學的核心工作是構思市場行為的數學模型以及檢驗這些模型。牛頓哀嘆「我有能力計算天體的運行,但無法計算人類的瘋狂」一事可能是杜撰的,但這句話也闡明了一個更深刻的真理。如果連牛頓都無法從數學的角度來描述泡沫,世界上或許沒有人做得到這件事。

從牛頓的時代迄今,金融經濟學家努力以價格上漲的速度與規模等形式來預測泡沫行為。舉個例子,學術界人士威廉・高茲曼(William Goetzmann)就發現,某一年漲價一倍的市場,隔年下跌一半的機率只有7%,在接下來五年內下跌一半的可能性也只有17%。換言之,泡沫很罕見,而且多數泡沫市場結束後並不會跟著崩盤。[22]

最高法院法官波特・史都華(Potter Stewart)在《雅各・貝里斯訴俄亥俄州》(*Jacobellis v. Ohio*)一案中,從一個不同的方向對一個複雜的社會現象做出了以下客觀定義:

> 根據憲法第一與第十四修正案,這個領域的刑法僅適用於赤裸裸的色情電影。今天我不會進一步試圖定義我認為我所理解的那個簡短敘述(譯註:指「淫穢」)涵蓋了什麼樣的素材,而且,我或許永遠也無法成功地用令人容易理解的方式說出那都是些什

麼樣的素材。**不過，等到我看到它時，就知道它是不是。**[23]（粗
體為作者強調）

　　一如牛頓無法為人類的瘋狂打造模型，正如法馬對「泡沫」一
詞的反感，史都華的著名陳述也清楚傳達了一個重點：他雖然無法在
言語上具體說明什麼是赤裸裸的色情電影，但等到他看到了，就會知
道那是不是。《雅各・貝里斯訴俄亥俄州》一案同樣適用於泡沫。即
使我們無法用數學來為泡沫打造模型，但當我們看到泡沫，絕對一眼
就能分辨出它就是泡沫。

　　本書到目前為止討論到的金融狂熱——密西西比公司、南海公
司、英國鐵路，以及一九二〇年代的股市——都顯現出四個非常典型
的特徵。

　　首先，在這些泡沫期，社會上的日常對話與社交活動裡的主要
話題，都和金融投機脫不了關係，那些話題有時甚至引發了大眾之間
的喧鬧。例如，麥凱就曾描述約翰・羅家門口那條街上的情況：「公
爵、侯爵、伯爵與公爵夫人、侯爵夫人、伯爵夫人們每天都在羅先生
家門外的街上等待，一等就是好幾個小時……愈接近財神散財的地方
愈好。」[24]

　　股票交易咖啡館外的街道上也經常交通大打結。一位歷史學家
做了以下紀錄：

　　　　這片土地上的每一個人都聚精會神地關注同一個主題。各
　　個政黨也全被這個主題吸引。輝格黨（Whig，譯註：自由黨前
　　身）和托利黨（Tory，譯註：保守黨前身）不再打口水戰，詹姆
　　斯黨（Jacobites）也不再密謀復辟。全國各地的每一家旅館內、
　　每一條道路上的民眾都在談論同一個話題。不管是在阿伯利斯
　　威（Aberystwith）、特韋德河畔伯立克（Berwick-on-Tweed），
　　在布里斯托爾（Bristol）或聖戴維斯（St. David's），在哈里奇

（Harwich）或樸茨茅斯（Portsmouth），在切斯特（Chester）或約克（York），在艾斯特（Exeter）或特魯羅（Truro）——幾乎在天涯海角——所有人除了談論南海公司的股票之外，其餘一概不聊！[25]

在一九二〇年代期間，民眾經常擠爆證券經紀商的公關室，在那裡屏息等待股價的公布；弗里德瑞克・路易斯・艾倫（Frederick Lewis Allen）回憶，在一九二〇年代時：

> 每個人都談著一夜致富的故事。一位金融評論家說，他的醫師發現病人什麼也不談，滿口市場經，他的理髮師則一邊拿熱毛巾，一邊滔滔不絕地談論蒙哥馬利華德公司（Montgomery Ward）的前景。家庭主婦不斷嫌棄先生動作太慢，動不動就催促他們趕緊加入這個致富行列，而令她們喜出望外的是，先生們竟表示他們那天早上才剛買了 100 股的美國亞麻子公司（American Linseed）股票。[26]

一九九〇年代的狀況也幾乎一模一樣：每個人都沉迷於股票投資；處處流傳著某人從網路股輕鬆致富的故事，不管是參加社交聚會或是搭計程車，絕對會聽到瞻博網路（Juniper Networks）或思科（Cisco）的名號。那個時代最具開創性的事件之一是網景公司（Netscape，該公司創造了史上第一個獲得廣泛使用的網際網路瀏覽器）的股票首次公開發行（IPO）。網景公司在一九九五年八月九日 IPO 當天，負責該案的摩根士丹利（Morgan Stanley）交易部門安排了許多交易員駐守在兩百個工作站，而由於眾多客戶急於搶購網景的股票，每一個工作站不得不同時接聽好幾通分機電話，電話鈴聲震耳欲聾。那一天，死之華（Grateful Dead's）搖滾樂團的傑瑞・賈西亞（Jerry Garcia）因嚴重心臟病發而過世，據傳他嚥氣前的最後一句話

是：「網景的開盤價是**多少？**」[27]

第二個典型的泡沫特徵是：有大量一般民眾放棄有保障且高薪的專業，全職投入金融投機操作。根據弗里德瑞克‧路易斯‧艾倫的描述，有一位女演員在一九二〇年代把她位於公園大道（Park Avenue）的住家，改裝成一家小型經紀公司，「滿屋子都是技術線圖、圖形和財務報表，而她就待在這一大堆圖形和報表之間，透過電話進行市場操作，愈玩愈大，愈玩愈放縱。」還有一位「曾經只有談到高更（Gauguin）才會眉飛色舞」的藝術家「放下他的畫筆，暢談國家貝拉斯赫斯（National Bellas Hess，目前這家郵購公司已不復存在）的豐功偉業。」[28]

在網際網路狂熱期，很多人辭掉了原本乏味但穩定的工作，當起了全職的當沖客。抱負不凡的將軍對當沖交易訓練營趨之若鶩，不惜一次花好幾千美元參加這種通常只包括三天培訓和一週紙上交易練習的課程。「教員」們不斷鼓舞學員，並號稱只要遵守規則，任何人都可能成功致富。其中一位教員說：「這就像高爾夫。如果你留意腳的位置、留意如何舉起球桿以及如何擊球，就很有機會揮出直球，而不會老是打曲球。相同的原則也適用於當沖操作。」[29]只要市場漲勢沒有中斷，當沖客就有一半的機率會成功，不過，就像在一九二〇年代與鐵路泡沫行情中的莽撞投機客，一旦烏雲飄來，多數人最終都會慘遭「殲滅」。

泡沫的第三個特徵是，泡沫的信徒會對質疑者發動猛烈攻擊——這也是泡沫最不變的特徵。一九二〇年代末期，保羅‧沃爾柏格（Paul Warburg，他的家族擁有長達幾個世紀的銀行業務經驗）警告，股票評價過高與融資貸款暴增等現象，已催生了一場「毫無節制的投機狂歡派對」，他說，那樣的派對最終不僅會對投機客帶來嚴重衝擊，「也可能導致整個國家陷入普遍蕭條的局面。」[30]

儘管他的預測最後「正中紅心」，但沃爾柏格的那一番說法卻遭到大眾蔑視，甚至引來一些反猶太主義者的抨擊。其中，最溫和的

人批評他「落伍」，較義憤填膺的觀察家則指控他「唱衰美國人的繁榮」。[31]

　　七十年後，對網際網路泡沫抱持質疑態度的人，也遭遇到幾乎一模一樣的誹謗與謾罵。我記得當時有一些同儕說我就是搞不懂「網際網路改變了所有事。」我不止一次聽到別人跟我說這句任何現代泡沫皆合用的金句：「你就是搞不清楚狀況。」

　　泡沫的第四個症狀——也是最後一個——是各種極端預言紛紛出籠。南海泡沫的特有預測是：西班牙將奇蹟般地將它掌握的新世界貿易壟斷權拱手讓給英國；另外，我們也在第三章討論了艾爾文·費雪在一九二九年十月那一段臭名遠播的宣言，他當時說「股票價格看起來將永遠維持在高原期。」這類對股價超級樂觀的預測還有更誇張的例子：已故抗病毒企業家約翰·麥卡菲（John McAfee）在二〇一七年表示，如果比特幣的價格沒有在三年內達到 50 萬美元，「我會在全國性電視節目中吃掉我的『小弟弟』。」他賭輸了，但幸好他也食言了。[32]

我有要你嘗試掌握進出場時機嗎？

　　我絕對**沒有**要你試著掌握進出場時機。首先，誠如高茲曼教授發現的，泡沫是罕見的，而在最戲劇化的價格上漲走勢過後，通常並不會出現急遽下跌的狀況。相對地，明智應對泡沫的最好方法，就是不要把泡沫當一回事，從一而終地繼續持有由股票指數型基金與國庫債券（或定存單，或是由優質債券組成的債券指數型基金）組成的審慎投資組合，這樣的投資組合將會自動要求你在狂熱期間出售一些部位。

　　下一章的主題——恐慌與崩盤——也是一樣的道理，如果你能採用上述的審慎投資組合，它將會自動要求你在恐慌與崩盤期間加碼股票。不管是在狂熱或恐慌／崩盤時期，都不要理會多嘴的鄰居跟你說些什麼，還有，請關掉 CNBC，從網際網路登出，並維持原來的投

資節奏，繼續堅持到底。

第九章摘要

■ 從部分準備金銀行業務與科學理性主義在四個世紀前出現後，經濟榮枯的浪潮就不斷來回沖刷著全球金融體系，並導致投資人時時處於泡沫與恐慌的風險之中。此外，人類其實是以大自然在石器時代賦予我們的那顆大腦來應對這個太空時代的金融市場。

■ 投資人應該對金融狂熱的典型訊號特別戒慎恐懼，包括：瀰漫整個社會的樂觀投資故事，非專業投資人搶著轉行全職操作，懷疑論者遭到公然惡意對待，以及不著邊際的樂觀投資預測等。

第十章

市場底部浮世繪

有錢人如何變得更有錢

記者鄭子揚（Jonathan Cheng）在二〇一三年三月二十九日當天的《華爾街日報》上，發表了一篇經典的文章，這篇文章旨在探討代價高昂的空頭市場心理。文章的主角是一對非常有魅力的醫師夫婦白露西與馬克‧威拉：

> 白露西醫師和她先生雙雙在休士頓執業，二〇〇八年股票崩盤後，他們夫婦倆的積蓄因空頭市場的來襲而憑空減少一半。她說，他們感覺「遭到沉重打擊」，於是，發誓從此不再投資股票，而且把剩下的錢存到一家銀行。[1]

到了二〇一三年四月，隨著股價強力回升到二〇〇八年以前的水準之上，這對夫婦又忍不住聘請一位理財顧問，回頭購買股票。三十九歲的皮膚科醫師白露西說：「眼睜睜看著史坦普指數持續上漲，反觀手上的現金卻毫無報酬可言，這讓我們內心感到非常不安。」「我們只是不想一直待在場邊觀望，坐失良機。」[2]

假設他們夫婦倆從那時到現在都沒有再次退場，他們的成績應該還算可圈可點，不過，二〇〇八年十一月至二〇一三年四月間在場邊觀望的決定，卻讓他們付出了不小的代價。因為在那四年半裡，投資史坦普500指數相關標的的利潤超過一倍。

在旁人眼中，威拉／白露西夫婦那種高買低賣的策略實在很不

可取。但只要是人，就難免會對金融市場產生跟他們一樣的心理反應。我們會在市場重挫時感到恐懼，而到了泡沫時期，我們不是極度陶醉，就是備受「害怕錯過」的心理折磨（你是陶醉或害怕錯過，取決於你的投資積極度）。

　　威拉和白露西的經驗貼切呈現了金融經濟學家所謂的「資金－時間加權平均報酬率缺口」（dollar-time weighted gap），說明這個術語的最好例子，是共同基金投資人差勁的進出場時機決策——平均來說，基金投資人的年報酬率比他們持有的基金的年報酬率低1.0％至1.5％。[3]

　　這個資金－時間加權平均報酬率缺口凸顯出一個鮮少人認真思考的疑問。威拉／白露西賣掉的股票並沒有就這樣憑空消失，在這對夫婦賣出那些股票的同時，必定有**某個人**買走了那些股票，而且，威拉／白露西重新進場時，勢必也有**某個人**把其他股份賣回給他們，而且還從中大賺一筆利潤。那麼，究竟是誰在二〇〇八年用低價向威拉／白露西買走那些股票，又是誰在二〇一三年以較高價格把股票賣回給他們夫婦的呢？

　　難就難在連最權威的研究人員都無法精確分辨出那些「某個人」是誰，不過，最主要的「嫌疑人」應該是避險基金、捐贈基金、極度有錢的民間投資人，以及發行那些股票的企業。

　　在上述「嫌疑人」清單當中，企業的可能性最高。在熱情洋溢的泡沫市場上，總是會有接二連三的大量股票IPO案件推出，而且，投資人通常會以過高的價格認購那些股票，最終，他們後續的報酬率當然也就低於市場水準。且讓我們看一個例子：一家只擁有微薄資產的私營科技新創公司，以過度膨脹的價格把一半股份賣給了大眾。這時，該私營企業的原股東拿股票換回了大量的鈔票，而新的大眾股東（共只持有一半股份）則通常是以過高的價格購買這些股份。[4]（投資銀行業人員喜歡用「鴨子正餓得呱呱叫，趕緊餵飽它們」來比喻熱烈搶購IPO股票的認購人。）

　　那麼，究竟又是誰在市場底部買走股票？從俄亥俄州一位律師——班傑明・羅斯（Benjamin Roth）——在一九三一年寫的日記，便可瞧出一點端倪。當年，羅斯意識到自己活在一個意義非凡的時代，所以特別將他的專業與個人觀察記錄下來。他兒子丹尼爾（Daniel）後來也投入法律業，身為父親的班傑明遂要求兒子閱讀他在大蕭條時期寫下的筆記，以便更理解客戶所遭受的心理創傷。二〇〇八年全球金融危機最嚴重之際，班傑明的孫子比爾・羅斯（Bill Roth）把這些筆記寄給金融媒體工作者詹姆斯・李德貝特（James Ledbetter），李德貝特隨即就看出這些筆記對當前種種世道的重要性，於是，他和丹尼爾・羅斯聯手將這些筆記出版為《大蕭條日記》（暫譯，*The Great Depression: A Diary*）一書。[5]

　　其中，最能引起投資人共鳴的內容，顯然是一九三一年十二月十一日的那段文字，當時距離道瓊指數在一九三二年七月從底部——比一九二九年的高峰下跌接近九〇％——反彈的日子僅僅七個月。

> 　　一位非常保守且有一大家子要撫養的已婚年輕男性告訴我……他（將他原本已經還完款的房子拿去抵押）申請到一筆5,000元的新房貸，作為長期投資好股票的基金。我認為兩到三年內，他一定能獲得可觀的利潤。一般認為，現在好股票與優質債券的價格已經非常誘人。**但難就難在目前沒有人有現金能買那些股票和債券。**[6]（粗體字為作者強調）

　　顯然，誠如羅斯以文字記錄的，當時一定有**某個人**有現金可買股票和債券，一如二〇〇八年時，也是有某個人有現金承接威拉／白露西的股票。在那個情況下，羅斯筆下那位勇敢的年輕人，可能並不是最能代表空頭市場股票買方的人物。據說，約翰・皮爾龐特・摩根曾表示：「在空頭市場階段，股票會回到股票的正當持有人手上。」身兼學者、媒體工作者與自傳作家的馬修・約瑟夫森（Matthew

Josephson）提出了一個和摩根的說法異曲同工的意見：

> 　　（在市場恐慌時刻，）死傷者眾，個人財富遭到殘酷轉移，就像沙漏裡的沙子從某一端緩緩流到另一端。然而，擁有未受損資本的人（即使只擁有一點點那種資本）則緊盯著沙漏裡的沙子，因為他充分意識到他能在特定時刻來臨時，把沙漏翻轉過來，重新啟動這個財富移轉流程。[7]

　　但擁有「未受損資本」向陷入困境與恐慌的人收購股票的又都是些什麼人？答案是社會上最有錢的富豪，這些人擁有充足的安全資產來應付生活開銷，還有更多閒錢可趁著股票跌到跳樓大拍賣價時加碼股票。另外，他們也可能是燒錢率只有1％的退休老人，或是巴菲特（波克夏海瑟威公司把20％的資產投入國庫券，而巴菲特本人透過他持有的波克夏公司股份而間接擁有的國庫券，就足夠為他好幾代的子孫供應吃穿用度），以本書的目的而言，他還可能是一個持有小型投資組合、擁有安定工作，且深知自身的工作技能可賦予他大量未受損傷的**人力**資本的年輕人。

　　所以，務必要擁有約瑟夫森所謂的「未受損資本」，這件事太重要了，絕對值得一再反覆強調。任何符合政府擔保特性的商品：短期國庫債券、定存單、受聯邦存款保險公司保障的存款，乃至現金，都屬於這類資本。雖然現金有時只能衍生微薄的利息，它的心理報酬率卻非常高。未受損資本是讓我們保持沉著的靈丹妙藥，它能克服人性在處理投資時的缺陷──即我們在金融歷史上眾多災難時刻所表現出來的恐懼和貪婪──以便讓投資的數學好好發揮它的作用力。

　　我們將在這一章的剩餘內容討論那種險峻的時期大致上呈現什麼樣貌、是什麼因素導致那種期間造成那麼多傷害，以及如何管理你的「未受損資本」，以便讓你的其餘資本能享受到不中斷的複利魔法。

愛德華‧錢思樂（Edward Chancellor）在他針對景氣榮枯主題而創作的經典巨著《金融投機史：人性的試煉、傻瓜的盛宴、資本主義的嘉年華》（*Devil Take the Hindmost*）裡評論，金融狂熱代表著社會對無窮財富的集體幻想。這種幻想一旦覺醒，會先造成一波資本撤退潮，接著是大規模破產，最後，民眾會開始「肉搜」並懲罰當初助長狂熱的人。他引用了詩人亞歷山大‧波普（Alexander Pope）在南海泡沫崩潰後不久，寫給羅徹斯特主教法蘭西斯‧安特伯里（Francis Atterbury）的一封信。在泡沫崩潰之前，安特伯里就曾警告波普要留心這股狂熱，所以，波普在信中不好意思地承認安特伯里的看法是對的。這封信以華麗的詞藻描述了英國從幻想狀態中被粗暴喚醒的情形：

> 南海計畫的命運──比我預期的更早發生──證實了你曾對我說的一席話。多數人都認為這一天遲早會到來，但沒有人為這一天做好準備；沒有人想到它會**像夜裡的小偷**那樣躡手躡腳地到來，跟我們的死亡一樣，來得無聲無息。[8]（粗體字為作者強調）

十八世紀初的充沛信用促使價格狂亂上漲，相似地，圖10.1所示的崩盤則是幾乎瞬間導致信用枯竭。研究十八世紀鐵路事件的頂尖現代史學家約翰‧卡斯威爾（John Carswell），以一段話概述了泡沫崩潰後，信用突然銷聲匿跡、導致整個社會陷入恐慌，並使整個金融體系運作失靈的狀況：

> 剪不斷、理還亂的墮落信用就像一大叢陡長的豆藤，蔓延到全國各地，如今這些豆藤日漸枯萎。交易巷（Exchange Alley）那位紳士說，他對他的計程車司機賴帳，「因為他自己也被別人賴帳了。」這代表著全面債務違約的景象……上個世紀中葉以來

隨著經濟擴張而逐步成長的整個信用體系已突然崩潰。[9]

原本異常充沛的現金就這麼突然銷聲匿跡並成了社會上最珍貴的商品——想想約瑟夫森所謂「未受損資本」以及巴菲特持有的大量國庫券在那種時期有多麼珍貴。由於企業原本是利用信用來購買物資和支付員工薪資，隨著信用突然被剝奪，企業遂像骨牌般紛紛崩潰，不止它們的供應商被波及，更引發了大規模失業。到最後，連銀行業者也接連在一股自我強化的信用蒸發及商業破壞的惡性循環中倒閉。

圖 10.1 南海公司股價，一七一九年至一七二二年

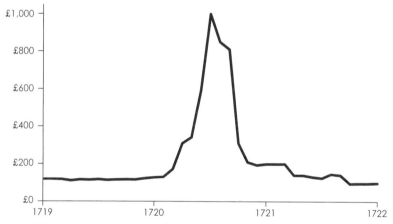

資料來源：拉瑞‧尼爾（Larry Neal），《金融資本主義的興起》（*The Rise of Financial Capitalism*）

一如卡斯威爾所暗示的，一七二〇年時，英國的局面尤其嚴峻。到這時，英國複雜的金融體系—— 在一六八九年革命協議（Revolution Settlement）後誕生，並於一六九四年創立英格蘭銀行——才剛誕生大約一個世代。那樣的景況導致很多人憂心英國將再次永久陷入之前的中世紀貧窮與內戰。以近年的例子來說，最能體現那種恐懼心理的是二〇〇七年至二〇〇九年金融危機後出現的「新常態」（new normal）迷因。

　　令人感嘆的是，明斯基所描述的泡沫條件反過來也一樣有效。一旦社會上普遍對能治癒經濟體系弊病並因此而風靡一時的新技術失去信心，若不巧再碰上流動性緊縮，就會演變成一場經濟大災難。到那個時點，健忘的世人就會像遺忘先前的泡沫那般，忘記「崩潰之後必然是復甦」的事實。到頭來，在上漲過程中沒有能力進行數學運算的投資人，當然也不會神奇地獲得在下跌過程中慧眼分辨便宜機會的能力。

尋找出氣筒

　　金融幽默作家弗瑞德・休威德評論道：「當顧客受到損害，他一定寧可相信自己是被搶劫的無辜受害者，而不是一個聽信其他蠢蛋的建議的蠢蛋，」的確，這樣的動態經常在泡沫崩潰後上演。[10]

　　一七二一年，英國議會在悲憤的選民以及被詿騙的議會成員的群起鞭策下，對南海公司股價崩潰一案展開調查，當然也沒放過該公司那位倨傲成性的董事長——約翰・布朗特（John Blunt）——與他的同僚，而他們暴增的財富自然也成了被調查的對象。其中，身為政府內部人的財政大臣約翰・艾斯拉比（John Aislabie）的狀況更是動見觀瞻。最後，議會強迫艾斯拉比辭職，將他監禁在倫敦塔，並驅逐了其他六位議會議員。曾接受南海公司慷慨餽贈（以低價股票的形式贈與）的喬治一世國王（King George I），也因此成了大眾的笑柄，還差點遭到制裁。

　　某些人一度談到要把南海公司的董事關進牢裡或甚至施以絞刑，不過，這些董事被短暫羈押後，最終都獲得保釋，逃過牢獄之災或被絞死的命運。取而代之地，議會對他們「輕輕放下」，只沒收他們的財產來補償這項計畫的受害者，而且還允許布朗特從他價值18萬7,000英鎊的財產裡留下5,000英鎊。[11]

　　在狂熱最熾之際通過的泡沫法案不僅對後續的投機性企業產生

抑制效果，也在無意中成了擊垮南海公司泡沫的因素之一。這個事件
落幕超過一個世紀後，還是有很多書籍不時提到它。儘管如此，健忘
症還是不可避免地再次施展它的魔法，讓下一個世紀的鐵路泡沫得以
重新點燃市場的動物本能。

　　鐵路公司股票價格下跌的狀況和一個世紀前雙泡沫崩潰後的狀
況相當不同——鐵路股緩慢下跌的過程活像一部慢動作電影。鐵路故
事的主角是魅力十足的創業家喬治‧哈德森（George Hudson），早在
他開始興建鐵路線以前的一八三〇年代與一八四〇年代，他就發行了
許多配發優渥股息的股票，只不過，這些股息的財源其實是來自他
出售新股的收入——他的手法堪稱現代人所熟知的龐氏騙局（Ponzi
scheme）。到了一八四〇年代末期，其他鐵路線的競爭使哈德森的手
法不再那麼吃得開，於是，哈德森為了擊敗競爭對手而提出了更積極
的鐵路線延伸計畫，並藉此發售更多的股票。到一八四七年，國會終
於立法禁止以新發行股票所取得的資金來發放舊股票的股息，整個賽
局因此嘎然而止。[12] 那一年，英格蘭銀行更將貼現率從 3.5% 提高到
5.0%，對哈德森造成了最後的致命一擊。

　　鐵路股的跌幅並沒有比南海泡沫期間的跌幅大，甚至比不上
二十世紀幾個大空頭市場的跌幅。然而，隱藏在鐵路股認購機制中的
巨大槓桿——買方只需要支付相當於一小部分股價的認購款——造成
了廣泛的殺傷力：

　　　許多家庭毀於一旦。英國境內幾乎找不到一個未曾發生悲
　慘自殺事件的重要城鎮。平日嬌養慣了的女兒們不得不外出尋找
　餬口的機會。還在求學的兒子們則被召喚回家，而由於住家遭到
　法律使者褻瀆，家人被迫各分東西。社會上的所有連結全面遭到
　破壞……原本安逸獨立過活的男性，突然間不得不揹負他們沒有

能力應付的龐大債務款項。某些個案甚至被迫放棄原本擁有的一切，從頭開始打拚。某些人則索性離開這個國家到歐陸去，寧可被通緝也不願還債，把債權人當笑話。有一位紳士就收到四百份命令。一位同樣面臨這種壓力的同儕，一聽到得花 1 萬 5,000 英鎊才能免除所有負債，便隨即奔向他的遊艇，把圍繞著他的種種困難，一股腦兒地拋到地中海的旖旎風光之中。[13]

鐵路狂熱和一七二○年代分別發生在巴黎與倫敦兩地的雙泡沫不同，因為鐵路狂熱實際上為英國留下了珍貴的基礎建設，這項建設和蒸汽船結合後，成了英國在十九世紀發展全球軍事與經濟支配地位的基礎。換言之，破產的鐵路投資人在不知不覺之中，成了資本主義的慈善家，他們雖因那些投資而慘烈犧牲，卻造福了後來的世代子孫。

一九二○年代的狀況也如出一轍，當時投資人因持有薩謬爾‧英索爾（Samuel Insull）電子公司的股份而折損不少積蓄，但美國數以萬計的工廠和數以百萬計的家庭，還是繼續仰賴這家公司提供電力。另外，一九九○年代也發生過這個狀況，蓋瑞‧溫尼克（Gary Winnick）的全球電訊公司（Global Crossing）在對投資人造成嚴重傷害的同時，卻也建造了當今大部分的海底光纖產能。

「華爾街完蛋了」

娛樂性報紙《綜藝》（*Variety*）在一九二九年十月底刊登了這個旨在挖苦的標題。

最初是一股肅殺的氛圍。一九二九年夏天即將結束之際，道瓊指數在九月三日當天創下381點的收盤新高價，但從那天起到那個月月底之間，它又下跌10％，不過，當時一般民眾並未對這些矛盾的發展投以太大的關注；畢竟在那之前的十年裡，股價每每在短暫下跌後恢復元氣，並穩定地再創新高點。

　　但相反地，一九二九年十月的狀況不只讓金融史學家記憶猶新，一般大眾也久久無法忘懷當時的慘烈狀況。在十月十八日星期五至十月二十一日星期一之間的三個交易日，市場又下跌了6％（當時星期六有交易）。十月二十一日的交易特別動盪，道瓊指數在盤中下跌大約3％，接著逐漸收復失土，到收盤時只下跌1％。較令人擔憂的是當天創下紀錄的巨大成交量，這導致股票發生報價延遲的情形；焦慮的市場參與者一直等到收盤後四十分鐘，才終於有辦法計算自己究竟虧了多少錢。

　　十月二十三日星期三當天的狀況更糟糕，股價下跌了6.3％。某些投機客為了保住碩果僅存的利潤而慌忙地拋售股票，也有些投機客是因為接到融資追繳令而不得不殺出持股。隔天——也就是「黑色星期四」——市場在盤中重挫了11％。約翰·肯尼斯·高伯瑞（John Kenneth Galbraith）用以下文字描述了當時的場景：

　　　　一群民眾聚集在百老街（Broad Street）上的交易所外，現場不時傳來詭異的咆哮聲。警察局長葛洛佛·威倫（Grover Whalen）派遣了一支特勤警衛隊到華爾街進行維和工作。有更多民眾前來此處，大家都引頸以待，只不過，顯然沒有人知道自己在等待些什麼。此時一名工人出現在某一棟高樓大廈的頂樓，他其實是要進行某些維修工作，但圍觀者誤以為他打算自殺，個個不耐煩地等著看他何時往下跳。[14]

　　邱吉爾正好是交易所內的目擊者之一，那個時代的一般民眾不只記得悲慘的加利波利登陸（Gallipoli landing）是他的「傑作」，還記得他是個不稱職又無能的英國財政大臣——因為他當天在交易所內目睹到的種種景象，有一大部分其實是來自他本人的「貢獻」。（他曾這麼描述他和財政大臣助理之間的互動：「如果他們是士兵或將軍，我一定能理解他們話裡的意思。他們根本是在說波斯語。」）[15]

他提出了他當時作為目擊者的陳述：

> 我原以為會見到一團混亂的畫面；但目光所及，現場的景象意外平靜且有條不紊，這簡直蔚為奇觀。在最嚴格的規則約束下，（營業員）不能無謂奔跑或提高聲量。因此，來回不斷走動的他們，看起來雖像一群遭遇到干擾的螞蟻，場內所有人的動作卻都放慢到像一幅慢動作畫面。他們為了向對方拋售大量的股票，不惜喊出相當於原價的三分之一和現值的二分之一的價格。[16]

　　邱吉爾的現場觀察其實只是前奏，後來的發展更加戲劇化。大約中午時分，華爾街的有力人士──分別擔任國家城市銀行（National City Bank）、大通國家銀行（Chase National Bank）以及摩根銀行（J.P. Morgan Bank）領導人的查爾斯‧米契爾（Charles Mitchell）、亞伯特‧威金（Albert Wiggin）以及湯瑪斯‧拉蒙特（Thomas Lamont）與其他人──為了救市而齊聚一堂。他們委託身材高大且魅力非凡的證券交易所後台老大理查‧惠特尼（Richard Whitney）代表他們採取行動。他快步走進交易大廳，出手下了堪稱金融史上最著名的一筆股票交易單──他開價以205美元買進1萬股的美國鋼鐵（U.S. Steel）股票，那個開價遠高於市價。接著，他又對十二檔股票下了類似的買進單。果不其然，他的買單奏效了；市場終於恢復元氣，到收盤時只剩跌2％。

　　惠特尼的出手確實挽救了那一天的局面，但也只救了那一天。十月二十八日黑色星期一當天，市場繼續重挫13％，十月二十九日黑色星期二，市場又下跌了12％。原本在十月二十四日當天「視死如歸」並頑強採取行動的銀行團，反而在十月二十八日與十月二十九日決定保留實力，放任市場從九月的高點重挫接近40％。

　　一九二九年十月只是惡夢的開始，接下來，迎接所有人的是美國金融史上最漫長且最痛苦的一段期間。市場崩盤後不久後隨即大幅

反彈；到一九三○年年初，股價已回升到超過一九二九年年初的高點。但後來兩年間，道瓊工業平均指數下跌更多，最終在一九三二年七月八日，跌到41點的底部水準，整整比一九二九年的高點下跌了89％。[17]

羅斯的日記翔實記載了瀰漫在他家鄉俄亥俄州楊斯城（Youngstown）那種了無希望的氛圍。他說，他的牙醫開車路過他家時，突然下車交代他，即使沒有能力立即付款，也要記得送家人去接受牙齒治療，那位牙醫還描述了某些牙痛的病患只付得起拔牙的費用等令人鼻酸的狀況。

羅斯的酒館老闆客戶——顯然他有好幾位酒館老闆客戶——先前在股票營業員的強迫推銷下買了很多股票並因此破產。他問其中一個客戶，如果再有機會存錢，將會選擇怎麼做。對方淚眼婆娑地回答，就算只能透過優質債券獲得大約4％至5％的報酬率，他就謝天謝地了——而且，他還表示他願意和未來幾個世代的美國儲蓄者分享這個觀點。[18]

在這場延續近三年的可怕跌勢中，其實有很多個交易日曾出現同樣戲劇化的漲勢，只不過，市場史學家對此並未有太多著墨。舉個例子，十月三十日當天——也就是黑色星期四隔天——市場**上漲**了12.3％——幾乎收復了前一天的跌幅。

在那段嚴重的空頭市場期間，價格異常大幅上漲的頻率並不亞於價格異常大幅下跌的頻率。事實上，那種表現正是那類崩跌行情的正字標記。二○○八年十月也發生過相同的狀況，在那個月，市場有兩度上漲超過10％（譯註：單日漲幅）；相反地，在二○○七年至二○○九年期間，單日最大跌幅還不到8％。波動性就是波動性，不管是上漲或下跌階段的波動性都一樣，如圖10.2。

圖10.2 道瓊工業平均指數單日上漲或下跌超過5%的日子。在空頭市場期
間，出現單日劇烈漲幅的頻率一點也不亞於出現單日劇烈跌幅的頻
率，只不過，鮮少人特別提及這種空頭市場特徵。

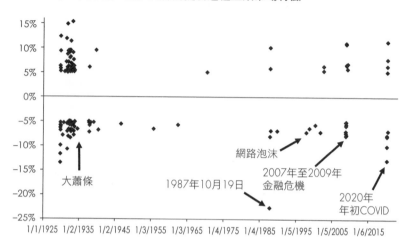

班傑明・葛拉漢——力排眾議的孤鳥

　　一九二〇年代與後續的餘波讓班傑明・葛拉漢（Benjamin Graham）深深感到困惑：怎麼可能會有那麼多人同時錯得那麼離譜，又集體執迷不悟了那麼久？歷經這次市場巨變，理性的投資人還有任何理由再回頭買股票嗎？就算有人會這麼做，到底要根據什麼標準來選股？葛拉漢苦思許久，最後的結果就是他和大衛・達德（David Dodd）合著的《證券分析》（Security Analysis）一書手稿，這是一本厚重但用字遣詞特別優美的書籍，它最初是在大蕭條最嚴重之際出版。

　　葛拉漢在書中確切指出問題所在，並說明理性的人應如何應對股票和債券投資。直至今日，這本書仍被視為投資經典之一，也多次發行再版。

　　到葛拉漢撰寫《證券分析》一書時，投資大眾已幾乎徹底放棄股票。多數人認同當年的權威經濟學家之一羅倫斯・張伯倫

（Lawrence Chamberlain）的意見──張伯倫在他的暢銷書《投資與投機》（*Investment and Speculation*）中，斷然宣稱只有債券是適合投資的。聯準會理事局在一九四〇年所做的一份調查也顯示，90％的大眾表達了反對購買普通股的意見，而且，後續一整個世代的民眾也繼續抱持那樣的態度。

不過，葛拉漢秉持他向來的習性，從幾個最根本的原則來探討問題。什麼是投資？他寫道，經過切實透徹分析後所進行的投資不僅能確保本金的安全，還能獲得適足的報酬。但未能達到這些要求的投資標的，則帶有投機與冒險的成分。

葛拉漢在一九三四年發現了非常大量適宜的股票投資機會。他還主張世人應以一種非關道德又奇特的相對主義（relativism）來應對投資：他認為就本質來說，世界上並沒有所謂「好」股票或「壞」股票之分──當股價非常高，即使是最優質的企業都流於投機。而當股價非常低，即使最糟糕的公司都有可能是合理的投資標的。

葛拉漢建議，即使是最保守的投資人，也應該為投資組合配置至少25％的普通股；相對地，即使是最積極的投資人，投資組合配置到普通股的比例也不宜超過75％。這意味平均來說，一般的投資人應該持有50股票／50債券的投資組合。雖然以當今的標準來看，他的建議看起來平淡無奇，但在大蕭條最嚴重之際，任何推薦持有股票的建議都足以令人聞之色變。

一九三二年的股價真的非常低，低到整體股市的股息收益率竟達到近10％的水準，而且，之後至少十年，整個市場的股息收益率也都繼續維持在6％以上。當時幾乎所有股票的價格都低於它們的帳面價值（也就是資產的約略總價值），且有整整三分之一的股票的價格低於其帳面價值的十分之一，甚至還有少數幾檔股票的價格比公司本身持有的現金還要低。但即使股價已經這麼低，卻還是幾乎求售無門。任何肯花大錢買股票的人，都被當成神經病。

尋找出氣筒：一九三〇年代版

　　一九二九年至一九三二年的股災過後，美國那些「受到損害的顧客」找到了發洩的對象，他是國家城市銀行的總經理查理‧米契爾（Chralie Mitchell），因為這家機構的營業員對向來不疑有他的銀行顧客推銷了非常多不可靠的債券和投機股。米契爾曾向一位媒體工作者描述，有一次，他看到公司的一位年輕業務人員因客戶對投資興趣缺缺而傷透腦筋，他便帶著這位新手到公司頂樓的銀行家俱樂部，居高臨下地觀察下方的人群。米契爾對他說：「看看下面。有六百萬個人有所得，他們的所得共計高達數十億美元。他們都在等待某人現身，好指點他們要如何處理他們的積蓄。務必好好觀察，先去吃頓豐盛的午餐，然後下樓去告訴他們該怎麼做。」[19]

　　後來，他公司的營業員們確實順利銷出了大量的證券，其中也包含了國家城市銀行的投資事業單位發行的15億美元股票和債券，為數著實驚人。國家城市銀行在這方面的操作手法一向非常高明，因此，它向顧客發行的新證券經常被搶購一空。

　　後來，米契爾終於遇到對手，他是參議院銀行暨通貨委員會（Committee on Banking and Currency）的首席法律顧問費德南‧佩柯拉（Ferdinand Pecora）。佩柯拉是一名義大利－美國混血後裔，他雖出身卑微，卻是鑑識犯罪行為的權威；他很快就察覺到，作為典型既得利益者且擁有純正企業血統的米契爾，從不認為國家城市銀行這種強迫推銷戰術有一絲絲不合法或不道德。所以，佩柯拉打算質詢這位傲慢的銀行總經理，希望能釐清他旗下業務人員的運作模式，同時從中揪出問題點。佩柯拉在長達八天的聽證會中，有條不紊且彬彬有禮地引導米契爾說出象徵著道德沼澤的國家城市銀行銷售部門的狀況。

　　米契爾要付多少錢給他的銷售人員才能夠引誘他們向客戶推銷股票和債券？米契爾回答，不多，每年大約只有2萬5,000美元——那筆錢大約是當時一般美國民眾的30倍薪資。國家城市銀行又付了

多少薪水給米契爾？每年超過100萬美元！即使是對那個時代最高薪的企業高階主管來說，這樣的薪資水準都是聞所未聞，令人瞠目結舌。

其他還有更多問題，包括米契爾逃漏所得稅，以及該銀行基層員工因認購自家公司股票而破產等問題——這些員工在國家城市銀行股價飆漲到過高價的時期，從薪資撥出一部分款項來購買那些股票，但等到股款終於繳清，他們卻被解雇了。可惜對檢舉人來說非常遺憾的是，米契爾的所作所為實際上並沒有違反那個時期的證券交易法（當時的法律很鬆散）。儘管大眾迫切希望透過法律展開報復，米契爾也因涉嫌詐欺而遭到審判，但最終他在所有指控罪名上，都被正式宣判無罪。

從光明面來看，佩柯拉的聽證會催生了四項重大的聯邦立法行動。不同於英國發生泡沫後的經驗，美國參議院銀行暨通貨委員會對金融體系的影響是正向的。在這四項法案中，有三項迄今仍深深影響著現代的市場結構。其中，一九三三年的證券法案（Securities Act of 1933）使股票與債券發行流程變得更公開與公平；一九三四年的證券法案（Securities Act of 1934）開始監理股票與債券的交易狀況，並催生了證券交易委員會（Securities Exchange Commission）；一九四〇年的投資公司法案（Investment Company Act）則是為回應投資信託業崩潰的問題而通過，這促成了現代共同基金產業的蓬勃發展。這幾項立法行動共同使美國證券市場成為世界上最嚴格監理的證券市場。如果說嚴格的政府監督真的對公共利益有貢獻，最明顯的例子就是美國金融市場了，因為嚴格的政府監督將它造就為全世界最透明且公平的金融市場。

第四項立法行動促成了一九三三年的格拉斯－史提格爾法案（Glass-Steagall Act），這項法案的目的是要在商業銀行與投資銀行業務之間劃下楚河漢界，可惜該法案在後一九八〇年代自由市場基本教義主義（market fundamentalism，譯註：即自由市場基本教義主義，主

張市場能自律，應放任市場自由運作）的影響下而漸漸式微，最終更在一九九九年被徹底廢除。雪上加霜的是，全球金融危機爆發後，當局並未重新舉辦類似佩柯拉那樣的聽證會，也沒有對引發那場金融與經濟災難的欺詐性放款作業展開任何起訴行動。

儘管如此，金融歷史還沒有終結，佩柯拉的魂魄也很可能在未來的某一天回歸，鎖定必然伴著金融狂熱而來的騙子與惡棍，為人類伸張正義。

一九六六年至一九八二年是美國股票市場史上最漫長的負實質報酬率時期，而那段期間的高通貨膨脹導致情況更加險峻（當時的高通貨膨脹導因於連續兩次石油危機，而聯準會一開始不願意採取足夠明快的升息行動，導致通貨膨脹情勢更加惡化；一直到新主席保羅·伏克爾在一九七九年上任後，聯準會先前的政策疏忽才終於獲得補救）。

並不是每一個完整成形的泡沫過後都會發生股市崩盤。一九六〇年代時，市場以適度的熱情看待「閃耀五十」（Nifty Fifty）股票——這是指一批擁有顛覆性產品的魅力企業，在當時，這些企業被視為美國資本主義皇冠上絕對不容錯過的珍珠，包括麥當勞（McDonald's）、迪士尼（Disney）、寶麗來、惠普（Hewlett-Packard）與全錄，它們的本益比通常都逼近三位數。

空頭市場剛展開那幾年，這些企業的股價幾乎不為所動，不過，到最後，它們還是免不了成了空頭市場的受害者。迪士尼公司的本益比從76倍降至11倍，寶麗來從90倍降至16倍，而惠普則從65倍降至18倍。直到一九八〇年，麥當勞的本益比都還停留在9倍。隨著市場下跌，損害更加嚴重。到一九七四年年底，股票的平均本益比只有7倍，但有足足三分之一的閃耀五十企業的本益比低於5倍。

「股票之死」

《商業週刊》（*Business Week*）在一九七九年八月刊登了一篇名為「股票之死」的封面故事，在當時，幾乎所有人都毫無疑義地認同這個說法。道瓊工業平均指數在一九七三年一月達到1,000點大關，經過六年半之後，該指數只剩875點。更糟的是，通貨膨脹達到接近9%的水準。換言之，一九七三年投資到股市的1美元，此時只夠買71美分的消費性商品，這甚至已經計算投入再投資的股息了。這篇文章寫道：

> 一般大眾早在很久以前就退出股票，轉而投資較高收益率且更能獲得通貨膨脹保障的標的。如今可好，退休基金——市場的最後一絲希望——也正式獲准可退出股票和債券，並可投資不動產、期貨、黃金甚至鑽石。「股票之死」看起來幾乎已是一個永久狀態，或許這個局面總有一天會逆轉，但那一天不會很快到來。

《商業週刊》那篇文章所描述的觀點和當今民眾普遍認同股票投資的意見呈現鮮明的對比，在當時，鑽石、黃金以及不動產可謂風靡一時。黃金價格從一九六八年的每盎司35美元，上漲到一九七九年的超過500美元，隔年更是達到800美元以上（換算成今日的價值，相當於3,000美元）的高峰後才終於反轉。不過，一九七〇年代和目前倒有一些相似性：目前很多明智且幸運的人在擁有理想不動產條件的城市持有自己的房子；相似地，一九五〇年代及一九六〇年代時，很多人因一首歌曲的鼓勵而為自己買了房子；到一九八〇年代時，這些人的實質資本財富已遠超過他們最痴狂的夢想，而且，他們還約定成俗地將股票和債券貶為「紙上富貴」。那篇文章繼續寫道：

> 一九七〇年以來，至少有七百萬名股東逃離股票市場，股票愈來愈像是專屬龐大機構法人投資者的領地。不僅如此，此時

此刻，這些機構法人已獲准將更多資金從股票——與債券——轉出，投入其他投資標的。如果這些控制著我國多數財富的機構法人此刻從股票與債券市場撤出數十億資金，將會對美國經濟體系造成再糟也不過的影響。所羅門兄弟公司（Salomon Brothers）的普通合夥人（general partner）之一小羅伯・所羅門（Robert S. Salomon Jr.）說：「此時的我們等於是冒險把世界上極高比重的財富凍結在某人的集郵冊裡。」

一九六〇年代末期，有超過30％的家庭持有股票，但到整個一九七〇年代至一九八〇年代初期，這個數字已降至區區15％。[20]

接著，這篇文章又對「股票本身可能是一種明智投資標的」的觀點發動攻擊：

進一步來說，我們不能再認為股票市場反彈——不管有多強勁——能夠動搖「股票之死」的觀點。這個觀點已經持續了十年以上，這十年內歷經了多次市場反彈、多個商業週期、經濟衰退、經濟復甦與繁榮。問題不光是目前的股東比一九七〇年少七百萬人。更糟的是年輕投資人對股票特別避之唯恐不及。在一九七〇年至一九七五年間，幾乎每個年齡族群的投資人數量都是減少的，只有六十五歲以上的個人例外。雖然低於六十五歲的投資人人數減少了大約25％，六十五歲以上的投資人人數卻增加30％以上。只有全然不了解我國金融市場變化——或者說無法順應我國金融市場變化做出調整——的較年老投資人還繼續堅持投資股票。

讀過這一章和上一章的你，應該已經能夠體會這段文字是多麼天大的諷刺。一九七九年還堅持投資股票的較年老投資人是因為跟不上時代、掉以輕心或是衰老不中用了才投資股票嗎？才不是——他們是唯一還記得如何以傳統標準來評估股票價值的一群投資人，而當

時這些傳統標準告訴他們，股票已經很便宜、很便宜、很便宜了。他們是當時唯一擁有足夠經驗的一群投資人，只有他們才知道，通常隨著嚴重空頭市場而來的，將是強勁的多頭市場。少數人——像我父親——甚至還對一九三二年的最低潮時刻記憶猶新，當時，美國的資本主義體系看似搖搖欲墜，某些股票卻還提供非常10％的穩定股息收益率。

最後，《商業週刊》那篇文章的結論又在傷口上了一把鹽：

> 如今，以投資優質股票來作為終生儲蓄與退休的堅強後盾的老舊觀念已不復存在。一位年輕的企業高階主管說：「你最近去參加過美國的股東大會嗎？裡面都是些糟老頭兒，股市絕非我輩戀棧之地。」[21]

《商業週刊》這篇文章說明了市場能極端到什麼程度——這篇文章的內容與文章本身都是非常寶貴的教誨——它也以實例說明了幾個更引人注目的重點。首先，人性導致我們無謂受過去十年或甚至二十年的報酬率影響。在一九七九年，任誰都很難想像美國股票會是理想的投資標的，就像現在的我們也很難想像目前的美國股票不是好投資標的一樣。

債券更是如此。在二○二二年股票市場大屠殺行情來臨前，投資人早已習慣長達四十年幾乎未曾停歇的利率下降趨勢（套句凱因斯的名言，二○二二年之前那四十年的狀況見證了「**食利者**〔rentier〕的安樂死」，其中的**食利者**是古時候形容債券持有人的術語），把債券價格當成一種單向賭注，完全忘記一九四一年至一九八○年那四十年的情況。（譯註：一九四一年至一九八○年，利率從2％左右一路上升至12％以上。）

第二個重點是，當特定資產類別近期的報酬率非常高或非常低，請務必相信你能找到的最長數據數列——不要只是參考最近的數

據。舉個例子,如果《商業週刊》這篇文章曾認真試著探討歷史紀錄,就會發現在一九○○年至一九七九年間,股票調整通貨膨脹後的報酬率為6%。

此外,請養成估計未來期望報酬率的習慣。就在那篇文章刊出時,股票的股息收益率超過5%,且企業盈餘繼續以每年2%的實質成長率向上提升。任何有能力計算加法的人,理應都能利用這兩個數字算出期望報酬率為7%。果然,在那篇文章刊出後到二○二二年年底,史坦普500指數扣除通貨膨脹後的實際年度報酬率為8%,多出的1%來自市場從空頭市場復原後的評價調升。

「在底部買進」想像起來很來容易,做起來卻很難,因為當那個理應出手的時機來臨,你一定會面臨三個令人望之生畏的障礙。第一個障礙是:人類的同理心是一種代價高昂的情緒(至少就財務面而言),我們會傳導他人的恐懼和貪婪,而這個傳導的過程通常會導致我們付出慘痛的代價。人類同理心的必然結果是:我們會透過演化而產生模仿旁人的傾向,尤其如果旁人看起來好像都透過科技股和加密貨幣而致富時,我們更容易模仿他們。

我對我的朋友和同事做過一些非科學取樣研究,結果顯示,最容易產生移情作用的人往往是最差勁的投資人。同理心是一種極端難以自我評估的特質,所以,或許你該問問你最親近且最信任的家人或朋友,你的同理心是高還是低。以猶太語來說,你愈高風亮節(mensch),你愈可能在泡沫期間失去你的批判能力,並在空頭市場失去你的紀律。

第二個障礙是「鼠洞問題」(rat hole problem)。除非事過境遷很久,否則沒有人會知道底部在何處。先假定你應對空頭市場的策略是要在每次史坦普500指數下跌20%時加碼更多股票。二○○七年十月九日當天,史坦普指數的收盤價是1,565點,那麼,根據這個策略,

你理應在1,253點、1,002點，以及802點（1,002點 × 0.8）各加碼一次股票。

問題來了，隨著前兩次加碼行動導致你發生嚴重虧損，你真的還有勇氣在最後一次加碼嗎？何況史坦普指數在上述最後一次加碼後，又進一步下跌到二〇〇九年三月九日的677點，才終於觸底反彈。

如果從一九二九年九月的市場高峰開始針對道瓊工業平均指數——當時指數是378點——進行每跌20％加碼一次的練習，就必須進行不少於九次的加碼，而一九三二年七月九日的低點42點，差一點就觸及第十次加碼的標準。

且讓我重複班傑明・羅斯面對便宜股票時所發出的哀嘆：「**難就難在沒有人有現金能買股票**。」或是誠如班傑明・葛拉漢所言：「有冒險心的人沒有錢在股票便宜的時候買股票，而有錢的人則沒有冒險心在股票便宜的時候買股票。」[22]

第三個障礙是，股票並非無緣無故變便宜。在股價重挫之際，總是會伴隨著許許多多危言聳聽的敘事。一九三〇年代與二〇〇八年至二〇〇九年間，整個經濟體系陷入停滯，看起來甚至好像即將墜崖——還記得布爾參議員嗎？他指示他太太盡可能從銀行提領最多的現金出來。

在一九七〇年代期間，美國人眼睜睜看著自己的積蓄在通貨膨脹的侵蝕下一天比一天縮水，那種哀莫大於心死的大環境，催生了《商業週刊》在一九七九年刊出的那篇文章——它描述只有看起來已經老糊塗的人才會持有股票，而且債券更普遍被視為「充公的憑證」。另外，在疫情來襲的二〇二〇年三月，任誰都很容易想像世界經濟體系將被一場致命的大流行病摧毀，因為當時疫苗的開發似乎遙不可及。

千萬別低估在最險峻時期堅定持有——遑論加碼——股票所需的勇氣。在所有人都倉皇逃逸、避之唯恐不及之際持有甚至購買股

票，需要許多人所無法管理的超額毅力。如果你能理解人類是一種善
於模仿的猿猴，應該會有幫助，但了解人類是一種會說故事的猿猴也
很重要。人類首先且主要是透過敘事來理解這個世界，而不是靠數據
與事實來理解這個世界。誠如我們在前兩章見到的，敘事經常會演變
成某種社會傳染病，而事實也證明，這種社會傳染病會對輕率的投資
人造成昂貴的代價。

　　誠如《商業週刊》那篇文章與後續的歷史向我們證明的，只有
不偏不倚、擁有分析能力且長壽的人，才會對便宜的股票感到興奮。
如果你能好好管理前兩項要素，應該也能獲得優渥的回報。

第十章摘要

- 現代的資本家體系——靠著民間與政府銀行的彈性信用才得以蓬勃發展——基本上是不穩定的。因此，典型的投資人一定會經歷至少幾個泡沫與幾次恐慌。

- 市場不會無緣無故變得過於昂貴或過於便宜。市場的狂熱奠基於極度樂觀的敘事，相同地，市場底部位置也總是瀰漫悲觀的說法。

- 堅持遵循投資的數學，而且切記要以大量的安全資產來管理你的情緒。要想安然度過市場底部——也就是致富高速公路上的主要冒險機會——你需要耐心、現金和勇氣，而且這三項法寶的重要性就是依照這個順序排列。你可以把安全資產想成填充了勇氣的濃縮膠囊。雖然這種資產的收益率偏低，但長期下來，你因持有這種資產而獲得的堅強意志力，足以令它們成為投資組合中的最高報酬率資產。

投資金律三

投資的心理學 進化的反撲

　　在追求投資成就的道路上，你的最大障礙就是鏡中那個凝視著你的自己。

　　透過進化的歷程，人類天生就懂得採取特定行為來增強我們在非洲曠野與大草原上求生的能力，但到了如今這個後工業時代，那類行為將以迅雷不及掩耳的速度害你折損財富，比半夜在中央公園被搶劫還要快。

　　我們在第九章討論到，誠如牛頓爵士的例子所證，光靠人類最原始的腦力，絕對不保證能獲得顯赫的投資成就。威廉·莎士比亞曾是一家劇院的部分所有權人，儘管我們無法取得他的歷史投資報酬率紀錄，但從他擁有敏銳洞察人類弱點的能力來看，想必莎士比亞的投資報酬率是勝

過牛頓的。

　　我們將在第十一章鑑定我們的哪些心理死敵是追求投資成就的道路上的最大阻礙。我保證，你一定會發現當中的很多死敵其實是鏡子裡的那個你。另外，我也會在第十二章打造幾個應對這些心理死敵的策略。

第十一章

愚行

　　基本飛行指令的標準情境之一牽涉到草地操作，包括學習如何在短草降落跑道上降落，或是從短草降落跑道起飛。

　　至於在粗糙地面的飛行操作，則牽涉到如何讓脆弱的機頭盡可能長時間地維持在遠離地面的位置。初步降落相對容易，學員只要把控制桿保持完全背壓（back pressure）狀態，直到機頭隨著飛機速度趨緩而穩定下來為止。

　　起飛則是完全不同的另一回事。油門全開後，教練同樣會要求學員將控制桿完全背壓，隨著飛機在地面上加速前進並使機身愈來愈劇烈顛簸，它的機頭會緩緩地抬高，最終離地升空。這時，學員們要對付的是跑道另一端那片快速逼近的樹林——這是教練刻意選擇的特殊情境。

　　學員直覺上一定會想從樹木的上方飛越過去，因此，他們會繼續將控制桿完全向後拉。但這麼做是錯誤的，因為此時飛機的速度太慢，還無法爬升到足夠擺脫「地面效應」（ground effect）的高度。於是，教練會適時喊出「換我接手」，並**直接對著**漸漸逼近的樹木壓低機頭；這樣的俯角姿態使飛機得以迅速加快速度，最後順利爬升且平安出發。

　　歸結來說，不管是飛行、法律、醫學、軍隊或執法等所有複雜職業或副業的培訓課程，目的都是要讓受訓的人員學習如何以較有效率（有時候更有助於生存）的處置方案來替代人類的直覺反應。

　　投資也是一樣的道理。以草地起飛來類比投資尤其貼切。在面

臨迫在眉睫的空頭市場時，最好的回應方式通常是正面迎戰。

誠如班傑明・葛拉漢所言：「投資人的主要問題──甚至他最凶惡的敵人──很有可能是他自己。」[1]根據現代神經科學的描述，這個老生常談的真理背後，隱藏著人類的兩種不同大腦系統：一種是能調節位於人類遠古大腦邊緣系統（limbic systems，譯註：包含杏仁核、海馬迴、下視丘等）的速動式情緒反應的系統──即我們的爬蟲類腦（reptilian brain），一種則是就進化而言較新且速度較緩慢的意識思維裝置──也就是覆蓋在上方且體積更大的新皮質（neocortex）。西元二〇〇〇年，心理學家凱斯・史丹諾維奇（Keith Stanovich）與理查・威斯特（Richard West）分別將這兩個大腦系統標記為「系統一號」（System 1，譯註：快速反應機制，即所謂「快思」機制）與「系統二號」（System 2，譯註：理性思考機制，即所謂「慢想」機制），從那時開始，我們就一直採用這個平庸至極的分類法來描述這兩種大腦系統。[2]

直到最近，經濟學還是秉持一個歷史悠久的主要假設前提：投資人是理性的，且會為了自身利益而採取行動。這個前提什麼都好，就是有一個問題：它不是事實。事實上，投資人和其他所有人類沒兩樣，都過於仰賴他們的邊緣系統，不夠仰賴新皮質。綜合葛拉漢、史丹諾維奇與威斯特的觀點便可知，人類的「系統一號」是我們在理財方面最凶惡的敵人。

你一定曾聽過一個陳腔濫調：市場是恐懼與貪婪的奴隸，而恐懼與貪婪分別發源於「系統一號」的兩個結構：杏仁核和伏隔核（這兩者都是成雙成對且位於我們的大腦兩側的結構，所以，我用拉丁文的複數形式──分別是amygdalae與 nuclei accumbens ──來表達這兩者。不過，一般是採單數形式的描述方式──分別是amygdala與 nucleus accumben）。

　　杏仁核位於雙側太陽穴稍微下方的位置；它的名稱源自希臘語的「核桃」，因為它的外觀確實很像核桃。杏仁核會對恐懼和厭惡做出反應，所以，當你在空頭市場上被揮之不去的焦慮纏身時，一定是你的杏仁核在作祟。另一方面，我們可以粗略地把伏隔核想成我們的快樂中樞；更精準來說，當伏隔核預料到快樂將至，就會隨即啟動（就金融用語來說，那是指貪婪）。

　　我們的爬蟲類腦「系統一號」控制著我們的理性分析腦「系統二號」。而且，我們經常會使用「系統二號」來為「系統一號」的情緒化結論找藉口；套句心理學家丹尼爾・康納曼（Daniel Kahneman）的說法，「系統二號」主要是充當「系統一號」的公關代表。這一章要討論的就是隨著「系統一號」的控制力量而產生的那類投資行為，而那也是會造成最高代價的投資行為。說不定你長年受害於其中的所有行為缺陷。

～～～

　　我在二十年前撰寫本書的第一版時，一般大眾對當時已經問世一個世代之久的行為經濟學概念還缺乏深刻的認識，所以，當年我著實花了不少心思來解釋這個領域的巨擘——丹尼爾・康納曼與他同事阿莫斯・特沃斯基（Amos Tversky），以及金融經濟學家理查・泰勒（Richard Thaler，他在二〇一七年和尤金・法馬共同獲得諾貝爾獎）的研究成果。

　　二十年後的今天，特沃斯基與康納曼的研究成果已獲得了實至名歸的廣泛關注，尤其是在康納曼出版了他的暢銷書《快思慢想》（Thinking, Fast and Slow）之後。（泰勒則在流行文化中嶄露頭角，他和女演員賽琳娜・葛麥斯〔Selena Gomez〕在奧斯卡得獎電影《大賣空》〔The Big Short〕裡，解釋了擔保債務憑證的機制和「熱手」謬誤〔"hot hands" fallacy〕。）

　　如今，似乎人人都成了神經經濟學家（neuroeconomist），而我

們有必要找出行為經濟學中對投資人有用的特點，並漠視對投資人沒有幫助的。

在繼續探討以前，且容我再引薦另一位心理學家菲利普・泰特洛克（Philip Tetlock），我個人感覺對投資人來說，他的研究成果至少跟特沃斯基、康納曼與泰勒一樣攸關重大。早在從一九八〇年代末期，泰特洛克就開始研究各個多元領域的權威專家的預測能力，他把分屬政治圈、經濟學界與國內及策略研究等領域的兩百八十四位專家的兩萬八千份預測的績效製成表格，結果發現，這些專家的預測一點也不準確。

泰特洛克發現，幾乎所有專家預測的績效都遜於能產生「基本比率」（base rate，即過往事件的發生頻率）的簡單統計規則的預測績效。其實，他的發現也算不上什麼新鮮事：泰特洛克本人其實是受到心理學家保羅・米爾（Paul Meehl）在更早遠之前完成的一份研究所啟發；米爾進行那份研究的目的，是要評估他的臨床同事預測諸如「假釋違規頻率」或是「飛行員表現」等結果的能力。米爾發現，把基本比率以及簡單的演算法結合在一起後，做出的預測結果比起那些經驗豐富的同事的預測結果更準確，從那時開始，很多其他領域也都有類似的發現。[3]（氣象學家的預測能力很強，因為他們的預測能收到幾乎立即的回饋，然而，放射醫療研究人員的預測則很差，因為他們只能收到間接性的回饋。）

泰特洛克與米爾的研究成果對投資活動的寓意顯而易見。如果你詢問一位「市場策略分析師」，發生空頭市場（且讓我們武斷地將空頭市場定義為下跌20%以上）的可能性有多高，對方一定會對你提出一大堆牽涉到聯準會政策、工業產出、盈餘成長、負債／GDP比率等等看似博學多聞的敘事。

不過，泰特洛克和米爾發現，投資人最好是不要把諸如此類的敘事推理當一回事，而是應該觀察歷史上發生那類跌價狀況的頻率。舉個例子，自一九二六年以來，曾發生20%以上之曆月跌幅的年

度，僅占所有年度的3％。事實證明，這種基本比率分析在預測市場崩盤方面的精準度高於專家的敘事性意見。

其中有一類專家的預測績效特別悲慘。泰特洛克把這個族群稱為「刺蝟」，也就是指透過某個首尾一貫的詳盡理論來看待這個世界的理論家，例如馬克思主義者、自由市場自由意志論者（libertarian），還有總是以各種不同長度的週期來解釋價格為何波動的金融理論家等。第二類專家則被他歸類為「狐狸」，這是指偏好從多元觀點來進行細微差異推理的專家，狐狸的表現優於平均值，只不過，他們的預測準確度還是比不上基本比率。

泰特洛克也測試了專業知識的預測效果，他把專業知識區分為三個層次：大學生層次的專業知識；在特定預測問題領域受公認的權威人士層次的專業知識；以及在某個領域擁有淵博知識，但對其他領域進行預測的「業餘」人士層次的專業知識。不意外地，大學生層次的預測績效最糟糕，但平均來說，權威專家的績效卻也不比業餘者好。擁有特殊專業知識的狐狸的預測成果確實比較好，但擁有特殊專業知識的刺蝟，卻做出更離譜的預測。[4]

俗話說得好，預測很難，尤其是對未來的預測。且讓我們先從一個看似簡單的問題來看看這件事有多難：預測母球在撞球檯上的移動路徑。前幾個開侖（carom，譯註：一擊連撞兩球）的移動很容易計算，但到第六個開侖時，我們就必須考慮撞球檯周圍人群的重力效應（gravitational effect）。多數現實生活決策牽涉到的數據，比計算撞球路徑的數據多更多，相關的分析自然也錯綜複雜很多。

康納曼和特沃斯基從一九七〇年代起就開始共同研究人類如何處理這種排山倒海的複雜性。他們曾在素有威信的《科學》（Science）期刊上，發表一篇頗具里程碑意義的論文，並在文中概述了最基本的決策與預測謬誤。[5]

這份論文裡的典型康納曼／特沃斯基範例之一是：「史帝夫非常害羞且孤僻，他雖一向樂於助人，卻對人或現實世界幾乎不感興

趣。他是個溫順且喜歡整潔的人，對秩序與結構頗有要求，而且是個『細節控』。」請問他是一個圖書館管理員還是農夫？多數人都幫他貼上圖書館管理員的標籤。但事實不然：這個世界上的農夫遠比圖書管理員多，而且，很多農夫都很害羞。總之，多數人並沒有從量化（quantitatively）的角度來思考史帝夫究竟是圖書館管理員或農夫，而是直接以質化（qualitative）的角度來回答，所以自然經常答錯。[6]

康納曼和特沃斯基發現，人類為了回應現實世界極度錯綜複雜的決策，會刻意漠視那種複雜性，並取而代之地採用捷思法（heuristics，譯註：即「快思」），即規避取得數據與分析數據等苦差事的那類心理捷徑。他們兩人在《科學》期刊的這篇文章裡，確認了三種類型的心理捷徑：

- 代表性（Representativeness）捷思：用簡便的質化相似性來取代較量化的分析，例如上述謎題——害羞的史帝夫究竟是從事什麼行業。最常見的金融捷思或許是第二章描述的「了不起的企業＝了不起的股票」謬見。

- 定錨性（Anchoring）捷思：我們會特別重視我們見到的第一份數據，例如「建議零售價」——企業和業務人員總是利用建議零售價來獲取利益，另外，談判人員也會利用這種捷思來圖利，方法是一開始就向對方提出極度誇張的條件。

- 可得性（Availability）捷思：我們有多信任一段敘事或一個事件，取決於這段敘事或這個事件的說服力有多強。到目前為止，這是三種捷思中最重要的一個，它遠遠比前兩種捷思重要，而因為它太重要了，以致康納曼和特沃斯基還特別幫它取了一個縮寫名稱：WYSIATI（what you see is all there is），大意是指「以偏概全」。最常見的可得性捷思形式是「近因」（Recency）。舉個例子，一般人最可能投保地震險的時間點，是在剛經歷一場大地震之後。金融圈充斥許多這種例子，其中特別常見的是：特定資產在歷經漫長的高／低報酬率時期後，

一般人普遍會對這項資產感到樂觀／悲觀。

我們渴求敘事

　　這三種捷思都非常有助於解釋為何平日最常見的那些投資錯誤會發生，這三種捷思也都會導致我們更容易受敘事影響。人類不僅是會模仿的猿猴，也是會說故事的猿猴。人類的遠古祖先並沒有尖牙利爪，沒辦法跑得非常快，也沒辦法飛翔。如果不是因為我們的祖先擁有彼此溝通的能力，如今就不會有我們這些後代子孫的存在。再者，人類祖先之間的溝通和數字型的數據或數學公式無關，他們是以敘述的方式彼此溝通要如何避免成為掠食性動物的午餐，以及要如何使他們自己成為更好的掠食者。

　　誠如已故的馮內果（Kurt Vonnegut）所言：「老虎得捕獵，小鳥得飛翔，人類則得不斷問『為什麼、為什麼、為什麼。』老虎得睡覺，小鳥得著陸，人類則得說他搞懂了。」[7]當人類面臨一個在邏輯上或數學上變得太過錯綜複雜而使人難以輕易理解的問題，就會退縮回天生預設的說故事模式，但這個模式會愚弄我們，導致我們自以為了解我們實際上並沒有搞懂的事。

　　基於這些理由，人類偏好敘事，較不喜歡事實和數據。但誠如我們在前幾章內容提到的，人類對敘事的偏好有可能造成極昂貴的代價。當事實和敘事脫勾，就會導致意見的推銷者（就這個例子而言，那是指投資產業）和意見的消費者（就本書而言，那是指投資人）之間爆發衝突。一般來說，意見的推銷者自然該提供敘事，但意見的消費者（身為投資人的你和我）則應該漠視那些意見，純然聚焦在數字上，像是高登方程式、各個投資類別的基本統計數據，以及和投資組合積累與消耗有關的嚴謹數學等。相同地，睿智的投資人會漠視有關聯準會政策、失業數字與地緣政治事件等的報導，原因很簡單，因為所有頭條新聞報導的內容早就已經反映在股價上了。

大眾的情緒容易無知地隨著敘事而傳播，而要了解大眾情緒狀態，最好的衡量方式是觀察時下最受歡迎的理財書籍有哪些。有一群研究人員發現，當貨架上的書籍標題普遍看空後市（例如《一九七九年大崩盤》〔*The Crash of 1979*〕），股票的未來報酬率通常都高於平均值。但若貨架上的書籍標題偏向看好後市（例如《道瓊 3 萬 6,000點》），就會發生相反的狀況。[8]

我們追求痛快

人類不僅喜歡說故事，也希望被故事逗樂。至少直到最近這陣子，持有網飛公司（Netflix）的股票，依舊比持有約翰迪爾公司（John Deere）或寶鹼公司（Procter & Gamble）更讓人感到痛快許多。

我們購買的很多——甚至多數——消費性商品與投資工具，都可分解為兩大組成要素：「心理上的痛快」以及「投資」。你可以把你花 1 美元購買的樂透彩券當成一週期望報酬率低達負 50% 的某種「投資標的」。一般人買樂透彩的理由是，他們透過樂透彩獲得的心理痛快報酬率，能夠補貼他們因購買樂透彩而承受的負投資報酬率，不僅如此，民眾買了彩券以後，還能作作春秋大夢——夢想他們的餘生將安逸地在夏威夷海灘度過，每天有喝不完的冰涼雞尾酒。

某些投資標的有著和樂透彩彩券完全相同的行為，尤其是令人趨之若鶩的科技公司的首次公開發行（IPO）股票。不過，長達幾十年的研究證明，IPO 結合了低報酬率與高風險等特質。一篇常被引用的研究報告證明，IPO 發行後三年間的表現落後市場 27%。[9]

事實上，即使是在現代計量經濟學研究問世以前，班傑明‧葛拉漢就已在他劃時代的《證券分析》一書裡，對民眾購買 IPO 的行為表達了他的百思不解。IPO 吸引人的原因是：比起持有生產曳引機或衛生紙的企業，伺機尋找下一個蘋果公司或特斯拉終究有趣得多。*

大約三十年前，我到一家非常受歡迎的新墨西哥連鎖餐廳的本地分店享用晚餐，它的食物和服務讓我非常印象深刻，所以，我隨即

著手研究這家餐廳的股票。我研究後發現，當時民族風連鎖餐廳的確在股票市場上颳起一股旋風，不過，眾多開心的食客也早已將這家墨西哥連鎖餐廳的股價推升到本益比高達三位數的水準，因此，我放棄投資這檔股票。

一家企業的公共能見度愈高，它的故事就愈眾所周知且愈具娛樂性，但它的未來報酬率也可能愈低。相反地，最不吸引人的事業領域裡最沒沒無聞的企業——也就是價值型企業——卻通常能帶來最高的報酬率。以麥哲倫基金來說，彼得・林區最棒的選股之一，其實是隸屬一個過時的產業，而且它的名稱平淡無奇到幾乎沒有任何記憶點可言，那家公司就是皇冠軟木塞公司。

經濟學家威廉・包摩爾（William Baumol）在一篇名為「不符合自然規律的價值：藝術投資是浮動的機率博彩遊戲（Unnatural Value: Or Art Investment as Floating Crap Game）」的著名研究報告中發現，平均來說，畫作是非常糟糕的投資。儘管如此，他卻也在結論中指出，「我並不是暗示一般人應該停止擁有藝術作品。有些人能透過藝術作品獲得以美學愉悅形式來衡量的高報酬率，所以，對這些人來說，藝術作品還是代表著一種非常理性的選擇。」[10]（從這篇文章發表後，藝術作品的價格——尤其是現代藝術——隨著過去幾十年的長期多頭市場而劇烈上漲。）

這樣的推論當然並不適用於令人垂涎的誘人企業。事實證明，如果你只是純粹想要痛快一下，那麼與其追逐最新的熱門IPO，還不如包下整個劇院來舉辦《漢米爾頓》（*Hamilton*）音樂劇晚宴，因為前者的代價遠高於後者，而且風險比跳傘還要高。

---

* 嚴格來說，當你購買一家企業的股份，你通常並不是把錢投入那家公司，你的錢其實是進到前一個持股人的口袋。然而，購買 IPO 確實就像為實體經濟體系注入一股投資暖流，但你得到的代價就是低報酬率。

我們太容易受到驚嚇

如果你難以在艱困時期維持既定的路線，那絕對又是杏仁核惹的禍。一萬年前，當我們聽到嘶嘶聲並用眼角餘光瞥見一條黃黑條紋的蛇，或者當我們觀察到鄰近部落的巡邏隊出動時，我們的杏仁核就會發揮作用，增強我們的求生能力（不僅人類如此；被摘除杏仁核的猴子不再害怕人類飼養員，而被摘除杏仁核的老鼠甚至能愉快地和貓一起玩耍）。

進入安全意識高漲的後工業世界後，我們的杏仁核還是不斷釋放一個接一個的警報，不過，那些都是假警報：水中的氯化物、大氣中的過敏原、從墨西哥朝北方飛的殺人蜂，以及披薩店裡的戀童癖者等。更重要的是，大腦裡的這一對結構有可能在道瓊指數的第一個下跌訊號出現時迅速啟動，敦促你採取符合直覺但實際上錯誤的行動，並在這個過程中導致你的退休投資組合變短命。

史丹佛大學、卡內基梅隆大學（Carnegie Mellon）與愛荷華州幾間大學的一群經濟學家與神經科學家進行了一系列的實驗後，以極具說服力的方式證明，「系統一號」的確會嚴重擾亂投資紀律。他們的研究檢視了受試者在以下金融遊戲中的表現：實驗者發給每位受試者20美元，他們可以選擇要不要拿這20美元去賭二十輪的擲硬幣遊戲。如果受試者願意參與押注，那麼，每擲出一次正面硬幣，他們可回收2.5美元，但如果出現反面，受試者就會輸掉那20美元裡的1美元。

對受試者來說，每擲一次硬幣的期望報酬率是25％，所以，最佳策略是每一輪都下注，這麼一來，二十輪的總期望報酬金額將是5美元。（平均來說，受試者每擲兩次硬幣即可取回2.5美元，但要扣除拿出來押注用的2美元，因此報酬率等於[$2.50 − $2.00)/$2.00] = 25％）

其中有一組受試者的表現特別好，他們是杏仁核或情緒神經迴路（emotional circuitry）的其他環節受創的病人。這一組受試者參與

了84％的投注，相較之下，神經未受損（即正常）的參與者，則只參與了58％的投注。更重要的是，正常的受試者在某一輪輸掉後，下一輪繼續投注的頻率降至41％，但大腦受損的病人反而表現出較理性的行為——即使在某一輪輸掉後，他們下一輪繼續投注的頻率反而提高到85％。這篇研究的作者做出的結論是：大腦情緒神經迴路受損的病患能「做出比正常受試者更有利的決策。」[11]

在這個例子裡，大腦情緒神經迴路受損的投資人展現出比大腦未受損的投資人更理性的反應。然而，值得一提的是，在二十輪全押注的人當中，還是有13％的機會可能輸給二十輪全部不押注（也就是繼續安全地保有20美元）的人。只要是投資具有正期望報酬率的風險性資產，就有可能獲得諸如此類的成果，而這個例子是說明投資這類資產的風險／報酬的貼切範例之一。不過，這些實驗者不假思索地假設受試者在面臨13％的虧損機率時，會為了5美元的風險溢酬而選擇二十輪都參與投注的行為是理性的，這樣的假設其實有點怪。事實上，這個風險／報酬取捨是否真的理性，取決於投資人本身的風險趨避程度有多高。

這份研究告訴我們，情緒迴路受損的受試者的風險承受度高於控制組的受試者，更進一步來說，那代表虧本不會對那類受試者的投資策略造成衝擊；真正紀律嚴明的投資方法也不會因一時的虧損而有所動搖。沒想到情緒回路受損的受試者的策略竟然和這種高度紀律的投資方法一致。

市場的正常隨機波動會導致我們的速動式「系統一號」虛構出不理性的恐懼。不過，只要股票市場能提供良好的長期報酬，我們就不該在意股市一天或甚至一年內的惡劣表現。悲哀的是，大腦的邊緣系統會不斷拿我們的短期損失來提醒我們，讓我們感覺自己很失敗，而這種聚焦在短期失敗的心態，也會導致我們不夠關注自己面臨的最大風險：也就是未持有能滿足個人長期需要的充足資產。

行為經濟學的主要原則之一是：虧損對人類情緒的影響大約是

獲利的兩倍；當我們虧損1美元，我們的情緒因虧損而受到的衝擊，就大約需要獲利2美元才能夠彌補回來。且讓我們看看一八九六年至二○一八年間的實際狀況：在這段漫長的期間，道瓊工業平均指數有51.9％的交易日是上漲的，46.6％的交易日下跌（而且有1.5％的交易日是「平盤」，那些交易日並不是真的平盤，而是因為最開始那幾十年，道瓊指數只計算到小數點後一、兩位，所以造成指數有時候看起來沒有變動）。如果一天的虧損在我們內心製造的懊惱感受，足以抵銷掉兩天獲利所帶來的愉悅感受，那麼，平均下來，我們應該傾向於對股票投資產生很不好的感覺，因為實際上賺錢與虧損的交易日的比率離 2：1 這個情緒「損益平衡點」還差得非常遠。收看財經電視台的馬拉松式市場報導只會讓情況變得更糟。

　　把投資期間拉長到一個月也不會有明顯的改善，因為在歷史上，賺錢的月份只占總月份數的58.2％，虧損的月份則有41.8％。即使把觀察間隔拉長到一個年度，賺錢的年度是81年，虧損則是42年，贏／虧比率還是低於情緒損益平衡點——即2：1。唯有每兩年或更久再檢視投資組合一次，才能清除這個討人厭的2：1心理障礙。

　　行為經濟學家把這種享樂式短線主義稱為「風險趨避近視」。從投資人的行為觀察，一般人似乎認定他們的投資大約是以一年為期，而股票的 2：1 享樂障礙正好就落在這個期間。[12]

我們實在太喜歡類比了

　　就最簡單的用語來形容，代表性捷思就是指基本比率被刻板印象打敗，而金融領域的刻板印象式思維可能會導致你付出非常大的金錢代價。

　　我們已經舉過金融領域的一個代表性捷思例子：「好公司＝好股票」謬見。你可能會以為，令人趨之若鶩的成長型企業股票必定能讓你獲得高報酬率，但誠如我們在第二章討論過的，這種企業的股票實際上並無法帶來高報酬率——至少較長期而言無法。價值型企業的股

票比成長型股票表現更好的原因有很多，其中最主要的原因是：那些股票為了引誘投資人購買它們而**必須**提供較高的報酬率。

　　代表性捷思也適用於所有國家的經濟體與股票市場。直覺上，偏好經濟最快速成長的國家的股票確實合情合理，但就現實的情況來說，相反的作法才是正確的。我們先前也在第二章討論過，從一九九三年開始，中國一直是全球最高經濟成長率的國家之一，它的年度經濟成長率有時甚至超過10％。然而，在一九九三年一月至二〇二二年十二月間，以MSCI中國指數衡量的中國股票市場，換算成美元的年度報酬率卻只有1.1％，比美國在那段期間的CPI漲幅（2.4％）還要低。亞洲幾個小龍、小虎國——韓國、新加坡、馬來西亞、印尼、台灣與泰國——的表現稍微好一點；從一九八八年起，這些國家的股票市場都締造了正實質報酬率，但一樣是低於美國股市的長期成長率。

　　另一方面，在二十世紀的主要國家當中，在經濟與地緣政治等方面的相對地位淪落最多的國家非英國莫屬。西元一九〇〇年時，大不列顛不僅支配了整個海洋，更是世界金融市場的主宰。相反地，時至二〇〇〇年，英國充其量也只是一個空有核震懾力量的露天主題公園。但英國的狀況再次印證：政經主宰力量的式微並沒有對英國股票的報酬率造成任何影響，在過去一百二十二年裡，英國股票的報酬率還是高於已開發國家的平均報酬率。

　　民眾為了取得令人趨之若鶩的企業股票，經常會支付過高的價格，相同的狀況也發生在國家層次。二〇〇七年時，合稱金磚四國的（BRIC）巴西、俄羅斯、印度與中國，皆因火熱的經濟成長率而成了投資人瘋狂追逐的對象；但從那時開始，這些國家的股市表現都很糟糕。較系統化的分析也確認了中國和英國的示例：表現優異的經濟體的股票市場往往表現很差勁，相反亦然。[13]

　　有兩個額外的現象說明了為何經濟體系火熱成長的國家，傾向於擁有報酬率低劣的股票市場。首先，企業和人類一樣也難逃凋亡且被

新企業取代的命運。市場上不斷有新股份發售，而這些新股份會對現有的股票市場造成稀釋效果。美國以外的很多國家——尤其是亞洲國家——的新股發行率遠高於美國。這麼高的新股發行率會導致每股盈餘及每股股利明顯降低，並進而對整體股票報酬率造成侵蝕效果。[14]

第二，已開發國家的官方監理機構能有效發揮保護股東的職能，讓股東不致受貪婪的管理階層所傷，但開發中國家的政府在這方面的表現較差——在開發中國家，企業經營階層和掌握控制權的股東非常輕易就能掏空公司，而這個問題在中國特別嚴重，也已對中國股票造成傷害。

謹防舌燦蓮花的口才

帶著一點忐忑，我想提出一個沒有任何實質證據可做後盾的假設（這個假設是我根據個人的經驗觀察歸納而來）：口才和預測能力負相關（或至少零相關）。

很多傑出金融學術界人士的公開演說能力傾向於比平均水準差勁，不過，我不想指名道姓地說出他們是誰。對照之下，我們在第三章討論到的幾位流星——企圖掌握市場時機的名嘴或市場權威——在墜落之前，都非常善於運用他們才氣煥發的修辭技能。

我可以嘗試性地提出兩個可能的理由，來解釋為何口才和預測技能之間存在這種（推斷性的）反向關係。首先，擁有便給口才的預測者很懂得透過各種詭辯技巧來掩飾他的分析裡的捷思誤謬，同時嚇唬持反向觀點的人。其次，我認為媒體曝光率是讓人產生「口才＝預測能力」的誤解的第二個機制。當一位財經節目主持人問一個真正見多識廣且思慮周全的金融專家「市場將上漲或下跌」時，這位專家最了不起的答覆應該不外乎是「見鬼了，我怎麼會知道？」之類的。

但這樣答覆主持人提問的人不會再被邀請上節目。只有為了迎合節目觀眾口味與提高電視網廣告收入而對市場方向提出極端預測的人——包括繁榮論者和末日論者——才有機會再次受邀。

這些機制構成了一個和媒體有關的預測死亡螺旋。泰特洛克發現，繁榮論者與末日論者的預測準確度其實低於平均水準。更糟的是，過多的媒體曝光率導致他們變得過度自信，而這會進一步使他們的判斷力減弱，並促使他們提出愈來愈極端的預言。接著，那些極端的預言會使他們獲得更多的媒體曝光率、因此提出更多預言，並吸引愈來愈多的觀眾，而更多觀眾的關注又會讓他們獲得愈來愈多廣播電視節目的邀約。泰特洛克用以下文字來描述因此而形成的預測三部曲：「聽起來很權威的專家、注重收視率的媒體，以及忠實傾聽的大眾——等三個要素可能就這樣被禁錮在一個共生三角形裡。」[15]

總之請切記，下次如果你察覺到自己被某個舌燦蓮花的人牽著鼻子走，被他唬得一愣一愣的，對方應該緊接著會提出一個很爛的預測。

受WYSIATI（以偏概全）重創：為什麼不久前的過去會對你造成危害

我寫這本書時，債券市場正處於金融史上最慘烈的崩跌行情。儘管大致上來說，投資股票與債券市場難免會有虧損，但很多固定收益投資人過去幾年所犯下的錯誤，實在嚴重到令人難以漠視。

先從美國國庫債券的「殖利率曲線」（yield curve，也就是每一種到期日的國庫債券的殖利率所構成的曲線）說起。史上最長且最強勁的債券多頭市場在二〇二〇年六月三十日當天劃上句點，當時，三個月期國庫券的殖利率下降到令人感到痛苦的0.16％低點，而五年期國庫債券的殖利率也只比三個月期國庫券殖利率高13個基本點，也就是0.29％。

且讓我們解析一下將國庫債券期限從三個月延長到五年而多獲得的那0.13％殖利率代表什麼意義。在過去幾乎一個世紀裡，五年期國庫債券的標準差——也就是波動性——幾乎都維持在每年4.3％

的水準。這意味到二〇二〇年年中，投資人因承擔4.3%的風險而多獲得的收益率只有0.13%，也就是每多承擔1%的風險，只多獲得0.03%的報酬率。*

　　且讓我們從股票的角度來看看，每承擔1%的風險只獲得0.03%的報酬率，是多麼微薄的回報。如果我們假設股票風險溢酬大約是4%，而且股票的年化標準差為16%，那麼，以股票來說，每承擔1%的風險，將獲得大約0.25%的報酬率。那0.25%／1%的報酬率／風險比率，是一個便於我們制訂債券投資決策的經驗法則──它有助於我們判斷要藉由延長債券持有期限的方式承擔多少債券端的風險。圖11.1描繪了二〇二〇年年中時的殖利率曲線。

圖11.1　二〇二〇年六月三十日的國庫債券殖利率曲線

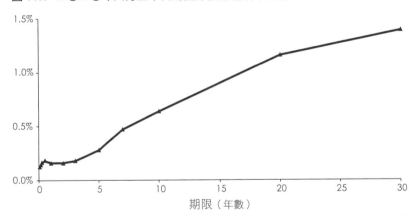

在二〇二〇年年中，為了追求更高殖利率而延長債券期限，明顯是愚蠢的行為，這讓我們想起小雷蒙・迪佛（Raymond DeVoe Jr.）的一句著名格言：「為追求殖利率而損失的錢比在槍口下損失的錢還要多。」[16]

---

*　受過正式金融訓練的人一定有注意到，以上描述的報酬率／風險比率幾乎和夏普比率一模一樣，夏普比率的正式定義為（投資組合報酬率－零風險報酬率）／（〔投資組合報酬率－零風險報酬率〕的標準差）

　　我在二〇二三年三月編輯這一章的內容時，殖利率曲線呈現「倒掛」（inverted）狀態，其中，六個月期的報酬率最高，大約達5%。這意味此時將期限延長到六個月以上是不智的嗎（一如二〇二〇年年中）？不盡然，因為到二〇二三年時，殖利率已經比先前高非常多，能為潛在的虧損提供非常大的緩衝，而二〇二〇年年中時，由於利率處於五千年以來（也就是自有利率紀錄以來）的最低點，所以並沒有這樣的緩衝存在。

　　我短暫離題討論債券期限的原因是，它生動闡述了「近因」的危險力量。在二〇二〇年之前那四十年間，債券殖利率幾乎未曾中斷地一路走低，這導致很多投資人根本無法想像利率有劇烈上升的可能。

　　一九九九年至二〇〇八年是美國市場史上股票報酬率最差的十年，儘管如此，市場在事後的戲劇化反彈（到二〇二一年，股價已從二〇〇九年的低點上漲了七倍），卻抹除了世人對股票市場嚴重虧損的痛苦記憶，並讓人遺忘了近兩個世代前，調整通貨膨脹後的股票報酬率曾有過整整十七年維持負值的歷史——而二〇二二年股票與債券大屠殺就是在投資人遺忘那些痛苦記憶的情況下驟然來到。

數學解說方塊

債券存續期間

　　你或許曾讀到「債券存續期間」（bond duration）的字眼，也想知道這個名詞和期限（maturity）有何關係。我們可以把存續期間想成有效期限（effective maturity），它是以所有票息（coupon）與本金等款項的現值計算而來，而因為到期日之前會收到票息，所以，它永遠比實際的期限短。殖利率愈高，存續期間和期限之間的落差就愈大。

　　不過，存續期間有一個遠比上述說明更實用的市場定義——就

是債券價格變動與殖利率變動之間的比率。二○二○年年中時，五年期國庫債券的存續期間很接近五年，因為當時這種債券的殖利率低得可憐。但在二○二二年的頭四個月裡，五年期國庫債券的殖利率上升了 1.66%，價格則下跌大約 8%，這是非常慘痛的經驗。

利率在短短四個月內上升 1.66% 的狀況相當罕見，不管是在任何時刻，發生這個狀況的機率都非常低。儘管如此，從風險／報酬的角度來說，即使利率維持不變或降低，都沒有道理購買較長存續期間（超過幾個月）的國庫債券，尤其是在二○二二年的那個時點，當時幾乎沒有任何息票緩衝可言。

更多以偏概全（WYSIATI）型偏誤：穩定趨勢幻覺（Stationarity Illusion）

金融領域最受歡迎的下載檔案應該非羅伯‧席勒（Robert Shiller）持續更新的股票市場電子試算表表格檔案莫屬。這個檔案不僅計算了他偏好的評價指標──經週期性調整的本益比，也就是所謂的席勒本益比（CAPE），它等於史坦普 500 指數當期價格除以它調整通貨膨脹後的盈餘的十年平均值──還將它描繪成平面圖。舉個例子，在二○二一年年底時，這項本益比為 38.3 倍，距離在一九九九年年底（接近網路泡沫的高峰）創下的歷史高點 44.2 倍並不遠，請見圖 11.2。

從開始可取得總體市場的數字以來，諸如此類的分析一向很吸引投資人。畢竟這種分析再簡單也不過了：只要在席勒本益比──或是你偏好的任何評價指標，例如以連續十二個月盈餘計算出來的本益比、股息收益率、價格／現金流量比或你手上的其他任何指標──接近歷史低水準時買進，並在它達到歷史高水準時賣出，包準沒錯。以席勒本益比來說，前述歷史高、低水準可能分別是 10 倍與 35 倍。

圖 11.3 是後續的十年報酬率相對席勒本益比的狀況，這張圖似

圖 11.2 席勒經週期性調整之本益比的高峰及谷底

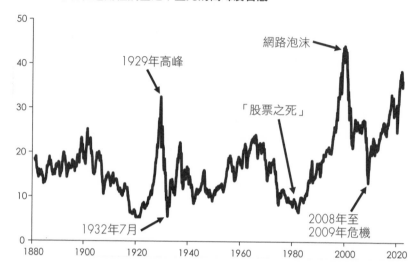

資料來源：席勒本益比數據檔

圖 11.3 席勒本益比與後續十年的年化報酬率

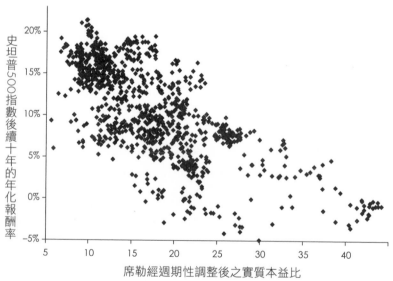

資料來源：席勒本益比數據檔與德明信基金顧問公司

乎證實這個直覺是對的。

　　當然，這種篤定能打敗市場的可靠方法有一個陷阱：它受「穩定趨勢謬見」（這是一種微妙的以偏概全／近因型偏誤）所累——「穩定趨勢幻覺」假設，未來的席勒本益比不僅看起來會和過去的一樣，還假設當期與未來席勒本益比報酬率之間的關係會維持不變。且讓我們想像一個裝著股票市場過去所有報酬與席勒本益比數值的瓶子。如果股票市場是一個不增不減的靜止系統，市場的所有未來數值都將能裝進瓶子裡。可嘆的是，在現實世界中，那些數值會溢漏到桌子上。

　　如果我們談的是機翼或電路，只要賦予相同的條件，它們一定會有相同的行為，但股票與債券幾乎肯定不是如此，這個問題經常讓深受金融世界吸引的物理與工程型人類感到百思不解。如果你最強的技能組合（skill set）主要和相圖（phase diagrams，譯註：在物理化學、礦物學與材料科學中具有重要地位）有關，而且你能像刷牙那般，輕而易舉地解出各種不同的方程式，那麼，你一定會忍不住跟長期資本管理公司一樣，聚焦在投資的數學那一面，而非投資的莎士比亞那一面（譯註：即人性偏誤）。且讓我們這個現象為「工程師的誤會」。

　　大約在一九五五年以前，每當股票市場的股息收益率降至4%以下，股市就會大幅下跌。到了那一年，長期持續上漲的股價再次使得股息收益率降至4%以下，不過，如果投資人在那之後的一九五五年至一九八五年間嚴格遵守「息率降至4%時賣出」的規則，就會有90%的時間是待在場邊觀望的，一九八五年以後更會100%持續觀望。而且，當市場在二〇〇九年三月觸底時，史坦普500指數的息率還是只有3.6%。

　　且讓我們回顧一下尤金‧法馬年輕時的經歷：一開始，他發現將幾個操作規則應用到厄恩斯特教授給他的數據組後，成效很不錯，但他接著把這些規則應用到厄恩斯特教授事後才陸續對他釋出的新

一批數據樣本後，成果就不怎麼好了。此外，研究人員艾洛伊‧迪姆森、保羅‧馬許以及麥克‧史丹頓（即DMS）則透過瑞士信貸二○一三年的年鑑，舉例證明了全球股票市場也有相同的狀況。

　　DMS回溯了二十個國家與三項全球／地區指數一九○○年以來的狀況，並根據那些國家與指數的股息收益率，歸納出了每個國家在每一年年底的操作策略。接著，他們檢視那些策略在接下來五年的表現，在整整一百一十三年的期間，他們共進行數千次試驗。平均來說，根據前一年的評價來設定操作策略的作法，並未對接下來的績效產生任何加分效果。這幾位作家幽默地總結道：「我們幾乎無法透過過往的評價得知如何在未來賺取利潤，但事後諸葛就容易多了。」[17]

自我感覺良好

　　百分之六十四的美國民眾認為自己將上天堂，反之，只有百分之○‧五的人做好了下地獄的規畫。[18]

　　一份針對新創企業所做的研究則顯示，有超過三分之二的新創企業在四年內倒閉，但這些企業的創辦人自己卻估計，其他類似的新創企業的整體成功率大約有50／50，而且，他們還估計他們自家企業的成功機率大約高達70％。事實上，有整整三分之一的創業家認定自己100％會成功。最後，這份研究的作者嚴正建議，羽翼未豐的商人宜「和能提供客觀評估意見的外部人建立關係。」[19]

　　多年來，行為經濟學家泰瑞‧奧丁（Terry Odean）要求他每一期的柏克萊企管碩士班學生做一份問卷，這份問卷和同學之間的相對駕駛能力有關。典型來說，有四分之一的學生將自己評為最優秀10％的駕駛人，而且幾乎所有人都評斷自己的駕駛能力優於平均水準。當然，就數學的角度來說，這些估計值都是不可能發生的。

　　有一次，奧丁問少數將自己評為「劣於平均值的駕駛人」的學生之一，為什麼要這麼貶低自己的能力。對方回答，她原本其實是要

把自己評為頂尖四分之一的駕駛人，但後來她突然想起，在填問卷之前的十二個月裡，她收到過三次超速罰單，發生過兩次交通事故，而且她的駕照即將被吊銷。從頭到尾只有一位學生把自己評為「最差10%的駕駛人」之一，而那是一位不會開車的外國學生。[20]

相同地，不管是散戶或專業人士，都會高估自己的金融本領。在近四分之一個世紀以前，《華爾街日報》作家克瑞格・伊普（Greg Ip）就寫了一篇文情並茂的經典文章，描述了「近因」和「過度自信」結合在一起後，會嚴重扭曲投資人的期望。

一九九八年夏天，隨著世界各地的主權債券紛紛陷入違約（長期資本管理公司正是被這場危機打垮）的窘境，股票市場劇烈波動。當時伊普檢視了投資人在市場下跌後的態度變化，並把投資人期望的變化製成以下表格：

期望報酬率	一九九八年六月	一九九八年九月
未來十二個月，自己的投資組合	15.2%	12.9%
未來十二個月，市場整體	13.4%	10.5%

令人矚目的是，一般小散戶投資人認為股價的下跌預告未來報酬率將**降低**，完全不管當你買進一項資產類別（所有資產類別都一樣）的買進價格愈低，未來報酬率愈高（或至少虧損愈低）的定律。

這份表格同樣令人矚目的部分是，一般投資人竟認為自己的績效將領先市場大約2%。由於平均來說，投資人獲得的報酬率會等於市場報酬率減去費用與交易成本，所以，投資人實際上獲得的報酬率是低於市場報酬率的。

最危險的一種過度自信

如果對理財能力過度自信會傷害報酬率，對風險承受度過度自

信則會對報酬率造成加倍的衝擊。本書的二〇〇二年版提出了以下的股票／債券指導原則，並說明讀者可依照他們對以下投資組合損失的容忍程度來決定持有股票的比例。

為了獲取高報酬率，我能忍受我的投資組合虧損＿＿％	我的投資組合持有股票的百分比
35%	80%
30%	70%
25%	60%
20%	50%
15%	40%
10%	30%
5%	20%
0%	10%

　　但那時我疏漏了一件事，我忘了問讀者實際上是否曾發生過15％、25％或35％的投資組合虧損。只是用眼睛看看這張表格上的虧損數字，或是在電腦試算表上進行投資組合模擬時發生損失的感受，絕對無法和真正在現實世界虧錢的感受相提並論。股票市場鮮少會無緣無故下跌──空頭市場幾乎向來是金融體系出現崩潰跡象、超級通貨膨脹或可能發生核毀滅等狀況所造成，而民眾對嚴重地緣政治與經濟災難的恐懼，會導致那類時期成為致富高速公路上最危險的山口。

　　造成知覺風險承受度和實際風險承受度脫節的另一個因素是，人類有消除生理與心理痛楚的演化適應傾向。我們忘不了十年前到義大利度假的歡樂時光，卻會刻意淡化那次旅行途中的舟車勞頓、不幸食物中毒，以及遊梵蒂岡時倒楣遇到一位喋喋不休的牙醫等不愉快的回憶。就金融領域來說，那就好像在心理上說服你相信自己當初不費吹灰之力就安然度過了二〇〇八年至二〇〇九年股票市場危機，並遺

忘那場危機曾帶來巨大的衝擊。

避險基金是投資圈的柏金包

人類不僅是會模仿與說故事的猿猴，還是汲汲於地位的猿猴（但願我的靈長類比喻沒有用得太過頭）。

在一個食物與資源匱乏的環境裡，唯有最有能力的人才能倖存和繁殖，而人類的長幼尊卑制度，便形同向未來的配偶發出遺傳適應性（genetic fitness）的訊號。儘管在現代的世界裡，「地位」和「尋找配偶的能力」之間的關聯性已漸漸變淡，人類還是未能擺脫進化的驅動力量，依舊希望獲得追求與取得地位的能力。以卡爾‧馬克思的說法來形容：

> 房子可大可小，只要周遭的房子都跟它一樣小，它就能滿足社會上對住家的要求。但如果這間小房子旁邊蓋了一座皇宮，那麼，這間小房子就會降級為草棚屋般的存在。[21]

有一則老笑話為各種不同文化背景的嫉妒做出了不同的定義。在美國，嫉妒就是你鄰居那輛更大的汽車；以英國來說，嫉妒就是你鄰居正在和女王喝茶；而在法國，嫉妒就是你鄰居有一位迷人的愛侶；而以俄羅斯來說，嫉妒就是期待你鄰居的牛是一頭死牛。

把這個笑話延伸到投資領域，就會變成：嫉妒就是你鄰居手上那一支令人為之神往的股票或避險基金。遺憾的是，令人垂涎的迷人投資標的只會傷害你的財務狀況，這種投資標的對財務造成的傷害，絕對不亞於貪圖豪宅、名車或迷人愛侶所造成的財務代價。

有錢人經常把選擇醫生當作逛街購物，東看一個醫師，西看一個醫師，最極端的人甚至熱中於和名聲響亮但形同江湖郎中的醫師打交道，而這些作法絕對會有害於他們的醫療保健。理財也一樣，有錢

人經常有機會接觸到尋常人不得其門而入的基金經理人和投資工具，尤其是避險基金、有限合夥公司（limited partnerships），最糟的甚至將諸如伯尼·馬多夫（Bernie Madoff）之流的騙子奉為不可多得的上賓（馬多夫獨具魅力的主要原因之一是他常婉拒潛在客戶的投資，而對有錢人來說，愈不得其門而入的投資標的愈顯珍貴）。

避險基金就是投資圈的知名江湖郎中和柏金包，直到近幾年，避險基金多半還是採「二加二十」的收費結構，也就是2％的年管理費，外加20％的報酬抽成。以這個收費結構來說，如果你的避險基金每年賺10％的利潤，它的費用本身就會吃掉其中4％的報酬率，而那還只是最基本的開銷，因為這些基金還會產生非常高的交易成本，而且，避險基金經常是透過投資顧問和／或「基金中的基金」形式配套銷售，而投資顧問和基金中的基金又會收取另一層費用。到頭來，典型的避險基金投資人每年得支付大約7％的費用，這個障礙連巴菲特都克服不了——他的長期年化報酬率還不到7％。

避險基金也和原物料商品期貨基金一樣，飽受「擁擠交易」現象所苦。當我們投入特定資產的金額愈高，它的價格就會上漲愈多，但它的未來報酬率也會相形降低。

二○○○年時，耶魯大學捐贈基金的經理人大衛·史文生（David Swensen）寫了一本精采絕倫且影響深遠的書，書名為《開創性投資管理》（*Pioneering Portfolio Management*），他在書中提出一個和60股票／40債券的傳統機構投資組合模型大不相同的投資組合策略。

史文生只把不到一半的投資組合資產投入傳統的國內外公開交易股票與債券，剩餘的資產全部投資到避險基金、私募基金、私人不動產以及原物料商品期貨。

他的策略確實創造了非常亮眼的成績。在一九八七年七月至二○○七年六月的那二十年間，他的年化報酬率高達15.6％，比史坦普500指數高4.8％。更棒的是，這檔捐贈基金在這段期間的波動性還遠

低於較傳統的投資組合。不過,好景不常。一九九七年時,普林斯頓大學、哈佛大學和史丹佛大學捐贈基金紛紛有樣學樣地複製耶魯大學的策略,介入另類資產(alternatives)的領域。

再傑出的投資概念一旦遭到過度使用,最終都會失去效益,就像招式用老後必然無效一樣。到二○○○年代中期,每一家大學捐贈基金都已採納耶魯大學的模型。到二○一一年年中,全國學院與大學商業主管協會(National Association of College and University Business Officers)追蹤的捐贈基金,平均將53%的基金投入另類投資標的。

但那些東施效顰的捐贈基金並沒有獲得理想的成果。在二○一一年年中之前那十年,各大學捐贈基金(平均)只勉強達到可單純透過由史坦普500指數/巴克萊總體債券的60/40投資組合或先鋒平衡型指數基金(該基金也是模擬60/40投資組合)獲得的報酬率。[22]

而從二○一一年年中開始,情況更是每下愈況。隨著愈來愈多資金湧入另類資產領域,各大學捐贈基金的績效已明顯落後。到二○二一年六月三十日為止的二十年期間,大學捐贈基金的平均報酬率為6.8%,相較之下,由全球股票與債券指數組成的標準60/40投資組合的報酬率則為7.5%。*

避險基金領域也發生了相同的狀況。在一九九八年至二○一二年間,避險基金的總資產從3,000億美元增加到3兆美元,而避險基金經理人取得的「阿法值」──即超額報酬──粗略估計約300億美元。如果以四分之一個世紀前(即一九九八年)的避險基金產業來說,這個超額報酬金額相當於避險基金總管理資產── 3,000億美元──的10%,而這10%的超額報酬率應付避險基金的手續費和其他費用後,還綽綽有餘。但到了二○一二年,那300億美元只相當於3兆美元的總管理資產的1%,在扣除費用後,那樣的超額報酬都還不足以讓避險基金的客戶脫離嚴重虧損的窘境。

---

* 指史坦普500指數/世界(不含美國)/彭博社總體債券指數的42/18/40投資組合。

　　圖11.4描繪了HRF全球避險基金指數與25／75的美國股票／國庫券投資組合各自的連續五年績效。這個投資組合的動態幾乎與那一項指數一模一樣，只不過有一個特性例外：避險基金績效的曲線明顯從左上方朝右下方偏斜，原因是一九九八年至二○一二年間，避險基金的資產規模膨脹了十倍，所以，儘管早年的績效領先，但隨著這些基金變得愈來愈笨重，它們的績效遂漸漸落後。

　　如此看來，就算有人告訴你，避險基金存活率和寵物天竺鼠類似，你也不該感到訝異；一九九六年，已註冊的避險基金有六百檔，過了八年之後，那些基金只剩四分之一還維持營運。[23]

圖 11.4　當避險基金的資產從 3,000 億美元增加到 3 兆美元，它們的績效出現什麼變化

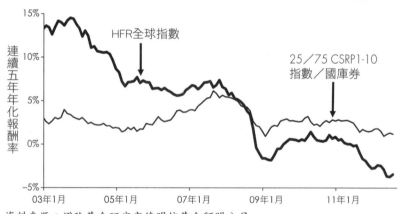

資料來源：避險基金研究與德明信基金顧問公司

第十一章重點摘要

我們都自認是史巴克先生，但實際上我們個個都是喬治·柯斯坦薩（George Costanza，譯註：美國情境喜劇裡的虛構人物，集得過且過、懶散委靡等缺點於一身）（更精確來說，我們誤以為其他人都是喬治，只有我們不是）。誠如 Pogo 連環漫畫作家瓦特·凱利（Walt Kelly）所言，「我們已經和敵人短兵相接，而那個敵人就是我們自己。」

克服它吧——但不管我們多努力，我們終究是無可救藥的人類。

■ 每一個人都是從遠古就開始演化的「系統一號」（也就是我們的爬蟲類腦）的人質，「系統一號」過度重視曾在億萬年前危及人類存亡的短期風險，但漠視支配著現代生活的較長期風險。

■ 我們習慣用單純的捷思型敘事來過度簡化我們自己沒有能力預測的現實世界，但這些敘事根本無法體現日常決策那種極度燒腦的複雜性。

■ 在金融戰場上，我們想要「痛快一下」的心態以及汲汲於地位的行為，會為我們招來懲罰，但持續努力堅守紀律的人則會獲得獎勵。

■ 我們過度重視引人注目的近期事件，漠視攸關重大的「基本比率」，但基本比率證明，較遙遠的過去也一樣重要。

■ 我們高估了自身的能力，也高估了我們成功的展望，最重要的是，我們高估了自己在關鍵時刻正面應對罕見風險的能力。我們將在第十二章探討要以什麼策略來和人性的各種偏誤周旋，因為當我們面對金融事務時，這些人性偏誤經常對我們造成慘痛的代價。

第十二章

與人性的偏誤周旋

　　一如長期資本管理公司幾位負責人的悲慘境遇所示，光是精通數學絕對不夠。投資人還必須有能力駕馭自身的不理性。本書的前兩部旨在探討投資的數學，這一章之前的三個章節則說明了投資的莎士比亞（即人性偏誤）——那些人性偏誤有可能讓投資人深陷和哈姆雷特、李爾王與馬克白夫人一樣的痛苦深淵。這一章就是要討論有哪些工具能對抗最陰險且最自私自利的人性偏誤——也就是鏡子裡直勾勾地盯著你的那個人。

對抗 WYSIATI（以偏概全）

　　大約每隔十年，「垃圾債券」就會從不特別受關注的資產類別之一，變成一個人人都能琅琅上口的流行稱號，而點燃這種流行風潮的人多半是某些為追逐高殖利率但最終深受其害的投資人（一如迪佛形容追逐殖利率有多麼危險的那句格言：「為追求殖利率而損失的錢比在槍口下損失的錢還要多。」）。

　　這並不是一個新現象。近一個世紀前，班傑明・葛拉漢就曾警告，永遠不該以面值（也就是完整的面額）購買低信用評等的企業所發行的公司債，不過，他也說，如果能在較低價格與較高殖利率的狀態下買進這種公司債，有時候也是有利可圖的。

　　過去幾十年的經驗證明，他的建議確實睿智過人。在一九九〇年代的存貸機構危機期間，垃圾債券的總報酬共折損了21％；二

○○七年至二○○八年則折損了40％，在二○二○年Covid疫情剛展開時，垃圾債券的價值也短暫折損了大約22％。這些現象導致市場不可避免地厭惡垃圾債券，並使這種債券成了賤民般的投資標的。[*]

　　股票的期望風險溢酬較不容易理解，但垃圾債券的期望風險溢酬則是顯而易見。「垃圾債券－國庫債券利差」（junk-treasury spread，簡稱JTS）是指垃圾債券與國庫債券殖利率之間的差異；實際報酬溢酬則等於JTS減去損失率（當企業破產，公司債持有人通常能藉由扣押公司資產的方式，回收一部分損失。損失率就是指追回扣押資產後，企業違約不償付的利息與本金占比。垃圾債券投資組合過去的損失率大約是每年4％）。

　　JTS的典型平均值大約落在5％，不過，在過去幾十年的多數時期，這個比率比較接近4％。換言之，近幾十年，垃圾債券相對較安全的國庫債券的殖利率溢酬，只略高於過去的損失率——即4％。如果垃圾債券持有人賺到的債券利息只比國庫債券多5％，但又因為破產案件而折損其中4％，那麼，垃圾債券持有人就只比國庫券持有人多賺1％的額外報酬率，而他們獲得這項額外報酬的代價，卻是並不罕見的驚人虧損。[★]

　　JTS會在市場陷入動亂的時期劇烈擴大。在一九九○年與二○二○年那兩次情境，JTS都分別遽升了大約10％。二○○八年年底時，JTS更躍升了近20％。不過，班傑明‧葛拉漢應該會允許我們在那三個情境下購買垃圾債券，因為10％至20％的JTS遠比過往的損失率4％高。因此，一如一三七九年的軍事公債購買人和一九三二年與二○○九年的股票購買人，以及在一九九○年、二○○八年與二○二○年購買垃圾債券的人都賺了不少錢。

---

[*] 一九九○年與二○○六年至二○○八年的數字是採用彭博社高收益債券指數的每月統計數字，二○二○年三月的數字則是以富達高收益債基金的每日調整後價格計算而來。

[★] 我要感謝馬汀‧弗瑞德森（Martin Fridson）用電子郵件和我討論這個議題。

　　以上說明並不是鼓勵你試著研判並掌握垃圾債券市場的進出場時機，而是希望你了解一個更通用的概要觀點：當一項資產類別成為大眾嫌惡的對象時，它的報酬率通常會達到最高。

　　一九九○年代末期，一家全國性媒體管道引用了我的說法，指出REIT的收益率很高，所以期望報酬率也很高。幾天後，有一位熟人打電話來給我，劈頭就冷冷地對我說：「我買REITs後虧了一屁股錢！」說完馬上掛斷電話；當然，我那時也因投資REITs而虧本。不過，當一項資產類別最近的表現很差勁，真正理性的反應，應該是將這項資產類別那令人失望與嫌惡的表現，解讀為加碼或至少不要賣出現有部位的訊號，因為那種差勁的表現已促使它的期望報酬率上升。

　　為了善加運用在大眾普遍看壞並高喊「出場」之際反向進場的那種投資理性，我們必須認清大眾情緒——也就是全民的「系統一號」——是一股想把你變成窮光蛋的社會力量。理性的投資人會以對待老是提出誤導意見與劣質建議的聒噪叔叔的方式，來應對大眾對特定資產類別的情緒，更會加倍以那種方式來看待自身的「系統一號」所發出的訊號。

　　切記，致富高速公路上最危險的山口就是我們的「系統一號」對股票與債券長期負實質報酬率的回應。在你的整個投資生涯裡，肯定會遭遇到一、兩次這種報酬率深谷，而且，那樣的時期有可能延續超過十年之久。對此，約翰·坦伯頓的說法最貼切且發人深省：

> 　　多頭市場是在悲觀之中誕生，在懷疑之中茁壯，在樂觀之中成熟，並在陶醉之中凋亡。**最悲觀的時期**正是最佳買進時機，而最樂觀的時期正是最佳賣出時機。[1]（粗體字為作者補充）

　　漫無止盡的空頭市場會促使大眾集體的「系統一號」（你的「系統一號」多半也可能如此）對股票所有權產生嫌惡。此時大眾集體的「系統一號」會大喊：「出場！」在那樣的時期，每當你打開券商報

表，一定會不由得產生嚴重的噁心感，而在那樣的時刻，你沒有任何方法可直接扭轉那一股令人作嘔的感受。

但雖然你無法直接扭轉那種不好的感受，卻還是能妥善處理它。以下是幾個有助於你妥善處理那種噁心感的策略：首先，訓練存在於你的「系統二號」裡的史巴克先生，正確地解讀你的「系統一號」的苦惱。一定要訓練自己把坦普頓口中的「最悲觀時期」，視為報酬率即將上升的預測因子，接著再善用你的數學技能與高登方程式，確認那個結論是否正確。我透過多年來的經驗了解到，每當我一邊忍受著那顯而易見的噁心感並一邊執行買進行動時，事後獲得的利潤果然都是最可觀的。另一方面，誠如坦普頓也曾說過的，當你隨著「系統一號」在金融狂熱期所產生的舒適和陶醉感而採取買進行動，則會得到恰恰相反的結果，所以，你應該把那種良好感受視為「系統一號」向「系統二號」發出的警告訊號——它正在警告「系統二號」不要被大眾對風險資產的熱情吞噬。

最後，一定要記得不斷提醒自己兩件事。第一件事是，購買過去五至十年表現最好的資產類別，雖是呼應約定成俗之見的作法，卻通常是錯誤的行為。第二件事是，購買過去十年表現最**糟糕**的資產類別，通常反而是比較聰明的作法。

舌燦蓮花的口才與令人不得不信服的敘事就像警鐘

記得不斷提醒自己，人類是會說故事的猿猴，而且人類愛說故事是有充分理由的：故事比事實和數據更具說服力。當你聽到某人在推銷某個投資觀點，應該先思考一下泰特洛克的基本比率，並稍微運算相關的數字——高登方程式、債券殖利率曲線，以及資產的歷史報酬率與風險。對推銷投資觀點的人（以這個例子來說，是指投資產業的代言人）來說，最好的策略是提出令人不得不信服的敘事，但身為投資人的你（也就是那些觀點的**消費者**）則應該不計代價避免聽信那些敘事。

即使是我們當中教育程度較高的人——**尤其是**教育程度最高的人——都非常敬畏擁有便給口才與修辭技能的人。你應該經常聽到某人說：「我超愛聽×××說話的。她是個特別睿智的女人！」泰特洛克長期投入「說服能力」和「預測準確度」之間的關聯性的研究，而他懷疑這兩者之間是負相關的；媒體管道總是竭盡所能地找來許多泰特洛克所謂的「繁榮論者與末日論者」來發言，這些名嘴雖個個舌燦蓮花，但泰特洛克的研究卻顯示，不管是繁榮論者或末日論者的預測準度都很差。[2]我個人的經驗也是如此。

　　口才和預測能力之間的負相關性最為明顯的行業就是金融業。第三章提到的所有流星——約瑟夫‧葛蘭維爾、伊蘭恩‧加札瑞利、魯里埃爾‧魯比尼——都曾經以他們的妙語如珠和聰明才智照亮整個投資圈。誠如先前描述的，媒體管道尤其容易受舌燦蓮花的口才與極端的預言吸引，而這兩者結合起來，幾乎就是劣質預測的可靠標記。

　　臨床心理學家和精神病醫師早就知道，過人的魅力和便給的口才都是變態人格者（psychopath，譯註：指對人沒有感情、不考慮未來，也不對過去的所作所為感到難過的人）的特點。變態人格者的主要表現之一是頗具說服力的自信心，而這種自信心在企業環境中是有利的。企業高階主管比一般大眾更常發生這種身心失調的狀況，其中又以金融業高階主管為最。

　　這類變態人格者可能進到大老闆辦公室這種代價最高且最危險的場所。[3]商業史上充斥著許多魅力四射但最終把他們的投資人掃進垃圾桶的創業家。在二十世紀初期，美國多數的電網都是薩謬爾‧英索爾所興建，但他卻殘忍詐騙了他的股東。奇異公司的傑克‧威爾許（Jack Welch）則是為了讓公司的盈餘看起來好像可靠地持續成長，而竄改該公司的盈餘數字。狂妄自大的亞當‧紐曼（Adam Neumann）的「事蹟」更是人盡皆知，他要求共享辦公室行業的WeWork付給他590萬美元，作為該公司向他購買「We」這個字的商標費用。[4]當媒體以阿諛的姿態大肆吹捧那類魅力四射的企業執行長

時，睿智的投資人卻會把那些報導當成震耳欲聾的警鐘。

一如既往，面對金融狂熱時，正確的反應應該是訓練你的「系統二號」好好控制你的「系統一號」。當你的爬蟲類腦對一個口才便給且擁有敘事天賦的人產生認可反應時，記得及時潑它一盆冷水。TED Talks上的演說者總是舌燦蓮花且姿勢一百分，在他們唱作俱佳的引導下，觀眾都會不由得頻頻點頭、鼓掌，並發出會意的笑聲，而這些觀眾的表現會強化我們的「系統一號」反應，導致我們誤入歧途。所以，如果一位演講者看起來且聽起來像TED上那些唱作俱佳的講者，那麼，你就應該特別提高警覺。

了不起的企業不等於了不起的股票

第十一章探討了幾個可能導致你犯下分析損害的最常見捷思——即靠不住的簡化心理捷徑。最典型的金融類捷思就是「了不起的公司＝了不起的股票」，這當然是一個謬見。金融史和一直以來的研究告訴我們，最無趣、最呆滯的企業往往反而能創造最高的報酬率。在現實世界裡，超群的成長只是一種幻覺，這種幻覺的消失速度更甚於所謂的「盈餘驚喜」，何況，要在絕大多數已經高漲的股票裡挑中會繼續迅速起飛的飆股，絕對是難上加難，成功的機率其實很低。

取而代之地，單純持有整個市場才是明智的，而我提出這個建議的理論基礎是：與其在大海裡撈針，不如直接擁有整個大海。另一個替代方案是，你或許可以考慮透過本書最後一部討論的充分分散投資的被動管理型價值型股票基金，來加重投資組合對價值型股票的持有部位。就最低程度來說，一定要小心成長型股票的魅惑力量，尤其是當一般人開始把投資「新時代」的字眼掛在嘴邊時。在此，我要再次引用哈利·杜魯門的說法：「世界上唯一的新鮮事就是你不知道的歷史。」[5]

平庸沒什麼不好

誠如我們透過前一章了解到的，用「想要痛快一下」的心態來應對你的投資，經常會害你付出毀滅性的代價。在所有領域裡，「賣相」和「現實」之間的負相關性最為高的，莫過於投資產業。如果你只是想要痛快一下，去從事極限運動或搭乘豪華郵輪就好，那類活動的代價很可能還比投資避險基金、私人不動產、原物料商品期貨和知名基金經理人來得低。

當你發現你因自己或親朋好友的投資而感到很痛快時，一定要提高警覺。成功的投資策略應該會讓人覺得很枯燥乏味才對。令人趨之若鶩且令人興奮的投資標的，往往已經有太多人持有，而且已經接受了過多的資本，而這會導致未來報酬率降低。

最可能讓你一夜致富的策略，就是幸運買到中獎的威力球彩券，就投資來說，那就相當於找到下一個亞馬遜、臉書或特斯拉。所以說，持有一個由眾多IPO與熱門科技股組成的投資組合，其實和購買大量樂透彩券沒兩樣，而這麼做的最可能結果，就是獲得低於平均的報酬率，而不是中頭彩。儘管追逐IPO和熱門科技股確實是讓人一夜致富的最好機會，卻也會讓人更可能窮苦潦倒而亡。所以，一定要每天對自己耳提面命，投資的目標並不是要將致富的機率最大化，而是要將窮苦潦倒而亡的機率降到最低，而要達成這個目標，最好的方法就是透過一個無趣、低成本且被動的方法來投資股票，並以受美國政府的十足誠信所擔保的大量證券（譯註：例如國庫券）來換取心靈的平靜。

品味隨機之美

請務必了解，幾乎所有顯而易見的股票市場型態都不過只是巧合。如果你挖掘足夠的數據，一定會發現一大堆好像會讓你賺大錢的選股標準和能判斷進出場時機的規則。然而，誠如尤金‧法馬在大學時期就發現的，除非你擁有一台時光機，否則那些標準和規則對未來

都毫無用處可言。經驗豐富的投資人深知不能太樂觀看待過去有用的方法，因為他們透過經驗理解到，多數市場行為是隨機的，昨天管用的方法鮮少能在明天再次奏效。

接受事實吧！所有股票市場型態都是幻想出來的，就像神話裡的嫦娥、吳剛，或是天上雲朵變幻而成的親人臉孔，千萬別把那些型態當一回事。談到金融市場，最安全且最有助於獲利的假設是：金融市場沒有型態可言。雖然確實有幾個統計預測因子可用來推估股票與市場報酬率，但這些預測因子的成果太弱，幾乎沒有實用性可言。

你愈早領悟到世界上沒有任何系統、權威人士或型態能幫得了你，你將來的成果會愈好。不要理會以金融與經濟數據來預測市場方向的市場策略分析師。過去九十年來，考爾斯、法馬、葛拉漢以及哈維等人的成果已經清清楚楚證明，那類預測方式都是徒勞無功的愚行。說穿了，市場策略分析師的任務只是為了讓你家附近菜市場裡的命理師看起來很厲害。

搞懂你的真正風險

「系統一號」會用短視的風險趨避傾向──也就是我們聚焦在短期虧損的傾向──害你變成窮光蛋。有一個道聽塗說的故事說，一名投資人在一九七〇年代中期投資 1 萬美元到某一檔共同基金，接著就心神恍惚地忘了這筆投資。到了一九八七年十月十九日，她被當天的市場崩盤走勢嚇破膽，並如夢初醒地想起這項投資，於是，她立刻打電話向基金公司詢問她的帳戶狀況，沒想到，對方竟答覆她：「很遺憾，女士，您持有的基金已經嚴重縮水，目前只剩 17 萬 9,623 美元。」

「系統一號」會把「風險」和「此時此刻（今年、這個月、這個星期或今天）虧錢」劃上等號。如果是我們面對的是突然進逼的鄰近部落、致命的掠食性動物、高致病性疾病和有毒的植物，這種將風險定義為立即傷害的作法，確實讓我們很受用，但在金融環境裡，這樣的定義卻有害無益，因為金融環境的主要風險是「未能在長達半個世

紀的投資生涯中累積足夠資產,且未能明智地花用這些資產。」

在第二章的結語部分,我們討論了將使你無力應付未來消費需求的幾個市場風險,也就是「深層風險」四騎士:通貨膨脹、充公、毀滅性破壞,以及通貨緊縮,這些風險才是真正如假包換的市場風險。然而,我們的「系統一號」卻會促使我們緊密聚焦在短視的短期市場風險——也就是事實證明幾乎清一色屬於短暫現象的市場下跌行情。

對投資人來說,如何對抗這種短視的風險趨避傾向,是情緒控管方面最困難的任務。就我所知,這個問題只有兩個因應之道。第一個方法是盡可能不要頻繁地檢視你的投資組合。行為財務學的學術界人士早已發現,不管是在研究實驗室或在現實世界,從未檢視投資組合的投資人,能獲得比頻繁檢視投資組合的投資人更高的報酬率(不過,為了防止成為被詐騙或被舞弊的對象,最好還是每年檢閱一、兩次報表)。只要想想你的房子就好,你應該慶幸即使是房地產價值揭露網站 Zillow.com,都無法提供精確的每日最新房地產市場報價。

葛拉漢在大蕭條期間就觀察到這個效應,當時他注意到,由於某些不知名的不動產抵押貸款債券報價沒有被刊登在報紙上,所以持有那類債券的投資人只好繼續按兵不動。但到最後,這些投資人反而獲得非常好的成果,因為他們無須經常透過財經報紙版面來面對他們的損失。相反地,公司債持有人則較可能因恐慌而賣出,因為雖然公司債的實際價值跌得比不動產抵押貸款債券少,報紙上卻經常刊登公司債的報價,而投資人一看到那些報價資訊,經常會出現恐慌賣出的行為。

規避這種短視的風險趨避傾向的另一個方法是:持有大量的安全資產,像是國庫債券、定存單和優質的貨幣市場基金,因為這些資產能讓人在市場下跌的過程中獲得平靜,而那種平靜是無價的。

你該持有多少安全資產?這個問題取決於你的年齡。舉個例子,剛退休的人應該將至少相當於五年待攤生活費用的資金——也就是除了社會安全退休給付與退休金以外還需要用的資金——保存在安

全的資產。十年更好，二十年也不嫌多。

　　然而，年輕人則像一檔巨大的「債券」——這檔債券將在未來為他提供長達幾十年的盈餘。年輕人該持有多少安全資產？這個問題取決於兩件事。第一個因素是他個人的就業保障高低。他是老師嗎？還是在科技新創企業上班？老師只要保留足夠幾個月吃穿用度的緊急備用基金即可，但科技新創企業員工則需要囤積更高額的備用基金。不用說也知道，年輕人除非能繼承到很多財產，否則就應該投保失能險，而且，如果他們還撫養其他人，也應該投保壽險。

　　不管一個投資人的年齡有多老，不管他隸屬於什麼專業，他都必須知道一個重要的關鍵：人類對短期虧損的本能反應，是「系統一號」讓他變成窮光蛋的方法。所以，他應該學習如何化空頭市場為助力——每當投資組合受到重創，股票價格跌到極低水準時，都要不斷提醒自己，那樣的情境代表著更高的未來報酬率，而且還要再三提醒自己，他要很多年（甚至幾十年）以後才會需要動用那些股票資產。

別變成大肥羊

　　有錢的投資人是投資產業眼中的大肥羊，所以多數為有錢人設計的富翁專屬型投資工具——像是獨立的代客操作帳戶（separate account）、避險基金、有限合夥公司、私募基金和創投基金等——就是專為抽取有錢人的佣金、交易成本以及其他林林總總的手續費而設計。營業員總是熱情地以複雜艱深的研究報告、交易與租稅策略等動人的說法來討好這些「大肥羊」，不僅如此，他們還會頻頻以高級餐廳的美食和包廂特別保留座等來魅惑這些有錢的肥羊。千萬別被愚弄了。切記，連全國最大的投資組合——退休基金和捐贈基金——都無法打敗市場，你一定也不能，就算你擁有高達 1,000 萬美元或甚至 10 億美元的投資組合，也必定無法打敗市場。

　　指數型共同基金或 ETF 的分散投資型投資組合可能讓你顯得不夠地位尊榮，而且這類產品也可能不夠刺激，無法滿足你的品味；不

過，你透過這類產品獲得的報酬率，卻非常可能比附近高級住宅區的有錢鄰居還要高。

別過度自信

避免過度自信的第一步是學習承認你的過度自信。你認為你的駕駛能力、社交技巧與外表優於一般人的平均水準嗎？實際上可能不是。如果你認為你能靠自己的選股本領打敗市場，那麼，請捫心自問，你真的比你的交易對手更精明嗎？當然，你不會精準知道你的交易對手是誰，不過，對方很有可能是在動機、技能與資源方面都遠遠超越於你的敏銳專業人士。

你也可能認為你能挑中有能力打敗市場的基金經理人。我希望第三章有關基金績效的數據已經說服你不再做此妄想。如果你真的有能力找到那樣的基金經理人，不如轉行去當個退休金顧問，為自己開展一段高收入職涯。到時候，美國最大型的企業一定會重金禮聘你幫他們找出超群的基金經理人，來幫忙管理他們員工的退休資產。

為了避免過度自信，請時時刻刻提醒自己：「市場比任何一個時刻的我更精明。數百萬甚至數千萬名其他投資人受過比我更好的訓練，且擁有比我更好的裝備，而且每一個人都在搜尋金融的不老泉。我比所有人早一步找到這個不老泉的機率並不高。如果我無法打敗市場，那麼，我的最佳應對措施，就是用盡可能便宜且盡可能有效率的方法，成為市場的一員。」

指數型投資方法最令人感到暢快的特性是，這個方法能讓我們獲得市場報酬，而只要能獲得市場報酬，就足以打敗絕大多數的投資專業人士，因為那些專業人士為了超越市場而採用的方法不僅代價高昂，而且總是徒勞無功。

第十二章摘要

- 別管過去幾十年各個資產類別報酬率是多少。取而代之地，你應該聚焦在「基本比率」：也就是最長可取得的股票與債券報酬率歷史數據。

- 慎防舌燦蓮花的權威人士。便給的口才與說服力經常是差勁預測的正字標記。笨蛋只會聽故事，智者則會計算數字。

- 你應該特別提防「了不起」的企業、魅力四射的企業執行長以及對全國經濟體系優劣狀況侃侃而談的人。

- 別老是執著於賣相，務實一點，你需要的是裡子，不是面子。真正合格的投資作業應該是枯燥乏味到極點。如果你感覺自己投資組合讓你感覺非常痛快，那麼它可能潛藏一些問題。

- 一定要理解，短期投資虧損——即使是非常嚴重的短期虧損——並不代表真正的金融風險，短期的投資虧損是總體經濟與地緣政治動力所造成的結果，而你並無法控制那些動力。我建議採用由全球股票與短期優質固定收益工具所組成的審慎投資組合來應對這個問題。

- 別被有錢朋友「專屬」的花俏投資工具迷昏頭。那種投資工具的設計，只是要讓它們的仲介／營業員變有錢，而不是要讓它們的投資人變有錢。

- 切記，作為一個投資人，你並不像你自己想像的那麼優秀。當你在從事股票交易時，你的交易對手不會是一名在某個不知名小城市執業的牙醫，而是某個擁有驚人能力、資訊和資源的人。要避免讓那個人摧毀你的投資組合，最安全的方法是購買整個市場，並長期持有整個市場。

投資金律四

投資的產業 馬戲團拉客員

　　本書的第一版分別用專章討論了證券經紀商產業、共同基金產業和財經媒體。我透過談論證券經紀商和財經媒體的章節內容傳達了一個簡單的訊息：請和全方位服務證券經紀商或股票營業員保持最遙遠的距離，同時請徹底漠視財經媒體的內容，因為這兩者的目標都是要蒙蔽你，害你變成窮光蛋。

　　所以說，投資人只需要應付上一段提到的第二個領域：共同基金產業——不過，這個產業至少有90％的產品是會導致你財務中毒的爛泥巴。這些高成本主動管理型基金的績效，向來都幾乎如時鐘報時般規律地落後大盤。在本書初版於二○○二年發行時，先鋒集團是絕大多數DIY型投資人介入共同基金的唯一明智管道。

　　經過了二十年，散戶投資的大環境幾乎已徹底改頭換面，但幸好多數改變是朝更良善的方向發展。雖然市場上還是有非常多傳統的股票經紀商透過交易佣金的方式，從客戶帳戶中揩走大量油水，但隨著成本意識漸漸提升，客戶對成本的重視已經逼得很多股票經紀商停止收取佣金，改用管理費的名目收費，而大致上來說，管理費對客戶的傷害較輕微。

　　指數股票型基金（exchange-traded funds, ETF）已徹底改造了共同基金產業，而且大致上是朝良善的方向改造。雖然傳統的開放式（open-end）指數基金並沒有因此而被淘汰——甚至更蓬勃發展，但ETF的問

世，讓散戶型顧客終於得以自由地透過不同的證券經紀公司持有他們的資產。如果你想要，沒有理由不能透過嘉信證券（Schwab）或富達證券（Fidelity）持有先鋒集團（或其他任何公司）的某一檔ETF。就算你為人極端謹慎，甚至也可以透過任何一家邪惡的老證券經紀公司持有其他公司行號發行的ETF。（在很多情況下，你還可以透過其他證券經紀公司，持有先鋒集團的開放式基金，不過通常得支付佣金。）先鋒集團的ETF和開放式基金依舊是持有股票與債券市場曝險部位的最佳管道，不過近年來，該公司的服務品質愈來愈良莠不齊，這逼得很多投資人透過其他保管機構來持有先鋒集團的基金。

　　儘管證券經紀商與共同基金產業的狀況已有所改善，財經媒體圈的風氣卻是每下愈況。一如社群媒體摧毀了政治論述與民主規範，財經媒體則是把投資大眾引入金融資訊地雷區，正如二〇二一年的遊戲驛站公司（GameStop）狂熱。如果你能刻意避開有線電視的理財節目、報紙的商業版面，以及投資相關的推特（Twitter）或臉書內容，你的荷包一定會日益飽滿。

第十三章

別把股票營業員
（抱歉了，「投資顧問」）當麻吉

　　假定你是一名商界人士，公司的高層指派你到某個東歐小國出差，這個國家叫做胡搞瞎搞國（它位於第三章提過的隨機王國北邊）。

　　雖然你覺得胡搞瞎搞國的天氣、文化與食物都深得你心，但你卻老是搞不懂它的法律制度究竟是怎麼回事（這套制度是胡搞瞎搞國在一個世代前才發展出來的，當時這個國家剛脫離蘇維埃王國不久，一切還都處於混沌狀態），因為每當你向本地的業務聯繫窗口提到「財產權」和「合約責任」等字眼時，大部分時間得到的回應都是對方那空洞又茫然的眼神。

　　有一天，你突然覺得腹痛難耐；當你被火速送到醫院時，幾乎已經痛不欲生，於是，院方立刻把你推進急診室開盲腸手術。手術後，因復原狀況良好，你很快就出院回家。但是你的另一半卻注意到一個不尋常的狀況：每次睡覺時，你的肚子裡都好像有什麼東西在**滴答作響**。為了釐清另一半的說法是否屬實，你忙不迭地走進一間安靜的房間，果不其然，你聽到了自己的肚子裡正發出模糊卻規律的雜音。

　　這可不得了。你趕緊回到醫院，跟當初幫你開刀的外科醫師說明這個狀況，沒想到對方卻只是輕描淡寫地說：「放心吧，滿多病人做過盲腸手術後，肚子都會發出這種聲響。」

　　但你並不滿意這個答案，隨著腹痛的問題遲遲沒有改善，加上

身體開始發高燒，你不由得更憂心忡忡。

　　身體的種種狀況導致你開始對胡搞瞎搞國的醫療體系失去信心，於是，你搭機返國求醫，結果醫師竟在你的肚子裡找到一只手錶，而且手錶周圍的組織都已經開始發炎了。這一次的你並沒有像上次那麼迅速復原，而且還被要求接受抗生素治療，醫院一住就是好幾個星期。等到你回到工作崗位上，已是幾個月之後的事情了。

　　你考慮訴諸法律途徑來處理這件醫療糾紛，所以你找上一位熟悉國際法的專家，打算先諮詢對方的意見，只不過，他對後續的可能結果並不樂觀。他說：「美國和胡搞瞎搞國之間的醫療系統大不相同。首先，在胡搞瞎搞國，沒有扎實醫學學歷的人也能當上醫師，他們不一定要唸醫學院，有些醫師甚至連高中都沒畢業。只要用死背的方式通過一項全是複選題的考試，就能當醫師了，而且，這項考試可以一考再考，考到你通過為止，誇張的是，一旦你通過考試，馬上就可以掛牌營業了。」

　　更糟糕的是，胡搞瞎搞國的醫師根本不需要對病人負任何專業責任。他們經常為了金錢上的利益而進行不必要的手術，而且一旦出包，他們也不會受到特別高標準的檢驗。真正要命的是：你進醫院時就已經簽署了一份同意書，同意一旦發生任何醫療糾紛，你願意服從當地某個仲裁局的所有裁決，問題是，這個仲裁局的委員是胡搞瞎搞國醫學協會選出的代表所組成的。最後，這位國際法律師很抱歉地對你說：「傻瓜才會接下你的案件。」

　　這一章要傳達的訊息再清楚也不過了：親愛的讀者，歡迎來到胡搞瞎搞國。

　　十年前，哈佛大學的森德希爾・穆拉伊特丹（Sendhil Mullainathan）派了一大群演員，佯裝成潛在客戶去拜訪股票營業員，每一位演員身上都帶著他們目前持有的投資標的清單。其中四分之一的演員持有單純的低成本指數型投資組合。那次拜訪的結果是：97.6%的股票營業員建議這些潛在客戶賣掉指數基金，將資金轉移到

高成本的主動管理型共同基金。問題是，這些主動管理型基金的成本不僅較高，很多還收取申購手續費——也就是直接支付給這些股票營業員和他們公司的手續費；沒有建議潛在客戶出售指數基金並轉入主動管理型基金的股票營業員，僅占總數的2.4％。（這份研究裡的虛構投資組合的其餘四分之三部位則是持有各種不同的資產，包括定存單、主動管理型基金和雇主公司的股票。）最後，這份研究的作者歸納出一個結論：「證據顯示，投資顧問向客戶提出投資建議時，主要是考量他們自身的利益，也因如此，他們提出的建議經常不符合客戶的最佳利益。」[1]

考量以下幾點說明後，就很容易理解這項實驗為何會得到這樣的結果了：

■ 股票營業員（也就是這個行業所謂的註冊代表）執照的取得不涉及任何學歷限制——即發照機構並不強制考生去上財務學、經濟學或法律課程。只要通過一種全部由複選題組成的美國證券經紀人執照（Series 7）考試，就可以馬上開始執業。在美國的很多州，美甲師的執照比股票營業員執照更難取得。坦白說，從本書第一章開始一路讀到這一章的你，已經遠比多數股票營業員更了解金融理論和歷史了。

■ 股票營業員無須對客戶負起受託人責任（fiduciary duty）。雖然法律對於「受託人」的定義相當複雜，但是基本上，它意味著受託人必須始終將客戶利益擺在第一優先的位置。醫師、律師、銀行行員與會計師都必須承擔受託人責任，但是股票營業員卻不必。幾十年來，證券經紀商產業都堅持只用一種薄弱的「適合性」（suitability）標準來規範股票營業員的推銷作業。過去十年，投資產業的公司行號更重新把它們的股票營業員包裝成「投資顧問」，並勸誘證券交易委員會（SEC）頒布最佳利益標準（Reg BI），這個用字拐彎抹角且空洞的監理結構和受託人標準比起來，簡直是差了十萬八千里，它竟允許各個公

司行號可自行定義哪些作業是可接受的，哪些又不能接受。[*]

■ 各行各業的服務提供者和客戶之間，難免都會發生利害關係相左的問題，但證券經紀商和客戶之間的利益衝突特別嚴重。證券經紀商的客戶自然是要尋求周轉率、手續費與佣金最小化，但就股票營業員的立場來說，唯有這些林林總總的費用最大化，才最符合他們的最高利益。金融幽默作家弗瑞德・休威德曾用以下文字形容典型證券經紀商的操作手法，儘管他的說法有那麼一點誇張，卻相當符合事實：「到營業日結束時，他們一把抱起全部的鈔票拋向天花板，只有黏在天花板上的鈔票才歸客戶所有。」[2]

■ 幾乎所有證券經紀商都會在你開戶時，要求你同意一旦未來發生任何法律爭議，都必須由紐約證券交易所公司（New York Stock Exchange, Inc.）或金融業監理局（Financial Industry Regulatory Authority，簡稱 FINRA）——也就是股票營業員本身的同業團體——來擔任仲裁者。

慘遭背叛的查爾斯・美瑞爾

儘管當今的證券經紀商操作手法已經夠糟了，但我還是必須承認，近年來它們其實已經有所改善。

過去一個世紀以來，美國證券經紀商產業經歷了漫長又曲折的演進過程。查爾斯・愛德華・美瑞爾（Charles Edward Merrill）是闡

---

[*] 例如請見備受敬重的消費者權益保護倡議家芭芭拉・洛普（Barbara Roper）寫給 SEC 主席蓋瑞・詹斯勒（Gary Gensler）的一封信，https://consumerfed.org/wp-content/uploads/2021 /04/Letter-to-Chairman-Gensler-on-Advice-Standards.pdf。這封信直指最佳利益標準「內容不夠充分且缺乏明確定義，未能有效約束有害的薪酬措施，因此無法實現真正的最佳利益標準，遑論提供原先承諾的保護。」詹斯勒對這封信感同身受，所以禮聘洛普擔任資深顧問。

述這個演進歷程的最佳起點。美瑞爾為人極度自我膨脹，而且他平日縱情聲色、嗜酒如命、更寡廉鮮恥到覬覦別人的老婆；不過，他卻也擁有高瞻遠矚的眼光，在二次世界大戰期間，他幾乎憑藉著一己之力開創了金融服務產業，因此，形容他「複雜」都有點流於輕描淡寫。他一生夢想——由證券經紀公司扮演公共信託機構的角色——的興起與衰落，是一段非常值得傳頌的故事。

美瑞爾生於一八八五年，他從麻州大學安默斯特分校（Amherst）輟學後不久，就成立了一家成功的投資銀行暨零售端證券經紀公司。一九二〇年代末期的金融業風氣極度腐敗，公然操縱股價與地下券商（bucket shops，這些券商的顧客實際上並沒有買進或賣出股票，只是單純和券商對賭股價）等惡風極度盛行，而美瑞爾因致力改變這個環境而遭到業界排擠。說穿了，當時的華爾街只是被內線交易者操縱的賭場，一般投資大眾全被當成傻瓜玩弄。

儘管整個業界的氛圍如此腐敗，美瑞爾卻努力開創與眾不同的格局。一九二九年的大崩盤使一般大眾對證券經紀產業深惡痛絕，這股民氣促成了第十章說明的幾項法案的通過，包括一九三三年與一九三四年的證券法案、一九四〇年的投資公司法，以及目前已廢除的格拉斯-史提格爾法案。其實，早在這之前的幾十年間，美瑞爾就已深知業界的某些作法嚴重失當，而且一直希望矯正這些陋習。他的機會在一九三九年來臨：當時剛完成合併的美林公司（Merrill, Lynch & Co.）和皮爾斯公司（E.A. Pierce and Cassatt）邀請他去領導合併後的公司（也就是後來的美林證券），而他也及時把握這個機會，期許能趁機一展他長久以來的抱負。

美瑞爾興致勃勃地接下這份職務，並以「恢復大眾對證券經紀產業的信心」為使命。由於當時整個產業的狀況堪稱百廢待舉，所以這個任務只能用艱鉅來形容。他採取了許多革命性的作法，首先，他改以薪資所得——而非佣金所得——的名目付薪水給股票營業員。從十七世紀末倫敦交易巷（Change Alley）咖啡館裡的「股票經紀人」

開始從事證券交易業務以來，所有股票營業員都是靠著「揩客戶的油」為生，換言之，他們鼓勵客戶過量交易，以便從中獲取豐厚的手續費。

美瑞爾希望藉由薪水名目的改變，讓投資大眾了解到他麾下的股票營業員和在競爭經紀商工作的那些汲汲於佣金收入的惡棍截然不同；他主張，由於美林的員工領的是薪資所得，所以會客觀且公平無私地管理大眾的資本。不同於其他大型證券經紀與交易商（wire houses，這個英文名稱的由來是，大型證券經紀與交易商是透過私下的電話線聯繫），他掌管的美林證券公司不會向客戶收取股息處理費。不僅如此，美林證券是以證券交易所規定的最低水準來收取佣金，換言之，美林證券的顧客能享受到其他公司的最大客戶才享有的優惠費率（儘管以今日的標準來看，那麼優惠的費率還是高得令人咋舌）。此外，美林的股票營業員隨時會公開揭露美林證券對特定股票的持股部位，法律並沒有規定這麼做，而且，這個作法在業界可說是聞所未聞（就算是今天，也很少有證券商這麼做）。到最後，整個產業小道消息充斥的風氣終於被分析研究方法（Analytic research，譯註：指蒐集、分析與解讀資訊以便做出推斷與結論的過程）取代。

美瑞爾的一連串改革確實成果斐然，到他在一九五六年過世時，美林證券已成為全美最大的證券經紀與交易商，共有一百二十二間分支辦公室，五千八百位職員，以及四十四萬名顧客。然而，美瑞爾本人卻是抑鬱而終。

原因是，雖然當時的美林證券已轉型為真正為一般大眾效勞的企業，華爾街的其他企業卻未能真正跟著轉型，所以，說穿了，這整個產業還是一個充滿缺陷且退步的產業，在這個情況下，美瑞爾自然無法以身為這個產業的領袖為榮。悲哀的是，當時華爾街的其他企業還是一如既往，用一直以來的惡質方式對待它們的客戶——只把客戶當成自家公司的營收來源，一點也不尊重客戶，也不認為客戶值得享有有效且高效率的投資產品。

更糟的事情還在後頭。唐納‧黎根（Donald Regan，後來成為美國財政部長）在一九六八年接掌美林證券。那一年，股市表現非常活絡，投資人瘋狂追捧火紅的科技股，這使得市場上的成交量暴增。這個大環境讓當時在其他公司行號任職的股票營業員大發利市，天天有數不完的鈔票進帳，因為那些公司行號還是採用傳統的佣金制。而由於美林證券公司早已改採薪資制，所以該公司的股票營業員為了獲取更優渥的收入，紛紛轉而投效其他證券經紀商。就在黎根接掌董事長一職後不久的一九七一年，他就被迫重新採納腐敗的舊產業作業模式，而他麾下的股票營業員大軍也再次投入搶奪佣金的行列。

於是乎，美林證券得來不易的優良傳統與它的客戶就這麼被出賣了。短期來說，黎根確實拯救了這家公司，因為美林的員工叛逃潮就此打住，公司的利潤也恢復了。隨著美林證券的道德規範再次淪落到和同業一般的水準，它的交易量也一飛沖天。此時的美林證券不再將客戶的利益視為神聖的信託責任，在它眼中，客戶再次成了可計畫性剝削佣金的大肥羊。[3]

從此以後，作為現代全方位服務零售型證券經紀商的美林證券，已不再以造福社會為目標。為一般投資人爭取低廉市場交易成本的責任，遂落到了其他人的肩上，其中最著名的正是先鋒集團的傑克‧柏格（Jack Bogle）。

我在二○○二年撰寫本書的第一版時，投資產業之齷齪，再次達到洪水氾濫等級。舉個例子，多數客戶並不了解他們的股票營業員透過證券交易的「內盤」（"bid"）與「外盤」（"ask"）價之間的價差，剝削了多麼巨大的好處。以很多個案來說，股票營業員透過每一筆交易賺取的費用，往往高達好幾個百分點，尤其是市政債券與公司債的交易。

仲介買方與賣方的股票營業員是扮演「代理人」的角色，換言

之，他們代表客戶和另一位投資人（通常是另一家證券經紀商的客戶）交易。證券經紀商無法透過這個內／外盤價差獲益，只能就這項代理人服務收取佣金。

　　然而，在很多情況下，當投資人透過證券經紀商買進股票，那些股票其實是來自證券經紀商本身持有的證券庫存，以這樣的狀況來說，它獲得的邊際利潤率就遠高於代理人／佣金型交易的利潤了。這種交易就是所謂的自營交易（principal transactions），客戶永遠也不會發現他們買進的股票或債券，其實是證券經紀商以低非常多的價格向其他顧客買來的。表面上，證券經紀商經常向客戶宣稱自營交易「不收佣金」，讓客戶誤以為自己因證券經紀商突如其來的慷慨而獲得好處，但實際上，客戶付出的價差非常大。（雖然針對自營交易收取佣金是不合法的，但這類「雙重收費」的情況並不罕見。）

　　更糟的是，很多證券經紀與交易公司的自營交易都屬於一些「特殊交易」：它們經常會承銷或大量買進一些劣質股票或債券，接著指使公司內部的二流分析師撰寫一些華而不實的研究報告，再要求營業員拿著這些研究報告，向客戶推銷那些劣質的股票或債券。能順利把愈多此類「有毒廢棄物」推銷給不疑有他的客戶的股票營業員，當然能獲得愈多的紅利與獎賞（通常是異國度假行程）。[4]直到相對近年來，證券經紀商的報表上還是經常充斥許多偏門、低流動性但能為證券經紀商帶來高佣金與價差的股票和債券，這類部位非常多，且全部被標記為「特殊交易」。

　　股票營業員還會向顧客提供股票推薦建議，這是另一個賺錢的把戲。說穿了，一般的股票營業員就是業務員，而非金融領域的專家。股票營業員的選股通常直接來自證券經紀公司總部每天透過揚聲器向各個分公司推薦的股票——公司總部的產業分析師每天會透過那些揚聲器，同步向散布在全國各地的成千上萬名股票營業員播報他們的分析結論，而且一天會播報好幾次。股票營業員則會接著把這些熱門小道消息傳達給他們的客戶。

　　散戶型客戶是活在這整個食物鏈的最下層。大型法人機構投資人——退休基金、代客操作資金及共同基金——早在一般客戶取得消息之前，就已充分掌握相關的資訊，所以，等到股票營業員打電話向一般客戶推薦股票時，股價早就被炒高了。總之，在這場賭局裡，一般客戶就像是待宰的羔羊。

　　不管是過去或是現在，分析師提出的分析報告都是被「染指」過的報告。在公司方面的壓力之下，分析師們不得不推薦自家公司承銷（指銷售新發行的股份）或打算承銷的企業股票，而且，證券經紀公司經常威脅要解雇對那些企業股票提出不利建議的分析師，所以，分析師絕對不可能提出比「持有」更差的推薦建議。舉個例子，在二〇一七年一整年，所有獲得分析師評級的股票中，只有6%被評為「賣出」。在一九九〇年代末期的網路狂熱期，「賣出」建議的占比更僅占總數的1%。[5]

情況緩慢改善

　　就算是不久之前，多數股票營業員依舊能從客戶帳戶剝削超過2%的費用，賺低於2%的的股票營業員可說是少之又少。不過，過去幾十年，投資人的確也多多少少獲得了更公平的待遇，即使是在大型證券經紀與交易商開戶的投資人也不例外。隨著投資人漸漸意識到手續費和佣金對投資報酬率的重要性，現在連大型證券經紀與交易商都順應這個趨勢，緩慢將收費結構從佣金制改變為費用制——針對它們管理的資產收取大約1%至2%的費用。證券經紀公司則重新將他們的股票營業員包裝成「投資顧問」，但這些「投資顧問」依舊遠遠無法達到一九四〇年投資公司法案中所規定的受託標準。

　　這些新一代股票營業員／投資顧問的客戶才剛認識到低成本指數基金的好處，所以，這些客戶自然期待能以這個新理解來建構他們的投資組合。當今的投資人只需要用一、兩檔國內基金和一、兩檔海

外基金，就能打造出一個完美合用的投資組合，而且，現在很多人對於這麼簡單的投資組合也要收取1％以上費用的業界作法非常不滿。

　　在這個情況下，新一代的投資產業人士只好竭盡所能地推銷一般人搞不懂的「複雜性」。近來，典型證券經紀商的顧客帳戶裡很可能持有大量嚴重重疊的個股、共同基金和ETF。儘管那樣一個投資組合（收取1％至2％手續費）依舊是一種有效把顧客資產暗度陳倉給證券經紀公司的方法，但不得不承認，這種費用制模式已經比過去的佣金制模型改善了。只不過，說不定你特別倒楣，你或許還擺脫不了過去那種落伍且惡質的佣金制股票營業員，而他們一定會很樂意向你推薦只包含個股、個別債券（這些個股和債券是他們的「研究」部門精心挑選出來供你考慮的）以及非公開交易的房地產證券、私募基金、創投基金或避險基金工具的投資組合。

要如何分辨誰是好蘋果，誰又是爛芋頭？

　　二十年前，從散戶投資人的視角來說，應付整個投資產業環境的方法可說是再簡單也不過了——在當時，對股票營業員和證券經紀公司敬而遠之準沒錯。換言之，只要直接向發行低成本指數型共同基金的公司購買那類基金就好，而在那種基金公司裡，先鋒集團是最當然的選擇。

　　不過，誠如先前提到的，目前的情況已經有所改善。對需要投資顧問的人來說，相關的手續費已大幅降低。如果你願意自己執行你的交易，可以選擇計時性付費的顧問服務，這是更有效率的方法。全新的機器人理財顧問——以0.15％至0.50％的資產管理費率為你執行指數型策略——的費用則介於採用基金經理人和自行操作之間。一般來說，如果你需要投資顧問，你應該：

■ 避免找習慣採用主動管理型基金的投資顧問，尤其是建議你對特定資產類別投資超過一檔主動管理型基金的顧問。

■ 避免採用向你推薦「另類」資產類別——例如避險基金、私募
　基金、民間不動產或創投資本型工具——的顧問。

■ 留意費用的高低。當手續費接近資產規模的 1%（這取決於你
　的投資組合規模），就應該要提高警覺。如果你不介意親自執
　行你的交易，而且只需要間間斷斷的服務，可以採用計時性的
　投資顧問服務。

■ 確保你的投資顧問有負起信託責任。要達成這個目的，最簡單
　的方法是要求投資顧問簽署信託宣誓書（fiduciary oath，目前
　可 在 http://www.thefiduciarystandard.org/wp-content/uploads/2015/
　02/fiduciaryoath_individual.pdf 找到）。如果你的投資顧問刻意
　推三阻四，遲遲不願意簽署，請務必火速與他劃清界線。

　　如果你是個有錢人，一定要避免成為「大肥羊」——也就是投資
產業眼中的高資產淨值肥羊。多數有錢人「專屬」投資工具——代客
操作專戶、避險基金、有限合夥公司等等——的設計，都是為了要從
這些肥羊身上剝削佣金、交易成本和其他手續費。投資顧問會以複雜
研究報告上的動人描述、交易與租稅策略等來迎合這些大肥羊，甚至
會用花俏的晚餐和運動賽事門票來吸引這些大客戶上鉤。誠如前述，
平均來說，即使是最大、最精明的機構法人投資者都無法打敗市場，
你憑哪一點自認你有能力打敗市場？

　　放下你的自大和傲慢，堅持採用低成本的指數基金吧。雖然這
麼做以後，你將不再有機會到鄉村俱樂部裡去吹牛皮，卻能獲得比住
在高級地段的鄰居更高的投資報酬率。或許你會失了面子，卻能贏到
裡子，得到更大的滿足感。

坑人不吐骨頭的保險公司沼澤

　　買保險是為了追求自我保障，而不是要投資。如果家裡的唯一

經濟支柱缺乏足夠資產能在他意外身故後繼續撫養配偶和子女，那麼，他就應該購買定期壽險。失能險也是一樣的道理，只不過，現在的失能險已經變得愈來愈貴。由於多數失能險保單都附帶較漫長的等待期、隨著年齡提高保費，且只承保到六十五歲，所以，這種保單對愈年老的人愈沒意義。

最讓人煩惱的保險領域應該是長期照護相關的保險，過去十年來，這類保險的保費已大幅上漲，但理賠給付卻日益縮減。對退休老人來說，最穩當的狀態是累積足夠自我保險的資產。

不要為了投資的目的而購買保險產品。雖然這些產品具有延稅的好處，卻得付出高手續費、巨額退保費用，以及給付金額降低風險等代價。不僅如此，這些產品多半只受州政府的法律監理，而相較於聯邦政府的證券經紀公司監理規定，州政府的法律通常容許較高程度的不道德作業。

避免投保變額萬能壽險保單，這是一種非常燒腦、費用很高且違約罰款風險極端高的複雜產品。

另外，也要避免投保終生壽險或萬能壽險，這類保險的成本通常比定期保險高很多。由於這種保險的手續費錯綜複雜，且可能會收取退保罰金，所以不如把那些保費投資到由穩健的低成本股票指數基金與債券指數基金構成的投資組合，成果會好很多，尤其如果是透過IRA個人退休帳戶投資指數基金，還能獲得延稅的好處。

不惜一切代價避免購買固定指數年金（fixed indexed annuities），千萬別被這種年金的名稱給愚弄了。把固定指數年金當成股票指數基金，就好像把《教父》裡的黑手黨教父唐・柯里昂（Don Corleone）當成天主教徒一樣愚蠢。沒錯，固定指數年金的報酬率的確是和一項特定的股價指數（通常是史坦普500指數）連動，但由於年金本身針對它的年度報酬率設定上限，所以，這種年金的長期報酬率遠低於它所連結的指數。這種工具為了達到永不虧本的目的而在指數表現最好的年度設下報酬上限，問題是，絕大部分的資本增值是來自那些年

度，不僅如此，這類年金在計算績效時，還把股利排除，問題是，投資股票的報酬除了來自股票的資本增值，也來自股票所發放的股利，將股利排除無異是非法吸走投資人理應獲得的一部分報酬。何況這些保單還都設有提前終止與交易罰款。

如果你不幸已經在保險業務員的慫恿之下買了固定指數年金，應該要試著釐清我同事亞倫·羅斯（Allan Roth）所提出的以下六個疑問*：

1. 這檔固定指數年金的報酬率上限為何？有些上限甚至只有4.5%。

2. 保險公司未來是否有權調降這個上限？

3. 這項報酬是否不包括該股價指數所發放的股利？

4. 如果我將這檔年金變現，所有稅金都必須在我賣掉它時一次繳交嗎？

5. 我領到的某些給付是不是屬於部分本金的返還？

6. 是否會收取撤銷罰款？

雖然我們已經條列了很多不宜投資的保險產品，市面上還是有非常多可能讓容易上當的客戶吃虧的其他產品。不要為了籌措遺產稅稅金而購買人壽保險，因為經過保險公司和保險代理人的七折八扣後，最終的理賠金額幾乎都不夠支付稅金。保險業務員是操縱人類心理的高手，他們總是用精心策畫的說詞來刺激我們的爬蟲類腦，引誘我們購買他們的產品，例如：你難道希望你最愛的家人窮苦潦倒嗎？你不想避稅嗎？你不想擁有永遠不會失效或過期的人壽保險嗎？你不想在已排除下跌風險的情況下獲取股票報酬嗎？

---

* 引用自亞倫·羅斯，「購買固定指數年金前應釐清的六個疑問」（"6 Questions to Ask Before Buying a Fixed Indexed Annuity," https://www.cbsnews.com/news/six-questions-to-ask-before-buying-a-fixed-indexed-annuity/）。

第十三章摘要

　　雖然整個金融產業已經不像過去那麼危險，但你還是有必要提高警覺。

- 很多全國性證券經紀公司如富達與嘉信（Schwab）提供了不少低成本的投資選項，而且他們的顧客服務非常好。你可以透過這兩家公司購買它們自家公司發行的低成本指數基金、其他公司的 ETF，並免費參與國庫債券標售。它們提供的這些選項純粹是為了招攬客戶上門的「帶路貨」，就像要價只有 19 美分的喬伊商人（Trader Joe's）香蕉乾。證券經紀商推出這種超低價產品的目的，只是為了吸引你上門，指望你能進一步購買讓它們獲得更多利潤的服務，尤其是需要由代表人員提供建議的那類服務，還有牽涉到股票、債券和選擇權交易和／或高成本的主動管理型共同基金等。另外，無論是在什麼情況下，都不該和不提供低成本服務的「獨立證券經紀」公司打交道。

- 只能基於保險的目的購買保險產品，千萬不要為了投資而購買保險產品，而且，一旦你擁有足夠資產為你的另一半和被撫養子女提供保障，就不要再把錢浪費在保費上了。

- 如果你有能力處理你自己的帳戶和交易，但又覺得偶爾需要建議，那就採用以時數計費的顧問服務。而如果你需要建議，**也**需要持續不間斷的管理服務，可以採用每年**全部**費用（包括共同基金手續費）不超過 0.5％的機器人顧問或真人顧問。要求你的投資顧問簽署一份信託宣誓書。最後，無論如何都不要找會收取銷售佣金的投資顧問。

第十四章

漸入佳境的共同基金圈

　　誠如前述，目前的證券經紀商產業已經不像過去那麼惡性重大，而金融產業的第二根支柱——共同基金業——如今對待小型投資人甚至更加友善。雖然這個戰場上還是充斥非常多威脅，但如今我們已經比過去更能輕易規避那些威脅了。

⌒

　　共同基金——集合眾人資金，再分散投資到許多股票和債券的投資組合——最初是在十八世紀末的荷蘭出現，但直到二十世紀下半葉，它才終於成為金融市場上的要角之一。在一九二九年大崩盤前一段時間，高盛打造了許多槓桿式投資信託基金，市場崩盤後，這些信託基金也幾乎隨即瓦解，以災難般的結局收場。基本上，這些信託基金相當於當今的「封閉式」（closed-end）基金。那批高盛信託基金的瓦解，是促成一九四〇年投資公司法案的重要誘發因素，而這項法案的通過，則為整個共同基金業開啟了全新的一頁，它促使相對較沒有疑問的現代「開放式」（open-end）基金領域快速擴張。這種開放式基金的發行公司能在投資人想要購買或出售那些基金時，創造新的單位數或收回新的單位數。自從這項法案通過後，基金醜聞和運作失靈的情況就相對較少發生。

　　一九五〇年代以前，共同基金在投資領域的占比非常小，且幾乎停滯不前，整個產業的營運非常保守，年度收費也大約只有0.5％。遺憾的是，當時幾乎所有基金都會根據最初銷售價格收取7％

至9％不等的前收型銷售佣金（front-end sales load），所以，即使每年例行收取的費用很低，投資人得負擔的總費用率卻很高。在當時，整個共同基金圈子的資產管理規模只有大約50億美元，其中完全不收取前收型銷售佣金的基金（也就是不收佣金的基金）只占50億美元的區區幾個百分點。其中史嘉德史蒂芬＆克拉克（Scudder, Stevens & Clark）公司的平衡基金與普通股基金是這類免收佣基金的先驅，這兩檔基金分別成立於一九二八年與一九二九年。[1]

因此，第一個必須規避的共同基金陷阱，就是遠離會收取銷售佣金的基金。銷售佣金通常是在事前收取（A級單位數〔Class A〕是在購買基金時支付），但這種手續費也可能是在事後收取（B級單位數是在出售基金時支付）或持續收取（C級單位數）。如果你購買收佣型基金，你不可能從那筆銷售費用得到任何好處，因為這些錢全都會進到股票營業員／業務員／證券交易商口袋，還不如不投資。事實上，平均來說，即使排除銷售佣金的影響，收佣基金的績效還是些微落後不收佣的基金。[2]

極速基金推銷法

蔡志勇的曼哈頓基金在一九六〇年代崩潰後，有整整幾十年的時間，共同基金圈猶如陷入萬劫不復的境地，尤其是富達公司在一九八〇年代發明「極速基金推銷法」（gunning the fund）之後，情況更是加速惡化。精選科技基金（Select Technology Fund）或許是這一波現象中最令人遺憾的例子。這檔基金曾在一九八三年年中創下了連續十二個月報酬率高達162％的亮麗紀錄。

但即使到這時，行事風格猶如隱士一般的富達集團老闆愛德華・強森三世（Edward Crosby Johnson III，暱稱「奈德」〔Ned〕），還是不太有意願為他公司的基金打廣告。不過，在一位助手的極力勸說下，他終於改變心意，並指示精選科技基金的年輕基金經理人凱森

和《錢》（*Money*）雜誌合作打造一篇封面故事；為此，凱森還頂著二月中的冷冽天氣，拿著一把壁球球拍且穿著短褲，有模有樣地在波士頓戶外拍攝封面照片。

這篇文章的標題是「如何投資共同基金——在波濤洶湧的市場上，共同基金是最安全且最妥當的投資方式」。接下來短短幾個星期，果然有許多新投資人投入了極度大量的資金到科技精選基金，它的規模因此暴增為原本的三倍，達6億5千萬美元，就當時而言，這樣的流入金額已堪稱天文數字了。

但凱森本人並不那麼欣喜若狂。因為這股強大的資金流入造成了明顯的衝擊成本，換言之，這導致他偏愛的小型企業股票的交易成本遽增。不久之後，科技股市場崩盤，這一批新基金持有人也因此付出了昂貴的「資本市場大學」學費。[3]

這個結果充分凸顯出某些人所謂的「共同基金快樂階級論」。基金公司霸占了這個金字塔頂端的位置。不管精選科技基金的績效是好還是壞，富達基金都能就該基金約6億5千萬美元的基金規模，先收取超過1％的管理費和3％的前收式銷售佣金。精選科技基金的經理人就沒那麼開心了，因為他得想辦法把一大堆資金投資到市場上的一個渺小的角落，這件工作可沒那麼簡單，不過，這是他成了超級明星並獲得優渥加薪待遇後必須付出的代價。

投資人則屈居這座金字塔的底部。隨著基金經理人的表現與聲望快速褪色，精選科技基金的投資人可說幾乎一無所獲，甚至發生損失。不管是任何一家基金公司碰上自家基金人氣水漲船高的這類情境，應該都難以抗拒藉機提高管理費的誘惑，而選在這種時刻蜂擁投資這種基金公司的人，最終很可能只是把資金虛擲到一個已經作頭的產業部門或投資風格而已。何況，當基金不得不把投資人投入的大量資金投資到市場上時，勢必會造成極大的市場衝擊成本，從而對投資人造成另一種傷害。

精選科技基金在一九八三年與一九八四年獲得近10億美元的挹

注後，科技股市場卻迅速冷卻下來，整個科技股族群接下來六年的績效，平均每年落後史坦普五○○指數20％。到一九八九年時，富達精選科技基金的資產降至只剩區區7千100萬美元。不過，也就在這時，精選科技基金的績效終於翻轉向上，而且漸漸再次累積更多資產。到在一九九○年代末期的科技泡沫期間，它的資產規模終於又回到10億美元的水準。一九九八年那一年，該基金的績效比史坦普五○○指數高66％，而隨著網路狂熱在一九九九年進一步延燒，它的績效更超越史坦普五○○指數約96％。於是，在接下來十二個月裡，精選科技基金的資產規模再次暴增，成為原來的五倍，達到52億美元，只不過，資金流入的暴增，又正巧碰上了二○○○年的科技股崩盤。

　　精選科技基金的故事證明了資金的流動總是有悖常理──資金的流動象徵著反向指標。表現優異的市場產業部門基金當然傾向於吸引大量資產流入。以產業用語來說，這些大量資產流入就是所謂的熱錢：也就是天真無知的投資人基於基金過去的優異績效而投入的大量資金。不過，優異的過往績效往往是兩個幸運因素的綜合影響：產業部門本身的表現與基金經理人的選股本領。

　　而當熱錢大量湧入一個市場部門，往往預告著那個市場部門已經來到頭部價格水準，即使那不代表頭部價格，過多熱錢的流入還是必然會拖累基金的績效，因為此時基金不得不將它收到的大量資金配置到現有的企業股份，而現有企業股份的數量是固定的，當基金大規模買進，會使那些股票的價格水漲船高，從而墊高基金本身的持股成本。過去四十年來，富達精選科技基金的表現並不是太差，它的績效和同產業部門的其他科技基金相仿，而科技部門的表現也比大盤稍微好一點。不過，只有在考量「時間加權」（"time-weighted"，也就是指基金本身的報酬率）後，我們才能認清它的表現是否真的那般可圈可點。熱門基金的基金單位數持有人總是會追高殺低，例如在科技股市場頭部位置投入大量資金到科技股基金，並在科技股崩盤期間抽回

資金，所以，那些基金單位數持有人本身的「內部報酬率」，自然顯著低於基金本身的報酬率。

這是基金產業更普遍可見的現象之一，一般的共同基金投資人本身的蹩腳進出場時機決策，導致他們的報酬率比他們投資的基金低1％至1.5％。通常當一項資產類別愈熱門，相關基金的投資人和基金本身的報酬率落差就愈大，鮮少有例外。晨星公司的羅素・基奈爾（Russell Kinnel）所做的一份研究發現，大型價值型股票基金向來較不活躍，所以這類基金的上述報酬率落差只有0.4％，相較之下，大型成長型股票基金雖較令人趨之若鶩，它們的這項報酬率落差卻高達3.4％。諸如凱森所管理的那類的科技股基金的投資人與基金本身之間的這項報酬率落差，最多甚至曾高達13.4％。[4]

在這個數位時代，社群媒體是非常高效率的共同基金推銷管道，它們遠比老舊的投資公司廣告強得多。畢竟如果基金公司本身擁有一百萬名推特粉絲，哪還需要買廣告？

資金的流向凸顯出投資人和基金公司之間的利益衝突。就像證券經紀公司存在的目的是為了讓客戶盡可能頻繁交易、保險公司銷售的產品絕對績效落後（因其費用與複雜性所致），基金公司也只為一個目的而存在：盡可能蒐羅最多的資產，完全不管它們管理的那些資產獲得多少報酬率。

最後，我還是不得不提一下晨星的「購買不得寵基金」（"Buy the Unloved"）策略。由於晨星公司位於芝加哥，它的很多職員都是芝加哥小熊隊的粉絲，所以他們似乎特別偏愛輸家。晨星公司每年都會篩選各基金類別的資金流入與流出狀況，並衡量三大最得寵與三大最不得寵的基金類別的三年平均績效。在一九九四年至二〇二一年間，「不得寵」的基金類別創造了11.9％的年報酬率，相較之下，「得寵」的基金類別則只創造了6.7％的報酬率。由這個數字也可見，不得寵基金類別的績效同樣輕鬆擊敗了國內與國際的大盤指數基金。[5]

但我個人其實不建議採用這個策略，因為這個策略可能導致你

遠遠難以達到分散投資與分散風險的目的。儘管如此，得寵的基金類別絕對是體現「盲目追逐績效」有多危險的好例子，而且，上述現象也充分說明了各個資產類別有「均值回歸」（即經過一段表現惡劣的時期後，績效將轉趨良好，反之亦然）的固有危險傾向。

當共同基金妖魔化：變額年金

變額年金（variable annuities，譯註：又稱證券型年金保險）融合了保險和投資的特性，這種產品堪稱收佣型共同基金的近親。變額年金和收佣型基金一樣，多半都會收取高額的銷售手續費，並逐年持續收取保險費用，這些費用加起來，經常比收佣型基金的費用率更高。

這些產品通常不是為了讓買方受益，而是為了讓賣方得利。雖然這類產品的好處是：除非你贖回這些產品，否則就能在免稅的條件下享受複合增長的利益，然而，你因此而產生的免稅利益，通常遠遠比不上這些產品林林總總的費用。雪上加霜的是，大部分的變額年金都是透過保險經紀人、財務規畫顧問或退休帳戶的股票營業員銷售（譯註：他們都收取高額的銷售佣金），而退休帳戶本來就沒有延稅的必要。且讓我們看看幾十年前某個這類產品在《財務規畫》（*Financial Planning*，這是投資顧問同業公會出版的刊物）雜誌上刊登的廣告：

> **這是一種不斷繼續付錢的年金**
> 繼續付錢
> 繼續付錢
> 繼續付錢
> 繼續付錢……

這則廣告接著又繼續解釋，那項產品付給了業務人員4%的前收

型佣金，外加每年1%的「後續」獎勵費用（"trail" fee）。總之，這則廣告不斷鼓勵《財務規畫》雜誌的投資產業讀者（譯註：即這些產業的從業人員）「設法了解更多和這類年復一年不斷付錢的年金有關的資訊。」[6]猜猜是誰年復一年不斷付錢？當然是客戶。

不過，在一個特別的情境下，或許你可以考慮投資變額年金：年齡四十歲以下、未持有避稅型資產，且想要持有REITs或高收益債等低稅負效益資產類別的曝險部位的投資人——但前提是，你必須透過低成本產品取得，例如先鋒集團透過泛美公司（Transamerica）銷售的產品。如果你不幸被這個產業的不良行為者發行的高成本變額年金困住，可以考慮採用國稅局的1035轉換條款（1035 exchange），把資金轉移到一個有低成本產品提供者（如先鋒集團／泛美公司、富達或德明信公司）的帳戶。

一般來說，避開收取銷售佣金與手續費的共同基金與變額年金準沒錯。只能買真正不附帶任何型態的手續費（包括12b-1費用）的零佣金基金和年金。如果你能盡可能遠離保險業務員，那就更好了。

———

從本書前一版在二十年前出版迄今，共同基金業已變得對投資人更友善，原因有二：

第一個原因和約翰・柏格的非凡故事息息相關，我們在第三章短暫提過他，他在一九七四年讀到了保羅・薩謬森的「做判斷時所面臨的挑戰」一文後，便熱中於此。當時的柏格正為了他的專業生涯而努力打拚。一九六〇年代初期，剛從普林斯頓大學畢業不久的他，在聞名遐邇的威靈頓管理公司（Wellington Management）找到人生第一份工作，並一頭栽進「沸騰年代」那種狂熱的資產管理風格。

那時才初出茅廬的柏格，對法馬、夏普和其他前輩的開創性研究成果還一無所知，所以，他積極買進那個時代最得寵的熱門股，包括全錄、IBM、雅芳（Avon）和寶麗來等股票——也就是外界合稱

的「閃耀五十」股票。他帶著那一腔搞錯方向的熱情，和一家藝高膽大的波士頓科技分析公司──Thorndike, Doran, Paine & Lewis公司聯手將威靈頓管理公司原本一向保守的旗艦產品「威靈頓基金」轉型為一個追求高績效的投資工具。幾年後，閃耀五十股票崩跌，並對威靈頓基金造成重創，該公司的波士頓合夥人也因此解雇了柏格。

　　不過，威靈頓基金管理公司挑錯開除對象了。在那樣一個節骨眼，如果是其他大多數的基金經理人，理應寧可先韜光養晦一段時日，多陪陪家人，之後再慢慢回歸投資產業，但柏格並不做如是想。回顧一九五一年，柏格的普林斯頓大學畢業論文正好是以共同基金行業為題，這是個令人欣慰的巧合，也代表基金經理人圈子裡，鮮少人像他那麼了解這個行業的遊戲規則──即一九四〇年的投資公司法案──的來龍去脈。這項法案規定，一檔基金本身的董事不能兼任為它提供顧問服務的公司的董事，以威靈頓基金的例子來說，它的顧問服務公司正是威靈頓管理公司。幸好該基金只有幾位董事在這家管理公司任職。歷經幾個月的激烈辯論與攻防，威靈頓基金終於宣布從威靈頓管理公司獨立出來，到一九七四年九月二十四日，先鋒集團正式成立，並由柏格負責掌舵。

　　就這樣，柏格瞬間掌握了自主權，並得以暢所欲言地對最初不懂得賞識他的想法的大眾，訴說他內心深處的願景：一個偉大的投資公司烏托邦──也就是柏格眼中的世界。

　　打從一開始，這家新公司就展現了柏格個人的革命天分，在基金產業建立了一種前所未見的所有權結構。這項創舉包括成立一家專責管理基金帳務與基金單位數持有人交易的「服務公司」，而這家服務公司的所有權屬於基金本身。由於這家服務公司──即先鋒公司──是百分之百隸屬基金所有，而基金又是百分之百隸屬它的單位數持有人所有，所以，實質上來說，基金的單位數持有人就是先鋒公司的老闆。就這樣，先鋒公司成了史上第一家真正的「共同」基金公司──由基金單位數持有人共同持有的公司。先鋒公司既然採用了這

樣的所有權結構，自然就沒有誘因剝削它的顧客了，因為那些顧客也是先鋒公司的老闆，就這樣，先鋒公司的唯一要務自然是盡可能降低成本。

還記得薩謬森那一席有關共同基金的名言嗎？他說：「因為酒吧裡只留一個位置給一位有節制的人，而且那個位置是在吧台後方，而非吧台前方。」[7] 換言之，共同基金的最大利潤並非來自投資基金本身所獲得的利潤，而是來自管理與銷售基金的利潤。柏格為了挽救他的職業生涯而說服威靈頓基金的董事會同儕捨棄那些利潤，把威靈頓「共同化」（mutualizing）。此外，柏格也根據薩謬森的隱喻，把共同基金的單位數持有人從吧台前方轉移到吧台的後方。

這個共同化結構——也就是顧客成了為他們提供服務的公司的老闆——本身並不是什麼新概念，這個作法在人壽保險業並不罕見。不過，在當時的共同基金業，這個概念卻是聞所未聞。（近幾十年，先鋒基金也在海外開展基金業務，可惜先鋒的海外基金單位數持有人並未能受惠於這個共同所有權結構。）

柏格個性複雜但幹勁十足，他常為了達到目的而不惜推翻他曾說過的話。舉個例子，一九六○年的柏格還在威靈頓基金擔任分析師的職務，當時，年少輕狂的他以筆名約翰·阿姆斯壯（John B. Armstrong，可能是發想自他曾擔任保險業高階主管的外祖父菲蘭德·阿姆斯壯〔Philander B. Armstrong〕，他老人家曾在十九世紀末對這個產業的腐敗慣例提出嚴厲的指責），在《財務分析師雜誌》（*Financial Analysts Journal*）寫了一篇對被動式管理概念極盡揶揄之能事的文章。誠如傑森·茲維格向身兼作家與分析師的艾瑞克·巴丘納斯（Eric Balchunas）所言：

> 對於傑克（編按：即柏格），我最鍾愛的理論是他把自己塑造為局外人的角色，就像是誤闖叢林的小白兔。但實際上他可是個徹徹底底的內部人，只不過他曾被逐出核心圈。早在六○年代

末期，他就已是威靈頓管理公司的經營者，那可不是一名外部人所能做到的。那有點像是國務卿或是眾議院議長的職務。當時的他不僅僅是內部人，更是核心權利圈子裡的核心大人物。但接著他就這麼被踢出來了。他如何應對這個窘境？他充分利用這個困境來造福整個社會。[8]

命運女神賦予柏格非凡的智慧與柔軟度：在先鋒集團於一九七五年展開「正牌」的基金業務時，柏格恰好讀到了查爾斯・艾利斯（Charles Ellis）在《財務分析師雜誌》發表的〈輸家賽局〉（The Loser's Game）一文，那篇文章提到，有85％的退休金帳戶績效落後股市。柏格隨即接著翻閱《維森納格投資公司》年報（*Weisenerger Investment Companies*），用手工計算各退休基金過去三十年的平均報酬率。他發現，平均來說，這份年報所列的基金，每年的績效落後史坦普五〇〇指數1.4％。所以說，只要他的基金能達到和市場相同的報酬率，就已經算有改善了，這個獨到見解促使柏格在一九七六年推出一檔追蹤史坦普五〇〇指數的指數型共同基金，最初取名為第一指數投資信託基金（First Index Investment Trust，以下簡稱FIIT）。

但事實上，FIIT並不是這類產品當中的「史上第一炮」，在柏格一百八十度大轉彎之前幾年，就有多位學術導向且精通法馬的效率市場假說的人士，分別在富國銀行（Wells Fargo）、美國國家銀行（American National Bank）以及美盛集團（Batterymarch）成立了幾檔小規模的被動管理型基金。這些基金主要只鎖定退休基金，所以籌募到的資產幾乎微不足道。如果不是在格拉斯－史提格爾法案的禁止之下，這幾家銀行——尤其是規模龐大的富國銀行——可能早就在零售型的指數型基金方面擊敗先鋒集團了。

剛開始，FIIT看起來幾乎要徹徹底底失敗了，該基金只從最初的承銷作業募集到區區1千100萬美元。這個結果讓懷疑論者見獵心喜，並用「柏格的蠢行」來挪揄FIIT。其中最不友善的評論當屬富

達基金的奈德‧強森（Ned Johnson）在《波士頓環球報》（*Boston Globe*）上發表的一席話：「我不敢相信絕大多數的投資人會滿足於獲得一般水平的報酬率，畢竟這是一場追求最高報酬率的賽局。」[9]

　　不管是在當時或現在，先鋒集團的共同化所有權結構都是共同基金產業的獨特存在。從事後諸葛的角度來看，根據夏普提出的「主動管理的數學」動態，FIIT後來的成功好像幾乎是注定的：儘管就短期來說，它每年相對主動管理型基金大約1％的費用優勢小到難以察覺，但經過較長的時間後，基金經理人相對績效的隨機雜音就會被消除，指數化的費用優勢則會被凸顯出來。誠如媒體工作者兼作家喬納森‧克雷蒙所言：「績效來來去去，費用卻是永遠的。」[10]

　　就這樣，算術和統計學的簡單組合透過一個勢不可擋的良性循環，像慢動作影片般緩慢地發揮它的作用。後來，FIIT被更名為五○○指數基金（500 Index Fund），更名後的五○○指數基金吸引了更多資產流入，最後終於達到經濟規模；影響所及，該基金的費用率也從一九七六年一開始的0.66％進一步降低。接下來，該基金持續降低的費用率，使它績效領先競爭對手──其他主動管理型基金──的差距繼續擴大，這又為它吸引了更多資產流入，而更多資產又進而促使費用率進一步降低，並使它的績效優勢繼續水漲船高。到二○二二年年底，這檔基金的費用率僅剩0.04％，而該基金的ETF型單位數的費用率更只有0.03％。

　　五○○指數基金的成功讓先鋒公司大受激勵，並開始推出其他被動投資工具，最初是一九八六年的全體債券指數基金（Total Bond Index Fund），其次是一九九二年的全體股票市場指數基金（Total Stock Market Index Fund）。後者鎖定在美國市場上交易的所有股票，不僅僅是史坦普五○○指數的成分股（這些成分股會不斷調整）。

　　隨著愈來愈多指數基金吸引愈來愈多的資產流入，這類基金相對主動管理型基金的優勢也變得更明顯，於是，許許多多追蹤各式各樣指數的基金應運而生，項目之多，令人眼花撩亂。一九八八年時，

富達公司的奈德・強森眼見富達基金的資產嚴重被先鋒基金瓜分，又驚又懼的他決定發行自家的指數基金，並希望以柏格投入職場以來最優渥的條件延攬他加入富達，但柏格並未被打動。到二〇一八年時，富達基金更導入了一系列**零費用**的雨傘型指數基金，迫切希望以較高邊際利潤率的產品，吸引買家對富達公司的青睞。

圖14.1說明了指數基金資產爆發性成長的歷程。

圖 14.1　主動管理型基金與指數型股票基金的資產規模變化軌跡

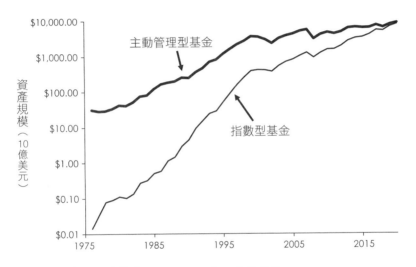

資料來源：麥可・諾蘭（Michael Nolan），先鋒集團

到二〇二二年年底時，指數型的股票基金資產已大約和主動管理型基金的資產規模相當。（主動型基金的資產也增加了，但增加的資產全是來自基金的投資報酬。從二〇〇六年起的每一個年度，主動管理型基金的淨資產都是流出的，而且流出的資產是流向指數基金。）到二〇二二年年中，世界排名最大的兩家資產管理公司分別是貝萊德公司（該公司的主要產品都是被動型產品）和先鋒集團，而且它們的資產規模遙遙領先其他同業。名列在後的同業是瑞銀集團（UBS）和富達，這兩家公司的資產管理規模大約只有前兩大同業的

一半，緊追在後的是道富公司（State Street），它也是以銷售指數型產品為主。[11]

　　柏格經由他在威靈頓／先鋒基金推動的開創性改革，把原本可能流進他自己口袋與其他被迫和先鋒基金的低費用結構競爭的共同基金公司的數十億美元潛在利潤，轉移到了顧客的口袋。儘管他少賺了很多錢，但二〇一九年過世的柏格並沒有窮苦潦倒而亡。

主動管理型基金謊言

　　誠如你可能也猜到的，共同基金產業並不樂見指數基金來搶食它的大餅，所以，這個產業設想了無數理由來辯解為何投資人不該投資指數基金，其中，奈德．強森強調，投資人不該滿足於一般水平的績效，桑佛伯恩斯坦公司（Sanford C. Bernstein & Co.）則愚蠢地表示，投資指數基金是「通往奴役的無言道路：為何被動型投資標的比馬克思主義還糟。」[12]（我和這家投資公司沒有任何關係。）

　　無論如何，很多人迄今還是執迷不悟地懷抱著一個毫無根據的觀點，認為主動管理型基金能在空頭市場為它們的投資人提供保護，這是徹底錯誤的認知。史坦普公司每年都會製作共同基金年度績效計分卡。二〇〇八年的版本分析了二〇〇〇年至二〇〇二年還有二〇〇八年的空頭市場期間，指數基金與主動管理型基金的相對績效。不管是上述哪一個期間，總計十二種基金類別中，共有高達十一類基金裡的主動管理型基金的績效落後它們的比較基準（譯註：而指數基金的績效和比較基準相同，只是扣除些微的管理費用等）。[13]

　　當學校的老師向學生解說效率市場假說時，學生通常會問：「但是教授，如果每個人都只投資指數，價格難道不會失衡，並導致資產配置失當，最後傷及經濟體系嗎？」

　　這個疑問看似理性，但如果你了解到真正重要的不是有多少百分比的資產被指數化，而是多少百分比的**交易**被指數化後，就會知道

這個疑問並不合理了。由於主動管理型基金的交易頻率大約是指數型基金的十倍，所以，就算只有10％的基金是由主動管理型的經理人管理，這些基金的交易占總交易活動的比重還是會高達一半左右。那樣就絕對足以維持有效率的價格發現（price discovery）了。[14]

另一個和指數化的興起有關的謠言是：到了某個時點，市場將會變得嚴重失衡，並使主動管理型經理人得以蓬勃發展且創造佳績。不過，這個狀況在數學上是不可能發生的。就算被動型投資人持有99％的股票市場，剩餘1％的市場還是會和整個市場一模一樣，而一般的主動管理型經理人還是只能繼續獲得未指數化的那1％股票的市場報酬率──而且一樣得扣除基金本身的費用。[15]

不過，談到指數化的勝利，倒是有一個更嚴肅的問題值得關注：即三大指數型產品發行者──貝萊德、先鋒與道富──可能帶來的政治與經濟威脅，因為這三大發行者共持有大約一半的美國股票市場股份。柏格在過世前也承認，鑑於這三大發行者擁有我先前描述的那種不斷自我強化的經濟規模之利，所以幾乎不可能有任何新介入者有本事挑戰這三巨頭。

此外，股權高度集中的狀況有可能會導致美國財富與所得分配不均的情況惡化，並使愈來愈常見於電信業、航空業與科技領域的那種「贏家通吃」現象變得更加集中。不過，這個問題已遠遠超出本書的範疇。有興趣的讀者應該查閱哈佛大學法學院教授約翰・寇茲（John C. Coates）的「公司治理的未來，第一部：十二隻黑手的問題」（The Future of Corporate Governance Part I: The Problem of Twelve）。[16]

指數基金勢如破竹的發展

此時此刻，指數股票型基金（ETF）已橫掃整個基金圈。從很多方面來說，這些共同基金和過去的封閉式基金（CEF）很相似。舊式的封閉式基金早在一個多世紀前就已問世，這些基金是由全天候在

股票交易所掛牌交易的股票和債券投資組合組成，只不過，舊式封閉式基金和ETF之間有三個重要的差異。首先，絕大多數的ETF是被動型基金，也就是指數基金；但封閉式基金是主動管理型基金。第二個差異是，封閉式基金的價格相對它持有的證券的淨資產價值（net asset value，以下簡稱NAV），有可能呈現巨額的折價或溢價，不過，ETF則不同，因所謂參與券商（authorized participants，這些券商也會發行或清算ETF股份）的套利者存在，所以ETF的市場價格都非常接近它們的NAV。參與券商隨時都準備好要在特定ETF的交易價格低於它的NAV（即呈現折價狀態）時，買進該ETF並賣出它持有的標的證券，而當ETF相對NAV呈現溢價，參與券商則會採取相反的作為。第三，封閉式基金在整個投資圈的占比非常微小，相較之下，目前ETF的資產已經超過傳統的開放式基金──包括被動與主動管理型基金──而且正逐漸取代封閉式基金的地位。

柏格直到過世那一天為止都不太怎麼認同ETF，他認為ETF是一種投機工具，「就像把一根火柴遞給一個縱火犯」。他竭盡所能地阻止先鋒基金推出這種產品，不過，基於公司章程，他不得不在一九九九年他七十大壽那一天，退出該基金的董事會。柏格的離開讓先鋒基金的指數基金工程師葛斯・索特（Gus Sauter）開始得以引領該公司進軍那個領域。

幸好柏格沒有如願。目前股票型ETF的資產已經超過傳統開放式股票指數基金的資產，原因非常多：

- 因為基金公司維護ETF的成本較低，所以ETF的費用率略低於與之相當的開放式基金。舉個例子，先鋒基金最大規模的ETF──全體股票市場基金──的費用率只有0.03％，比該基金的旗艦級開放式基金單位數的0.04％費用率低一些。
- 投資人能在多數大型證券經紀公司以免佣金的條件，持有並交易幾乎所有ETF，相較之下，如果投資人是透過證券經紀公司持有或交易其他證券經紀公司發行的開放式基金，則通常會被

收費。

- ETF 的贖回機制通常會避免造成讓某些開放式指數基金頭痛不已的資本利得分配問題，所以在稅負上較有效率。然而，ETF 稅賦利益的考量不適用於先鋒集團的基金，因為它申請了一種神祕的交易方法專利，所以，在先鋒公司，無論是 ETF 或與 ETF 相當的開放式基金，都能享受到這項稅負上的效益。

- 目前有各式各樣基金公司為想要側重價值型與小型股票的人，提供持有這種曝險部位的 ETF。這些基金公司包括德明信基金顧問公司，不過，它的開放式基金還是必須透過付費型投資顧問才能取得。

- 最重要的是，ETF 比開放式基金更公平對待基金單位數的長期持有人。開放式基金是將它們的交易成本「內化」，到頭來，基金的長期投資人等於被迫負擔了某些頻繁買賣基金的短線投資人對基金造成的成本。另一方面，ETF 卻是透過基金單位數持有人每次買進或賣出時的內盤價／外盤價價差，來將交易成本「外化」（externalize）。交易成本的外化最終消除了先鋒集團的索特和其他人的擔憂——他們原本擔心先鋒基金的資產會被迫承受「熱錢」流進與流出所造成的風險。[17]

儘管如此，要享有以上所述的種種 ETF 優勢，並非全然不用付出代價。首先，買進與賣出 ETF 時的內盤價／外盤價價差，可能足以侵蝕掉這種基金很多年的費用優勢。很多證券經紀公司——金融術語稱之為「保管機構」（custodian）——會把 ETF 的交易外包給透過內／外盤價差來牟取利潤的造市者（market maker），再由造市者將其中一部分利潤回饋給保管機構。這個作法對保管機構和造市者來說是個雙贏的業務，但對客戶來說卻是雙輸的。當 ETF 的交易量愈小，這個問題更大。舉個例子，先鋒的全體市場 ETF —— VTI —— 規模巨大，它就不會有這個問題，因為這檔 ETF 的內／外盤價差非常小，不

過，較小型ETF的內／外盤價差很可能輕易就超過0.10％。而且ETF
的內／外盤價差在一天之內的變化可能非常大，尤其是在開盤後半個
小時與收盤前半個小時左右。因此，投資人在執行所有ETF交易時
都必須非常謹慎，應該採用限價單，以免內／外盤價差徒然擴大而吃
虧。基於這個理由，美國東岸早上十點前或下午三點半過後不宜交易
ETF。

第二，買賣公司債與市政債券的ETF債券基金經常為流動性錯
配所苦，因為理論上來說，ETF本身的流動性非常高，但那些ETF所
持有的債券卻經常有流動性過低的問題。在二○○八年年底與二○二
○年三月等市場動盪期，持有市政債券與公司債的ETF──包括全
體債券市場指數型ETF──的內／外盤價差都變得非常大。在這些
時期，ETF的賣方最後獲得的成交價，都遠低於持有與ETF相當的開
放式基金的投資人，因為後者可以用同一個價格（也就是每一個交易
日下午四點鐘收盤後的NAV）買進與賣出那些開放式基金。

第三，ETF在整個交易日內都可以交易，這代表投資人面臨一個
典型的「選擇障礙」（paralysis of choice）問題：眼看著價格上下不
斷跳動，投資人必須決定要在哪個時間點啟動他的交易。傳統開放式
基金的投資人並沒有這個煩惱，因為它已經幫你做了那個決定，換
言之，不管你喜不喜歡，都得接受以下午四點鐘的價格來買進或賣
出。對很多投資人來說，ETF這種連續交易的問題經常搞得人胃痛不
已。（當然，ETF的支持者有可能提出完全相反的論述來為這種產品
辯駁：投資ETF能以自己偏好的精準價格買進與賣出，而不是被動接
受以市場收盤價買進或賣出。）

第四，一旦傳統的開放式基金累積太多資產，基金經理人就不
容易維持有效率的交易節奏，甚至可能關閉基金，就像富達公司最終
關閉麥哲倫基金，以及先鋒集團最終關閉主要資本基金（Primecap）
一樣。「資產規模過大」對全體市場基金或大型股指數基金來說不是
什麼嚴重的問題，不過，對市場上某個小型冷門領域的被動管理型指

數基金而言，這卻是個大問題。二〇〇〇年代初期時，德明信旗下的基金就曾為這個問題所苦，結果導致該公司在當時關閉了它的美國小型價值型股票投資組合。然而，ETF並沒有這種必要時可關閉基金的機制，所以沒有辦法為基金單位數的長期持有人排除這種熱錢流動的傷害。

此外，基金發行公司從來都不會排拒容易上當的投資人投入的熱錢，而熱錢流入對ETF造成的困擾可能更甚於對開放式基金的干擾。另外，由於ETF較便於交易，所以ETF的時間加權平均報酬率缺口可能會比傳統的開放式產業基金更大。舉個例子，受這個問題困擾的某些最著名（目前已關閉）的基金包括HealthShares的皮膚病與傷口護理ETF（Dermatology and Wound Care ETF），以及戴爾松（Direxion）日常農業反向三倍股份基金（Daily Agribusiness Bear 3x Shares，COWS）。後者是個特別令人震驚的例子，它是一檔放大指數每日波動的「槓桿型」基金——以COWS的例子來說，它採用和指數反向的三倍槓桿。我將在第十八章更詳細討論反向與槓桿型基金的數學特質，但無論如何，我建議應該避免投資這兩類基金。

對長期投資人來說，這兩種結構其實並沒有太大的實務差異，這些結構的作用只像是用來包裝基金資產的包裝紙罷了。打個比方，不管你用什麼顏色的包裝袋裝你的三明治，它的味道嚐起來都是一樣的。

世界上到底有沒有優質的主動管理型基金？

指數化的成效之所以能超越主動管理，關鍵原因在於成本，而非選股。理論上來說，主動管理型基金沒有任何理由無法創造跟被動管理型基金一樣好的績效。要尋找優質的主動管理型基金，先鋒集團是最好的管道，因為過去幾十年，它的威靈頓基金與威爾斯利（Wellesley）平衡型基金（大約各採60股票／40債券與40股票／60

債券）都讓它們的投資人非常受用。舉例來說，根據杜克大學的肯尼斯・蘭柯爾（Kenneth Reinker）和愛德華・陶爾（Edward Tower）所做的一份詳細研究，先鋒集團的主動管理型基金績效雖落後它的被動型基金，但落後幅度正好等於兩者的費用差異。[18]

其他還值得一提的主動管理型基金是道奇與考克斯基金（Dodge & Cox Fund）和先鋒集團的主要資本基金。過去幾十年，先鋒主要資本基金的績效略微超越史坦普五○○指數，但道奇與考克斯基金的績效則稍微落後。這兩檔基金發生這種相對績效差異的最可能原因，應該和這個時期成長型股票支配一切有關。我並不建議投資主動管理型基金，不過如果你無法抑制投資這種基金的衝動，我建議你最好還是選擇低費用率、低周轉率且已擁有幾十年歷史的主動管理型基金。舉個例子，道奇與考克斯基金是一九三一年就已成立。先鋒集團最「德高望重」的威靈頓基金以及它較保守的姊妹基金——威爾斯利收益基金（Wellesley Income Fund）——則是相當不錯的平衡型基金選擇。

第十四章摘要

■ 堅定投資指數基金。如果你抗拒不了購買主動管理型基金的衝動，也要選擇低費用率、低周轉率且擁有悠久歷史的基金。

■ 指數股票型基金的問世讓我們得以擁有非常多被動投資型工具選擇。但買進與賣出這類基金時還是必須提高警覺，而且要精選你持有這些基金的證券經紀商。

第十五章

投資春宮電影與你

　　二〇二二年市場的些許動盪，讓我忍不住嘗試撰寫每日財經專欄。只不過，為了保護無知的人，我改掉了所有當事者（公司）的名字。

市場上已無可藏身之處

海曼・哈克萊特　　　　　　　二〇二二年五月十五日

　　一切似乎都已無法正常運作。根據「擲硬幣分析研究公司」（Coinflip Analytics）的統計，年初迄今，史坦普五〇〇指數已下跌15％以上；更多人關注的「布林博整體債券市場指數」（Blimber Aggregate Bond Market Index）則下跌 14％，而投資人心目中向來最安全的投資標的──長期國庫債券──更是折損了三分之一的價值。科技股又是如何？公用事業股呢？加密貨幣有沒有比較好？還是別提了。

　　「股海翻騰自求多福財富管理公司」的股票策略分析師「保羅・偽善」表示：「目前評價過高，信用利差也擴大，而且市場對瑞典與芬蘭加入北約組織（NATO）一事感到焦慮。」他偏好擁有堅固護城河且股價已達物超所值水準的企業，例如數位通貨巨擘「轟動幣公司」和「蹦跳科技公司」。

　　今年才二十幾歲的程式設計師兼社群媒體紅人「布萊恩・小資

戶」説：「此時此刻，我擔心股票已死。」「但債券又是怎麼回事？當股票下跌時，債券不是應該為我的財富提供保障嗎？」

　　總部位於波卡拉頓（Boca Raton）的獨立證券經紀商「囧死詹姆斯公司」的經濟學家「弗瑞茲·沒著落」説：「最近市場比之前更氣虛無力。」「我們告誡客戶趕快收手，密切且敏鋭觀察聯準會的動向。」

　　傳統的 60 ／ 40 投資組合成了最近這一波股票與債券市場雙殺行情的受害者之一，有愈來愈多觀察家認為，這類投資組合已經落伍了。其中一位觀察家是共同基金巨擘「綠石公司」的投資組合長「弗里德里克·昏文奇」，他透過電子郵件告訴我：「傳統的資產類別相關性矩陣（correlation grid）已經上升到 1.0，現在必須考慮的是投資性商品以外的其他選擇。」現階段他建議的資產標的是駱駝、罕見的普魯士郵票，以及名人的肚臍絨毛。

　　我和「巨人全球資本公司」的執行長「德矇特·山崩」交換意見，正在參加達沃斯世界經濟論壇的他對我表達了更深的憂慮：「買方和賣方之間的世紀大戰正在我們眼前爆發，但世界各地的中央銀行官員卻還在亂上加亂，他們採取了一系列徒勞無功且無謂轉向的危險作為，更不斷對外放話，釋出令人感到混淆又難以理解的説法。」

　　由於散戶投資人無法為日益縮水的投資組合找到避難所，於是變得一天比一天更心煩意亂。七十九歲的退休牙醫師「帕西瓦爾·史威抖派普」之前把他的多數 IRA 資產都投入了「懶惰科技基金」，如今媒體對該基金的經理人「弗瑞德·迂腐鰓」所作的一篇報導，讓他覺得呼吸困難，並感覺自己被背叛了：「如果你連《華爾街日報》、《紐約時報》和《Kiplingers》都信不過，那還能信任誰？」

　　以上這篇文章是由二○二二年年初各大全國性報紙商業版面上的幾篇文章混搭而來，明眼人一看便知這是一篇諷刺文，因為這些公司都是我編造出來的，而且文章裡有一半姓氏是從狄更斯（Dickens）

的小說盜用來的（好吧，我承認肚臍絨毛也是盜用自他的創意）。

　　至少在過去幾個世紀，日常的「財經新聞」向來都充斥諸如此類的文章，而這類文章通常包含三個元素：

1. 對市場情緒狀態的大致說法，最常見的是描述散戶和／或機構法人投資者因近期虧損而產生的煩惱，而若是在泡沫時期，則是形容金融市場情緒對風險是如何地無所畏懼，更令人嘆為觀止的是諸如「現金正從場外持續流入」之類的說法（這個說法違背了簡單的會計原理。如果包伯用一千元向貝蒂買股票，包伯那一千元確實是從場外流進了市場，但貝蒂收到的那一千元卻會再流回場外）。

2. 無知小散戶投資人的投資組合與交易狀況，以及這類投資人在這個過程中體驗到的歡愉、痛苦、沮喪和成功感受。

3. 專業基金經理人與市場策略分析師的評述，不過，這些人的預測技巧大概介於布穀鐘和火腿三明治之間，令人不敢恭維。畢竟如果他們真的有能力預測市場方向或真的有能力選股，根本就不會免費為這類全國性刊物提供他們的看法和選股建議。

　　一九九八年時，個人理財作家珍・布萊恩特・昆恩（Jane Bryant Quinn）在《哥倫比亞新聞評論》（*Columbia Journalism Review*）中，對這種坑人不吐骨頭的現代財經報導沼澤提出了鏗鏘有力的批評。她將財經媒體的內容形容為「財經春宮電影」（financial pornography，這個形容方式後來變得非常有名），也就是眾多讓世人對選股、判斷市場進出場時機以及資產配置精靈的神話與虛妄許諾更加堅信不疑的投資報導。

　　昆恩內心的感觸比小散戶投資人和證券經紀公司那些狗屁「行家」深刻得多。她先是點出了財經媒體對名人的莫名依戀癖（fixation）：

　　　　我擔心很多商業媒體工作者已經成了加入邪教的逃家子弟。
我們對巴菲特和蓋茲說過的話深信不疑，好像他們真的很有智
慧……我們已經走火入魔。

　　三十多年來，巴菲特的臉孔可謂無人不知（過去十年，他的臉
孔更簡直變成了點擊誘餌之母）。另一方面，蓋茲的影像則被較新近
竄起的產業英雄伊隆·馬斯克（Elon Musk）和馬克·祖克伯（Mark
Zuckerberg）等人取代。但就本書的目的來說，最重要的一種財經名
人是明星基金經理人，從一開始的蔡志勇一路到麥可·凱森與比爾·
米勒（Bill Miller），乃至當今的凱西·伍德，其中，伍德更已經成了
天天出現在平面媒體、有線電視和網路上的人物。

　　昆恩的文章將財經媒體指為「掠食者與被掠食者」生態體系中
的一環，在這當中：

　　　　當我們（指財經媒體）隨波逐流地接納掠食者的觀點，我們
本身有時也可能在無意間成為掠食者。你知道的，就像是「十大
共同基金即將進場買進」、「如何在今年內大賺一倍財富」等報
導，不僅如此，人物的簡介讀起來簡直就像是粉絲雜誌才有的崇
拜文，更有為了炒股而不斷吹捧各種賺錢管道的文章。我們都曾
以某種方式撰寫或述說過這類故事。這就是投資的春宮電影——
雖然它是藝術性而非真槍實彈的色情電影，終究還是春宮電影。

　　最後，昆恩在結語部分提出了以下的衷心懇求：

　　　　但當我們也成了直接或間接的股票業務員，我們對讀者的責
任又是什麼？如果我們自己都加入這場淘金熱，而不再只是旁觀
者，我們要如何客觀中立地報導這場淘金熱？我們要如何在報導

這場驚天動地的致富熱潮的同時，避免美化那些可能造成破壞且無法持久的不當態度？[1]

　　這個問題的答案是，財經媒體工作者做不到，原因很簡單：記者可用來告知投資人買進並持有指數基金的管道非常有限。

　　姑且讓我們同情同情有房貸和學貸要還且每天都得擠出一篇文章的投資作家吧。某位匿名作家在一九九九年某一期的《財星》雜誌中，發表了一篇名為「一位前共同基金記者的自白」的文章，他在文中承認：「表面上，我們寫了一篇『應即刻買進的六檔基金！』的文章，我們看似偏好科技業等危險產業，而且似乎只醉心於一週的報酬率。然而，背地裡，我們實際上投資的卻是真正明智的指數型基金。」這篇文章繼續寫道：「我們明裡宣揚著婚姻般的買進且長期持有（buy-and-hold）方法，卻心照不宣地為類似雜交行為的熱門基金短線投機活動背書。」為什麼？因為「遺憾的是，稱頌指數基金的理性報導內容無法提高雜誌的銷售量，難以增加網站的點閱數，也無法提高尼爾森市場調查排名。」[2]

　　財經新聞工作者除了要避免陷入三餐不繼的窘境，更基於廣告的考量而不得不和整個金融業同流合汙。金融服務產業是美國第三大產業，所以，這個產業是平面媒體與電子媒體的單一最大廣告收入來源。眼見平面與網路新聞已陷入岌岌可危的處境，財經刊物當然很清楚它們得罪不起這個最大衣食父母。[3]

　　那麼，難道真的沒有任何財經新聞值得一讀嗎？幾乎沒有。不過，還是有少數幾位作家特別值得關注：《華爾街日報》的傑森・茲維格對實證財務與神經經濟學（neuroeconomics，譯註：研究人類進行選擇性決策時的生理機制）有著深入的理解，《紐約時報》的少數幾位專欄作家如傑夫・桑莫（Jeff Sommer）、塔拉・席爾格－伯納德（Tara Siegel-Bernard），以及榮恩・里耶伯（Ron Lieber）也都恪守昆恩所說的標準。

　　但整體來說，投資人最好還是不要把這兩份出版品以及其他幾乎所有金融平面媒體當一回事。在眾多一般性讀者出版品當中，只有一家能始終如一且細膩地為讀者傳遞最尖端的財務研究方法，它是《經濟學人》雜誌。可惜這份雜誌並不便宜，而且它的印刷字體偏小，很傷眼睛，如果你不夠年輕，除非用放大鏡輔助，否則讀起來恐怕很吃力。《金融時報》偶爾也有一些值得一讀的內容，不過，它只免費提供一個月的數位圖書館服務，要取得每一期的最新報紙，一年得花上幾百美元，所以，對很多人來說，它實在稱不上具有成本效益的資訊來源。

　　如果說財經平面媒體是一片坑人不吐骨頭的沼澤，那麼，財經電子媒體就是一座不斷擴建的污水廠，而這座汙水廠的總部就位於CNBC。如果說你不信有人能在一個星期內寫出五篇有用的個人理財新文章，那想必你更不可能相信有人有辦法每天始終如一地製作出長達十二個小時的重要有線電視財經內容。

　　在一九九〇年代以前，財經電視節目可說是死水一攤。除了美國公共廣播公司的《華爾街週報》（*Wall Street Week*）和《深夜商業報導》（*Nightly Business Report*）以外，鮮少媒體圈人士認為這種在電視上傳達股票與債券日常詳細狀況的節目會有多大的潛力，金融新聞網（Financial News Network，FNN）的倒閉更是印證了這個想法——該新聞網成立於一九八一年，但到一九九一年就破產，接著落入國家新聞網（NBC）手中，而NBC不久後就把金融新聞網更名為商業新聞與商業頻道（即CNBC）。

　　一九九三年時，羅傑・艾爾斯（Roger Ailes）加入CNBC，而他對電視圈的傳奇掌控力量也在這時達到如日中天的狀態。血友病和父親的家暴毀了他的童年，小時候的他動不動就為出血所苦，而且經常被迫長期居家隔離；因此，一九五〇年代的電視成了他的教室。在俄亥俄州大學求學時，他選擇主修媒體研究，而他人生的第一份工作，就是擔任某地方電視台的節目製作人員，後來約莫四分之一個世紀

裡，他都擔任共和黨籍總統的媒體顧問，其中，一九六八年時，他將尼克森打造得更討人喜歡，到一九八八年時，他更以李·艾特瓦特（Lee Atwater）的「威利·霍頓（Willie Horton）」負面廣告，幫助喬治·布希（George H. W. Bush，譯註：即後來的老布希總統）打敗對手麥可·杜卡克斯（Michael Dukakis）。

艾爾斯加入CNBC後，便隨即學以致用地將他在政治廣告方面學到的教誨，用來全面革新這個電視網的外觀和給人的感受。他一改過去的作法，不再只是用主題音樂來宣示新聞播報時段即將展開，而是加入了主播的旁白和臉部特寫。他還親自指導攝影師如何用更恰當的方式來拍攝企業高階主管的訪問，好讓他們看起來更活力充沛；另外，他也敦促節目的編劇寫出更具說服力的內容，讓觀眾捨不得轉台。不僅如此，他更派遣主播到證券交易所大廳去，以連珠砲般的說話方式報導股價走勢。他主張節目來賓愈豔麗愈好。《紐約客》（*New Yorker*）雜誌的約翰·卡西迪（John Cassidy）就曾以文字形容他的這個主張：

> 最符合他們理想的攝影棚嘉賓是一位前任選美皇后，和唐納·川普交往的她，以簡短的陳述句來報導科技股的新聞。由於可採用的豔麗女性嘉賓實在為數有限，所以導播通常不得不忍痛安排一些平日極度崇拜艾倫·葛林斯潘但英文說得不怎麼流利的中年禿頭佬上節目。[4]

艾爾斯憑藉著一己之力，把財經報導轉化為一種觀賞性的體育運動。他的直覺告訴他，觀眾內心真正偏好的其實是像棉花糖般的娛樂，而不是像菠菜那麼生澀的資訊和分析。世界上最棒的甜點莫過於能帶來無限財富的甜食。為此，他還把女主播瑪麗亞·巴蒂羅莫（Maria Bartiromo）從CNN挖角過來，再巧妙透過這位迷人的主播，把「性」和「金融」合而為一。巴蒂羅莫長得和蘇菲亞·羅蘭

（Sophia Loren）非常神似，她那明顯性感的姣好外表配上濃厚的布魯克林口音，讓她成了觀眾眼中的「金錢寶貝」。[5]

　　在艾爾斯的領導下，CNBC果然成了財經題材的高手，它將這個現代文化煉金術本領發揮得淋漓盡致，最終把乏味的主流金融世界轉化為極度成功的娛樂事業。如今，這片新沼澤把注意力集中在網際網路，而小型投資人就是透過網際網路，利用他們在CNBC獲得的「資訊」進行金融交易。

　　但這個發展對投資人真的助益良多嗎？可想而知，答案是否定的。有一份學術研究檢視了企業執行長上了CNBC的節目後，他們公司的股票價格有何反應，另外還有一份學術研究探討了知名財經節目主持人吉姆·克瑞莫（Jim Cramer，向來精力過剩的克瑞莫常在他的《瘋錢》〔Mad Money〕節目上提到一些股票）的股票推薦成果，這份學術研究的目的就是要釐清他推薦的股票究竟是否有過人的表現。我把這兩份研究的結果列在圖15.1，從這張圖可看到幾乎一模一樣的型態：在節目播出當天或隔天，受訪或獲得推薦的企業的股價相對市場上其他股票的價格都出現急漲，但接下來卻一律下跌。[6]

圖15.1　CNBC企業執行長訪問與《瘋錢》節目股票推薦對股價的影響

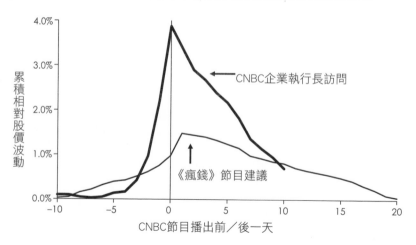

那些企業的股價在節目播出後下跌已經夠讓人沮喪了，它們的股價在節目播出前的上漲，更暗示有人在檯面下從事了更惡質的行為──說白一點，預先知悉來賓節目時間表的人，根本把CNBC的觀眾當成「韭菜」。雖然克瑞莫外表看起來有點粗魯又有點笨拙，但他可一點也不蠢，更可謂箇中高手。至少有一次，他賣掉一檔在巴蒂羅姆的節目上受到熱情吹捧的股票，接著又在幾天後趁著股價回跌時買回那家公司的股票。[7]

那麼，社群媒體有沒有比較高明？

大致上來說，現代社群媒體就像一間浪費時間的回音室（echo chamber），不過，如果你希望在第一時間取得有用的金融概念和數據，推特通常是最好的管道，只不過，必須極端謹慎，而且你得夠幸運才行。不過，大致上來說，在這個只能使用兩百八十個字元的平台上找到真正有用資訊的機率，和在你家沙發底下找到一顆希格斯玻色子（Higgs boson，譯註：又稱上帝粒子，物理學界認為這種粒子存在，但花了四十多年才透過實驗證實）的機率幾乎沒兩樣。請戒掉／避開抖音，因為這個平台似乎專門鎖定非常年輕且無知的對象。另外，也請遠離其他幾乎所有已成為時尚潮流的平台，另尋高明。

那麼，我究竟應該閱讀、收看和聆聽什麼資訊？

財經平面媒體與媒體的現況令人感到悲哀，這意味你不該浪費太多寶貴的理財時間在報紙、社群媒體或有線電視網的財經版面（但願如此）。不過，這個原則有個例外，先前曾提到的《經濟學人》和《金融時報》就是少數的例外。

如果你極端謹慎，網際網路上確實還能找到一些有用的網站，其中最主要的是柏格腦網站（bogleheads.org）上的討論版與維基

（wiki）頁面，以及喬納森・克雷蒙的 humbledollar.com，這是一個超群的網站。由於專家審查的緣故，這兩個網站的內容都非常廣博，且擁有明智的公民環境（civil environment）。[8] Investopedia.com 是另一個權威的參考網站。

YouTube 上也包含了幾乎所有金融圈頂尖高手的許多講座／演說內容，不過，這些寶藏遍布在浩瀚的不實資訊廢棄荒原裡，所以，在瀏覽網路內容時，請務必步步為營，因為只要不小心點擊到幾個錯誤的連結，就可能落入匿名者 Q 陰謀主義者或加密貨幣擁護者的陷阱。在我透過本書提及的名號當中，我本人會搜尋的人包括約翰・柏格、尤金・法馬、肯尼斯・法蘭奇、喬納森・克雷蒙、茲維・伯迪、威廉・夏普、伯頓・墨基爾、查爾斯・艾利斯，以及傑森・茲維格。

值得參考的財經播客（podcasts）非常多。首先是《經濟學人》的每週「財富論壇」（Money Talks），以及美國國家公共電視的《全球金融》（*Planet Money*），只不過，後者的報導內容雖然絕對有一等一的水準，卻多半只和經濟學有關，與投資相對較無直接的關連。瑞克・斐利的《柏格腦》（*Boglehead*）播客訪問則主要只涵蓋被動投資。我高度推薦的另一個財經播客是巴瑞・里索爾茲（Barry Ritholtz）在彭博社的《商業大師》（*Masters in Business*）。播客是一個快速演進的領域。為了避免你的耳朵過度疲勞，還是必須謹慎管理快速增加的這類優質音訊。

研究共同基金。本書討論的所有基金公司都有非常成熟的網站，從中可查詢到基金的基本資料，例如手續費與其他費用，還有基金的年報與半年報，基金的持股明細表都揭露在這些報告裡。

如果你現在正在研究非常大量的基金，直接上各個基金公司網站找資料可能很費事。這時最好的作法就是上晨星公司的網站 Morningstar.com。使用這個網站的搜尋功能找到你感興趣的基金的主頁，接著點擊「費用」與「投資組合」標籤，就能查到基金的費用率與基金持股的詳細資料。點擊「績效」標籤，能得知該基金短至單

日、長至十五年等期間的報酬率，另外，可點擊「圖形」標籤，比較許多不同基金在特定時間間隔內的報酬率差異。

最好的方法則是假裝現在是一九八九年，**認真讀點書**。我的研究歷程是從以下這些書籍開始的：

- **金融理論**。約翰・柏格的《共同基金必勝法則》（*Common Sense on Mutual Funds*）與伯頓・墨基爾的《漫步華爾街》是必讀的，如果（且唯有如果）你醉心於金融，可拜讀以下幾本經典之作：歐文・費雪的《利率理論》（*The Theory of Interest*）以及班傑明・葛拉漢的《智慧型股票投資人》，或甚至葛拉漢與陶德合著的《證券分析》，麥格羅希爾公司在二〇〇二年再版了這本一九四〇年經典著作。

- **金融史**。我建議閱讀愛德華・錢思樂（Edward Chancellor）的兩本書：《金融投機史：人性的試煉、傻瓜的盛宴、資本主義的嘉年華》與《時間的價格》（暫譯，*The Price of Time*），前者是他對泡沫與恐慌的描述，內容相當輕鬆有趣，堪稱一本無與倫比的著作，而後者則是以華麗的筆觸，描述從巴比倫到貝佐斯的金融史。弗瑞德・休威德（Fred Schwed）的《顧客的遊艇在哪裡》（暫譯，*Where Are the Customers' Yachts*）一書，則像是為錢思樂的蛋糕增添風味的糖霜，這本書以另類的方式，讓你了解到投資領域有多麼一成不變，讀完保證你捧腹大笑。約翰・肯尼斯・高伯瑞（John Kenneth Galbraith）的《金融狂熱簡史》（*A Short History of Financial Euphoria*）也是娛樂效果十足的搞笑金融史。

- **金融心理學**。傑森・茲維格（Jason Zweig）的《投資進化論：揭開投腦不理性的真相》（*Your Money and Your Brain*）、摩根・豪瑟（Morgan Housel）的《致富心態：關於財富、貪婪與幸

福的 20 堂理財課》（*The Psychology of Money*）以及喬納森・克雷蒙（Jonathan Clements）的《金錢超思考》（*How to Think About Money*）等，都是非常棒的書籍。（資訊充分揭露：我為克雷蒙的這本書寫序。）

- 金融產業。請讀赫蓮恩・歐倫（Helaine Olen）的《省小錢、花大錢》（暫譯，*Pound Foolish*）以及提摩西・哈波（Timothy Harper）和某位匿名營業員寫的《偷竊的執照》（暫譯，*License to Steal*）。建議在閱讀第二本書時保持空腹。

- 綜合主題。《鄉民的退休規畫指南》（暫譯，*The Bogleheads' Guide to Retirement Planning*）能為你的投資生涯提供非常寶貴的路線圖。如果你是醫師，則應該讀讀急診室醫師吉姆・達利所著的《白袍投資人》（暫譯，*White Coat Investor*），而如果你的子女打算念醫學院，更應該在他／她去報到前把這本書送給他。

第十五章摘要

- 關掉電視機。
- 別看報紙的財經版面。
- 把多數精力放在我提到的幾位備受推崇的作家所寫的書。在亞馬遜網站或本地實體書店找書時，一定要特別謹慎——無論是實體或網路書店，都像是引人迷途的原始叢林，因為裡面有一個柏格、墨基爾和錢思樂，就會有一千個假內行的「庸醫」。千萬別選錯書了。
- 閱讀《經濟學人》的金融版面。
- 收聽有聲望的金融學術界人士的播客訪問，或是在 YouTube 上尋找他們的演講視訊。
- 避免收看企業高階主管、市場策略分析師與投資組合經理人的訪問內容。

投資策略

整合思考 贏家的遊戲

　　現在，我們已經一一探討過投資的理論、歷史、心理學與產業，所有努力將在最後這一部得到回報。我們要把這四大投資金律整合在一起，打造成一個首尾一貫的投資策略，而且，你只要花一些心力，就能開始部署且持續維護這個策略。

　　首先，我們將探討和退休有關的數字遊戲：我必須存多少錢才能達成我的目標？我能花多少錢？我有多大的把握能投資成功？接著，我們會在第十七章處理這本書所要處理的核心事務：我在設計投資組合時必須考慮哪些因素？我的投資組合應該長什麼模樣？我應該購買哪些基金？

　　第十八章將詳細說明實務層面的細節，內容可分為兩個部分。第一個部分是一份引導你建構投資組合的「指導手冊」，這份手冊將詳述一個務實的方法，幫助你克服在緩步建立股票曝險部位的過程中可能遭遇到

的心理糾結；第二個部分則是「保修手冊」，這份手冊將解釋如何定期進行必要的「保養調整」，以維持投資組合的健康體質。

在此，我要靦臉借用並竄改邱吉爾的話：即使讀完這一節之後，你也還沒有抵達投資旅途的終點；你甚至尚未到達旅途終點的開端。但當你讀完這一節，代表你已走完這段旅途的開端，更重要的是，到時候你將取得後續旅程的路線圖。

第十六章

究竟要有多少錢才能退休？

或者，為何你不該使用退休計算機

　　退休儲蓄與支出的管理和實現生涯與家庭目標非常相似。不過，雖然這兩者都有某些通則可循，但生活與金融市場的曲折與多變，讓人連差強人意的預測都做不到──遑論精準的預測。勤奮且善於分析的人當然比懶惰且不善於分析的人更可能成功，但懶惰的蠢蛋偶爾也可能僥倖得到一個終生雇用的閒差；相反地，一個可靠且精明的六十歲員工，卻也可能在竭盡畢生的最大努力後，因公司破產而面臨退休金縮水的窘境。

　　退休之後的財務狀況也可能一樣反覆無常。當然，職業生涯期間存的錢愈多，且退休後的燒錢率愈低，成功的機率自然也會比較高。但無論如何，即使是在支出方面目光短淺的人，也有可能幸運碰上有利的報酬率順序（儲蓄階段的報酬率較低，退休後的報酬率較高）；相對地，即使是紀律嚴明的退休老人，也可能碰上不利的報酬率順序。更何況，每一個人都難免會受到各種代價高昂的個人或社會災難的風險所威脅。

　　由於諸如此類的投資不確定性非常高，所以，我絕對不會採納退休計算機（retirement calculator），因為那種計算機輕忽了人一生當中的所有無常與變化，會讓人產生錯誤的安全感。只要你設定的儲蓄率夠高且燒錢率夠低，幾乎所有線上或軟體退休規畫程式都會歸納出「成功機率達90％或95％」的計算結果，但就算你沒有拿過長春藤名校的歷史系文憑，也會知道這樣的機械式估算是多麼愚蠢。羅馬帝國

只延續了大約五百年，所以說，任何一個能活到八十五歲平均壽命的普通人，都大約有15％的機率會碰上這類導致整個社會崩潰的局面；此外，沒有人的一生是無憂無慮且一帆風順的。更糟的是，很多線上計算機都假設，未來的股票與債券報酬率將跟過去一樣優渥，但這種預測成真的可能性，和世界上真的有聖誕老公公或復活節兔子的機率一樣低。

　　既然不確定性那麼高，你又該如何繼續你的退休規畫？首先是粗略計算你的大致財務狀況，接著再釐清你距離目標有多遠。第一步是先計算你的年度待攤生活費用，這是指你的必要生活支出扣除個人社會安全退休給付與退休金給付等收入金額以後的數字。接下來，你就應該擬訂計畫並著手累積大約相當於二十五年待攤生活費用的儲蓄。下一步就是計算你還要存多少錢才能達到那個數字。最後，考量到巨大的不確定性，宜加或減兩年的年度待攤生活費用估計值。

　　要了解上述流程在現實世界是如何運作的，且讓我們回想一下第六章的弗瑞茲：弗瑞茲現年六十五歲，日前才退休的他，每年的生活費用與稅金開銷一共是5萬美元，其中2萬美元是以他的社會安全退休給付及退休金津貼來支應。所以，他每年短缺的待攤生活費用是3萬美元，因此，他退休後將需要25×3萬元＝75萬美元。

　　上述3萬美元和75萬美元的數字是以今日的美元價值計，也就是他退休那一刻的3萬美元。如果未來的平均通貨膨脹率是3％，那麼，二十四年後將變成八十九歲老翁的他，每年將會需要花費6萬美元的名目金額（記得使數字加倍的「七二法則」吧？也就是說，24×3＝72，因此二十四年後金額正好翻倍）。正因未來的名目金額有可能遠高於目前的金額，所以，切記要以加計通貨膨脹後的標準來推估報酬假設，這一點非常重要。請釐清那75萬美元和他未來需要的積蓄金額的差距。如果弗瑞茲退休後那十年幸運獲得很高的報酬率，那麼，他需要的積蓄將遠低於75萬美元；如果不幸發生相反的狀況，那麼，他將需要遠高於75萬美元的積蓄。萬一他生性揮霍，

又需要長期住療養院（或兩者皆是），那麼，他需要的積蓄自然更是遠高於75萬美元。換句話說，75萬美元看起來固然不錯，有100萬或甚至200萬美元會更穩當。總之，幾經估算，弗瑞茲還是無法精準釐清他未來實際上需要多少積蓄。

一旦我們估算出弗瑞茲的目標儲蓄金額後，就可以回過頭來釐清要如何達到這個目標。弗瑞茲是在一九八○年代初期投入職場，而且他輕鬆就累積到75萬美元的積蓄，因為在他投入職場後，股票與債券的報率都異常高。當今的儲蓄者將可能面臨較低的未來報酬率，所以對他們來說，前方的道路將更加崎嶇。

為了處理股票與債券期望報酬率將降低的問題，且讓我們把焦點轉向弗瑞茲的姪女菲莉希亞，她是在二○二三年開始投入職場。為了在四十年內累積以今日美元計的75萬美元，她應該要怎麼儲蓄與投資？且讓我們假設她每年調整通貨膨脹後的所得是7萬美元。她應該提撥多少薪資到她的401（K）計畫？

為了在四十年內累積 75 萬美元，每個月必須儲蓄的金額

實際投資組合報酬率	0%	1%	2%	3%	4%	5%	6%
每個月的必要儲蓄金額	1,563 美元	1,271 美元	1,021 美元	810 美元	635 美元	491 美元	377 美元

《緊急追捕令》（Dirty Harry）電影裡有一段著名的台詞：「你必須捫心自問：你覺得自己幸運嗎？」而如果你也利用這個代表著金融生命週期的表格來推估你應該提撥多少薪資到401（k）計畫，你也應該捫心自問，你覺得自己幸運嗎？因為運氣對最後的成果影響重大。我先前已估計過，未來60股票／40債券投資組合的實質報酬率將接近3％，但那個估計值的信心區間非常大。60股票／40債券投資組合的年度標準差大約是9％，以四十年的時間將這個標準差年化

後，是每年1.4％（9％/√40）。這代表在四十年內，已實現調整通貨膨脹後的報酬率，將有95％的時間會落在+0.2％至+5.8％（+3％或-[2×1.4%]）。*

將期望投資組合報酬率的信心區間限定在95％雖解決了這個儲蓄問題的一部分不確定性，那終究只是這整個問題的一小部分不確定性。Excel的PMT函數是假設投資組合報酬率永遠不變，不過，在現實世界裡，報酬率的順序真的影響重大。菲莉希亞是年輕的儲蓄者，她內心期盼一開始的報酬率不好，事後再改善。只不過，她期待的報酬率順序卻可能導致已退休的弗德瑞叔叔破產——他希望一開始就能獲得較好的報酬率。

前幾個段落只說明了掌管金融市場的眾神們對退休規畫造成的不確定性。人的一生當中還有其他很多不確定性，例如：菲莉希亞的職涯有可能鴻圖大展，並因此得以輕鬆退休，但她也可能不幸罹患導致她失能的疾病，或是從事了一項沒有出路的工作，也可能因她的工作專長已經落伍等而中途被職場淘汰。總之，很多事對她來說都是未知數。

即使事實證明她在薪資、稅金與生活費用等方面的估算精確無比，她也不可能維持固定的儲蓄率，尤其是在她和另一半必須開始負擔子女日間照護、私立學校和大學學費等費用的時期，所以，上表所列的儲蓄金額，充其量只是非常粗略的終生平均值。

說來說去，只有一件事是確定的：她將必須存很多錢。即使以實質報酬率4％的樂觀預測來說，她都必須從二十五歲開始，將平均

---

*　請使用 Excel 的 PMT 函數進行這項計算。再進行這項計算時，如果我們假設菲莉希亞的實質年化投資組合報酬率為 2％，每個月必要儲蓄的公式就等於 PMT（0.1666％，480，0，750,000，0），其中，0.16667％ 是為達到 2％ 年度報酬率的每月報酬率，480 是四十年的總月份數，0 是起點的價值，750,000 則是終點的價值，而最後一個 0 則意味款項是在每個月月底支付（如果是在月初支付，這個數字就會是 1）。每個月的必要儲蓄是以負數來呈現，以這個例子來說是：-$1,021.10。

10％的稅前薪資存起來。如果她遲遲沒還清學貸，一直等到三十五歲才開始儲蓄，那麼以4％的實質報酬率來說，她就必須將18.5％的稅前薪資存起來；萬一實質報酬率只有2％，她更必須將26％的薪資存起來。萬一她的投資組合報酬率更低，她的退休展望勢必更加黯淡。

就算你擁有華倫・巴菲特或詹姆斯・賽門斯那樣的投資本領，如果你存不了錢，空有過人的投資本領也無濟於事。我們活在一個消費至上的社會，整個社會的風氣促使一般人花費遠比必要花費或合理花費更多的錢。如果你感覺儲蓄很難，那你的問題就大了。

湯瑪斯・史丹利（Thomas Stanley）與威廉・丹寇（William Danko）在《下一個富翁就是你》（*The Millionaire Next Door*）一書描述多數人是怎麼變成有錢人的。想知道有錢人最常開哪種車嗎？不是賓士，而是福特F-150皮卡車款。另一個有趣的事實是：儘管律師平常的收入比水電工高，但平均來說，水電工比一般的律師更早退休。為什麼？因為律師必須花比水電工更多的錢來和打理門面，以免在親友面前失了面子，所以律師通常會開更好的車，住在較高級的地段，買較昂貴的服飾，而且較常到海外度假。[1]

一如其他所有經濟現象，財富的積累是一個複雜的過程，除了儉樸以外，影響最後成果的因素還非常多。儘管如此，如果你存不了錢，致富的機率就會比別人低很多。

其他目標

我並沒有打算把這本書打造為一份理財規畫指南；諸如房屋抵押貸款、債務管理、保險及遺產規畫等主題，已經遠遠超出本書的範疇。但有幾個理財規畫主題和基本的投資組合管理機制與財務理論息息相關，所以也值得我們在此一提：

緊急備用金。「緊急備用基金」的金額取決於你的年齡和就業狀態。二十幾歲的政府員工可能只需要儲備相當於六個月以內的生活費用的緊急備用金就好。而如果你的就業保障很低，而且可能需要進一步深造才能找到下一份工作，那麼你的銀行帳戶就應該儲備相當於一、兩年生活費用的存款。

然而，已經剩下零人力資本的退休老人，則需要把至少十年的待攤生活費用存放在安全的資產。這個作法不像想像中那麼糟，因為這筆積蓄的固定收益就像是非常可靠的緊急備用金。舉個例子，弗瑞茲的投資組合相當於二十五年的待攤生活費用，而以60股票／40債券的投資比率來說，他等於持有了相當於十年的待攤生活費用的國庫債券與定存單。

如果你還年輕，應該把緊急備用基金存在你的應稅帳戶，因為在五十九歲半以前基於緊急用度而動用IRA資金的人，可能會面臨高額的稅金帳單，外加提前提領的罰金。在特定的情境下，你可以根據國稅局的72（t）規定（這項規定牽涉到定期提領時間表），自五十五歲起開始提領IRA以及401（k）計畫的給付。很多雇主的退休金計畫與401（k）計畫允許員工在緊急情境時借款，但這麼做得很不償失，因為一旦你違約不償還這種貸款，就會馬上面臨10%的提前提領稅務罰款。尤其如果那個緊急情況最後導致你失去那份工作（一旦如此，你依規定就必須即刻償還那筆貸款），特別可能會課這種罰金。所以，在考慮使用上述所有策略以前，請務必諮詢你的會計師的意見。

購屋儲蓄。如果你計畫在五年內購屋，也應該把這筆儲蓄投入短期債券、定存單和貨幣市場帳戶，而且要存在應稅帳戶。

子女的大學學費儲蓄。隨著各種具節稅利益的五二九計畫（529 plan）推出，這個領域正經歷一場大改革。請參閱http://www.collegesaving.org，並且和你的會計師討論一下這些計畫。從資產管理的角度來說，大學學費儲蓄是個棘手的問題，因為你的準備時間範

圍介於緊急備用儲蓄和退休規畫之間。你可能為此存了幾年或甚至二十年的錢，時間的長短取決於子女的年紀和你可用的資金。遺憾的是，即使你的準備期間長達二十年，股票投資的報酬率還是有可能很不理想。如果你有長達十年的投資報酬率都乏善可陳，那麼，你在子女大學學費儲蓄方面可能沒有太多選擇——甚至可能會被困在五年內只能投資債券的窘境。具體來說，如果你在你兒子四歲時就開始儲蓄，但開始投資後，長達九年的報酬率都奇慘無比，眼看著五年後他就要上大學了，這時你該怎麼做？雖然我不是很有把握，但我的建議是，把這筆大學教育基金投資到股票的比重控制在30％至40％以下，而且接下來，隨著他大學入學的時間慢慢接近，應該逐步把那些資金轉移到債券。等到收到大學學費繳費單時，如果經濟景氣正好不錯，就趁機把剩下的股票賣掉來繳學費，如果經濟景氣不好，則先賣掉債券來繳學費。

第十六章摘要

- 以累積至少二十五年的待攤生活費用為目標：待攤生活費用是指你的生活費用超出你的社會安全退休給付與退休金津貼的那部分金額。
- 保持單純：使用 Excel 作業程式或財務計算機——手持裝置裡或 smartasset.com/investing/investment-calculator 線上版的計算機——來計算大致的儲蓄目標，接著了解你距離那個目標究竟有多遠。
- 不要太過依賴線上或軟體退休計算機，因為這些計算機的報酬率假設都很不切實際，而且低估了人一生當中不可避免將遭遇到的各式各樣風險。利用這些計算器推估出來的結果，充其量只是最粗略的估計值。

建立投資組合，維護投資組合，享用投資組合

投資就像是用乾坤大挪移的招數，把不執行策略或沒能力執行策略的人口袋裡的財富，轉移給擁有可執行策略的人。正因如此，你應該即刻構思你的投資策略。讀過先前所有章節的你，理應已經了解以下所有必要的投資知識了：

- 各種資產類別的風險與報酬率。
- 價值型股票較高報酬率的可能影響，以及股票會對通貨膨脹產生什麼反應。
- 被動式管理的理論基礎。
- 投資組合建構理論。
- 整個生命週期內的資產配置。
- 將不同資產類別納入審慎投資組合的必要性。

接下來就是一步步分階段建構與維護你的投資組合內容了。

建構投資組合和蓋房子很類似，兩者都是用各種不同的材料慢慢堆疊而來。房子的材料包括磚塊、木材和卵石等；對照來說，投資組合的材料則包含三大類投資標的：美國股票、海外股票與短期債券／現金。每一種投資標的都有著各種不同的包裝：開放式基金、ETF和個別國庫券與中期國庫債券。包裝本身的精確性質並不重要，重要的是包裝裡的內容物。就特定股票資產類別的投資來說，不管你是採

用ETF或開放式基金都無關緊要（譯註：例如就全體股票市場的投資部位來說，不管是持有全體股票市場ETF或開放式全體股票市場指數基金都行），而以國庫債券來說，不管你是決定購買國庫債券基金或是直接建立你的國庫債券階梯，也都無傷大雅，因為直接建立國庫債券階梯雖可節省共同基金的費用，卻要花較多精力來維護，但就國庫債券投資來說，不管你是選擇降低交易成本或是選擇便利性，都不會產生很大的差異。

接下來，我們將討論哪些資產類別最適合你即將著手打造的這一棟比喻中的「房屋」。在興建你的溫暖小屋時，你可能偏好使用木材，較不喜歡冷冰冰的鋼梁和混凝土，建立投資組合時也一樣，某些資產類別與共同基金可能較適合特定類型的投資組合。

且讓我們進一步打個比方，就像蓋房子一樣，建構投資組合的終極目的是要保護你免於受各種要素的不可預測所傷。在你興建房子的當下，一定無法精確預測到哪一種大自然力量最可能對這棟房子造成威脅。如果你提前知道水災、火災或是風暴會不會來襲，就能更精準設計好這棟房子的結構與組成。遺憾的是，你永遠也不會知道大自然會對你出什麼招，所以你只好妥協，設法在建屋的預算內，盡可能把所有可能威脅的潛在損害降至最低。

相同地，你無從精準了解你的投資組合將會經歷什麼樣的經濟、政治或甚至軍事逆境。舉個例子，如果你確切知道下一個世代的通貨膨脹將會大幅上升，那麼你應該會加重投資天然資源股票、房地產、抗通膨公債以及現金，還會持有相當數量的價值型股票。如果你早知道我們將會受類似一九三〇年代的那種通貨緊縮型經濟蕭條所苦，你應該會持有大量的長到期期限的國庫債券。如果你知道這個世界對美國工業領導地位的信心將山崩地裂般地一夕瓦解，你應該會想要打造一個特別著重海外股票的投資組合。

你一定希望在歷經長達數十年的投資生涯後，最終將能持有一個擁有最佳配置的投資組合，但此時此刻，你卻無從得知那會是個怎

樣的配置。所以，最安全的方針就是設計一個具有足夠保護力並能讓你在多數情境下免於受到嚴重傷害的投資組合。這個作法能避免投資組合集中投資到事後表現最差的資產類別——例如在超級通貨膨脹期間持有大量長到期期限的名目債券的投資組合——因此將讓你得以趨吉避凶。

我們在第十四章檢視了史上最具影響力的金融理財文章之一——也就是查理・艾利斯的「輸家賽局」——這篇文章是促使先鋒集團成立第一檔指數基金的要素之一。[1]艾利斯評論道，投資就像是業餘網球賽，這個級別的球員最常見的輸球失誤是「非受迫性失誤」（unforced errors），例如漏接原本輕鬆就能回擊的球，以及試圖鎖定角球等。在他看來，這類球員在球賽中打敗球友的最好方法，就是用安全的方式把球打回去給對方，而這一點也不難。以投資來說，試圖鎖定角球就像是意圖建立一個追求最高潛在報酬率的投資組合，並因此把所有資產都集中配置到某個領域——例如科技股。千萬別以身試險！藉由一個高度分散投資的投資組合來贏得投資上的勝利，就像從容且穩當地把每一顆球好好地打到球網的另一端，雖然這麼一來，你永遠都不會有極度精采的表現，卻能將窮苦潦倒的機率降到最低。這一章就是要教你怎麼建立那樣一個穩當的投資組合。

成功的投資組合策略可以非常簡單，只投資一檔持有全球股票與債券的穩健投資組合的廣泛分散投資型共同基金——例如目標日期退休基金（或是先鋒集團的任何一檔生命策略基金），不過，類似我在第七章結語中提到的那種複雜投資組合策略——持有十種不同的股票資產類別——也一樣有成功的可能。

為了更了解這個過程，且讓我們假想三個年輕人的狀況：伊凡、伊薇特，以及尤蘭達，她們是三胞胎，目前才二十幾歲。

伊凡是在一家大型企業擔任平面設計師，她不喜歡數學，所以對理財一點興趣也沒有。她公司的401（k）計畫裡有非常多低成本指數型目標日期基金可供她選擇，所以她也樂得輕鬆；總之，她很滿意

自己無須為了退休帳戶的問題傷腦筋。這個退休計畫的手冊（以及財務理論）建議，以她的年齡來說，應該選擇二〇六五基金，這檔基金對股票的配置比重達到89%。

　　問題是，伊凡從未經歷過空頭市場，而她根據她的設想，未來最糟糕的投資情境可能會非常嚴峻，並導致她無法堅守審慎的長期投資策略。為了避免落入那個困境，她一開始應該選擇一個類似60股票／40債券的投資組合。先鋒集團的二〇三〇基金持有64股票／36債券，很接近那樣的配置。由於以伊凡的年齡來說，這個投資組合相對保守，所以如果她真的選擇投資這檔基金，她就比較能從容衡量要如何應對嚴重的市場下跌走勢。萬一五年後市場真的重挫，而她也順利度過那次難關，屆時她就能把現有的部位與未來的提撥款投入更積極的基金。不過，如果市場的跌勢讓她非常痛苦，她至少也能試著維持既定的方針，不致動搖。如果她連那種程度的毅力都沒有，那麼，她應該把未來的提撥款轉向更保守的目標日期基金。

　　如果伊凡夠儉樸且夠幸運，她配合雇主配比提撥金額，將401（k）提撥額度最大化後，還有剩餘的現金，那麼，她可以用相同的方式把那些剩餘資金投資到個別的IRA帳戶，而如果她的IRA帳戶額度也用完了，她還能以相同的方式把資金投資到應稅帳戶。

　　伊凡的妹妹伊薇特從事會計業。她在數字方面非常精明，而且喜歡處理金錢事務，所以，她想要累積更多實務經驗。她選擇了中等複雜的資產配置策略以及60股票／40債券的比率，提撥金額如下（她理應偏好較安全的短期國庫債券基金，但她公司的退休計畫裡並沒有提供這類投資選項，所以，她退而求其次地挑選次優的選項，那是一檔短期債券指數型基金）：

- 39% 美國全體市場
- 15% 國際已開發市場
- 6% 新興市場

■ 40% 短期債券指數

　　這個配置裡的股票是採65國內／35海外（也就是整體投資組合的39％／21％）的組合。這項國內／海外比率沒有什麼神奇之處。如果你強烈感覺目前海外股票非常便宜，那麼，你或許會想提高國際股票的配置比例，把股票的投資組合調整為55國內／45海外。相反地，如果你不放心持有太高的國際曝險部位，可能會想要持有80國內／20海外的股票組合。長期來說，精準的配置比較不是那麼重要，真正重要的是你能否堅持到底。

　　經過一段時間後，這個配置一定會隨著正常的隨機市場波動而漸漸脫離原本的配置權重。所以，伊薇特在每個偶數年年底進行一次投資組合再平衡作業，以回歸目標配置所設定的政策性權重。（很多401（k）計畫提供自動再平衡的功能；但多數陽春型證券經紀商帳戶並沒有這項功能。）如果她沒有被必然會發生的空頭市場嚇壞，她還可以依比例提高現有部位以及未來提撥款對股票的配置。

　　三胞胎裡的第三位——尤蘭達——是一家小型軟體開發公司的老闆之一，這家公司的業務正蒸蒸日上。尤蘭達擁有過人的數學天賦，所以，她非常著迷於本書討論的多項學術性理財原則。在父母的些許幫助下，她從小就開始介入投資活動，而且能以平常心看待股票市場的損失。錦上添花的是，她真的非常精於此道，每年都能存上10萬美元：包括投入她公司的401（k）上限2萬2千500美元，剩下的就投入一個應稅帳戶（前者的提撥上限會每年隨著通貨膨脹而提高：2萬2千500美元是二〇二三年的數字）。

　　她選擇了第七章提到的80股票／20債券且側重小型價值型股票的複雜投資組合：

■ 30% 美國全體市場
■ 10% 美國小型價值型股票

- 8% REITs
- 2% 能源股票
- 2% 貴金屬股票
- 8% 歐洲市場
- 8% 太平洋市場
- 4% 已開發市場小型價值型股票
- 6% 新興市場
- 2% 新興市場小型價值型股票
- 20% 現金、短期國庫債券以及債券型基金

　　尤蘭達不僅根據政策性權重，把她的收入提撥到這些帳戶，且定期進行再平衡作業，她還採用了一種稱為「定期定值」（value averaging，最早是哈佛大學教授麥克・艾道森〔Michael Edleson〕提出的概念，他還寫了一本同名書籍〔資訊充分揭露：我為他的這本書的紙本版寫了導讀〕）的複雜數學累積法。

　　典型的401（k）計畫是採用定時定額法，也就是每一季投資相同的金額到特定的資產類別，例如每一季投資1千美元的總額到美國股票。但取而代之的，定期定值法則是以帳戶的實際金額為目標；舉最簡單的定期定值法部署方式為例：你的目標是把特定資產的每一季實際帳戶金額提高1千美元；以美國股票來說，採定期定值法的投資人持有美國股票的帳面金額，將在第一個季度達到1千美元、第二個季度達到2千美元、接著是3千美元、4千美元，依此類推。如果美國股票上一季表現優異，投資人這一季不用加碼那麼多美國股票，就能達到原定目標，但如果上一季美國股票表現很差，投資人的加碼金額就會超過1千美元。

　　上述解釋過度簡化了整個流程，因為長期下來，股票的報酬率是正數。所以艾道森針對這個事實做了些微的調整——他把目標金額提高，提高的幅度等於股票資產類別的期望報酬率。假定我們假設

股票的長期名目報酬率為7％，接著，把上一季的股票金額加上1千美元，再將那個總額乘以1.1071（也就是1.07的四次方根）；這麼一來，上一段描述的各季股票目標帳面金額就會變成1千美元、2千34美元、3千86美元，以及4千156美元。

從表17.1可看到尤蘭達頭三年定值定額投資股票的軌跡。

表 17.1　尤蘭達的定期定值投資軌跡

季	USTSM	USSV	REIT	ENER	PME	EUR	PAC	ISV	EM	EMSV
1	$7,500	$2,500	$2,000	$500	$500	$2,000	$2,000	$1,000	$1,500	$500
2	$15,257	$5,086	$4,068	$1,017	$1,017	$4,068	$4,068	$2,034	$3,051	$1,017
3	$23,146	$7,715	$6,172	$1,543	$1,543	$6,172	$6,172	$3,086	$4,629	$1,543
4	$31,170	$10,390	$8,312	$2,078	$2,078	$8,312	$8,312	$4,156	$6,234	$2,078
5	$39,331	$13,110	$10,488	$2,622	$2,622	$10,488	$10,488	$5,244	$7,866	$2,622
6	$47,632	$15,877	$12,702	$3,175	$3,175	$12,702	$12,702	$6,351	$9,526	$3,175
7	$56,074	$18,691	$14,953	$3,738	$3,738	$14,953	$14,953	$7,477	$11,215	$3,738
8	$64,662	$21,554	$17,243	$4,311	$4,311	$17,243	$17,243	$8,622	$12,932	$4,311
9	$73,396	$24,465	$19,572	$4,893	$4,893	$19,572	$19,572	$9,786	$14,679	$4,893
10	$82,279	$27,426	$21,941	$5,485	$5,485	$21,941	$21,941	$10,971	$16,456	$5,485
11	$91,314	$30,438	$24,350	$6,088	$6,088	$24,350	$24,350	$12,175	$18,263	$6,088
12	$100,504	$33,501	$26,801	$6,700	$6,700	$26,801	$26,801	$13,401	$20,101	$6,700

USTSM ＝美國全體股票市場　　USSV ＝美國小型價值型股票
REIT ＝不動產投資信託　ENER ＝能源股票　PME ＝貴金屬股票
EUR ＝歐洲股票　PAC ＝太平洋股票　ISV ＝國際小型價值型股票
EM ＝新興市場　EMSV ＝新興市場小型價值型股票

定期定值法是將一系列儲蓄源流部署到投資組合的有效手法，但它終究不完美。如果發生與二○○七年至二○○九年空頭市場相仿

的嚴重全球性空頭市場，以定期定額法投資股票的尤蘭達將在表17.1的那三年結束前，耗盡投資組合內的所有現金與債券。但如果股價劇烈上漲，則會發生相反的狀況——當股價大幅上漲，她每一期加碼股票的金額就會比每一期提撥固定比例到各種資產類別的常見作法少，到最後，她的股票配置比重就會低於80％的目標值。

　　儘管這麼說，作為投資策略，定期定值法還是有很多優點。這個方法能強迫投資人在市場低點投入較多資金，並在市場高點投入較少資金，所以，在多數情境下，這個方法能創造較高的報酬率。定期定值法讓投資人得以在市場陷入悲觀與恐懼的時期，規律地提高投入股票的總資金，從而累積更多經驗（這是難能可貴的心理能力）。定期定值法和定時定額法不同的是，前者要求投資人在市場底部投入較高的金額，但在市場頭部投入較少金額。所以，你可以把定期定值法當成一種結合了定時定額法與再平衡作業的綜合方法。

　　尤蘭達的應稅與避稅資產比例大約是80／20。她的所有REITs應該全部透過能避稅的401（k）帳戶來持有，因為REITs的多數報酬來自不符合免稅標準的股利，而這些股利是以完整的邊際稅率來課稅。她的再平衡作業將自動隨著定期定值法的紀律來完成，特別是在儲蓄生涯的早期階段，而且，因為她的新增儲蓄金額相對較大，所以她將不太需要（或根本不需要）基於再平衡作業而出售股票。到了年齡漸長後，她應該嘗試透過避稅帳戶持有多數較高波動性的資產類別，例如新興市場、貴金屬和能源股票，至於其他所有資產類別，則應該透過她的401（k）帳戶來持有，這樣才能在免稅的環境下實現再平衡的目的。另外，經過很多年以後，隨著很多股票資產顯著增值，她的資產配置政策可能會要求出售某些增值最多的股票，而她可能會為了避免支付資本利得稅而遲遲不願賣出那些資產，並因此進退兩難。對照之下，由於她的兩位姊妹會把多數的積蓄投入免稅的帳戶，所以她們並不會因為再平衡作業所要求的出售行動而產生資本利得稅的問題。

　　如果這三胞胎姊妹不僅開立了傳統的401（k）帳戶，還開了羅

斯401（k）帳戶（Roth 401(k)），她們應該以「稅務分散風險」的形式，將她們的提撥款分配到這兩種帳戶，因為她們不會知道自己退休後的邊際稅率會比目前高還是低，而未來稅率的高與低，將分別對羅斯401（k）與傳統401（k）帳戶有利。

繳稅大戶泰德的兩難

泰德一輩子都過著典型創業家的生活。早年他成立了一家專精於衛星零組件的公司，每週工作長達八十小時，而且不時還得應付勞工、零件短缺、疲於奔命的出差行程以及薪資吃緊等問題。經過了四分之一個世紀後，有一家更大規模的競爭者開價以七位數的金額買斷他的公司，而他也歡欣鼓舞地接受這個開價。

此時的泰德可說是坐擁金山。他的IRA個人退休帳戶金額並不高，個人的積蓄甚至更少，而且，他從未有時間成立公司退休計畫或甚至401（k）。此時的他應該如何處理這突如其來的一大筆錢？

在這之前的網路泡沫破滅與二〇〇七年至二〇〇九年金融危機時，泰德把手頭的微薄個人積蓄拿去投資，成果相當不錯。他不僅已讀過且切實吸收了約翰‧柏格及柏格的幾位助理所寫的書（尤其是《鄉民的提早退休計畫》〔*Bogleheads' Guide to Investing*〕），更把他從書中學到的知識應用到實務端的投資，所以，此時的他精確知道自己接下來應該怎麼做：採用一個單純由先鋒全體股票市場基金、先鋒國際股票指數基金與短期債券指數型基金組成的等權重（即各三分之一）「三基金投資組合」。*

由於泰德的銀行帳戶裡有非常大筆的存款，所以他此刻面臨一

---

* 典型的三基金投資組合使用的是全體債券指數型基金，但因為泰德擔心通貨膨脹惡化，所以，他選擇了較短期限的債券指數型基金。有關柏格腦的三基金投資組合的更完整說明，請見 https://www.bogleheads.org/wiki/Three-fund_portfolio。

個兩難。他要大膽把這些存款一次性地全部投入這個三基金投資組合嗎？還是要在一段期間內逐步分批投入？前者就是所謂的「一次性大額」投資法，而後者可以用典型401（k）的定時定額法或尤蘭達那種更複雜的定期定值法來落實。

定時定額法非常受歡迎，箇中原因可用以下示例來說明：假定一檔股票或一個市場的價格在每股5元、10元和15元之間波動，平均價為每股10元。如果你各在這三個價位投資30元，將能在5元買到6股，10元買到3股，15元買到2股，所以說，當你投資了90元之後，一共會買到11股，平均價格為8.18元，而不是這三個價格的平均價10元。很神奇，對吧？遺憾的是，這個定時定額假設忽略了一個事實：長期下來，股票的價格是上漲的。所以，如果投資的時間超過一年，一次性大額投資法的報酬率多半會勝過定時定額法。[2]

不過，一次性大額投資法相對定時定額法的所謂優勢其實是靠不住的，因為要獲得較高的報酬率，就得付出代價，而那個代價就是較高的風險。很明顯地，一次性大額投資的所有資金都已全部投入股票，但平均來說，定時定額的總投入資金只有一次性大額投資的一半（如果你在一年內從0開始，用定時定額法投資1千美元，那麼在那一年裡，你投入股票市場的平均金額大約只有500美元，而非1千美元）。

一次性大額投資相對定時定額／定期定值法的優劣很難解釋得一清二楚——就數學層面來說，這個問題的答案有點模稜兩可，但莎士比亞（譯註：人性）那一面則不然。不管是定時定額法或定期定值法，都能將投資人在不利時間點——例如二〇〇〇年的市場頭部——投入一大筆資金的後悔感受降到最低。如果一個投資人不幸在二〇〇〇年的市場頭部一次投入大額資金到股市，他將經歷兩次嚴重空頭市場的折磨，且接下來十年都得承受負報酬率之苦。舉一個極端且顯而易見的案例：在二〇〇〇年一月至二〇〇九年十二月間，每個月定時定額投資100美元到史坦普五〇〇指數的投資人，一共是投

資1萬2千美元到股市，而到期末時，這筆投資將增值到1萬4千123美元；相較之下，在二○○○年一月一日一次性投資1萬2千美元到股市的投資人，十年後將只剩下1萬909美元。

法國哲學家布萊茲‧帕斯卡（Blaise Pascal）曾用以下說法來捍衛他對上帝的信仰：假定上帝不存在，無神論者就是「贏家」，而信神者則成了「輸家」。但假定上帝真的存在，情況就相反了。儘管如此，這兩派各持己見的人犯錯的後果卻截然不同。如果上帝真的不存在，信神者只不過是失去通姦、酗酒和逃避參加枯燥乏味的教堂禮拜等機會而已。但如果上帝真的存在，無神論者就會被打入地獄，永世煎熬且不得超生。所以，理性的人（或至少相信全能的上帝會在意他的行為與想法的人）必然會選擇信仰上帝。

一如帕斯卡的賭注論，定時定額法與定期定值法能將犯錯的後悔感受降到最低。如果投資人採行定時定額／定期定值法期間的市場報酬率很高，投資人就會因採用這兩種方法而蒙受損失，因為如果他在這段期間一開始就採用一次性大額投資法，報酬率一定更高。但如果是在二○○○年至二○○九年期間採用這兩種方法，就不會像一次性大額投資那樣承受長達十年的折磨，最終還以虧損收場，更別說一九六六年之後長達十六年的負報酬率了。一次性大額投資或許是最好的方法，但你可能無法坦然面對且有效執行這個方法，另一方面，定時定額／定期定值法雖是次優的選擇，卻是讓你的心理上較好受的方法。

最後，一次性大額投資法與定時定額／定期定值法並非不相容的選項。泰德可以先一次性大筆投入一半的投資組合資產，另一半則分幾年的時間採定時定額／定期定值法分批投入。在一九九○年代末期時，美國大型股的評價被嚴重高估，多數其他股票資產的價格則還算合理——例如，當時REITs的息率大約高達8％。所以，從一九九○年代末期從0開始投資美國大型／全體股票市場配置是個合理的決定，但如果從那時開始便大膽地一次性投資較便宜的資產類別，成果

會更好。目前海外股票的評價比美國的本國股票便宜,所以,泰德或許可以考慮先一次性投入大筆資金到他的海外股票配置。

　　泰德的處境終究較為罕見;還處於投資生命週期的儲蓄階段的一般年輕投資人,並不會碰上「要採用一次性大額投資或是定時定額/定期定值法」這種兩難情境,因為年輕人本來就是以規律且定期(而非一次性大額投資,因為積蓄有限)的方式把多數資產投入市場。

到底要不要進行再平衡作業?

　　就實務而言,在儲蓄生涯的早期與中期階段,除非碰上很極端的市場狀況,否則每一期的資金流入就能自動幫你完成多數的再平衡作業。換言之,如果一項資產類別的表現相對劣於投資組合的其他資產類別,你一定會把較多儲蓄源流導向那個資產類別,以便把它的投資比重拉高到原訂的政策配置比重。如果一項資產類別的表現相對優於投資組合的其他資產類別,你則會把較少的儲蓄源流導入那一項資產類別。

　　那麼,一個只有相對小額或零淨流入或流出的成熟投資組合又該怎麼做?想像一下你擁有一個50股票/50債券且價值10萬美元的投資組合,多年來,股票的價值上漲了一倍,而債券的價值則穩定維持在5萬美元。(當利率上升,導致債券面值貶值幅度等於累計利息收入時,就會發生投資組合的債券價值維持不變的狀況。)

　　既然你的股票已從5萬美元增值到10萬美元,而債券的價值還停留在5萬美元,代表目前你的整體投資組合共價值15萬美元。此時,為了回歸你的50/50政策配置,你將必須出售2萬5千美元的股票,並用這些股款購買更多債券,好讓股票與債券的價值各成為7萬5千美元。

　　你應該進行投資組合再平衡作業嗎?某些人可能會回答「不應該」,並用以下的績效歷史來自我辯解:如果你在一九二六年開始打

造一個由股票和五年期國庫債券構成的50／50投資組合，而且接下來你每年進行再平衡作業，如此年復一年，直到二○二一年年底為止，你的投資組合將獲得8.27％的年化報酬率，換言之，在一九二六年之後的九十六年間，你投入的每1美元，都會增值到2,063美元。不過，如果你**沒有**再平衡這個投資組合，由於股票報酬率較高，整個投資組合會漸漸變成一個主要由股票構成的投資組合，而且，它的複合成長率將高於每年進行再平衡的投資組合，年化報酬率達9.68％。在這個情境下，一九二六年投資的每1美元，理應會在二○二一年年底增值為7,094美元。（諸如此類的分析是高度理論化的分析，因為這種分析沒有考慮到投資費用、稅金、支出，遑論投資人過世等問題，所以，銀河系的地球上沒有任何生物能真正獲得那樣的報酬率。）

再平衡作業會傷害到報酬率，卻也能降低風險，尤其是在整個期間的稍後年度。到二○二一年年底，如果沒有進行再平衡作業，這個投資組合理應會是由99.2％的股票與0.8％的國庫債券組成，在這個情況下，一九七四年至一九七五年、二○○○年至二○○二年、二○○七年至二○○九年乃至二○二二年的行情，應該都曾讓你輾轉難眠。

以這個例子來說，不進行再平衡作業的好處來自股票和債券之間的龐大報酬率差異。不過，有時候，再平衡作業卻也能使報酬率提高。記得我們在第四章討論的50 史坦普五○○／50 REIT投資組合例子嗎？如果每年再平衡這個投資組合，事後的報酬率會高於這兩種資產類別各自的報酬率，另外，以第四章稍早提到的擲雙硬幣示例來說，擲兩枚硬幣的報酬率也比擲一枚硬幣的報酬率高接近一個百分點。就這兩個個案來說，兩項被再平衡的資產各自的報酬非常接近（史坦普五○○／REIT）或甚至一模一樣（擲雙硬幣），所以，針對這類個案進行再平衡作業，確實能使報酬率提高。

為一個典型的股票／債券投資組合進行再平衡作業，固然將使

長期的報酬率降低，卻會使特定期間內的虧損降至你能承受的水準，而唯有損失程度不超過你的承受能力，你的投資組合才能順利存活下來。何況，在不同股票資產類別（長期下來，不同股票資產類別的報酬率可能大致相同）之間進行再平衡作業，有時還可能使投資組合股票端的報酬率小幅提升。

再平衡作業除了能將投資組合的風險維持在你能承受的水準，並使你的投資組合得以存活下來，好好享受數十年的複利效果，它還有另一個優點：心理調節。不管你是投資什麼樣的標的，唯有「買低」、「賣高」，才有可能透過這項標的實現投資利潤，但不管是「買低」或「賣高」，都是說來容易做來難，尤其是「買低」，因為「買低」意味你必須把手頭上愈來愈珍貴的現金投入一項快速跌價的資產，這個作法衍生的心理壓力非常沉重。不僅如此，大幅跌價的資產幾乎都擺脫不了負面的「專家」評論。想當然爾，在股價跌到低點之際，市場上必定流傳著各式各樣駭人聽聞的敘事。「賣高」則相反。賣高是指把近期報酬率優於其他投資標的的資產賣掉。問題是，愈是這樣的時刻，市場上愈可能約定成俗地認定當下最熱門的公司代表著未來的潮流，手上持有這種資產的人自然更難以割捨。這樣的想法也是想當然爾的，畢竟正是因為市場抱持這樣的想法，那些資產的價格才會表現如此超群。

幸好再平衡作業能逼你「買低」、「賣高」。多數投資人要花好幾年的時間以及好幾個再平衡週期，才能在情感上習慣成自然地抗拒上述種種和「買低、賣高」有關的約定成俗之見。你可以把你力排眾議地調整投資組合的能力視為你的「財務條件」，我所謂的財務條件並不是說你多有財力，而是指你落實投資紀律的能力以及個人情緒天平的穩定性。一如生理狀況的調節，財務狀況的調節作業需要不斷演練。而定期再平衡你的投資組合是保持健康的絕佳方法之一。

至於進行再平衡作業的頻率應該要多密集，則是投資領域最棘手的疑問之一。歷史市場報酬率顯示，二至五年進行一次再平衡作業

是比較理想的，至於精確的間隔，取決於你所部署的資產內容以及你的投資期間。不過，在解讀這些數據時請務必保持謹慎，因為最適當的再平衡時間間隔，高度取決於你採用的資產和你研究的年度。

　　由於股票的長期與短期行為有所不同，所以，每隔幾年進行一次再平衡作業可能是最適當的。如果市場真的是有效率的，根本就不會有人能透過股票市場的不同產業部門之間的再平衡作業賺到一毛錢。畢竟再平衡的目的就是賭某些資產（過去表現最糟的資產）未來將創造高於其他資產（過去表現最好的資產）的報酬率。我們已經討論過，在不到一年的期間內，股票確實有展現價格動能的傾向。不過，以超過一年的期間來說，那個現象卻會逆轉。有大量學術研究顯示，以三至五年的期間來說，各項資產類別的表現其實存在輕微的均值回歸傾向，也就是說，過去表現最好的資產類別，未來將表現最差，相反亦然。*

　　請務必牢記以上說明，不要太頻繁進行再平衡作業。在此舉一個極端的例子來說明「等待」的好處，這個例子和一九九○年代美國與日本市場的行為有關。在一九九○年代期間，美國股價幾乎一路上漲，而日本股價卻幾乎一路下跌，所以，等待愈久才進行再平衡——即賣出美國股票並買進日本股票——成果會愈好。

　　上述討論聚焦在以日期為準的再平衡作業——也就是每隔一年、兩年或三年的特定日期進行再平衡作業。另一個方法是採用門檻型再平衡作業，也就是當某項資產的配置比重超過某個明確設定的門

---

* 舉例證明股票有短期動能的傾向比證明各項資產有長期均值回歸的傾向容易得多，因為「短期」的期間數遠多於「長期」，而大量的期間數代表著較多的統計分析「燃料」，相較之下，均值回歸分析的期間較長，可用的統計樣本自然少很多。舉個例子，在一九二六年至二○二○年的九十五年裡，共可提供一千一百四十筆的月份報酬率資料，但只能提供十九筆的五年期資料。有關均值回歸現象的詳細說明，請見羅納德‧巴佛斯（Ronald Balvers）等人所著的「各國股市均值回歸與參數逆勢投資策略」"Mean Reversion across National Stock Markets and Parametric Contrarian Investment Strategies,"《金融雜誌》55:2 (April 2000): 745–772。

檻時,再展開再平衡作業。

假定你對全體美國股票市場的目標配置比率是30%,再假設你把再平衡作業的啟動門檻設定為25%。在那個情況下,當投資組合裡的全體美國股票的配置比率超過1.25×30%＝37.5%時,你就會打算賣掉一部分全體美國股票,把它的配置比率降回到30%的目標。股票報酬率維持對數常態分布(lognormally)的行為,這只是意味當價格上漲100%與下跌50%,股價就會出現一個倍數的變化。這代表當全體美國股票的配置下降到低於30%/1.25＝24%時,你將會加碼全體美國股市。如果你的再平衡門檻設計得當,你大約每隔幾年就會必須針對每一種資產類別進行一次再平衡作業,而那也意味你波動性較高的資產類別應該設定較高的再平衡門檻,例如新興市場的再平衡門檻應該設定在40%至50%。

執行門檻型再平衡法需要投入非常多精力,而且你必須很懂得製作電腦試算表格的門道才能做好這件事。鑑於再平衡作業對整體報酬率的影響很小,所以就統計上來說,我們不可能分辨依照日期或門檻來進行再平衡的成果孰者為佳。不過,依照日期來進行再平衡作業絕對是比較輕鬆的。

上述考量主要適用於可避稅的退休計畫,例如IRA個人退休帳戶與401(k),這些帳戶不會因為再平衡作業而產生租稅上的不良後果。由於再平衡作業意味著賣出漲價最多的資產類別,所以,如果你是在應稅帳戶裡進行再平衡作業,就會產生高額的資本利得乃至資本利得稅,尤其是「較有年紀」的投資組合,因為這些投資組合持有的基金單位數是很久以前用遠低於目前市價的價格買進的。多數投資人都同時持有應稅與避稅帳戶,所以,請盡可能只在避稅帳戶裡進行再平衡作業。

最難以應付再平衡作業的人,是持有大型應稅帳戶且只持有小型避稅帳戶或甚至完全沒有避稅帳戶的人。如果你屬於這種投資人,主要應該以基金的配息以及需要提款時的減碼賣出來完成再平衡

目標。

動態資產配置

　　動態資產配置牽涉到隨著市場情勢的不斷變化來修改政策配置。你現在應該很納悶，我用了本書大半篇幅不斷向你說明採用固定配置的好處，為什麼要在這本書已經接近尾聲的階段放寬這個紀律？改變政策配置難道不就等於試圖判斷市場時機（事實可證明這種行為無利可圖）嗎？

　　我們在第十一章說明過採用歷史評價標準（例如席勒經週期調整的本益比〔CAPE〕）來調升或調降股票配置的陷阱。遵守固定的政策配置已經夠難的了，因為這個方法必須進行定期再平衡作業，不僅如此，你還得花好多年的時間才能適應這個策略；很多人在這個過程中失去膽量，最終未能咬牙堅持到底。

　　然而，偶爾稍微調整一下你的配置有可能真的有利可圖。具體的作法是：找出相對評價已劇烈上升或降低的資產，偶爾將這些資產的配置降低或調升，可能讓你獲得更大的利益。舉個例子，我在二○○○年發表出版《智慧型資產配置》一書時，股票資產類別的相對評價嚴重脫軌，當時，以史坦普五○○指數成分股連續十二個月盈餘計算的本益比達到三十倍，股息收益率也降至微薄的1％。在此同時，其他多數資產類別的績效則嚴重落後火熱的史坦普指數，某些資產類別的價格甚至接近歷史新低評價水準，當時我寫道：

　　　　如果兩年前你認為把6％的曝險部位配置到新興市場是適當的，那麼，經過新興市場近期的大屠殺後，把這項比重提高到7％或8％或許並無不妥。如果三年前，你持有40％的史坦普五○○指數，那麼以當前如此泡沫化的美股環境來說，將史坦普五○○的配置比重調降為35％或許也無傷大雅。[3]

　　大約就在我寫那一段文字時，我很榮幸有機會與柏格先生共進晚餐。我當時已經知道，他預期美國股票接下來十年的報酬率將可能因評價的降低而趨近於零。不過，我當然也非常熟悉他「維持既定路線」以及永不根據經濟情勢來操作股票的強悍決心。所以，我等他喝完馬丁尼後，試探性地問他是否會降低他對股票的配置。結果他神祕兮兮地環顧一下四周，貼著我的耳朵小聲地承認他已經把股票的配置降低了幾個百分點。

　　以當今的情況來說，各項資產類別的相對配置狀況並不像當時那麼極端，不過，過去十年，史坦普五〇〇指數的績效再次超前，價值也變得相對高估，而價值型股票——尤其是海外的價值型股票——的績效則落後，並因此顯得相對價值低估。所以，此時將史坦普五〇〇指數的配置從幾年前的水準調降幾個百分點，並將與價值型股票的配置調升幾個百分點，似乎是合理的作法。

　　動態資產配置的作法常遭受嚴厲的批評，原因是多數投資人容易根據不斷變化的經濟或政治情勢，反覆調整他們的資產配置，但那實在是愚蠢至及的作法。即使是正常的再平衡流程，都需要鋼鐵般的意志和紀律才有辦法落實，舉個例子，當你遭逢嚴重的空頭市場，再平衡作業簡直像是不斷把錢丟進火爐裡燒。「超前平衡（Overbalancing）」——也就是在價格大跌或大漲後提高或降低配置（譯注：例如將原訂的債券20／股票80標準配置，調整為債券18／股票82或更甚至極端的配置，這個作法是希望趁著股票大跌時增加對股票的配置，以便在股市恢復多頭走勢時獲取比原本的標準配置更大的利益）——則牽涉到更大規模且更令人氣餒的購買行動，鮮少人能成功堅持下去。所以就算你想要嘗試做這件事，還是請偶爾進行小規模的配置調整就好，而且即使只是小幅度的調整，也只能將評價大幅上升的資產的配置降低，或是將評價大幅下降的資產的配置調高。

怎麼消耗資產才妥當？

幾乎所有退休老人都應該延遲到七十歲再請領社會安全退休給付，而在七十歲前，應先動用自行累積的資產。這個作法對高燒錢率的人來說，就像是即時的救生工具，而即使你像巴菲特那麼有錢，這個作法也像是一種不錯的投資。

除此之外，關於要怎麼消耗資產才妥當，向來因個人的具體情境而異。低燒錢率（例如低於3.5％）的退休老人只要用相對低「燒光」風險的基本前提來維護他們的長期配置就行了。但如果你的支出水準高於3.5％燒錢率，而且你的股票配置遠高於50％，你的風險就會達到難以接受的威脅等級。

不管是哪個情況，此時此刻的你都處於「逆向定期定值」的狀態。一旦你建立好資產配置策略，接下來要怎麼消耗投資組合就簡單了，這個流程憑直覺就能進行。實務上來說，你應該在股票報酬率很高的時期賣出股票，堅定遵守原訂的股票配置目標。而在空頭市場，則是先以消耗債券為宜。

再來談談弗瑞茲與法蘭克

此時你將面臨的主要議題是：是否要在退休後降低你的整體股票配置。這個問題的答案取決於三個因素：你的燒錢率、你的風險承受度，以及你對「留下遺產」和「維護財務安全」兩個選項的取與捨。換言之，你傾向於留下一些遺產，還是以保護財務安全為重？

記得我們在第六章討論到的弗瑞茲嗎？這位退休老人擁有75萬美元的投資組合，他每年的待攤生活費用是3萬美元。所以說，他的積蓄正好等於二十五年的待攤生活費用，而25的倒數（1/25）可推演出4％的燒錢率。

萬一弗瑞茲退休初期碰上低劣的報酬率順序，再加上他的燒錢

率達到4%，他很有可能在八十歲或八十五歲時就「燒光」他的投資組合——不管這個投資組合的股票與債券配置各是多少。所以，不管弗瑞茲個人的風險承受能力有多高，留下遺產的意願又是如何，他都應該積極保護他的資產，以應付他調整通膨後的待攤生活費用需求。在這個過程中，最基本的第一步是先消耗他的退休積蓄，以便延遲到七十歲再請領社會安全退休給付，不過，即使屆時這筆退休給付的月付款金額增加，還是不足以完整支應他的待攤生活費用。

在這個情況下，他只能在抗通膨公債階梯和保費一次付訖型即期年金（single premium immediate annuity，簡稱SPIA）之間作選擇。二〇二二年的抗通膨公債殖利率劇烈上升，因此，在我撰寫這段內容時，這個選項顯得特別吸引人。但抗通膨公債階梯的主要缺點是，這種公債的最長期限是三十年，而如果弗瑞茲活到九十五歲以上，屆時恐怕就會面臨生活費用無以為繼的窘境；此外，目前沒有二〇三四年至二〇三九年間到期的抗通膨公債，不過，由於當局將連續標售十年期的抗通膨公債，所以，未來幾年，這個問題將迎刃而解。

在正常的情境下，保費一次付訖型即期年金應該是足以保障長壽風險的，但若發生嚴重的通貨膨脹，那個保障作用就會消失，因為儘管它最初的給付相當慷慨，但在經年累月的通貨膨脹摧殘下，那個名目金額將變成低得可笑的實質收入。不僅如此，購買保費一次付訖型即期年金的人還得承擔年金發行公司的信用風險。

我贊成採用抗通膨公債階梯；這個選項可能遭遇的長壽風險問題，可以藉由購買大量三十年期公債（待這些三十年期公債到期時，將之轉換為較短期的抗通膨公債階梯，或是短存續期間的抗通膨公債基金）的方式來解決，相較之下，保費一次付訖型即期年金的通貨膨脹風險就沒有可行的解決方案。（可以購買附帶固定給付加速器〔fixed payout escalator〕的保費一次付訖型即期年金，不過，這會導致最初給付金額降低，而且經過精算，這個作法和購買未附帶這種加速器的保費一次付訖型即期年金並沒有差異。在高通貨膨脹的環境

下，這項加速器實際上是對你不利的，因為它的給付會進一步朝未來傾斜，而未來的收入受通貨膨脹——無論高低——摧殘的程度勢必比目前嚴重。）

　　弗瑞茲的表哥法蘭克則擁有300萬美元的投資組合，但他的年度待攤生活費用一樣是3萬美元，所以，他無需為上述問題苦惱。他的燒錢率只有1％，所以，除非發生了會對整個社會造成衝擊的巨變——例如世界大戰、革命或環境／大自然災難——否則這樣的投資組合已足以保障他度過所有難關。他一樣應該延遲到七十歲再請領社會安全退休給付，原因很簡單，每年調整通貨膨脹後高達7.3％的給付率，堪稱一項絕佳的投資。至於法蘭克應該採用什麼樣的股票／債券投資比率？這主要只取決於他的風險承受度。他沒有理由不能持有全部由股票組成的投資組合，因為除非碰上一九三〇年代那樣的空頭市場，否則光是股票發放的股息源流，就足夠支應他每年的待攤生活費用還綽綽有餘。儘管如此，多數投資人無法忍受100％股票曝險部位的那種風險與壓力。曾經歷二〇〇〇年至二〇〇二年以及二〇〇七年至二〇〇九年股災的法蘭克，已經很清楚自己能接受多高的股票曝險部位了。

　　法蘭克最重視的資產配置考量之一是他想要留下遺產。不管法蘭克採用怎樣的股票／債券配置，由於他的燒錢率只有1％，所以他的投資組合一定能撐到他離世為止，所以，他其實是在為他的繼承人、將受贈的慈善機構以及美國政府（其實，他相當感激他們）管理他的多數投資組合資產。如果對他來說，安穩的睡眠比讓幾個揮霍無度的子姪變成有錢人更重要，那麼他可能會選擇較保守的股票／債券配置，但如果他打算認捐一棟嶄新的圖書館大樓，他一定會想要採用更積極的配置。

第十七章摘要

　　投資成功與否，取決於你是否有定義明確且無論上刀山或下油鍋都能堅持到底的資產配置政策。千萬不要為了追求完美而捨棄真正良好可行的方案；一個能真正落實的「次優」資產配置，一定優於會讓你因為驚懼而放棄的最佳資產配置——因為那種令人驚懼的狀況每隔幾年就會發生一次。

　　合用的資產配置有可能單純得不得了（單純到只持有一檔目標日期基金），也可能非常複雜（複雜到持有十二種不同的股票資產類別）。你適合多高的複雜度？這個問題取決於你的數學夠不夠好，還有你忍受複雜投資組合的能力夠不夠強。但不管你選擇單純或複雜的投資組合，堅持到底的能力絕對遠比精確的資產配置政策重要。

　　最困難的資產配置作業和是否要一次性投資大筆金額有關。通常一次性投入大筆金額的成果會比較好一點，但採定時定額或定期定值法，你的心理面會更好受。

　　進行投資組合再平衡作業的時機和方法，取決於你打算投入多少時間與精力在這件事情上。相較於依照日期進行的再平衡作業，門檻型再平衡作業需要較多數學統計與電腦技能。如果你選擇依照日期進行再平衡作業，可以每一年至三年進行一次。就理想狀態來說，你應該持有足夠的避稅退休資產，這樣才不會因為你針對投資組合的全部股票資產類別進行再平衡作業而衍生資本利得稅的問題。主要只持有應稅投資組合的人，可能比較會逃避積極進行再平衡作業，因為一旦他們出售績效最好的股票資產類別，就會產生資本利得（乃至相關稅負），所以，請務必在應稅與避稅資產之間取得適當的平衡。進行投資組合再平衡的主要目的是要降低風險，但也為了建立與維護必要的情緒堡壘，在此引用華倫·巴菲特的名言：要做到「在別人貪婪時恐懼，在別人恐懼時貪婪。」

　　隨著退休日逼近，降低股票曝險部位的時間點與方法，主要取決於你的燒錢率。燒錢率愈高，你愈應該隨著退休日的逼近而積極降低股票曝險部位。

第十八章

具體的基本細節

　　我在二十年前撰寫本書初版時提出的共同基金建議非常單純。我當時的建議是：到先鋒集團開戶，購買該公司的指數基金就好。當時我只認真考慮另一家基金公司，它是德明信基金顧問公司，以市場上的深度價值（deep-value，譯註：泛指企業的股價相對遠低於其內在價值）領域來說，德明信的基金是絕佳的選擇，只可惜當時它只透過附屬投資顧問銷售它的基金，而這些投資顧問的服務收費通常很高。在當時，如果你想免費建立德明信基金的曝險部位，就必須透過雇主確定提撥型計畫（defined-contribution plan）來投資，但只有少數幸運兒有這般的機會。

　　隨著時間的流轉，情況已經朝好的方向發展，目前一般大眾已能透過指數股票型基金（ETF）購買到德明信公司的產品，而且該公司的因子側重（側重小型與價值型股票）部門非常有競爭力。

　　但不管是哪個領域，因這波「柏格革命」而受惠最多的，當屬確定提撥退休計畫。

最佳進步獎：401（k）

　　過去幾十年，企業陸陸續續結束它們的傳統確定給付制退休計畫（defined-benefit plans，這種計畫免費為公司的退休員工提供退休金），並以確定提撥型計畫取而代之，其中，最常見的就是401（k）計畫。

　　退休資金來源的這個轉變，將短缺（用白話文來說，就是老來以後寄子女籬下）的風險從雇主身上轉移給員工——雇主樂得輕鬆，但可苦了作為員工的你。要做好為退休而儲蓄與投資、並以妥善的方式消耗那些積蓄，需要很強的能力、投資知識和自我紀律，所以，一般勞工很難游刃有餘地好好執行這一切林林總總的事務。這個轉變就好像以下這個想像情境；你登上一架客機，身為乘客的你理應右轉走向你的座位，但空服員卻告訴你，因為機師們研判今天的飛行風險與壓力過高而決定留在家裡，因此只好請你左轉，由你自己駕駛這架飛機。

　　雇主當然非常喜歡確定提撥制的退休計畫，因為這種計畫的資金成本和管理成本都比較低。直到近年來，這些計畫都還能有效使雇主免於承擔責任，而且雇主也鮮少關注退休基金本身的費用水準。大約在二○○五年以前，典型的這類計畫至少每年會產生2%的顯性成本，而這還不含退休計畫本身的隱性行政管理費用。

　　在一九九○年代期間，員工可從確定提撥退休計畫中選擇的多數股票型基金，都加重投資那個時期的大型知名企業。那時，很多（甚至多數）退休金計畫參與人選擇了清單當中報酬率最高的基金——多半是活力四射的科技股基金。但事實證明，選擇這類基金的參與人並未獲得理想的成果。在眾多這種令人遺憾的確定提撥計畫當中，最弱勢的當屬教師的403（b）與政府雇員的457帳戶，因為這些帳戶能選擇的基金多半都收費驚人，而且通常是保險公司的產品。

　　過去幾十年間，一般的確定提撥制退休計畫都已有所改善。隨著一般大眾漸漸透過各種管道了解指數化投資的優點，員工與雇主也都留意到這些訊息。目前多數退休計畫都提供不少低成本的被動投資工具選項。諸如理查・泰勒等行為經濟學家的研究成果，已使成本低廉且容易部署的目標日期基金成了很多退休金計畫的預設選項，而諸如BrightScope等研究公司的努力，也讓以剝削為目的且過度錯綜複雜的確定提撥制費用結構變得無所遁形。

　　法院體系對這些良性的改變也是居功厥偉。一直以來，許多大企業未能善盡對自家員工退休計畫參與人的信託責任，這促使侵權律師傑洛米・施立希特（Jerome Schlichter）基於做善事的想法，處理了數十起這類案件（目前他也還繼續從事這項志業），成功幫助代表小蝦米的員工打敗象徵著大鯨魚的雇主。根據施立希特的說法，在過去那些黑暗的日子裡，「沒有人的獎金是取決於401（k）計畫的管理狀況。」由於施立希特在這方面的訴訟成果卓著，所以，「施立希特」已成了所有企業的法律部門最害怕聽到的名號。[1]

　　拜約翰・柏格、理查・泰勒、BrightScope與傑洛米・施立希特之賜，目前你的401（k）計畫裡，應該都有不少低成本指數型基金與目標日期基金可供選擇。不過，還是有很多舊型的退休計畫只有悲慘的高成本主動管理型共同基金可供投資。如果你在退休計畫的投資選項清單上看到保險公司的名號，代表你公司的人事部門主管很可能接受了管理退休計畫的企業的貴賓席款待。如果是那樣，你可以和同事一起提出抗議，但你們的抗議或許會成功，也可能失敗。如果抗議失敗，你們應該在所得與生活費用允許的情況下，盡可能利用雇主配比提撥上限的效益，將你投資到401（k）的金額拉高，接下來如果還有閒錢可投資，就把那些錢投入由低成本管理者負責管理的IRA個人退休金帳戶。等到你和原雇主終止雇佣關係時，再把你的401（k）資產轉移到個人的IRA個人退休帳戶。

你的個人退休帳戶

　　大企業員工對確定提撥制計畫裡的基金選項幾乎沒有任何話語權。然而，你可以自由選擇要經由哪個管道來持有你的IRA帳戶和應稅資產。直到不久前，約翰・柏格的先鋒集團都是供應最佳低成本基金的最主要來源。

　　但目前情況已經改變。彭博社的分析師艾瑞克・巴爾丘納斯

（Eric Balchunas）所謂的「先鋒效應」（"The Vanguard Effect"，指先鋒集團對其他大型投資公司如富達、嘉信理財與其他老牌證券經紀交易商構成的生存威脅），已經逼得這個產業的其他參與者加入價格競爭，和先鋒集團搶奪這個市場大餅。

沒錯，這些公司正彼此激烈競爭。不僅嘉信和富達等公司推出一系列費用超級低廉的開放式指數基金（富達的某些基金甚至採零費用率結構），投資人目前更能在免佣金與手續費的情況下，透過許多證券經紀商——包括先鋒集團的經紀商——自行建立一個由極低成本ETF組成的投資組合。

目前先鋒集團和投資產業其他企業之間的品質落差已多半消失。雖然我個人極度推崇已故的約翰‧柏格，但我還是得痛苦地承認，先鋒集團的顧客支援服務已經劣化——經常出現文書錯誤，且電話等待時間變長等。相較於其他公司目前大致上相當快速、精明且準確的支援服務，現在的先鋒集團確實有待加強。小散戶投資人還能繼續搭諸如富達與嘉信等大企業多久的便車，目前仍不得而知，所以趁現在還能享受，就盡情享受吧。

到底要不要投資ETF？

一九九三年時，史上第一檔ETF掛牌上市，它是道富環球顧問公司（State Street Global Advisors）的基金，股票代號為SPY，但它較為人所知的名稱是SPDR（史坦普公司存託憑證〔Standard & Poor's Depository Receipts〕）。十年之後，掛牌上市的ETF已有兩百七十六檔。到二〇二一年，ETF更增加到八千五百五十二檔，而且還在增加。在二〇〇八年以前，所有ETF都屬於被動管理型基金，到如今，還是有高達98%的ETF是被動管理型基金。

所以，當今的小散戶投資人反而面臨了類似大聯盟的選擇障礙問題，因為你想像得到的每一個資產類別，都有許多企業發行ETF。

（確定提撥制計畫的參與人多半可免受這種選擇障礙之苦，因為多數大型與中型企業的退休計畫，會對可選擇投資的基金數量設限，只提供相對少數的陽春型開放式基金，而且不提供 ETF。）

以涵蓋面最廣的資產類別來說——例如美國全體股票市場、史坦普五〇〇指數或海外已開發市場股票的明晟歐澳遠東指數，主要基金發行公司推出的 ETF 和開放式指數型共同基金的費用率都很低，而且，在多數情況下，這些基金的報酬率都幾乎一模一樣。儘管如此，你還是應該留意每一檔基金——不管是開放式指數基金或 ETF——持有的證券數。在我撰寫本書之際，嘉信國際（開放式）指數基金只持有八百五十五檔證券，但該基金的 ETF 版則持有一千五百二十七檔證券，先鋒集團的相似基金更持有七千八百八十一檔證券。但即使這些基金持有的證券數差異極大，這些差異卻沒有對長期報酬率造成明顯的影響，因為嘉信基金未持有的企業都屬低市值的小型股。

以下是透過基金三巨頭——先鋒、嘉信與富達——持有個人退休帳戶的幾個基本方針：

- 只購買你的保管機構發行的開放式指數基金。舉個例子，如果你是透過富達公司持有你的資產，就只購買富達的開放式指數基金。

- 你可以透過這三家證券經紀公司的免佣金線上服務，買賣所有公司發行的 ETF。但若透過真人營業員交易，則必須支付佣金。在下 ETF 的交易單時，切記要用限價單，而且要避免在交易日的最初與最後三十分鐘買賣 ETF，因為這些時段可能會出現反常的定價與內／外盤價差。宜特別留意內／外盤價差（我已在這一章的表格列出內／外盤價差），尤其是較小型基金的內／外盤價差。我們能輕易從很多公司的網站取得當期的價差數據。富達公司網站上的引導特別好用。

- 透過這三家公司在國庫債券標售會上標購國庫債券是免佣金的，而且透過它們在次級市場（標售會後但尚未到期的債券）

買賣國庫債券一樣免佣金。但如果你計畫在次級市場上交易國庫債券，我建議你還是先向證券經紀商確認詳細的佣金資訊。特別是嘉信理財，它的轉存計畫（sweep vehicle）貨幣市場收益率遠低於市場水準

■ 富達和嘉信都提供線上銀行服務，但先鋒沒有這項服務。另外，如果透過先鋒持有資產，當你的帳戶資金低於特定門檻，將被收取 20 美元的年費，但如果選擇電子文件／帳單，就能免去這項費用。

為什麼富達和嘉信要允許顧客像搭便車般，透過在富達和嘉信開立的個人退休帳戶建立由其他公司的 ETF 組成的投資組合？這兩家公司並未對此發表任何說法。富達可能是為了引誘你投資他們的主動管理型基金，而嘉信的目的就更昭然若揭了。在我撰寫本書之際，嘉信預設的轉存計畫收益率為 0.4％，比先鋒國庫貨幣市場基金（Treasury Money Market Fund）同時期的收益率低了 3.7％。金融作家兼投資顧問亞倫・羅斯在二〇一九年計算過，嘉信理財的盈餘有 134％ 來自淨利息收入，意思就是，嘉信付給它的顧客非常低的帳戶餘額利息，但轉身又以非常高的利率把那些資金貸放給其他人。[2]（134％ 盈餘數字的意思是，該公司的其他營運項目是虧本的，包括讓顧客搭便車的證券經紀業務。）

千萬不要沉迷於富達或嘉信那些假甜頭。遠離富達的主動管理型基金。在購買基金以前，務必再三檢視它的費用率，尤其要了解富達的目標日期「自由」基金（"Freedom" funds）和「自由指數」基金（"Freedom Index" funds）之間的差異，前者的費用較高，而後者的費用和先鋒集團的同類產品相近。至於透過嘉信持有個人退休帳戶的人，則應該將帳戶裡的現金餘額控制在最低水準，用原本以現金形式持有的資金來購買國庫券階梯、短期國庫債券 ETF，或是獨立的貨幣市場基金（這些基金是透過獨立交易〔separate transactions〕的形式

來買賣）。舉個例子，iShares 零至三個月國庫債券ETF（代號SGOV）的存續期間是0.1年，近似於國庫貨幣市場基金，主要的差異僅在於它的淨資產價值會變動，但傳統的貨幣市場基金的淨資產價值永遠都是固定的1美元。

有些證券經紀商是以訂單流回饋（payments for order flow，簡稱PFOF）來應付這種免佣金交易的成本，這個機制牽涉到執行交易的批發型證券經紀商（wholesale brokers）的退佣，而批發型證券經紀商的利潤來自股票或ETF的內／外盤價差。目前嘉信確實接受PFOF，但富達與先鋒則不接受。[3]先鋒集團的好處在於它的貨幣市場利率較高，且ETF執行績效較優異；它的缺點則是服務品質低劣且缺乏線上銀行業務。不過，我還是會基於先鋒公司的投資文化——源於非營利結構，並將節省下來的成本返還給基金單位數持有人——而略微偏好投資先鋒的ETF與開放式指數基金。另一方面，嘉信、道富和貝萊德都是公開掛牌交易的公司，所以經常受公司股東與基金單位數持有人之間的利益衝突所苦。富達公司的老闆是強森家族；這種私營企業的道德行為通常介於共同化企業與公開掛牌交易企業之間。

舉個例子，先鋒將出借股票所得的利潤全部回饋給基金單位數的持有人，但富達、嘉信與貝萊德／iShares則未這麼做。（對大型股基金來說，這類利潤可說是微乎其微，但對小型股基金而言則較重要。）最後，由於先鋒公司的薪酬結構不透明，所以即使是它也並非全然不費人猜疑。

未來主要保管機構之間的競爭勢必會更加白熱化，所以，敬請拭目以待，因為它們的相對優點與缺點有可能很容易就一夕翻轉。

投資組合主力：全體股票市場基金

我提到的所有投資公司——富達、先鋒、貝萊德、道富以及嘉信——都有銷售美國股票的全體市場指數基金。每一家公司提供的這

類基金不是以開放式基金的形式存在，就是以ETF的形式存在，而且經常兩種基金都有銷售，一如表18.1所列。（關於這一章的基金表格，謹將各項要點快速整理如下：所有掛牌交易的先鋒基金都屬於基金的旗艦級單位數，在多數情境下，這種基金單位數的最低投資金額為3千美元，某些甚至高達5萬美元，由於開放式指數基金與ETF數量繁多，而且持續快速增加，請別指望以下這些表格夠完整、夠即時。舉個例子，我列出了德明信的ETF，但略過它們的開放式指數基金，因為那些基金只能透過該公司的附屬投資顧問或是某些確定提撥型退休計畫〔僅限計畫的參與人取得〕。請利用第十五章說明的晨星基金研究工具，隨時掌握不斷演變的最新基金業現況。）

　　表18.1的美國全體股票市場基金之後，是「一站式購足」型全球股票基金，這種基金也持有美國股票。在過去，由於這些工具的成本相對較高，且持有超過50%的海外部位，所以較不討人喜歡。但過去幾年來，這兩個問題都解決了。目前這些工具的國內／海外持股比重大約是61／39，而且儘管成本意識較高的投資人還是能利用個別的美國股票與海外股票組合來建立和這種全球股票基金雷同的投資組合並節省一點點成本，但很多人應該也會覺得持有單一的全球股票基金既便利，分散投資程度又高，所以值得多付一點點額外的成本。表18.1的最後一組基金是不含美國股票的全球股票市場基金，這些基金涵蓋了已開發市場與新興市場的股票。

　　開放式指數基金和ETF之間的最大差異這兩種基金的交易方式對投資人心理的影響。就長期報酬率來說，不管你選擇其中任何一種都無傷大雅，而你最後選擇其中投資哪一種，將取決於你面對這兩種基金的定價時的心理感受──開放式指數基金是採收盤定價，但ETF是採盤中連續定價。買賣開放式基金的交易價是以基金持有的標的證券的收盤價計算而來，但ETF則是在交易日的盤中連續交易，所以你必須決定要在什麼時間點出手。這兩種基金的買賣都可能造成小量的壓力，至於你比較能接受哪一種壓力，則取決於你個人。

表 18.1　全體股票市場基金

全體美國股票市場基金

基金	型態	代號	費用率	內／外盤價差	持股平均市值（10億美元）	持股淨值比	持有證券數量
富達「零」全體市場指數基金	開放式	FZROX	0.00%	N/A	113	3.1	2,661
富達全體市場指數基金	開放式	FSKAX	0.015%	N/A	111	3.1	4,009
iShares核心 S & P 全體美國股票市場 ETF	ETF	ITOT	0.03%	0.01%	109	3.1	3,657
iShares羅素三〇〇〇 ETF	ETF	IWV	0.20%	0.04%	110	3.1	2,751
嘉信全體股票市場指數基金	開放式	SWTSX	0.03%	N/A	111	3.1	3,447
嘉信美國總體市場 ETF	ETF	SCHB	0.03%	0.02%	112	3.0	2,529
先鋒羅素三〇〇〇 ETF	ETF	VTHR	0.10%	0.07%	114	3.1	3,001
先鋒全體股票市場指數基金	開放式	VTSAX	0.04%	N/A	111	3.1	4,112
先鋒全體股票市場 ETF	ETF	VTI	0.03%	0.02%	111	3.1	4,112

全體世界股票市場基金

基金	型態	代號	費用率	內／外盤價差	持股平均市值（10億美元）	持股淨值比	持有證券數量
iShares全體世界明晟 ETF	ETF	URTH	0.24%	0.06%	110	2.4	1,543
先鋒全體世界股票市場指數基金	開放式	VTWAX	0.10%	N/A	66	2.2	9,530
先鋒全體世界股票市場 ETF	ETF	VT	0.07%	0.01%	66	2.2	9,530

表 18.1（續）
全體國際基金（所有國家不含美國股票）

基　金	型態	代號	費用率	內/外盤價差	持股平均市值（10億美元）	持股淨值比	持有證券數量
富達「零」國際指數基金	開放式	FZILX	0.00%	N/A	37	1.6	2,390
富達全體國際指數基金	開放式	FTIHX	0.06%	N/A	28	1.5	5,042
iShares 核心明晟全體國際股票	ETF	IXUS	0.07%	0.02%	28	1.5	4,322
嘉信國際指數基金	開放式	SWISX	0.06%	N/A	44	1.6	855
嘉信國際股票 ETF	ETF	SCHF	0.06%	0.03%	39	1.5	1,527
先鋒全體國際股票指數基金	開放式	VTIAX	0.11%	N/A	27	1.5	7,881
先鋒全體國際股票 ETF	ETF	VXUS	0.07%	0.02%	27	1.5	7,881

資料來源：晨星公司

誠如你可從表格中見到的，這些工具的費用率都接近零（富達的基金則為零費用）。如果你的資產配置屬於第七章討論的那種較單純的配置，那麼你在選擇股票端的資產時，只要選擇其中一檔基金就足夠了。

美國大型股基金

這個類別如表18.2所列，包含指數化投資的老祖宗——先鋒的史坦普五〇〇指數基金，以及SPDR史坦普五〇〇ETF（代號SPY）。如果你想要的是一個分別包含大型股與小型股配置的複雜投資組合，那麼，你可能會想以美國大型股基金來取代全體市場基金。

從頭到尾，我都把「被動」與「指數化」當成可交替使用的用語，但嚴格來說，這兩者並不相同。全體市場基金是最貼切的被動管理型基金，因為這種基金規定，它的選股流程必須根據市值加權（cap-weighted）的方式，持有在美國或海外公開掛牌交易的全部股票。大型股基金屬於指數基金，因為這種基金通常是複製某一項特定指數。表18.2的基金分別是以史坦普五〇〇指數、羅素一〇〇〇指數、芝加哥大學證券價格研究中心（CRSP）美國大型股指數等為基準。史坦普等幾家公司會主動選擇自家指數的成分股。其中，史坦普公司的指數委員會負責選擇要把哪些企業納入它的指數，而且會在每年年底新增或剔除指數的成分企業。有時候，指數的再平衡工程特別浩大，例如特斯拉在二〇二〇年十二月被納入史坦普五〇〇指數時。

當一家公司被新增到史坦普五〇〇指數，就意味所有史坦普五〇〇指數基金都必須購買這家公司的股份，而這勢必會促使該公司的股價上漲。避險基金經理人和其他套利者會利用這種現象事前偷跑，大量購入可能被新增到這項指數的股票，並在那些股票正式被納入指數時逢高賣出。因此，指數基金的經理人總面臨一個兩難。為了避免成為套利者的受害者，指數基金經理人本身也可以事前偷跑，但這個

作法卻也會導致基金本身的追蹤誤差（tracking error，也就是基金與指數之間的績效落差）上升。

當一項指數愈大眾化，這個問題就愈嚴重。也因如此，如果你想要持有一檔純粹的美國大型股基金，只要參考表18.2，選擇其中任何一檔追蹤其他較不大眾化的指數（相對史坦普五○○指數而言）的基金，就能緩解因史坦普五○○指數成分股調整而衍生的問題。

所有指數與基金提供者的選股標準都略有差異。舉個例子，史坦普五○○指數並不是由美國的五百大企業組成；根據史坦普公司委員會的決策，這項指數是由那五百大企業的所屬領域裡的「領導企業」組成，所以，史坦普五○○指數有幾檔成分股其實是相對小型的企業。然而，羅素公司的標準就比較量化一些。它的「全體市場」指數——也就是羅素三○○○指數——的成分股是市值最大的三千家企業，而這三千家企業的市值加起來，占了美國股市總市值的97%。不過，這麼廣泛的涵蓋內容真的讓羅素三○○○指數的ETF變得更被動或更指數化嗎？由於這一項「指數」的成分股極度貼近全體股票市場的組成狀況，所以，這個問題幾乎無關緊要（更複雜的是，先鋒羅素三○○○指數ETF包含三千零一檔股票，但iShares目前的羅素三○○○指數ETF卻只包含兩千五百七十一檔股票，而且初始投資成本比前者貴了0.1%。但無論如何，持有較低費用率的全體股票市場基金，最後的績效可能會稍微好一些。）

當今的投資人要面對數千項國內、全球與國際指數，而不同指數與基金的提供者更會隨著不斷變化的企業市值與股票特性，採用不同的換股時機與規則來為眾多指數新增或剔除成分股。

不過，對散戶投資人來說，各種不同指數的建構機制本身並不是太重要。與其聚焦在特定指數提供者的精準選股標準，不如留意基金本身的整體特性，其中最重要的特性是基金持股的平均市值，以及基金持股內容的價值／成長屬性——從淨值比、本益比、股價／現金流量比和股價／股息比等，就可看出基金持股內容的價值／成長屬

性。這些參數可從多重來源取得，包括晨星公司的基金網頁。

　　表18.3把國際股票市場基金分成富裕的已開發國家和新興市場國家，接著再把已開發國家族群細分為歐洲與太平洋地區的市場。如果你把你的海外持股部位配置到歐洲、太平洋與新興市場基金，就會獨漏加拿大的股票，而加拿大股票約占全球股票市值的3％；不過，世界股票基金、全體國際股票基金與很多已開發市場基金都有包含加拿大股票，而天然資源企業是加拿大股市的重要權值股（廣泛被採用的已開發市場指數——明晟歐澳遠東指數也不含加拿大股票）。

　　不同的基金公司會採用不同的指數作為追蹤的標準，所以如果你真的用上述方式來配置海外股票的部位，請只採用一家公司的基金就好。不要拼拼湊湊，東買一家、西買一家，以免遺漏或重複投資到特定的市場。舉個例子，先鋒集團的金融時報相關指數基金是把南韓納入已開發市場類別，但iShares的明晟相關指數則是把南韓市場列入新興市場類別。

到底要不要要側重特定風險因子

　　我在第二章討論了是否有可能藉由「側重」各種不同的風險因子來改善投資組合的報酬率，其中最歷史悠久的方法是側重小型股與價值型股票，而根據各項明顯的事證，側重價值型股票確實有助於提高投資組合的報酬率。「側重」較高獲利能力與較低資本投資的股票或許也能提高報酬率，但或許不能。另一個報酬因子是價格動能。舉個例子，過去六至十二個月間，相對報酬率較高的股票也會在下一期創造較高的相對報酬率。儘管如此，動能型策略會衍生高周轉成本，並因此抵銷掉這種策略的超額報酬。

　　朝大型價值型股票與小型價值型股票傾斜的作法，有可能要處理非常複雜的投資作業，因為較小型公司行號（例如景順〔Invesco〕、阿凡提斯和德明信）的某些產品側重價值型股票因子的

表 18.2 美國大型股基金

基　金	型態	代號	費用率	內／外盤價差	持股平均市值（10億美元）	持股淨值比
富達五〇〇指數基金	開放式	FXAIX	0.015%	N/A	172	3.4
富達 SAI 美國大型股指數基金（史坦普五〇〇指數）	開放式	FLCPX	0.016%	N/A	172	3.4
富達「零」大型股指數基金	開放式	FNILX	0.00%	N/A	170	3.5
iShares 核心史坦普五〇〇 ETF	ETF	IVV	0.03%	0.02%	183	3.4
嘉信史坦普五〇〇指數基金	開放式	SWPPX	0.02%	N/A	170	3.4
嘉信一〇〇〇指數基金（嘉信一〇〇〇指數）	開放式	SNXFX	0.05%	N/A	129	3.3
嘉信美國大型股 ETF（道瓊美國大型股指數）	ETF	SCHX	0.03%	0.02%	153	3.3
SPDR 投資組合史坦普五〇〇 ETF	ETF	SPLG	0.03%	0.02%	180	3.4
先鋒大型股股 ETF（CRSP 美國大型股指數）	ETF	VV	0.04%	0.04%	181	3.5
先鋒大型股指數基金（CRSP 美國大型股指數）	開放式	VLCAX	0.05%	N/A	164	3.5
先鋒史坦普五〇〇 ETF	ETF	VOO	0.03%	0.02%	170	3.4
先鋒史坦普五〇〇指數基金	開放式	VFIAX	0.04%	N/A	170	3.4

資料來源：晨星公司

表 18.3 國際／區域大型股／全體市場基金

已開發市場基金

基金	型態	代號	費用率	內／外盤價差	持股平均市值（10億美元）	持股淨值比	持有證券數量
iShares核心明晟國際已開發市場 ETF	ETF	IDEV	0.04%	0.03%	29	1.5	2,312
SPDR 已開發國家不含美國 ETF	ETF	SPDW	0.04%	0.03%	29	1.5	2,604
先鋒已開發市場指數基金	開放式	VTMGX	0.07%	N/A	28	1.5	4,033
先鋒金融時報已開發市場 ETF	ETF	VEA	0.05%	0.02%	28	1.5	4,033

歐洲股票

基金	型態	代號	費用率	內／外盤價差	持股平均市值（10億美元）	持股淨值比	持有證券數量
iShares核心明晟歐洲 ETF	ETF	IEUR	0.09%	0.02%	38	1.8	1,048
SPDR 投資組合歐洲 ETF	ETF	SPEU	0.09%	0.10%	38	1.8	1,777
先鋒歐洲股票指數基金	開放式	VEUSX	0.13%	N/A	37	1.8	1,363
先鋒金融時報歐洲 ETF	ETF	VGK	0.11%	0.02%	37	1.8	1,363

表 18.3（續）

太平洋股票

基　金	型態	代號	費用率	內／外盤價差	持股平均市值（10 億美元）	持股淨值比	持有證券數量
iShares 核心明晟太平洋 ETF	ETF	IPAC	0.09%	0.12%	18	1.3	1,531
先鋒太平洋股票指數基金	開放式	VPADX	0.10%	N/A	18	1.2	2,496
先鋒金融時報太平洋 ETF	ETF	VPL	0.08%	0.01%	18	1.2	2,496

新興市場股票

基　金	型態	代號	費用率	內／外盤價差	持股平均市值（10 億美元）	持股淨值比	持有證券數量
富達新興市場指數基金	開放式	FPADX	0.075%	N/A	38	1.5	1,461
iShares 核心明晟新興市場 ETF	ETF	IEMG	0.09%	0.02%	25	1.5	2,585
iShares 明晟新興市場 ETF	ETF	EEM	0.69%	0.02%	35	1.5	1,247
SPDR 投資組合新興市場 ETF	ETF	SPEM	0.11%	0.03%	21	1.5	2,988
先鋒新興市場股票指數基金	開放式	VEMAX	0.14%	N/A	20	1.6	4,617
先鋒金融時報新興市場 ETF	ETF	VWO	0.08%	0.02%	23	1.6	5,446

資料來源：晨星公司

程度雖較高，但這些基金的手續費與內／外盤價差卻也略高，而且在設計、組成結構與績效等方面也都差異甚大。長期下來，不同小型價值型股票基金之間的長期報酬率差距應該會收斂，但逐年的績效差異卻很可能很驚人。尤其是過去十年，價值型股票因子的表現相對較差，而這也反映在基金的績效上。基於這個原因，我已刻意在這一章稍後的表格裡略過基金的績效數字。

　　如果你真的想側重特定因子，一定要注意，不同基金公司分別側重了不同的因子。所有基金公司都有側重價值因子的基金，但側重的程度各有不同，且各個基金公司用來定義「價值」的指標也有所不同，例如低淨值比、低本益比、低股價／股利比，與低股價／現金流量比等等，而誠如表18.4所示，有些基金公司也會側重獲利能力與資本投資。請注意側重特定因子的基金之間的差異，以及這些基金對各產業的曝險程度，這些資訊都能從晨星公司的網站上取得。舉個例子，表18.4裡的小型價值型股票基金對REITs的配置都大約是10％。相反地，阿凡提斯和德明信的基金幾乎未持有REITs。

　　另外，你還可以用一個更複雜的方法來安排投資組合對各項因子的曝險部位：把美國股票的部位分別配置到美國市場的「四個角落」：大型市場、大型價值、小型市場與小型價值。如果你也把已開發市場及新興市場股票部位分成這四種細項，你的投資組合就會有十二種股票資產類別，而這還不包括REITs、貴金屬股票和能源股。

　　不過，這種細部資產類別劃分法逃脫不了報酬率遞減法則（law of diminishing returns）的魔咒，換言之，這個方法的邊際效益是遞減的。所以，除非你是最執著的資產類別迷，否則可能不值得花那麼多心力來建構如此複雜的投資組合。如果你想側重特定因子，只要在美國與已開發市場海外全體股票市場的曝險部位以外，再增加一檔小型價值基金就可以了。透過適度側重的作法，你的小型價值型股票部位就會提高到全體股票市場部位的三分之一，一如第十七章的最後一個模範投資組合——它把30％的資產配置到美國全體股票市場，10％

配置到美國小型價值型股票。

如果你想更側重小型價值型股票，可以把小型價值型股的配置權重提高到和全體股票市場配置一樣的水準，這麼一來，上述投資組合對全體股票市場的配置就會變成：20％美國全體股票市場與20％美國小型股票。要特別針對新興市場的部位側重小型價值型股票是有難度的，因為目前只有一家基金公司銷售新興市場小型價值型股票基金，它是智慧樹公司（WisdomTree）。如果碰上這種情況，我會考慮用新興市場的大型價值型股票基金來取而代之，目前這類基金的選擇性，比新興市場小型價值型股票基金還要多，其中，阿凡提斯的新興市場價值型股票基金的持股平均市值是最小的。

在判斷是否要側重特定因子或要側重到什麼程度時，最重要的考慮因素是，當側重特定因子的投資組合的績效相對落後（這樣的狀況難免會發生），你是否有足夠的紀律繼續堅持到底，咬牙度過那樣的績效落後期。過去二十年間，美國價值因子報酬率多半是負數。不過，目前成長型企業與價值型企業之間的價值落差很大，這顯示價值型股票可能終將重返榮耀，恢復績效領先的狀態，不過，真的沒有人敢保證那一天究竟會不會來。畢竟不管怎麼說，價值因子都是一個風險因子，而最大的風險在於它的風險溢酬有可能一去永不復返。如果你決定要側重價值因子，而價值型股票也真的恢復往日榮光，你將會感覺自己的選擇終於得到平反，但如果價值型股票過去的超前績效一去不復返，那就準備好接受別人「你看，我早就跟你說吧……」之類的一連串批評與指教吧。

表18.4以分門別類的方式，列出了美國側重特定因子的基金，表18.5則是列出了海外與國內側重特定因子的基金。這兩份表格都是先以小型價值型類股做開端。另外，從這些表格也明顯可看出側重特定因子的另一種成本：較高的基金手續費與ETF內／外盤價差。

以前投資人還無法廣泛投資ETF時，開放式基金傾向於在股票「漲過頭」以致不符合基金持股原則時被迫賣出股票，並進而將相對

高額的資本利得分配給基金單位數持有人，尤其是側重小型股與價值型股票的資產類別的基金。因此，在過去，一般建議盡可能透過避稅的退休帳戶來持有這種側重特定因子的資產。

　　不過，ETF以其特有的實物交易（in-kind redemption）贖回流程「解決了」這個問題，這個機制允許基金把漲價最多的股份直接分配給基金單位數持有人，所以基金不會發生被迫出售漲過頭的股票的問題，也因此不會產生資本利得。目前投資人甚至可以透過應稅投資組合持有側重特定因子的ETF，無須擔心會有高額資本利得分配乃至資本利得稅的問題。我在「解決了」這三個字兩側加上引號是有原因的：美國國稅局和某些立法人員目前正密切盯著這個漏洞，所以，沒有人敢擔保這個作法是否能苟活下來。

表18.4　美國小型價值型股票基金

基金/指數	型態	代號	費用率	內/外盤價差	持股平均市值（10億美元）	持股淨值比	市場權重	小型權重	價值權重	獲利能力權重	資本投資權重
阿凡提斯美國小型價值型股票ETF	ETF	AVUV	0.25%	0.07%	2.5	1.3	1.10	0.82	0.60	0.14	-0.10
僑威奧尼小型價值型股票基金	開放式	BOSVX	0.60%	N/A	0.9	0.9	0.99	0.95	0.57	0.14	0.01
德明信美國目標價值型股票ETF	ETF	DFAT	0.28%	0.08%	3.4	1.3	1.00	0.67	0.52	0.15	-0.17
德明信美國小型價值型股票ETF	ETF	DFSV	0.31%	0.08%	2.5	1.0	1.02	0.82	0.51	0.13	-0.01
富達小型價值型股票指數基金（羅素二〇〇〇價值型股票指數）	開放式	FISVX	0.05%	N/A	1.8	1.2	0.99	0.75	0.38	-0.03	-0.02
景順金融時報RAFI美國一五〇〇小中型股票ETF	ETF	PRFZ	0.39%	0.12%	2.1	1.6	0.99	0.73	0.26	0.00	-0.05
iSahres晨星小型價值型股票ETF	ETF	ISCV	0.06%	0.15%	3.1	1.4	1.06	0.67	0.47	0.09	-0.04
iSahres史坦普小型六〇〇價值型股票ETF	ETF	IJS	0.18%	0.05%	1.8	1.3	0.97	0.86	0.37	0.12	0.05
嘉信基本美國小型企業指數基金（RAFI美國小型企業指數）	開放式	SFSNX	0.25%	N/A	3.2	1.7	1.02	0.66	0.28	0.10	-0.02
SPDR史坦普六〇〇小型價值型股票ETF	ETF	SLYV	0.15%	0.05%	1.8	1.3	0.96	0.86	0.37	0.12	0.05
先鋒羅素二〇〇〇價值型股票ETF	ETF	VTWV	0.15%	0.32%	1.9	1.3	0.95	0.81	0.34	0.03	0.04

先鋒小型價值型股票 ETF（CRSP 小型價值型股票指數）	ETF	VBR	0.07%	0.06%	5.1	1.00	0.54	0.35	0.06	-0.07
先鋒小型價值型股票指數基金（CRSP 小型價值型股票指數）	開放式	VSIAX	0.07%	N/A	5.1	1.00	0.54	0.35	0.06	-0.07
先鋒史坦普六〇〇價值型股票 ETF	ETF	VIOV	0.15%	0.19%	1.8	0.97	0.86	0.37	0.12	0.05

僑威奧尼（Bridgeway Omni）　RAFI ＝研究協會基本面指數（Research Affiliate Fundamental Index）

美國大型價值型股票基金

基金／指數	型態	代號	費用率	內／外盤價差	持股平均市值（10億美元）	持股淨值比
阿凡提斯美國大型價值型股票 ETF	ETF	AVLV	0.15%	0.06%	63	2.2
德明信美國整體市場價值型股票 ETF	ETF	DFUV	0.22%	0.06%	51	1.7
富達大型價值型股票指數基金	開放式	FLCOX	0.035%	N/A	71	2.1
景順金融時報 RAFI 美國一〇〇〇 ETF	ETF	PRF	0.39%	0.04%	83	2.0
iSahres 史坦普五〇〇價值型股票 ETF	ETF	IVE	0.18%	0.03%	108	2.4
嘉信美國大型價值型股票 ETF	ETF	SCHV	0.04%	0.03%	82	2.5
嘉信美國大型價值型股票指數基金	開放式	SWLVX	0.035%	N/A	71	2.1
SPDR 投資組合史坦普五〇〇價值型股票 ETF	ETF	SPYV	0.04%	0.03%	108	2.4
先鋒價值型股票 ETF	ETF	VTV	0.04%	0.01%	101	2.4
先鋒價值型股票指數基金	開放式	VVIAX	0.05%	N/A	101	2.4

表 18.4（續）

美國小型股票基金

基金/指數	型態	代號	費用率	內／外盤價差	持股平均市值（10億美元）	持股淨值比
富達小型股指數基金	開放式	FSSNX	0.025%	N/A	2.3	1.8
iSahres 羅素二〇〇〇 ETF	ETF	IWM	0.19%	0.01%	2.3	1.8
嘉信美國小型股 ETF	ETF	SCHA	0.04%	0.02%	3.2	1.7
嘉信小型股指數基金	開放式	SWSSX	0.04%	N/A	2.3	1.8
SPDR 史坦普六〇〇小型股 ETF	ETF	SLY	0.15%	0.17%	2.0	1.5
先鋒史坦普六〇〇小型股 ETF	ETF	VIOO	0.10%	0.09%	2.1	1.6
先鋒小型股指數基金	開放式	VSMAX	0.05%	N/A	5.2	2.0
先鋒租稅管理小型股基金	開放式	VTMSX	0.09%	N/A	2.1	1.6

資料來源：晨星公司

表 18.5 國際側重特定因子的股票型基金

國際小型價值型股票基金

基金／指數	型態	代號	費用率	內／外盤價差	持股平均市值（10億美元）	持股淨值比
阿凡提斯國際小型價值型股票 ETF	ETF	AVDV	0.36%	0.08%	1.8	0.9
德明信國際小型價值型股票 ETF	ETF	DISV	0.42%	0.08%	1.5	0.7
景順金融時報 RAFI 已開發市場不含美國小中型股 ETF	ETF	PDN	0.49%	0.34%	2.4	1.1

國際大型價值型股票基金

基金／指數	型態	代號	費用率	內／外盤價差	持股平均市值（10億美元）	持股淨值比
阿凡提斯國際大型價值型股票 ETF	ETF	AVIV	0.25%	0.18%	30	1.2
德明信國際價值型股票 ETF	ETF	DFIV	0.27%	0.03%	30	1.0
景順金融時報 RAFI 已開發市場不含美國 ETF	ETF	PXF	0.45%	0.11%	35	1.2
iShares 明晟國際價值型股票 ETF	ETF	EFV	0.34%	0.02%	40	1.1

表 18.5（續）

國際小型股基金

基金/指數	型態	代號	費用率	內／外盤價差	持股平均市值（10億美元）	持股淨值比
德信信國際小型股 ETF	ETF	DFIS	0.39%	0.09%	1.6	1.2
iShares 明晟歐澳遠東小型股 ETF	ETF	SCZ	0.39%	0.02%	2.2	1.2
嘉信國際小型股票 ETF	ETF	SCHC	0.11%	0.03%	2.0	1.2
SPDR 史坦普國際小型股 ETF	ETF	GWX	0.40%	0.16%	0.8	1.0
先鋒金融時報全世界不含美國小型股 ETF	ETF	VSS	0.07%	0.08%	1.8	1.2
先鋒金融時報全世界不含美國小型股指數基金	開放式	VFSAX	0.16%	N/A	1.8	1.2

新興市場價值型股票基金

基金/指數	型態	代號	費用率	內／外盤價差	持股平均市值（10億美元）	持股淨值比
阿凡提斯新興市場價值型股票 ETF	ETF	AVES	0.36%	0.17%	6	0.9
德信信新興市場價值型股票 ETF	ETF	DFEV	0.43%	0.20%	12	0.8
景順金融時報 RAFI 新興市場 ETF	ETF	PXH	0.49%	0.05%	37	1.0
嘉信基本新興市場大型企業指數 ETF	ETF	FNDE	0.39%	0.04%	34	0.9

新興市場小型股／小型股價值型股票

基金/指數	型態	代號	費用率	內／外盤價差	持股平均市值（10億美元）	持股淨值比
iShares 明晟新興市場小型股 ETF	ETF	EEMS	0.70%	0.16%	1.5	1.2
SPDR 史坦普新興市場小型股 ETF	ETF	EWX	0.65%	0.14%	0.9	1.2
智慧樹新興市場小型股股利基金	ETF	DGS	0.58%	0.11%	1.8	1.0

資料來源：晨星公司

表 18.6 專門基金
美國 REIT 指數基金

基金／指數	型態	代號	費用率	內／外盤價差
德明信美國房地產 ETF	ETF	DFAR	0.19%	0.13%
富達明晟房地產指數 ETF	ETF	FREL	0.084%	0.03%
iShares 核心美國 REIT ETF	ETF	USRT	0.08%	0.05%
iShares 美國房地產 ETF	ETF	IYR	0.39%	0.01%
房地產精選部門 SPDR 基金	ETF	XLRE	0.10%	0.02%
嘉信美國 REIT ETF	ETF	SCHH	0.07%	0.04%
SPDR 道瓊 REIT ETF	ETF	RWR	0.25%	0.04%
先鋒房地產 ETF	ETF	VNQ	0.12%	0.01%
先鋒房地產指數基金	開放式	VGSLX	0.12%	N/A

全球 REIT 基金

基金／指數	型態	代號	費用率	內／外盤價差
iShares 全球 REIT ETF	ETF	REET	0.14%	0.04%
SPDR 道瓊全球房地產 ETF	ETF	RWO	0.50%	0.15%

國際 REIT 基金

基金／指數	型態	代號	費用率	內／外盤價差
iShares 國際已開發市場房地產 ETF	ETF	IFGL	0.48%	0.42%
SPDR 道瓊國際房地產 ETF	ETF	RWX	0.59%	0.16%
先鋒全球不含美國房地產 ETF	ETF	VNQI	0.12%	0.14%

貴金屬股票基金

基金／指數	型態	代號	費用率	內／外盤價差
iShares 明晟全球金礦公司 ETF	ETF	RING	0.39%	0.23%
VanEck 金礦公司 ETF	ETF	GDX	0.51%	0.03%

能源股票基金

基金／指數	型態	代號	費用率	內／外盤價差
能源精選部門 SPDR 基金	ETF	XLE	0.10%	0.01%
富達明晟能源指數 ETF	ETF	FENY	0.084%	0.04%
iShares 全球能源 ETF	ETF	IXC	0.40%	0.03%
iShares 美國能源 ETF	ETF	IYE	0.39%	0.02%
iShares 美國石油與天然氣探勘暨生產 ETF	ETF	IEO	0.39%	0.04%
SPDR 史坦普石油與天然氣探勘暨生產 ETF	ETF	XOP	0.35%	0.02%
先鋒能源指數基金	開放式	VENAX	0.10%	N/A
先鋒能源 ETF	ETF	VDE	0.10%	0.03%

資料來源：晨星公司

那麼債券呢？

　　你應該透過股票型資產來承擔風險，因此，股票應該也能提供高期望報酬率（但不盡然能提供較高的已實現報酬率）。相反地，你的債券部位則應該要能讓你保持沉著冷靜且高枕無憂。企業和州及地方政府都有債務違約的可能，而世界上最令人震驚的理財意外發展，就是你原以為非常安全的資產突然在一夕之間變得不安全。你的多數長期投資報酬將取決於你在最糟時期（大約僅占所有時間的2%）的表現。所以，在部署固定收益型資產時，請務必切記這一點。

　　千萬不要因為稅務的考量而本末倒置。如果你覺得非持有市政債券不可，持有市政債券的比重最多也不要超過你的固定收益型資產部位的三分之一。另外，千萬不要只持有某一州發行的固定收益型工具，因為這樣會有風險過於集中的問題。就算你的家鄉發行的州政府債券能讓你享有略高幾十個基本點的稅後收益率，也切勿孤注一擲，因為考量到債務違約的可能性與隨之而來的潛在損失，實在不值得為

了那幾十個基本點的收益而冒險。

不要持有任何投資市政債券或公司債的 ETF，因為一旦市場陷入嚴重動盪，這些 ETF 可能受所謂的「流動性錯配」（liquidity mismatch）問題拖累——很多市政債券與公司債的交易量非常低，但持有這些債券的 ETF 本身的交易量卻非常高，尤其是市場動盪期。這樣的流動性錯配可能導致 ETF 的內盤－外盤價差擴大，這時如果你持有那種 ETF，而且積極尋求賣出那些 ETF，你就得付出非常高的實質交易成本。即使你在那種動盪時期無須透過拋售那類債券 ETF 來取得流動性，那種惡劣時期必然會發生的暫時性虧損，也會讓你的內心感到極度痛苦，甚至可能導致你無法堅守既定的投資組合策略，不幸滑出致富高速公路。

我本人也對債券指數基金不太有興趣，因為那種基金大約有三分之一的部位是投資到公司債和資產擔保證券——如房屋抵押貸款工具，而這些都是不受政府擔保的投資標的。二〇〇八年時，全體債券基金只蒙受些微的損失，那是因為這些基金持有的國庫債券與政府機關債券價格上漲，緩解了公司債與資產擔保債券部位所造成的損害。不過，下一次金融危機的情況可不見得會和上次相同。

所以，固定收益型資產部位宜以政府擔保的債券為主：也就是聯邦存款保險公司擔保上限 25 萬美元以內的定存單，以及國庫債券，風險則盡可能只透過股票部位來承擔。在最理想的狀態下，你應該在標售會上購買國庫債券，等到有需要時，再透過次級市場出售這些公債。如果你覺得這麼做太麻煩，直接購買一檔國庫債券 ETF 或開放式的國庫債券共同基金也行。（國庫債券的流動性非常高，所以透過 ETF 持有這些債券並無不妥，因為這類債券不可能因流動性錯配而遭受無謂損傷。）

最後，若想湊齊退休用度，最安全的管道是購買抗通膨公債階梯，讓每年到期的抗通膨公債金額，正好等於你每年的生活費用需求。理論上來說，你應該採用包含三十個年度的債券階梯（也可以

採用間隔較長／階梯數較少的方式），梯子的第一階就是你退休那一年。如前所述，二〇三四年至二〇三九年間並沒有抗通膨公債到期，只不過，這個問題將慢慢消失，因為二〇二九年開始將連續舉辦十年期債券的標售。不過，美國財政部只發行五年、十年及三十年期限的抗通膨公債，所以，恐怕沒有辦法單靠參與標售會，買齊三十年的債券階梯。基於這個理由，你勢必得在次級市場購買一部分的抗通膨公債。另外，你也可以投資長期、中期極短期抗通膨公債基金組合而成的部位，藉此建立類似抗通膨債券階梯的部位，只不過，這個作法的主要問題是，目前市場上缺乏低成本的這類長期基金型工具。抗通膨公債基金的另一個缺點是，這種基金無法保證你能在到期時擁有調整通貨膨脹後的購買力；而且萬一抗通膨債券的殖利率上升了，你可能不得不以大跌後的低價出售那些基金。

　　表18.7 條列了各式各樣的債券共同基金。

表 18.7 債券共同基金

短期國庫債券基金

基金	型態	代號	費用率	內／外盤價差	存續期間（年）	其他
富達短期國庫債券指數基金	開放式	FUMBX	0.03%	N/A	2.7	
iShares 0-3 月期國庫債券 ETF	ETF	SGOV	0.05% *	0.01%	0.1	* 附帶 0.07%的費用減免
iShares 短期國庫債券 ETF	ETF	SHV	0.15%	0.01%	0.3	
嘉信短期美國國庫債券指數 ETF	ETF	SCHO	0.03%	0.02%	1.9	
先鋒短期國庫債券指數基金	開放式	VSBSX	0.07%	N/A	1.9	
先鋒短期國庫債券 ETF	ETF	VGSH	0.04%	0.02%	1.9	

長期國庫債券基金

基金	型態	代號	費用率	內／外盤價差	存續期間（年）	其他
富達中期國庫債券指數基金	開放式	FUAMX	0.03%	N/A	6.2	
富達長期國庫債券指數基金	開放式	FNBGX	0.03%	N/A	16.5	
iShares 美國國庫債券 ETF	ETF	GOVT	0.05%	0.04%	6.2	
iShares 7-10 年期國庫債券 ETF	ETF	IEF	0.15%	0.01%	7.7	
iShares 20 年期美國國庫債券 ETF	ETF	TLT	0.15%	0.01%	17.6	
嘉信中期美國國庫債券 ETF	ETF	SCHR	0.03%	0.02%	5.2	
嘉信長期美國國庫債券 ETF	ETF	SCHQ	0.03%	0.07%	16.1	

表 18.7（續）
長期國庫債券基金

基金	型態	代號	費用率	內/外盤價差	存續期間（年）	其他
SPDR 投資組合中期國庫債券 ETF	ETF	SPTI	0.06%	0.03%	5.1	
SPDR 投資組合長期國庫債券 ETF	ETF	SPTL	0.06%	0.03%	16.1	
先鋒中期國庫債券基金	開放式	VFIUX	0.10%	N/A	5.2	最低投資金額 5 萬美元
先鋒長期國庫債券基金	開放式	VUSUX	0.10%	N/A	16.3	最低投資金額 5 萬美元

短期債券指數基金

基金	型態	代號	費用率	內/外盤價差	存續期間（年）	美國政府公債投資比重
富達短期債券指數基金	開放式	FNSOX	0.03%	N/A	2.6	69%
iShares 核心 1-5 年期美元債券 ETF	ETF	ISTB	0.06%	0.02%	2.8	55%
嘉信短期債券指數基金	開放式	SWSBX	0.06%	N/A	2.7	74%
先鋒短期債券指數基金	開放式	VBIRX	0.07%	N/A	2.7	73%
先鋒短期債券 ETF	ETF	BSV	0.04%	0.01%	2.7	73%

表 18.7（續）
抗通膨公債（TIPS）基金

基金	型態	代號	費用率	內／外盤價差	存續期間（年）	其他
富達抗通膨公債指數基金	開放式	FIPDX	0.05%	N/A	6.3	
iShares 0-5 年期抗通膨公債 ETF	ETF	STIP	0.03%	0.01%	2.5	
iShares 抗通膨公債 ETF	ETF	TIP	0.19%	0.01%	6.9	
品浩（PIMCO）15 年期以上美國抗通膨公債 ETF	ETF	LTPZ	0.20%	0.15%	20.0	
嘉信抗通膨公債指數基金	開放式	SWRSX	0.05%	N/A	6.6	
嘉信美國抗通膨公債 ETF	ETF	SCHP	0.04%	0.02%	6.6	
SPDR 投資組合抗通膨公債 ETF	ETF	SPIP	0.12%	0.03%	7.1	
先鋒抗通膨公債基金	開放式	VAIPX	0.10%	N/A	6.8	最低投資金額 5 萬美元
先鋒短期抗通膨公債 ETF	ETF	VTIP	0.04%	0.02%	2.5	
先鋒短期抗通膨公債指數基金	開放式	VTAPX	0.06%	N/A	2.5	

表 18.7（續）
全體債券基金

基金	型態	代號	費用率	內/外盤價差	存續期間（年）	美國政府公債投資比重
富達美國債券指數基金	開放式	FXNAX	0.025%	N/A	6.2	47%
iShares 核心全體美元債券市場 ETF	ETF	IUSB	0.06%	0.02%	6.5	60%
嘉信美國整體債券指數基金	開放式	SWAGX	0.04%	N/A	6.3	47%
先鋒全體債券指數基金	開放式	VBTLX	0.05%	N/A	6.5	51%
先鋒全體債券 ETF	ETF	BND	0.03%	0.01%	6.5	51%

全國性市政債券基金

基金	型態	代號	費用率	內/外盤價差	存續期間（年）	其他
富達市政債券指數基金	開放式	FMBIX	0.07%	N/A	6.2	
iShares 短期全國性市政債券 ETF	ETF	SUB	0.07%	0.02%	1.9	
iShares 全國性市政債券 ETF	ETF	MUB	0.07%	0.01%	6.4	
* 先鋒極短期免稅基金	開放式	VWSUX	0.09%	N/A	1.1	最低投資金額 5 萬美元
* 先鋒限定期限免稅基金	開放式	VMLUX	0.09%	N/A	2.6	最低投資金額 5 萬美元
* 先鋒中期免稅基金	開放式	VWIUX	0.09%	N/A	4.6	最低投資金額 5 萬美元
* 先鋒長期免稅基金	開放式	VWLUX	0.09%	N/A	6.8	最低投資金額 5 萬美元
先鋒免稅債券 ETF	ETF	VTEB	0.05%	0.02%	5.9	

* 旗艦級單位數最低投資金額為 5 萬美元，投資級基金的最低投資金額為 3 千美元，費用率為 0.17%。

表 18.7（續）

公司債基金

基金	型態	代號	費用率	內／外盤價差	存續期間（年）	其他
SPDR 投資組合長期公司債 ETF	ETF	SPLB	0.04%	0.04%	12.9	
先鋒全體公司債基金 ETF	ETF	VTC	0.04%	0.04%	7.1	
先鋒短期公司債指數基金	開放式	VSCSX	0.07%	N/A	2.8	
先鋒短期公司債 ETF	ETF	VCSH	0.04%	0.01%	2.8	
先鋒中期公司債指數基金	開放式	VICSX	0.07%	N/A	6.2	認購手續費 0.25%
先鋒中期公司債 ETF	ETF	VCIT	0.04%	0.01%	6.2	
先鋒長期公司債指數基金	開放式	VLTCX	0.07%	N/A	13.0	認購手續費 1.0%
先鋒長期公司債 ETF	ETF	VCLT	0.04%	0.04%	13.0	

資料來源：晨星公司

當ETF妖魔化：主題性基金與槓桿／反向基金

華爾街擁有「妖魔化」每一個好概念的「本事」，ETF也很快就陷入這個窘境；近來已有非常大量鎖定熱錢的工具推出，而這些工具的目標就是鎖定資訊不靈通且容易受敘事影響的投資人，例如第十四章提及的傷口護理與農業ETF，不久前更有一系列大麻與加密貨幣相關的ETF問世。如果本書真的有達到我心目中的教育目的，想必你光是聽到有這麼多光怪陸離的ETF推出，就應該已經大翻白眼了。

槓桿與反向基金是另一類有毒的ETF。槓桿型基金旨在利用借來的資金和衍生性金融商品來獲取比指數的每日報酬率高一倍、兩倍或甚至三倍的回報。不過，所謂的「變異數修正值」——也就是波動性對報酬率的侵蝕效果——使槓桿型基金的概念顯得極不可行。（第一章的第一個數學方塊就解釋過這個現象。）

ProShares的兩倍房地產ETF（ProShares Ultra Real Estate ETF，代號：URE）是最歷史悠久的槓桿型基金，它的目標是要創造比特定REIT指數的每日報酬率高一倍的回報。且讓我們看看它的成果：至二〇二二年四月為止的十五年裡，先鋒房地產基金ETF（代號：VNQ）的年化報酬率為6.22％，若考量到這個衡量期間是從二〇〇七年四月底開始——這個時間點接近當年引發全球金融危機的房地產泡沫的高峰水準——那樣的報酬率其實並不算差。相較之下，URE在同一期間的報酬率卻是每年-1.99％。

由於股票的長期報酬率通常是正向的，所以放空股票的策略通常會虧本，當然，採用槓桿來放空股票的結果更必然是糟上加糟。但令人覺得不可思議的是，ProShares竟然向投機大眾銷售一檔兩倍的反向基金——該基金的目標是要獲取比道瓊房地產指數的每日報酬率高一倍的反向報酬。如果投資該公司的兩倍放空房地產基金（Ultra Short Real Estate Fund，代號：SRS），十五年期的年化報酬率是-34.57％。你沒看錯：如果你在二〇〇七年四月投資1千美元到

SRS，到二〇二二年四月，你的投資應該只剩下1.72美元。

　　既然如此，為何這些基金會存在？發行這些基金的公司當然提出了相關的理論基礎，但他們的說明不僅不合邏輯，還違反簡單的算術原理。這些基金公司的說法大致是這樣的：「這些工具的設計並不是要作為長期持有的標的。除非你是為了保護自己免於因價格突然下跌而受創，否則不應投資這些工具，而且這些工具僅能短期持有。」但如果一項產品是很爛的長期持有標的，那它絕對也是很爛的短期持有標的。SRS年化報酬率是-34.57%，這意味它每個月的報酬率是-3.47%。如果你買這檔基金的目的是要規避REITs突然跌價的風險，直接賣掉REITs不就成了，何苦選擇透過持有SRS而平均每個月虧損3.47%的錢？

第十八章摘要

- 仔細留意你公司的退休計畫裡有哪些預設的基金選項。如果你公司的退休計畫只能選擇高成本的主動管理型基金，請遊說你的雇主增加一些低成本指數基金。如果你說服不了你的雇主，請在最高額度內善用雇主配合提撥的配比金額，除了這項計畫的提撥上限金額，再另外提撥額外的儲蓄到個人 IRA 退休帳戶，未來一旦你離開目前任職的公司，必須盡快把那些 401（k）資產轉移到 IRA 個人退休帳戶。

- 為你的個人資產選擇一家或多家保管機構。透過先鋒、富達和嘉信購買與出售低成本 ETF 和國庫債券是不收佣金的。但這三家公司各有缺點，先鋒的顧客服務很糟，富達和嘉信的貨幣市場基金收益率則低得可憐，尤其是嘉信。只要購買個別的國庫債券或國庫債券 ETF、開放式債券共同基金或債券共同基金 ETF，以及獨立的貨幣市場基金，不要採用這些保管機構預設的轉存計畫，就能規避這個問題。保管機構的領域仍處於快速演進的階段，如果主管金融市場的眾神們不眷顧股票和債券，那個領域的發展甚至會更快。你的個人退休帳戶是否要以開放式指數基金來取代 ETF，多半取決於你個人的偏好。包含公司債或市政債券的 ETF 可能在市場極端動盪的時刻（也就是致富高速公路上最攸關重大的路段）因內／外盤價差嚴重擴大而受創。

- 側重小型股與價值型股票的投資組合可能獲得較高的報酬率，但也可能不會，而且，這種投資組合較複雜，基金手續費也較高。不管你選擇哪一條路線，難免都有感到後悔的時刻。長期下來，選擇策略後堅定不移的紀律，比你的精確資產配置標的更重要。

第十九章

結語

　　這一份個人投資研究涵蓋的主題遠比多數個人投資書籍更加廣泛，而我這麼做是有充分理由的。誠如長期資本管理公司幾位主其事者所證明的，如果對投資的心理學、歷史和投資產業本身缺乏實務上的認識，即使是最優秀的投資理論大師都會成為災星。這四個廣泛領域都非常值得我們深入研究，而且，這些研究就如同椅子的四隻腳，只要拆掉其中任何一隻腳，你的投資策略肯定會失敗。且讓我試著將本書所有內容概要彙整如下：

投資金律一：投資的理論

　　首先且最重要的是，風險與報酬息息相關。如果你容易因槍傷和嚴重車禍而感到心煩意亂，就不該在醫院的急診室當差。相同地，當你持有股票，一定不可避免會發生令人害怕的損失，那只是遲早的問題而已，而如果你無法應付那些虧損的情境，就不該持有股票。另一方面，如果你追求的是安全性，就必須接受低報酬。不吸引人的乏味企業必須提供比吸引人的企業更高的報酬率，否則沒有人會願意買它們的股票。陷入困境的企業的股票更是如此。如果有人承諾能讓你在承擔低風險的情況下獲得高報酬，他肯定是個騙子。

　　只要把股票市場的長期每股盈餘成長率（扣除通貨膨脹後可能不超過2%）加上它的股息收益率（目前大約1.7%），就能粗略估算出股票市場的長期報酬率為3.7%。優質債券的長期報酬率基本上和

股息報酬率相同；而抗通膨債券市場的狀況顯示，目前這類債券提供了大約1.5%的實質報酬。然而，這些估計值全都受制於極高的不確定性，尤其是就短期而言，所以，等到你讀完本書時，這些估計值很可能已經失去時效性了。

　　其次，你應該懷抱「市場遠比最絕頂聰明的個別股市參與者更聰明」的思維。意圖選股與判斷市場進出場時機，不僅絕對會付出昂貴的代價，最終也一定徒勞無功。就定義來說，一個專業基金經理人的期望報酬率必然等於市場報酬率減去他的收費，這是無可辯駁的事實：過往績效不代表未來報酬率——完全不代表。過去十年的績效冠軍很有可能在這十年變成績效末段班。此外，你幾乎肯定無法在選股上贏過這些專業的市場參與者。

　　再說，市場報酬率多半是來自極低百分比的股票。這些股票猶如大海裡的細針，就算你持有一百檔不同的股票，一定還是會錯過多數真正能為你帶來報酬的企業。所以，最安全的作法就是擁有整片海洋。

　　最後，你根本無從辨識哪一個投資組合結構能在未來創造最佳績效，所以，最審慎的方針就是持有一個廣泛分散投資的投資組合。追求複雜性與希望獲取較高報酬的人，則可以嘗試持有小型與價值型股票，並承擔因此而衍生的風險，這樣或許就能實現較高的報酬。

投資金律二：投資的歷史

　　請提高警覺：市場經常會出現瘋狂上漲或下跌的行情，最後嚴重與現實脫節。有時候，某些新技術看起來的確好像具有改造人類經濟體系與文化的能力，在那樣的時刻，我們必定會被那看似大有可為的表象吸引，瘋狂湧進和那些新技術有關的投資標的。不過，當你見到這樣的狂熱現象時，請務必看緊你的荷包。另外，在某些時刻，你會感覺天好像快要塌了，但那樣的時刻卻通常是最好的進場時機。

儘管歷史不會完全重演，甚至不會讓人感到似曾相識，市場歷史的發展卻只有區區幾種套路，尤其是和泡沫有關的歷史，而這有助於我們領悟一個事實：我們可從以前曾見過的相似狀況，知道這一次的結局是什麼。

投資金律三：投資的心理學

你是你自己最凶惡的敵人，你多半對自己選股與挑選基金經理人的能力過度自信。記住，市場是一隻勢力雄厚的龐然大物，它的主要目標是盡可能讓最多投資人看起來像傻瓜。更糟的是，一旦市場陷入昏天暗地的空頭狀態，你還會對自己的風險承受能力過度自信。切記弗瑞德‧休威德的評論：有些事就是無法用抽象的方式向處女表達清楚；你絕對難以形容當你眼睜睜看著自己的積蓄突然劇烈萎縮時的感受有多麼糟糕。另外，為了獲得豐厚的複利回報，絕對不能中斷你的投資策略，而堅持到底的勇氣來自大量的國庫債券與定存部位。

你的社交直覺可能會引誘你忍不住持有每一個人都持有的資產，但這麼做卻只會侵蝕你的財富。如果你投資跟鄰居和朋友一樣的市場部門，你很可能獲得偏低的報酬率。成功的投資人總是孤獨的。

接著，請不要把過去五至十年的投資報酬放在心上，應該聚焦在長期的數字。沒錯，近幾年來，大型成長型股票的報酬率的確非常高，但歷史顯示，大型成長型股票的報酬率還是落後大型價值型股票和小型價值型股票。儘管從來沒有人敢保證價值型股票是否能維持過去那種績效超前的表現，但就最長期的數據來說，價值型股票應該還是會永遠受到眷顧。

最後，務必抗拒人性誘惑，不要空想一些原本不存在的型態。基本上，資產類別的報酬率是隨機的，而事後看起來非常明顯的型態，未來幾乎肯定不會再次出現。

投資金律四：投資的產業

　　多數股票營業員和投資顧問——尤其是在歷史悠久的老牌證券經紀交易商工作或近年成立的獨立證券經紀交易商工作的營業員與投資顧問——總是用鴛鴦大盜邦妮與克萊德（Bonnie and Clyde，譯註：他們的故事被改編為電影《我倆沒有明天》）對待汽車經銷商的方式（譯註：偷竊與搶劫）來服務他們的客戶。股票營業員和投資顧問是這個產業裡最沒有投資知識的一群人，讀過這本書的人可能都比他們更懂投資。

　　另一方面，共同基金領域則變得不像過去幾十年那麼令人憂鬱，但還是請務必密切留意你選擇的基金公司是採用什麼樣的所有權結構，手續費又是多少。切記，多數基金公司的主要業務其實是蒐羅資產，而非管理資金。

　　在不斷自我教育的同時，也務必對各項資訊來源保持謹慎：你在雜誌、報紙和社群媒體讀到的投資內容，有99％毫無價值可言，甚至可能有害。其中一個例外是有線電視上的金融「新聞」——這種新聞100％有害無益。多數財經媒體工作者入行不久後都會察覺到，比起認真分析，吹捧一時幸運的策略分析師與基金經理人更容易吸引到觀眾或讀者的青睞。幸好網際網路並非不折不扣的投資廢棄物處理廠。YouTube和播客倒是有很多有用的內容，但你還是得先弄清楚應該聽誰的意見。比較好的參考起步是本書提到的幾位學術研究報告作者，尤其是尤金・法馬、肯尼斯・法蘭奇、已故的保羅・薩謬森，茲維・博迪，以及羅伯・席勒。

～

　　即使這本書前前後後討論的資訊已經足夠你用來管理你的財務狀況，但要是你妄想只靠這本書裡的資訊來想闖天下，那就太蠢了。本書只是一個可讓你繼續增廣知識的框架而已，而要增廣知識，第一

步就是閱讀第十一章介紹的那些書籍。

　　這本書所要傳達的整體訊息既簡單但又不容置疑：只要付出相對少的精力，你就能設計並建構出一個廣泛分散投資且費用幾乎最低的投資組合，而且事實終將證明，這個投資組合的成果將比多數專業管理帳戶更卓越。不過，你並不需要過人的情報和好運才能得到這個成果。套句約翰・柏格的名言：成功投資人的根本特質是紀律和「堅持到底」的毅力。

　　你的財務保障取決於四大投資金律：也就是你對投資理論、歷史、心理學和產業的了解。牢記這些知識，並聰明地應用這些知識，你的錢途將會非常光明。

附註

導論

1. Roger Lowenstein, When Genius Failed (New York: Random House, 2000).

2. Corey Kligannon, "96-year-old secretary quietly amasses fortune, then donates \$8.2 million," The New York Times, May 6, 2018; Paul Hyams 與 Jane Lockshin，個人通訊內容。

3. 一九九八年十月，巴菲特在佛羅里達大學商學院的演說，https://m.youtube.com/watch?v=2MHIcabnjrA；有關LTCM的段落是從第十三分鐘開始，引言是在第十七分鐘三十秒開始。

4. 有關「一半是地理；另一半是莎士比亞」的引用來源，請見https://spectatorworld.com/book-and-art/travels-robert-d-kaplan-good-american-robert-gersony/。

5. 根據先鋒全體股票市場指數基金旗艦級單位數，二〇〇七年十月九日、二〇〇九年三月九日以及二〇二二年十二月三十一日的價格。

6. John Maynard Keynes and Donald Moggridge, eds., The Collected Writings of John Maynard Keynes, Volume XII, Economic Articles and Correspondence: Investment and Editorial (London: Macmillan for the Royal Economic Society, 1983), 38.

第一章

1. James K. Glassman and Kevin A. Hassett, *Dow 36,000* (New York: Crown Business, 1999).

2. 艾洛伊·迪姆森等人，《投資收益百年史》(Princeton: Princeton University Press, 2002). 要在瑞士信貸的網站上找到這份年度概要報告，並不是很容易，不過，只要把以下條件輸入任何一個搜尋引擎，就很容易找到它，例如以二〇一三年的報告來說，請輸入：瑞士信貸、迪姆森、年度報告、二〇一三年。

3. Zvi Bodie, "On the Risk of Stocks in the Long Run," *Financial Analysts Journal* 51:3 (May–June 1995): 18–22.

4. Kay Giesecke, et al., "Corporate Bond Default Risk: A 150-Year

Perspective,"*Journal of Financial Economics* 102:2 (November, 2011): 233–250.

5. 我要謝謝安提・伊曼倫在《期望報酬率》（*Expected Returns*，Hoboken, NJ: John Wiley & Sons, 2011, 11–12）中有關虧損時機的重要性的討論內容。

6. 從艾洛伊・迪姆森等人的瑞士信貸二〇二二年全球投資報酬率年鑑21, 25, 60計算出來的。

7. 有關正價差侵蝕原物料商品期貨的報酬率的較詳細說明，請見 "On Stuff," http://www.efficientfrontier.com/ef/0adhoc/stuff.htm, 以及 Wenjin Kang等人的 "Financialization of Commodity Markets Ten Years Later," https://papers.ssrn.com/sol3/papers.cfm?abstract_id=4313728, 二〇二三年一月二日存取。

第二章

1. Russell J. Fuller, et al., "Returns to E/P Strategies, Higgledy-Piggledy Growth, Analysts' Forecast Errors, and Omitted Risk Factors," *The Journal of Portfolio Management* 19:2 (Winter 1993): 13–24.

2. David N. Dreman and Michael A. Berry, "Overreaction, Underreaction, and the Low P/E Effect," *Financial Analysts Journal* 51:4 (July/August 1995): 21–30.

3. Rolf Banz, "The Relationship Between Return and Market Value of Common Stocks," *Journal of Financial Economics* 9:1 (March 1981): 3–18; Eugene F. Fama and Kenneth R. French, "Size and Book-to-Market Factors in Earnings and Returns," *The Journal of Finance*, 50:1 (March 1995): 131–155.

4. 有關動能崩潰機制的描述，請見Kent Daniel and Tobias J. Moskowitz, *Journal of Financial Economics* 122 (2016): 221–247.

5. David Leinweber, "Stupid Data Miner Tricks,"附帶註釋的幻燈片摘錄，First Quadrant Corporation.

6. Campbell R. Harvey and Yan Liu, "A Census of the Factor Zoo," SSRNWorking Paper, February 25, 2019.「因子動物園」一詞，最初是John H. Cochrane提出，請見 "Presidential Address: Discount Rates," *The Journal of Finance* 66:4 (August 2011): 1047–1108。

第三章

1. 謹向伯頓・墨基爾致歉，《漫步華爾街》(New York: W.W. Norton & Company, 2007), 17, 24.

2. James Owen Weatherall, *The Physics of Wall Street* (Boston: Houghton Mifflin Harcourt, 2013), 1–2; Louis Bachelier, *Louis Bachelier's Theory of Speculation,* Mark Davis and Alison Etherige, trans. (Princeton, NJ: Princeton

University Press, 2006), 33.

3. Jeremy Bernstein, "Paul Samuelson and the Obscure Origins of the Financial Crisis," *New York Review of Books*, January 11, 2010; John C. Bogle, "The Professor, the Student, and the Index Fund," http://johncbogle.com/wordpress/wp-content/uploads/2011/09/The-Professor-The-Student-and-the-Index-Fund-9-4-11.pdf, accessed December 21, 2021; PaulSamuelson, "Challenge to Judgment," *The Journal of Portfolio Management*1:1 (Fall 1974): 17–19.

4. 這段文字引用自他在紐約建築業俱樂部對採購代理人協會發表的演說，演說內容被刊登在一九二九年十月十六日的《紐約時報》上，短短一個星期後，華爾街的黑色交易日便揭開序幕。請見 https://www.federalreservehistory.org/essays/stock-market-crash-of-1929.

5. Peter L. Bernstein, *Capital Ideas* (New York: Free Press, 1993), 31–38.

6. Alfred Cowles 3rd, "Can Stock Market Forecasters Forecast?" *Econometrica*3:1 (July 1933): 309–324; Cowles, "Stock Market Forecasting," *Econometrica*12:3/4 (July–October 1944): 206–214.

7. Peter L. Bernstein, *Capital Ideas* (New York: Free Press, 1993), 126–127.

8. 波克夏海瑟威公司一九九〇年年報，http://www.berkshirehathaway.com/letters/1990.html.

9. William F. Sharpe, "Mutual Fund Performance," *The Journal of Business*39:1, Part 2 Supplement (January 1966): 119–138 (quote 138). 也請見 Jack Treynor, "How to Rate Performance of Investment Funds," *HarvardBusiness Review* 43:1 (January-February 1965): 63–75.

10. Michael C. Jensen, "The Performance of Mutual Funds in the Period 1945–1964," *The Journal of Finance* 23:2 (May 1968): 389–416.

11. https://web.stanford.edu/~wfsharpe/art/active/active.htm.

12. 有關共同基金績效不持久一事，最廣泛被引用的文章是 Mark Carhart, "On Persistence in Mutual FundPerformance," *The Journal of Finance* 52:1 (March 1997): 57–82; Jonathan B. Berk and Richard C. Green, "Mutual Fund Flows and Performance in Rational Markets," *The Journal of Political Economy* 112:6 (December 2004): 1269–1295; and Shawn Phelps and Larry Detzel, "The Nonpersistence of Mutual Fund Performance," *Quarterly Journal of Business and Economics* 36:2 (Spring 1997): 55–69.

13. Edwin J. Elton, et al., "Survivorship Bias and Mutual Fund Performance,"*The Review of Financial Studies* 9:4 (Winter 1996): 1097–1120; Martin Rohleder, et al., "Survivorship Bias and Mutual Fund Performance: Relevance, Significance, and Methodical Differences," working paper, 2011.

14. Francis Galton, "Vox Populi," *Nature*, 75:1949 (March 7, 1907): 450–451;Galton, Letters to the Editor, *Nature* 75:1952 (March 28, 1907): 509–510.

15. Sherry Sontag and Christopher Drew, *Blind Man's Bluff* (New York: HarperPaperbacks, 1999), 63–65, 96–117.

16. 關於財經春宮電影，請見珍・布萊恩特・昆恩 "When Business Writing Becomes Soft Porn (How Journalists Cover Personal Finance)," *Columbia Journalism Review*, 36:6 (March 1, 1998): 48.

17. Amy Arnott, "ARKK: An Object Lesson in How Not to Invest," https://www. morningstar.com/articles/1071658/arkk-an-object-lesson-in-how-not-to-invest, December 13, 2021; 以及 Amy Arnott, 個人通訊內容。Returns for 11/1/14 to 11/30/21, and Harriet Agnew, "Ark Invest CEO Cathie Wood on Everything from Deflation to Elon Musk," *FT Magazine*, March 2, 2022.

18. Robby Greengold, "ARK Innovation ETF's Approach Is Ill-Timed for a Major Twist," https://www.morningstar.com/articles/1031702 /ark-innovation-etfs-approach-is-ill-timed-for-a-major-twist, accessed December 31, 2021.

19. George Santayana, *The Life of Reason*, Volume VII, Book One (Cambridge MA: MIT Press, 2011), 172.

20. John Brooks, *The Go-Go Years* (Hoboken, NJ: John Wiley & Sons, 1999):134.

21. Brooks, 130–149; also see *Federal Register Notices* 35:111 (June 9, 1970):8901.

22. Tom Lauricella, "The Stock Picker's Defeat," *The Wall Street Journal* (December 10, 2008), C1.

23. Jonathan Clements, "Excuses, Excuses," *The Wall Street Journal*, April 10, 2001.

24. Christopher Drew, "Joseph E. Granville, Stock Market Predictor, Dies at 90,"*The New York Times*, September 19, 2003. 葛拉漢與哈維引用的「十二年期虧損達-4.9％」那一篇定期投資分析報告的作者也是葛蘭維爾。

25. Ibid.

26. Floyd Norris, "Garzarelli Is Ousted by Lehman, *The New York Times*, October 27, 1994; "Garzarelli to Liquidate Her 6-Month-Old Fund, *Los Angeles Times*, November 6, 1997; quote from David Rynecki, "Timing Matters," *Fortune*, October 13, 2003.

27. Ali Hussain, "I'm 95% in Cash, Says Dr. Doom; Fame & Fortune, Nouriel Roubini Talks to Ali Hussain," *Times* (London), June 21, 2009.

28. John R. Graham and Campbell R. Harvey, "Grading the Performance of Market-Timing Newsletters," *Financial Analysts Journal* 53: 6 (November–December, 1997): 54–66. 這篇文章的論文底稿版本（當中包含了一個表格，條列個別定期投資分析報告——含提及的那一份——的績效）可在 https://papers.ssrn.com/sol3/papers.cfm?abstract_id=6006. 找到。

29. Andrew Metrick, "Performance Evaluation with Transactions Data: The Stock

Selection of Investment Newsletters," NBER Working Paper 6648, July 1998.

30. Hendrick Bessembinder, "Do Stocks Outperform Treasury Bills?" *The Journal of Financial Economics* 129 (2018): 440–457.

31. Christopher J. Chipella, et al., "Both Fidelity Investors and Firm Are at Sea as Magellan Boss Goes," *The Wall Street Journal*, March 29, 1990; Jonathan Clements, "Can Lynch Live up to His Reputation?" *Forbes*, April 3, 1989; Joseph Nocera, *A Piece of the Action* (New York: Simon & Schuster, 1994), 239–249.

32. Jason Zweig, "What You Can Learn from One of Warren Buffett's Smartest Investors," *The Wall Street Journal*, December 21, 2018.

33. Kenneth French online data library, https://mba.tuck.dartmouth.edu/pages/faculty/ken.french/data_library.html.

34. Jason Zweig, "Meet the Kidd Who Goes Toe to Toe with Warren Buffett,"*The Wall Street Journal*, December 10, 2021.

35. Gregory Zuckerman, *The Man Who Solved the Market* (New York: Penguin, 2019), 247, 315–319.

第四章

1. Eric Zimmerman, "Burr Told Family to Withdraw Everything from Bank," *The Hill*, April 4, 2009.

2. 舉個例子，請見 Benoit Mandelbrot, "The Variation of Certain Speculative Prices," *The Journal of Business* 36:4 (October 1963): 394–419; Eugene Fama, "The Behavior of Stock Market Prices," *The Journal of Business* 38:1

3. 有關恐怖攻擊、地震和流星撞擊的冪定律，請見 Nate Silver, *The Signal and the Noise* (New York: The Penguin Press, 2012), 149–172, 428–432; P. G. Brown, et al., "A 500-kiloton Airburst over Chelyabinsk and an Enhanced Hazard from Small Impactors," *Nature*, 503 (November 14, 2013): 238–241.

4. 例如請見 http://www.efficientfrontier.com/ef/104/iid.htm, and Xavier Gabaix, et al., "Power Laws in Economics and Finance," *Annual Review of Economics* 1 (2009): 255–293.

5. Bernstein, *The Intelligent Asset Allocator*, 132–137, and Wen Dai and Warwick Schneller, "To Hedge or Not to Hedge: A Framework for Currency Hedging Decisions in Global Equity & Fixed Income Portfolios," https://papers.ssrn.com/sol3/papers.cfm?abstract_id=3703333.

6. John C. Bogle, *John C. Bogle on Investing* (Hoboken, NJ: John Wiley & Sons), 62.

第五章

1. Harry Markowitz, "Portfolio Selection," *The Journal of Finance* 7:1 (March 1952), 77–91.
2. Jason Zweig, "Investing Lessons from America's Top Pension Fund," *Money*, January 1998.
3. Philologos, "The Rest of 'The Rest Is Commentary'," *The Jewish Daily Forward*, September 24, 2008, http://forward.com/articles/14250/the-rest-of-the-rest-is-commentary-/.

第六章

1. Paul A. Samuelson, "Lifetime Portfolio Selection by Dynamic Stochastic Programming," *The Review of Economics and Statistics* 51:3 (August 1969): 237–46; Robert C. Merton, "Lifetime Portfolio Selection Under Uncertainty: The Continuous-time Case," *The Review of Economics and Statistics* 51:3 (August 1969): 247–57; Zvi Bodie, et al., "Labor Supply Flexibility and Portfolio Choice in a Life-Cycle Model," NBER Working Paper Series No. 3954, January 1992.
2. Ian Ayres and Barry J. Nalebuff, "Life-cycle Investing and Leverage: Buying Stock on Margin Can Reduce Retirement Risk," NBER Working Paper Series No. 14094, June 2008; Ayres and Nalebuff, *Lifecycle Investing* (New York: Basic Books, 2010).
3. Fred Schwed, *Where Are the Customers' Yachts?* (Hoboken, NJ: John Wiley & Sons, 2006), 54.
4. 請見 http://www.youtube.com/watch?v=0h9tKy3NA-U%5d, at about the 16-minute mark.
5. Robert B. Barsky, et al., "Preference Parameters and Behavioral Heterogeneity: An Experimental Approach in the Health and Retirement Study," *The Quarterly Journal of Economics* 112:2 (May 1997): 540.
6. Ibid., 537–539.
7. William J. Bernstein, *The Ages of the Investor* (Efficient Frontier Publications, 2012).
8. Philip L. Cooley, et al., "Retirement Savings: Choosing a Withdrawal Rate That Is Sustainable," *AAII Journal* 10:3 (February 1998): 16–21; William P. Bengen, "Determining Withdrawal Rates Using Historical Data," *The Journal of Financial Planning* 7:4 (October 1994): 171–180.
9. 可能是引用了杜撰的說法；請見 Emma Span, *90% of the Game Is Half Mental* (New York: Random House, 2010), xii。
10. Wade D. Pfau and Michael E. Kitces, "Reducing Retirement Risk with a

Rising Equity Glide Path," *The Journal of Financial Planning* 27:1 (January 2014): 38–48.

11. Michael Zwecher, *Retirement Portfolios* (Hoboken NJ: John Wiley & Sons, 2010).

第八章

1. *Poughkeepsie Journal*, "Learn from Mistakes by Others," April 11, 1983.

2. Steven J. Garfinkle, "Private Enterprise in Babylonia at the End of the Third Millennium BC," doctoral dissertation, Columbia University 2000.

3. Sidney Homer and Richard Sylla, *A History of Interest Rates, Fourth Edition* (Hoboken, NJ: John Wiley & Sons, 2005), 40, 53–56, 80–83.

4. Ibid., 21–22.

5. Reinhold C. Mueller, *The Venetian Money Market* (Baltimore: Johns Hopkins University Press, 1997), 453–487.

6. J. H. Munro, "Rentes and the European 'Financial Revolution,' " in Gerardo Caprio, ed., *Handbook of Key Global Financial Markets, Institutions, and Infrastructure* (Boston: Elesvier, 2013), 241; Homer and Sylla, *History of Interest Rates*, 93, 99, 107.

7. John Julius Norwich, *A History of Venice* (New York: Alfred A. Knopf, 1982), 243–256.

8. Paul Ferdinand Schmelzing, "Essays on Long-Term Real Rate and Safe Asset Trends, 1311–2018," doctoral dissertation, Harvard University, August 2019.

9. Ibid., 87.

10. Josh Barro, "Bernanke Says Global Imbalances Bedevil the World Economy," *The New York Times*, April 2, 2015.

11. Irving Fisher, *The Theory of Interest* (Philadelphia: Porcupine Press, 1977),61–97.

12. Geoffrey Poitras and Manuela Geranio, "Trading of Shares in the Societates Publicanorum?" *Explorations in Economic History* 61 (2016): 95–118.

13. David le Bris, et al., "The Present Value Relation over Six Centuries: The Case of the Bazacle Company," *Journal of Financial Economics* 132 (2019):248–265.

14. Ad van der Woude and Jan de Vries, *The First Modern Economy* (Cambridge: Cambridge University Press, 1997), 142, 145, 147, 151.

15. 全球金融數據，https://globalfinancialdata.com/data-for-amsterdam-stocks-from-the-1600s-and-1700s-added-to-gfd.

16. Larry Neal, *The Rise of Financial Capitalism* (Cambridge, UK: Cambridge University Press, 1990), 232–257.

第九章

1. Merle Miller, *Plain Speaking* (New York: Berkley Publishing Corporation, 1974), 147.

2. Bernard Mannes Baruch, *My Own Story* (Ann Arbor: University of Michigan Press, 1957), 242–244; for a critical appraisal of how well Baruch avoided the Crash of 1929, see James Grant, *Bernard Baruch* (Hoboken, NJ: John Wiley & Sons, Inc., 1997), 209–239.

3. Ann Goldgar, *Tulipmania* (Chicago: University of Chicago Press, 2007), 5–6.

4. Edward Chancellor, *Devil Take the Hindmost* (New York: Penguin Group, 2000), 36–38.

5. Charles P. Kindleberger, *Manias, Panics, and Crashes* (New York: John Wiley & Sons, Inc., 2000), 121, 223–232.

6. 在中世紀末期，票據交易所也能放貸。有關這個現代系統運作方式的透徹說明，請見Frederick Lewis Allen, *The Lords of Creation* (Chicago: Quadrangle Paperbacks, 1966),305–306; Antoin Murphy, *John Law* (Oxford: Clarendon Press, 1997), 14–16.

7. William J. Bernstein, *The Birth of Plenty* (New York: McGraw-Hill, 2004),101–106.

8. de Vries and van der Woude, *The First Modern Economy*.

9. Chancellor, *Devil Take the Hindmost*, 30–95; and William J. Bernstein, *The Delusions of Crowds* (New York: Atlantic Monthly Press, 2021), 71–98. 關於這場涵蓋整個歐陸的狂熱，請見Stefano Condorelli, "The 1719 Stock Euphoria: A Pan-European Perspective," working paper, 2016, https://mpra. ub.uni-muenchen.de /68652/, accessed April 27, 2016.

10. Chancellor, *Devil Take the Hindmost*, 72.

11. Helen Paul, *The South Sea Bubble* (Abingdon, UK: Routledge, 2011), 1,39–42, 59–65; John Carswell, *The South Sea Bubble* (Gloucestershire, UK: Sutton Publishing, Ltd., 2001), 19, 55–57, 240; Paul Harrison, "Rational Equity Valuation at the Time of the South Sea Bubble," *History of Political Economy* 33:2 (Summer 2001): 269–281.

12. Andrew Odlyzko, "Newton's Financial Misadventures in the South Sea Bubble," *Notes and Records of the Royal Society Journal of the History of Science* 73:1 (March 20, 2019): 29–59.

13. John Francis, *A History of the English Railway* (London: Longman, Brown, Green, & Longmans, 1851), I:4–5.

14. Paul Johnson, *The Birth of the Modern* (New York: HarperCollins Publishers, 1991), 191.

15. Walter Bagehot, *Lombard Street* (New York: Scribner, Armstrong & Co., 1873), 138.

16. Bernstein, *The Delusions of Crowds*, 99–121; Chancellor, *Devil Take the Hindmost*, 151–122, quote, 140.關於當代對這個場景的明確描述,請見 Francis, *History of the English Railway*.

17. John K. Galbraith, *The Great Crash* (New York: Houghton Mifflin, 1988), 1–42.

18. Hyman Minsky, *Stabilizing an Unstable Economy* (New Haven, CT: Yale University Press, 1986), 197–220.

19. Robert Boyd and Peter J. Richerson, "Culture and the Evolution of Human Cooperation," *Philosophical Transactions of the Royal Society*, 364:1533 (November 12, 2009): 3281–3288.

20. Melanie C. Green and Timothy C. Brock, "The Role of Transportation in the Persuasiveness of Public Narratives," *Journal of Personality and Social Psychology* 79:5 (2000): 701–721.

21. David Kestenbaum, "What's a Bubble?" http://www.npr.org/sections/money/2013/11/15/245251539/whats-a-bubble, accessed August 1, 2016.

22. William N. Goetzmann, "Bubble Investing: Learning from History," NBER Working Paper No. 21693, October 2015.

23. https://www.law.cornell.edu/supremecourt/text/378/184, accessed August 1, 2016.

24. Charles Mackay, *Memoirs of Extraordinary Popular Delusions* (London: Office of the National Illustrated Library, 1852), I:84.55. Andrew Odlyzko, "Charles Mackay's Own Extraordinary Delusions and the Railway Mania," https://papers.ssrn.com/sol3/papers.cfm?abstract_id=1927396.

25. William Harrison Ainsworth, *The South Sea Bubble* (Leipzig: Bernhard Tauchnitz, 1868), 48–49.

26. Allen, *Only Yesterday*, 288.

27. Richard Karlgaard, "The Ghost of Netscape," *The Wall Street Journal*, August 9, 2005, A10.

28. Allen, *Only Yesterday*, 273–274.

29. Mike Snow, "Day-Trade Believers Teach High-Risk Investing," *The Washington Post*, July 6, 1998.

30. Chancellor, *Devil Take the Hindmost*, 210.

31. Alexander Dana Noyes, *The Market Place* (Boston: Little, Brown and Company, 1938), 323–324.

32. Lionel Laurent, "What Bitcoin Is Really Worth May No Longer Be Such a Mystery," https://www.bloomberg.com/news/features/2018-04-19/what-bitcoin-is-really-worth-may-no-longer-be-such-a-mystery, accessed July 25, 2018.

第十章

1. Jonathan Cheng, "Mom and Pop Run with the Bulls," *The Wall Street Journal*, March 29, 2013.

2. Ibid.

3. Ilia D. Dichev, "What Are Stock Investors' Actual Historical Returns? Evidence from Dollar-Weighted Returns," *American Economic Review* 97:1 (March 2007): 384–401; Thomas Dvorak, "Timing of Retirement Plan Contributions and Investment Returns: The Case of Defined Benefit Versus Defined Contribution," *The BE Journal of Economic Analysis & Policy* 12:1 (2012): 1–24.

4. Jay Ritter, "The Long-Run Performance of Initial Public Offerings," *The Journal of Finance* 46:1 (March 1991): 3–27; 以及Ilia Dichev, 個人通訊內容。

5. Benjamin Roth, *The Great Depression: A Diary* (New York: Public Affairs, 2009), vii–xxiv.

6. Ibid., 44.

7. Matthew Josephson, *The Robber Barons* (New York: Harcourt, Inc., 1934), 177.感謝理查‧席拉教授點出這段引用文字。

8. Alexander Pope, *The Works of Alexander Pope Vol. IX* (London: John Murray, Ablemarle St., 1866), 20.

9. John Carswell, *The South Sea Bubble* (London: The Crescent Press, 1961),191.

10. Schwed, *Where Are the Customers' Yachts?*, 155.

11. Carswell, *South Sea Bubble*, 221–259.有關短暫的監禁，Andrew Odlyzko，個人通訊內容。

12. Richard S. Lambert, *The Railway King* (London: George Allen & Unwin Ltd., 1964), 207.

13. Francis, *History of the English Railway*, II:195–196.

14. John Kenneth Galbraith, *The Great Crash 1929* (Boston: Houghton Mifflin Company, 1988), 99.

15. Liaquat Ahamed, *Lords of Finance* (New York: Penguin, 2009), 231.

16. Martin Gilbert, *Winston S. Churchill* (Boston: Houghton Mifflin Company, 1977), V:333–351, quote 350.

17. Galbraith, *Great Crash 1929*, 99–119.

18. Roth, *The Great Depression: A Diary*, 15,17.

19. Bruce Barton, "Is There Anything Here that Other Men Couldn' t Do?" *American Magazine* 95 (February, 1923): 128, quoted in Susan Estabrook Kennedy, *The Banking Crisis of 1933* (Lexington KY: The University Press of Kentucky, 1973), 113–114.

20. 這個比率開始再次上升，最初很緩慢，後來，隨著股票市場愈來愈受歡迎而加速上升。目前約有52％的家庭持有股票。

21. The Death of Equities: How Inflation Is Destroying the Stock Market,"*BusinessWeek*, August 13, 1979; 感謝彭博社大方允許我引用大麼多文字。

22. Jason Zweig, "Lessons and Ideas from Benjamin Graham," https://jasonzweig. com/lessons-and-ideas-from-benjamin-graham-2/, accessed March29, 2022.

第十一章

1. Benjamin Graham and Jason Zweig, *The Intelligent Investor* (New York: HarperBusiness Essentials, 2003), 8.

2. Keith E. Stanovich and Richard F. West, "Individual Differences in Reasoning: Implications for the Rationality Debate?" *Behavioral and Brain Sciences* 23 (2000): 645–726.

3. Paul Meehl, *Clinical Versus Statistical Prediction* (Northvale, NJ: Jason Aronson, Inc., 1996).

4. Philip E. Tetlock, *Expert Political Judgment* (Princeton, NJ: Princeton University Press, 2005), 15.

5. Amos Tversky and Daniel Kahneman, "Judgment Under Uncertainty: Heuristics and Biases," *Science* 185:4157 (September 27, 1974): 1124–1131.

6. Ibid., 1124.

7. Kurt Vonnegut, *Cat's Cradle* (New York: Delta Trade Paperbacks, 1998), 182.

8. Andrew Coors and Lawrence Speidell, "Exuberant Irrationality: Judging Financial Books by Their Covers," *Journal of Behavioral Finance* 7:4 (2006): 186–192.

9. Jay R. Ritter, "The Long-Run Performance of Initial Public Offerings," *The Journal of Finance* 46:1 (March 1991): 3–27.

10. William J. Baumol, "Unnatural Value: Or Art Investment as Floating Crap Game," *American Economic Review* 76:2 (May 1986): 10–14, quote 14.

11. Baba Shiv, et al., "Investment Behavior and the Negative Side of Emotion," *Psychological Science* 16 (June 2005): 435–439.

12. Shlomo Benzarti and Richard H. Thaler, "Myopic Loss Aversion and the Equity Premium Puzzle," *Quarterly Journal of Economics* 110:1 (January 1995): 73–92.

13. Jeremy Siegel, *Stocks for the Long Run* (New York: McGraw-Hill, 2007), 124–125; Jay R. Ritter, "Economic Growth and Equity Returns," working paper, November 1, 2004; Elroy Dimson et al., *Triumph of the Optimists* (Princeton, NJ: Princeton University Press, 2002), 156.

14. Larry Speidell, et al., "Dilution Is a Drag . . . the Impact of Financings in Foreign Markets," *The Journal of Investing* 14:4 (Winter 2005): 17–22; William J. Bernstein and Robert D. Arnott, "The Two-Percent Dilution," *Financial Analysts Journal* 59:5 (September–October 2003): 47–55.

15. Tetlock, *Expert Political Judgment*, 42–88, 98, 125–141, quote 63.

16. Jason Zweig, *The Devil's Financial Dictionary* (New York: Public Affairs, 2015), 229.

17. Elroy Dimson, et al., Credit Suisse Global Investment Returns Yearbook (Summary), 2013, 24–27.

18. Barna Research, "Americans Describe Their Views About Life After Death," https://www.barna.com/research/americans-describe-their-views-about-life-after-death/, accessed April 11, 2022.

19. Arnold C. Cooper, et al., "Entrepreneurs' Perceived Chances of Success," *Journal of Business Venturing* 3:2 (Spring 1988), 97–108, quote 107.

20. 泰瑞‧歐汀（Terry Odean），個人通訊內容。

21. Karl Marx and Frederick Engels, *Selected Works* 3:1 (Moscow: Progress Publishers, 1969), 163.

22. David Swensen, *Pioneering Portfolio Management* (New York: The Free Press, 2000); Rick Ferri, "The Curse of the Yale Model," Forbes.com, April 16, 2012, http://www.forbes.com/sites/rickferri/2012/04/16/the-curse-of-the-yale-model/.

23. Niall Ferguson, *The Ascent of Money* (New York: Penguin Press, 2008),329–330.

第十二章

1. John Templeton, "Ten Principles of Investment Success," https://www.franklintempleton.com.sg/resources/investor-education/investing-101/ten-principles-to-investment-success, accessed April 18, 2022.

2. 請見 https://www.dropbox.com/s/m33yj3t2iis02gh/Improving_Judgments_of_Existential_Risk_16march%202022.pdf?dl=0; 亦請見菲利普‧泰特洛克（Philip Tetlock），個人通訊內容。

3. Simon Croom, et al., "Personality Differences and Buyer-Supplier Relationships: Psychopathy in Executives, Gender Differences and Implications for Future Research," *Journal of Purchasing and Supply Management* 27:4 (October 2021): 1–10.

4. 例如請見 Reeves Wiedeman, *Billion Dollar Loser* (New York: Little Brown and Company, 2020).

5. Miller, *Plain Speaking*, 147.

第十三章

1. Sendhil Mullainathan, et al., "The Market for Financial Advice: An Audit Study," NBER Working Paper Series, 17929, March 2012.
2. Fred Schwed, *Where Are the Customers' Yachts?* (Hoboken, NJ: John Wiley & Sons, 2006), 140.
3. Joseph Nocera, *A Piece of the Action* (New York: Simon & Schuster, 1994), 34–52, 117–118.
4. 有關證券經紀商產業「骯髒過往」（也就是大約二〇一〇年以前）的簡短深入評論，請見Anonymous and Timothy Harper, *License to Steal* (New York: HarperBusiness, 1999)，尤其是第64至73頁有關自營交易的討論。
5. Serena Ng and Thomas Gryta, "New Wall Street Conflict: Analysts Say 'Buy' to Win Special Access for Their Clients," *The Wall Street Journal*, January 19, 2017; Robert Shiller, *Irrational Exuberance* (Princeton NJ: Princeton University Press, 2015), 49.

第十四章

1. Gerald C. Fischer and Lawrence C. Minet, "No-Load Mutual Funds: An Analysis of Their Performance and Expense Ratios," *Financial Analysts Journal* 20:1 (January–February 1964): 64–68.
2. Ibid.; Bernstein, *The Four Pillars of Investing* (New York: McGraw-Hill, 2002), 204.
3. Nocera, *A Piece of the Action*, 293–296.
4. Russel Kinnel, "Mind the Gap: How Good Funds Can Yield Bad Results," *Morningstar FundInvestor* 13:11 (July 2005): 1–3.
5. Christopher Franz and Anthony Thorn, "Buy the Unloved 2022 Edition," https://www.morningstar.com/articles/1075110/buy-the-unloved-2022-edition.
6. Bernstein, *The Four Pillars of Investing*, 205.
7. Eric Balchunas, *The Bogle Effect* (Dallas, TX: Matt Holt Books, 2022), 45–68; Samuelson quote from Jason Zweig, "What You Can Learn from One of Warren Buffett's Smartest Investors," *The Wall Street Journal*, December 21, 2018.
8. Balchunas, *Bogle Effect*, 58.
9. John C. Bogle, *The Man in the Arena* (Hoboken, NJ: John Wiley & Sons, Inc., 2013), 159–166; John C. Bogle, *Don't Count on It!* (Hoboken, NJ: John Wiley & Sons, Inc., 2011), 375–376.
10. 喬納森‧克雷蒙，個人通訊內容。
11. Adam Sabban, "U.S. Fund Flows Smashed Records in 2021," https://www.morningstar.com/articles/1075161/us-fund-f lows-smashed-records-in-2021;

"World's Top Asset Management Firms," https://www.advratings.com/top-asset-management-firms.

12. Burton G. Malkiel, "Is Indexing Worse than Marxism?" *The Wall Street Journal*, November 14, 2016.

13. Standard & Poor's Indices Versus Active Funds Scorecard, Year End 2008, https://www.spglobal.com/spdji/en/documents/spiva/spiva-us-year-end-2008.pdf.

14. 葛斯‧索特（Gus Sauter），個人通訊內容。

15. https://data.worldbank.org/indicator/CM.MKT.TRAD.CD.

16. John C. Coates, "The Future of Corporate Governance Part I: The Problem of Twelve," https://corpgov.law.harvard.edu/wp-content/uploads/2019/11/John-Coates.pdf.

17. Balchunas, *The Bogle Effect*, 159–162.

18. Kenneth Reinker and Edward Tower, "Index Fundamentalism Revisited," http://public.econ.duke.edu/Papers//Other/Tower/Index.pdf.

第十五章

1. Jane Bryant Quinn, "When Investment Writing Becomes Soft Porn," *Columbia Journalism Review* (March–April 1998): 48–49.

2. 匿名，"Confessions of a Former Mutual Funds Reporter," *Fortune*, April 29, 1999.

3. 請見 https://www.worldatlas.com/articles/which-are-the-biggest-industries-in-the-united-states.html and Helaine Olen, *Pound Foolish* (New York: Penguin, 2013), 24–25.

4. John Cassidy, *dot-con* (New York: Penguin Press, 2002), 166.

5. Gabriel Sherman, *The Loudest Voice in the Room* (New York: Random House, 2014), 146–147; Aaron Heresco, *Shaping the Market: CNBC and the Discourses of Financialization* (PhD thesis, Pennsylvania State University, 2014), 81, 151.

6. Ekaterina V. Karniouchina, et al., "Impact of *Mad Money* Stock Recommendations: Merging Financial and Marketing Perspectives," *Journal of Marketing* 73 (November 2009): 266–246; J. Felix Meschke, "CEO Interviews on CNBC," working paper, http://citeseerx.ist.psu.edu/viewdoc/download?doi=10.1.1.203.566&rep=rep1&type=pdf, accessed November 12, 2016.

7. Howard Kurtz, *The Fortune Tellers* (New York: The Free Press, 2000),206–207.

8. 柏格腦維基網頁的完整 url 為 https://www.bogleheads.org/wiki/Main_Page.

第十六章

1. Thomas Stanley and William Danko, *The Millionaire Next Door* (New York: Pocket Books, 1996). 有關外界對這本書的研究方法缺陷的批評，請見 Nassim Taleb, *Fooled by Randomness* (New York: Random House, 2008), 143–146.

第十七章

1. Charles D. Ellis, "The Loser's Game," *Financial Analysts Journal* 31:4 (July–August 1975): 19–20.
2. 有關這部分的透徹解釋，請見 Bill Jones, "Do Not Dollar Cost Average for More than Twelve Months," http://www.efficientfrontier.com/ef/997/dca.htm. 有關定期定值法的相似分析，請見 Simon Hayley, "Value Averaging and How Dynamic Strategies Bias the IRR and DynamicIRR," https://papers.ssrn.com/sol3/papers.cfm?abstract_id=1606347.
3. William J. Bernstein, *The Intelligent Asset Allocator* (New York: McGraw-Hill Inc., 2000), 138.

第十八章

1. Anne Tergesen, "The Lawyer on a Quest to Lower Your 401(k) Fees," *The Wall Street Journal*, June 9, 2017.
2. Allan S. Roth, "Does Schwab's Growth Threaten Vanguard's Domination?" *Financial Planning*, January 20, 2020; 以及亞倫・羅斯（Allan S. Roth），個人通訊內容。
3. 嘉信接受股票與ETF的PFOF，但先鋒與富達則不接受（但富達接受選擇權交易的PFOF）。請見Tara Siegel-Bernard, "Yes, You Can Get Free Trading. But There's Often a Catch," *The New York Times*, November 29, 2019.